디지털
시대의
방송편성론

나남
nanam

나남신서 · 1139

**디지털
시대의
방송편성론**

2006년 4월 15일 발행
2010년 3월 15일 2쇄

저자 ● 한진만 · 심미선 外
발행자 ● 趙相浩
디자인 ● 이필숙
발행처 ● (주) 나남
주소 ● 413-756 경기도 파주시 교하읍
        출판도시 518-4
전화 ● 031) 955-4600 (代)
FAX ● 031) 955-4555
등록 ● 제 1-71호 (79.5.12)
홈페이지 ● www.nanam.net
전자우편 ● post@nanam.net

ISBN 978-89-300-8139-9
ISBN 978-89-300-8001-9 (세트)
책값은 뒤표지에 있습니다

나남신서 · 1139

디지털
시대의
방송편성론

한진만
심미선
강명현
김유정
김은미
김진웅
남궁협
임정수
조성호
주영호

나남
nanam

Broadcast / Cable / Web Programming in Digital Age

by

Han Jin Man · Shim Miseon
and
Associates

nanam

나남신서 · 1139

디지털
시대의
방송편성론

차 례

제 2 부 매체별 편성전략

제 3 부 편성규제 및 활용

머 리 말

  '디지털화', '방송통신 융합'으로 대변되는 매체환경 변화는 매체기술 변화만 가져온 것이 아니라 수용자의 미디어 이용환경을 변화시켰다. 디지털화나 방송통신 융합이 수용자에게 가져다 준 혜택이라면, 선택할 수 있는 프로그램을 많이 제공한 것뿐만 아니라 텔레비전 시청에서 시·공간적 제약을 없애주었다는 것이다.

  불과 몇 년 전까지만 해도 어떤 프로그램이 인기를 얻으면, 시청자들은 그 프로그램을 보기 위해 하던 일을 중단하고 텔레비전 앞에 앉았다. 그러나 이제 시청자는 자신이 원하는 시간에, 원하는 공간에서, 자신이 선호하는 프로그램을 볼 수 있게 되었다. 컴퓨터만 부팅하면 '다시보기'를 통해 언제든지 자신이 보고 싶은 프로그램을 볼 수 있고, 이동수신이 가능한 DMB만 있으면 이동중에도 시청이 가능하게 되었다. 물론 언제 어디서든 DMB를 통한 텔레비전 시청이 가능해지려면 해결해야 할 기술적 문제가 많다. 그러나 자동차 안에서 자신이 보고 싶은 프로그램을 볼 수 있는 날이 그리 멀지는 않았으며, 예상보다 훨씬 가까운 시기에 시청자를 둘러싼 시·공간적 제약은 거의 사라질 것은 분명해 보인다.

　원래 프로그램을 배열한다는 의미의 방송편성은 텔레비전 시청에서 시·공간적 제약을 고려한 개념이었다. 리모컨이 나오기 전까지만 해도 방송사는 프로그램을 적절히 배열하기만 해도 시청자의 흐름을 유지하는 데는 큰 어려움이 없었다. 그런데 리모컨이 등장하면서 시청자들은 다른 채널로의 이동이 손쉬워졌고, 방송사는 이리저리 옮겨다니는 시청자를 붙잡아 두기 위해 다양한 편성전략을 동원하지 않을 수 없었다. 그리고 이런 편성전략들이 어느 정도 효과를 거두면서 방송에서 편성은 중요한 의미를 갖게 되었다.

　그런데 편성에 의미를 부여했던 시·공간적 제약이 사라진 지금, 시청자는 자신이 원하는 시간에 원하는 장소에서 원하는 콘텐츠를 이용할 수 있다. 이런 상황에서 편성이 어떤 의미를 갖는지 고민하지 않을 수 없다. 혹자는 디지털시대에 방송편성은 더 이상 의미를 가질 수 없다고 한다. 그러나 채널이 늘어나고, 경쟁이 심화되면서 편성의 의미는 더 확대되고 중요해졌다. 이제 프로그램을 배열한다는 좁은 의미의 편성개념에서 벗어나 프로그램을 기획하고, 제작하고, 보급하는 전 과정으로 편성의 의미를 확대하면서, 디지털시대 편성의 역할은 더욱 중요해졌다. 수용자의 취향을 고려해 프로그램을 기획, 제작, 보급하는 것이야말로 경쟁이 심화되는 다채널시대의 방송의 중요한 책무가 아닐 수 없다.

　이 책을 발간하기로 한 데는 이러한 문제의식이 한몫했다. 저자들은 그동안 각자 몸담은 대학에서 편성관련 수업을 오랫동안 담당했다. 수업을 진행하면서 느낀 고충 중 하나는 방송환경의 변화로 편성의 개념 및 전략이 바뀌고 있음에도 불구하고 변화하는 추세를 제대로 반영한

교재를 찾기 어려웠다는 점이다. 방송편성과 관련해서 몇몇 교재가 있기는 하지만, 아날로그 방송환경에서 편성의 개념이 중언부언되고 있거나, 실무중심적이어서 실제강의에 큰 도움이 되지 못하였다. 그래서 이 책은 이론과 실무적 내용이 적절히 가미된, 그리고 편성에 대한 그간의 변화된 내용을 학생들에게 전달하는 데 초점을 맞추었다.

그럼에도 불구하고, 이 책이 학생들에게 얼마나 도움이 될 수 있을지, 또 기존의 방송편성론 책과 얼마나 차이가 날지 생각해 보면, 여전히 아쉬움과 두려움이 남는다. 이런 아쉬움과 두려움에도 불구하고 용기를 갖고 책을 출판하기로 한 이유는 그나마 방송환경 변화 속에서 방송편성을 조망한 첫 번째 이론서라는 자부심 때문이었다. 그리고 또 다른 이유를 들라면, 방송통신 융합시대에 방송편성은 불필요한 개념이 아니라 새로운 의미로 다시 태어나는 개념이라는 점을 말해주고 싶었다.

이 책은 세 개 영역으로 구성되어 있다. 먼저, 1부는 편성의 기초적 이해를 돕기 위한 부분으로, 1장에서는 편성의 정의 및 기본원칙들을 다루었다. 2장에서는 우리나라 방송에서 편성의 현황이 어떻게 변화하였는지 구체적으로 분석하였고, 3장에서는 각 방송사에서 편성이 어떤 과정을 통해 또 어떤 요인에 의해 내용과 전략이 바뀌게 되는지 자세하게 언급하였다. 또 4장에서는 시청률을 중심으로 편성의 출발점이라 할 수 있는 수용자분석에 대한 필요성 및 분석방법에 대해 다루었다.

2부에서는 구체적 편성전략을 각 매체별로 나누어 설명하고자 하였다. 네트워크 텔레비전(5장)이나 라디오(6장)와 같은 전통적 매체와 함께 케이블 및 위성(7장), 인터넷(8장), 모바일 방송(9장)과 같은 신규 방송매체에 대한 편성전략을 추가함으로써 신규매체의 편성에 대한 새로운 인식을 제시하려고 노력하였다.

마지막 3부에서는 편성과정에 영향을 미치는 기타 주변적 요인들, 즉 편성정책이나 마케팅과의 관련성을 논의하고자 하였다. 10장에서는 편성에서 규제는 왜 필요한지, 어떤 부분에서 편성이 규제받게 되는지를 다루었고, 11장에서는 편성의 보다 확장된 개념으로서 프로그램 홍보와 같은 마케팅 개념의 중요성에 대해 언급하였다. 그리고 12장에서는 편성과 관련된 몇몇 성공사례들을 제시함으로써 편성의 제반 전략에 대한 학생들의 이해를 돕고자 하였다.

공동저자들은 이 책이 방송환경의 변화에 조응하여 방송편성을 새롭게 이해하는 데 도움이 되기를 기대한다. 앞에서도 언급하였듯이 이 책을 발간하고자 하는 의욕에도 불구하고 책의 곳곳에서 발견될 수 있는 한계 및 잘못된 점에 대해서는 독자들의 비판과 도움말을 바라마지 않는다. 끝으로 이 책의 출판을 흔쾌히 맡아주신 나남출판사의 조상호 사장께도 감사드린다.

2006년 3월
저자일동

제 1 부
편성의 이해

제 1 장

편성의 기초적 이해

심 미 선

이 장은 방송편성의 기초적 이해를 돕기 위해 구성되었다. 경쟁적 방송환경 도래와 함께 편성개념은 어떻게 변화했으며, 어떤 의미를 갖는지 고찰한다. 다음 편성에 대한 정의와 함께 편성전략 수립에서 고려해야 할 기본원칙에 대해 알아본다. 그리고 실제 사용되는 다양한 편성전략을 사례중심으로 설명한다.

1. 다채널시대 편성개념의 변화

방송환경 변화에 따라 편성의 개념도 상당히 변했다. 지상파방송 도입 초기 방송사에서 편성은 단순히 프로그램을 배열하는 것에 그쳤다. 어느 시간대에 어떤 프로그램을 배열할 것인가를 결정하는 것이 바로 편성국의 일이었으나, 어떤 과학적 근거에 의해 프로그램을 배열한 것은 아니었다.

그러다 1990년 상업방송 SBS가 개국하고, 피플미터 방식에 의한 시청률 조사가 시작되면서 편성의 개념이 바뀌기 시작했다. 이제까지 우리에게 알려진 편성의 개념은 프로그램의 단순한 배열을 의미하는 것이었으나 이때부터 편성의 개념은 프로그램의 기획에서부터 제작, 판매, 구매에 이르는 방송의 전 과정을 포괄하는 것으로 확대된다. 또 편성에서 이러한 역할이 가능해진 것은 전날 방영된 프로그램 시청률을 다음날 아침이면 받아볼 수 있고 해당 프로그램 시청자에 대한 분석이 가능해졌기 때문이다. 시청률 자료의 활용은 말로만 이야기되던 수용자 욕구에 근거한 과학적 편성을 가능하게 했고, 지상파방송에서 편성의 중요성을 부각시킨 계기가 되었다.

편성의 묘미는 이렇게 프로그램 제작에 추가비용을 들이지 않고 단지 프로그램의 기획 및 배열만으로 최대다수의 시청자를 확보할 수 있다는 데 있다. 새로운 포맷의 프로그램을 개발하고, 엄청난 제작비를 들여 프로그램을 제작한다고 해서 그 프로그램이 시청자 측면에서 성공을 거둘 것으로 장담하기는 어렵다. 그 이유는 프로그램은 일반재화와는 달리 수요의 불확실성이 높게 나타날 수밖에 없는 상품이기 때문이다. 요컨대 특정 프로그램 상품이 과연 어느 정도의 시청자를 확보해 얼마만큼의 수익을 가져다줄지에 대한 예측은 불완전할 수밖에 없다. 실제로 프로그램이 방영되기 전까지 특정 프로그램이 갖는 가치는 단지 성공할 수 있는 확률에 의해서만 표현될 수 있을 뿐이다(조은기, 2002: 6).

그리고 이렇게 확보한 수용자는 바로 경영 측면에서 방송사의 이익과 직결된다는 점에서 중요한 의미를 갖는다. 우리나라의 경우 아직까지는 시청률이 광고수입으로 연결되지는 않는다. 그 이유는 광고비 책정에서 시급에 따른 고정요율제를 채택하여 시청률이 높다고 해서 높은 광고수입이 보장되는 것은 아니기 때문이다. 그러나 대부분의 나라들은 광고비 책정에서 시청률에 따라 광고비를 책정하는 시청률연동제

를 채택한다. 일례로 미국의 경우에는 시청률이 광고수입으로 직결되
는데, 모건 스탠리(KBS, 《해외방송정보》 2003년 1월호) 분석에 따르
면, 미국 전체 18~49세 시청층의 0.1%는 12만 7천 명으로 5,560만
달러의 광고수입을 의미한다. 이는 적절한 편성을 통해 0.1%의 시청
률 증가만으로도 네트워크가 상당 정도의 수입을 올릴 수 있다면 엄청
난 제작비를 들여 시청자가 선호하는 프로그램을 제작하는 것보다 훨
씬 위험부담이 적고 안정적일 수 있다는 결론이 나온다.

이러한 이유 때문에 채널이 증가하면서 방송편성은 더욱 중요해졌
다. 방송사에서 시청자를 확보하는 전략에는 여러 가지가 있을 수 있
는데, 시청자가 선호하는 프로그램이 무엇인지 파악해 제공할 수도
있고, 적절한 프로그램 편성전략을 활용할 수도 있다. 방송인들이 자
사의 프로그램으로 더 많은 시청자를 끌어들이기 위해 편성을 이용하
는 이유는 프로그램 시청이 시청자 선택에 전적으로 의존하지는 않는
다고 생각하기 때문이다. 텔레비전 시청의 상당부분이 우연에 의해
이루어지는데, 시청자들이 우연히 자사 프로그램에 노출될 가능성을 높
이기 위해 방송편성이 이루어진다는 것이다(McDowell & Sutherland,
2000). 텔레비전 시청이 우연에 의해 이루어질 수 있다는 것은 많은
제작비를 투자해 심혈을 기울여 만든 프로그램이 상대 방송사의 경쟁
력 있는 프로그램과 맞편성됨으로써 기대만큼의 높은 시청률을 올리
지 못하는 경우, 반대로 수준 낮은 프로그램이 경쟁방송사의 프로그
램에 비해 상대적으로 높은 점수를 받음으로써 시청률 면에서 성공하
는 경우 등에서 잘 알 수 있다. 몇 년 전 방영되었던 MBC 드라마
〈상도〉가 당시 시청자로부터 상당한 인기를 얻었던 SBS의 〈여인천
하〉와 맞편성됨으로써 기대만큼의 시청자를 확보하지 못한 경우, 또
시간대를 바꿔 기대 이상의 시청률을 확보한 경우 등이 편성의 효과를
보여주는 대목이다.

특히 다채널 방송환경하에서 지상파방송사들은 새로 출범한 매체들

과 치열한 경쟁을 하지 않을 수 없게 되었다. 다채널상황의 도래는 수용자 입장에서 보면 프로그램 선택의 폭을 넓혀 수용자 복지를 실현했다는 긍정적 측면도 있지만, 방송사 입장에서 보면 소수 몇 개의 지상파 채널에 집중되었던 시청자가 케이블이나 위성 등 여러 채널로 분산되기 때문에 어떻게 하면 시청자를 자사채널에 붙잡아 둘 것인가를 고민해야 하는 과제를 안겨 주었다. 〈표 1-1〉은 피플미터 방식에 의해 시청률 조사를 실시한 이후 지상파방송 3사의 시청률 및 점유율을 제시한다. 각 채널시청률 및 점유율 추이로 채널간 경쟁이 심화됨을 알 수 있으며, 케이블 및 위성방송 시청률도 함께 측정하기 시작한 2000년부터는 지상파 전 채널의 점유율이 급속히 떨어짐을 볼 수 있다. 2000년 지상파 네 개 채널의 점유율은 88%이었는데, 2004년에는 74%로 뚝 떨어졌다. 이런 상황에서 새로운 포맷과 내용으로 시청자를 끌어들이는 것도 중요하지만, 새로운 포맷과 내용이 언제나 시청자를 확보할 수 있는 보증수표는 아니기 때문에 과거 지상파 몇 개 채널에 의해 독점되던 시대에 비해 편성전략에 신경을 더 많이 쓰는 것도 사실이다.

그러나 일각에서는 방송기술 발달에 따른 다채널의 도래는 텔레비전 시청패턴을 바꿔 놓았고, 따라서 다채널환경하에서 프로그램을 배열한다는 의미의 편성은 더 이상 의미가 없다고 한다. 이는 방송기술 발달로 텔레비전 시청에서 시·공간의 제약이 없어져 시청자는 자신이 원하는 시간과 장소에서 텔레비전 시청이 가능한 환경이 마련되었다는 데 더 무게를 둔 주장이다. 방송편성이라는 개념은 프로그램이 방영되는 시간에만 텔레비전 시청이 가능했던 시기에 등장한 개념이다. 그래서 편성의 목표는 텔레비전 시청을 용이하게 하기 위해 시청자의 생활습관에 맞게 프로그램을 얼마나 잘 배열하느냐 하는 것이었다. 비디오가 등장하면서부터 편성의 중요성은 많이 약화된 듯 보였다. 비디오를 이용해 시청자는 자신이 원하는 프로그램을 미리 녹화해 두었다가 편

〈표 1-1〉 1992~2005년까지의 채널별 시청률 추이
(서울/수도권 시청률 기준)

	전체 HUT	지상파 전체	KBS 1	KBS 2	MBC	SBS
1992	44. 9	44. 2 (99)	7. 3 (17)	10. 7 (23)	15. 7 (35)	10. 5 (24)
1993	46. 3	45. 9 (99)	7. 4 (16)	11. 0 (24)	14. 4 (31)	13. 1 (28)
1994	47. 9	47. 3 (99)	9. 7 (20)	11. 4 (24)	14. 5 (30)	11. 7 (25)
1995	48. 7	47. 8 (99)	11. 7 (24)	11. 6 (24)	12. 7 (26)	11. 8 (24)
1996	45. 4	44. 9 (99)	12. 2 (27)	10. 9 (24)	10. 9 (24)	10. 9 (24)
1997	45. 9	45. 4 (99)	12. 9 (28)	10. 4 (23)	12. 3 (27)	9. 8 (21)
1998	48. 6	47. 9 (99)	12. 1 (25)	10. 1 (21)	14. 8 (30)	10. 9 (23)
1999	46. 0	45. 3 (98)	10. 7 (23)	9. 4 (20)	13. 2 (29)	12. 0 (26)
2000	46. 8	41. 5 (88)	10. 8 (23)	8. 5 (18)	11. 8 (25)	10. 4 (22)
2001	48. 7	38. 2 (79)	9. 9 (20)	8. 0 (17)	10. 2 (21)	10. 1 (21)
2002	47. 9	36. 2 (76)	9. 1 (19)	7. 4 (16)	10. 0 (21)	9. 7 (20)
2003	48. 4	36. 0 (74)	9. 4 (20)	7. 5 (16)	10. 1 (21)	8. 9 (18)
2004	48. 6	35. 7 (73)	9. 5 (20)	8. 2 (17)	9. 4 (19)	9. 2 (19)
2005	48. 0	34. 0 (71)	8. 8 (18)	8. 4 (17)	8. 5 (18)	9. 0 (19)

주: 1) ( ) 안은 시청점유율임.
　　2) 2005년 시청률은 1월부터 6월까지의 평균치임.
　　3) 2000년부터 지상파 이외에 케이블이나 위성 등 기타채널을 측정하기 시작함.
　　4) 1998년은 IMF경제위기로 시청량이 급증한 것을 볼 수 있음.
자료: 1992년부터 2000년까지는 ACN 시청률자료이고, 2001년부터 2005년까지는
　　　TNS 시청률을 기준으로 분석한 것임.

리한 시간에 편리한 장소에서 시청할 수 있었다. 그러나 이 역시도 녹화를 준비해야 한다는 번거로움이 있다. 그런데 인터넷은 텔레비전 시청에서 시·공간의 제약, 즉 비디오로 녹화해서 보아야 하는 번거로움을 동시에 해결해 주었다. 이제 시청자는 인터넷을 통해 자신이 원하는 시간에 원하는 장소에서 지난 프로그램들을 다시 볼 수 있게 되었다. 이렇게 시·공간의 제약이 사라진 매체에서 적정시간대에 프로그램을 배열한다는 의미의 편성이란 것이 중요할까 하는 의문이 들 수도 있다. 원하는 시간에 원하는 장소에서 자신이 원하는 프로그램을 이용할 수 있다면 프로그램을 어떻게 배열하느냐 하는 것은 별로 중요하지 않기 때문이다. 그러나 아직까지 지상파방송은 인터넷을 이용해 지난 프로그램을 다시 보기로 시청하는 사람보다는 텔레비전을 통해 자신이 보고자 하는 프로그램을 시청하는 인구가 더 많다는 것이 편성의 중요성을 말해주는 대목이다.

2. 편성의 정의

편성이란 프로그램의 명칭, 설계, 분량, 배치 등의 프로그램 기획과정에서부터 프로그램을 제작하는 과정까지를 모두 포함하기도 하지만, 좁은 의미의 편성은 프로그램의 내용, 형식, 시간을 결정하는 행위를 가리킨다. 후자가 지금까지 통용된 일반적 편성의 개념이다. 그러나 다채널시대가 도래하면서 채널이 늘어나고, 수용자 욕구가 세분화됨에 따라 프로그램의 단순배열이라는 미시적 관점에서의 편성개념보다는 거시적 관점에서의 편성개념이 더 설득력을 얻는다. 거시적 관점에서의 편성이란 프로그램의 기획에서부터 제작, 판매, 구매에 이르기까지 방송의 전 과정을 포괄하는 것으로 확대시킨 개념이다.

편성무용론을 주장하는 사람들의 대부분은 바로 시간과 공간의 제약에서 벗어나 시청자가 원하는 시간에 원하는 프로그램을 선택해 볼 수 있는데 편성이라는 개념이 왜 중요한가에 의문을 제기하기도 한다. 그러나 방송편성이 프로그램을 단순히 배열하는 것에 그치는 것이 아니라 프로그램을 기획·제작·구매·판매하는 전 과정을 포괄한다고 할 때 다채널시대에도 편성은 더욱 중요한 의미를 갖는다. 결국 다양한 매체가 한정된 수용자를 대상으로 경쟁할 때 각 매체의 특성을 고려하여 수용자의 필요와 욕구를 충족시켜 주는 방향으로 편성이 이루어져야 한다는 것이다.

예를 들어 누구를 대상으로 어떤 유형의 프로그램을 어느 시간대에 방송할 것인가? 시청대상으로 설정된 시청자는 어떤 습성을 지녔으며, 그들의 생활시간대는 어떻게 구성되는가? 이 프로그램에는 어떤 인력과 시설을 투입하며, 제작비는 얼마나 배정할 것인가? 대상시청자에게 맞추기 위해 어떤 등장인물을 내세울 것이며, 영상 혹은 음향은 어느 정도까지 시청자에게 보여줄 것인가? 그리고 이 프로그램의 경쟁상대는 누구이며, 어떤 수준의 목표를 가져야 하는가 등에 대한 조정과 의사결정이 모두 편성행위에 포함된다(윤태옥, 1996: 17~18). 특히 프로그램의 기획에서부터 구매, 판매의 개념까지를 모두 편성에 포함시킨다면 이는 마치 기업이 시장조사를 통해 소비자 구미에 맞는 제품을 생산하고, 적절한 유통경로를 통해 이를 시장에 판매하는 마케팅 전략에 비유할 수 있다.

정리하면 좁은 의미의 방송편성이란 단순히 프로그램을 배열하는 것으로 독과점체제하에서의 지상파 텔레비전 편성이 바로 이런 의미를 가졌었다. 그러나 넓은 의미로 보면 방송편성은 프로그램을 배열하는 것을 포함해 프로그램을 기획·제작·구매·판매하는 프로그램과 관련된 전 과정으로 볼 수 있으며, 다채널시대에는 이러한 마케팅전략의 한 차원으로서 편성이 중요해진다는 것이다. 이러한 편성의 개념을 수용할 때 지상파 텔레비전은 물론 케이블, 위성, 인터넷, DMB 등 새로운 매체에까지 그 개념을 확장시킬 수 있다. 시간과 공간의 제약에서 벗어나 수용자 취향에 맞게 주문형매체의 형태로 운영되는 DMB나 인터넷방송에서도 프로그램을 배열한다는 의미의 편성은 전혀 중요하지 않다. 그러나 이들 매체에 담을 콘텐츠를 기획·제작·구매·판매한다는 의미에서의 편성은 중요한 의미를 갖는다. 따라서 이제 각 매체별로 적절한 편성전략을 수립하는 것이 필요하다.

〈그림 1-1〉 방송환경의 변화에 따른 편성의 개념도

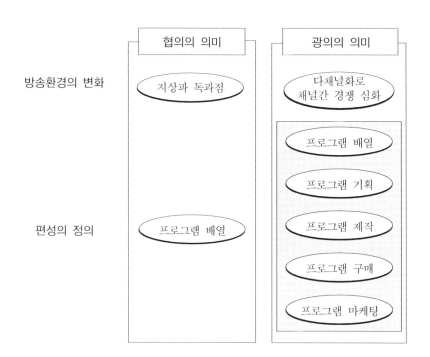

3. 편성의 기본원칙

공익성을 구현하면서도 최대다수의 시청자를 확보하기 위해서는 프로그램을 어떻게 편성하는 것이 바람직한가? 바로 여기서 편성의 기본원칙을 만날 수 있다. 우선 프로그램 편성은 시청자의 생활주기와 일치해야 하고, 이를 통해 수용자의 시청행위가 습관적으로 이루어져야 한다. 저녁 9시에는 뉴스를 시청할 수 있고, 밤 10시대에는 드라마를 볼 수 있다. 만약 저녁 9시대에 드라마를 보려면 SBS나 KBS 2로 채널을 돌려야 한다는 인식을 심어주는 것이 중요하다. 뉴스 프로그램을 시청하기 위해 하루종일 텔레비전을 켜놓아야 한다든지, 프로그램 가이드를 참고해야 한다면 편성을 잘못한 것이다. 물론 오늘 어떤 프로그램이 어디서 방영되는지 알기 위해 프로그램 가이드를 이용할 수는 있다. 그러나 매번 프로그램 가이드를 찾아야 한다면 편성하는 이유가 없는 것이다.

이스트만(Eastman, 1993: 9~15)은 편성전략을 세우는 데 기초가 되는 원칙을 다섯 가지로 제시한다.

① 생활주기와의 일치성: 시청자의 생활주기와 프로그램 편성이 일치해야 한다.
② 시청취습관 형성: 시청취습관이 형성되도록 편성전략을 마련해야 한다.
③ 수용자 선택권: 수용자의 자유로운 프로그램 선택권을 고려해야 한다.
④ 최소 비용, 최대 효과: 제한된 자원을 극대화하여 가급적 최저 비용을 설정한다.
⑤ 수용자 소구: 방송매체가 가진 대중 소구력을 개발해야 한다.

이러한 요건을 보다 자세히 설명하면 다음과 같다.

1) 생활주기와의 일치성

프로그램 편성은 시청자의 일상생활 주기(life cycle)와 일치하도록 한다. 주시청대상자를 생활패턴에 따라 구분하고 이들을 대상으로 특성 있는 프로그램을 편성하도록 한다. 이를테면 아침 일찍 일어나는 사람들을 위해 간밤에 일어난 사건, 사고소식을 전해 주는 프로그램이 적합한지, 아니면 지역의 특수성을 고려하여 농어민을 대상으로 하는 프로그램을 마련하는 것이 좋은지 결정해야 한다. 출근이나 등교를 준비하는 시청자를 위해 필요한 프로그램은 무엇이며, 출근길에 들을 수있는 프로그램, 집안일을 하면서 시청할 수 있도록 한 주부대상 프로그램, 온 가족이 모여 함께 시청할 수 있는 주시청시간대에 어울리는 프로그램, 늦은 시간대에 성인을 대상으로 하는 프로그램, 하루를 마감하는 프로그램 등 시간대별로 대상계층을 달리하여 그들의 생활주기에 맞는 프로그램을 편성한다.

그러나 최근 방송기술의 발달로 매체이용에서 시·공간적 제약이 사라진 지 오래이다. 새로운 매체이용은 주로 이용자의 시간적 편리성에 따라 좌우되는데, 이럴 경우 생활주기의 일치성이 텔레비전 이외의 다른 새로운 매체에도 적용될 수 있는가 하는 문제가 제기될 수 있다. 시·공간적 제약을 받지 않는 매체들은 주로 이용자가 자신의 선호나 욕구에 맞게 미디어를 이용할 수 있다는 특성을 갖는다. 우리가 인터넷방송만 들어가 보아도 계절적 특성을 반영해 콘텐츠배열이 달라지는 것을 볼 수 있다. 물론 검색기능을 이용해 이용자는 자신이 원하는 콘텐츠를 손쉽게 찾아볼 수 있지만 메인화면을 구성하는 데에서는 시청자들의 생활주기를 고려하지 않을 수 없다. 다만 편성에서 생활주기를 고려한다는 것이 지상파 텔레비전 중심의 소채널시대에는 프로그램

형식에 생활주기를 반영하는 것을 의미했다면 다채널시대에는 프로그램내용에 생활주기를 고려하는 것을 의미한다. 예를 들어 지상파방송에서는 시청자의 생활주기를 고려해 시간대를 나눠 주부들이 텔레비전을 보는 아침시간대에 생활정보 프로그램을 연속적으로 편성한다. 이렇게 지상파방송의 편성전략은 시청대상층별로 어떤 장르로 소구할 것인가를 고민한다면, 인터넷이나 DMB 등 시·공간의 제약을 받지 않는 매체의 경우에는 주이용자의 선호를 고려해 콘텐츠를 제작한다는 것이다.

결국 프로그램을 기획·제작·반영한다는 의미의 편성은 방송환경이 변화하고 매체가 바뀌어도 미디어 이용자의 생활주기를 고려하지 않을 수 없다는 것이다.

2) 시청취습관의 형성

시청자들은 나름대로 시청습관에 따라 텔레비전을 시청한다. 뉴스를 시청하고 싶으면 밤 9시에 텔레비전을 켜면 되고, 드라마가 보고 싶으면 밤 10시를 기다려야 한다. 이렇게 지상파 텔레비전 프로그램에 대해 시청자는 나름대로 시청습관을 형성하며 텔레비전을 시청한다. 이런 시청취습관 형성은 시청자의 프로그램 선택을 용이하게 해준다. 만약 매번 프로그램 가이드를 보아야 하는 상황이라면 시청자는 프로그램 가이드를 찾아야 한다는 번거로움 때문에 미디어이용 자체를 포기할지도 모른다. 그래서 프로그램 편성의 주된 목표 중의 하나는 시청취습관을 형성하는 데 둔다. 더욱이 요즘처럼 매체가 늘어나고 채널이 증가하면서 시청자가 선택할 수 있는 프로그램이 많아진 상황에서는 시청자가 습관적으로 시청하지 않는 매체나 채널, 프로그램 등은 거의 선택되기 어렵다. 이런 상황에서 시청자에게 친숙한 채널, 친숙한 프로그램으로 기억·인식되는 것이 중요하며, 이를 위해서는 습관을 형성할 수 있도록 편성전략을 수립하는 것이 필요하다고 하겠다.

　습관의 중요성은 비단 텔레비전 이용에만 국한된 것은 아니다. 케이블TV나 위성방송에서 쏟아내는 채널은 수십 개에 이른다. 예를 들어 포털사이트에 들어가서 검색어 하나만 치면 관련 사이트가 수십 개씩 뜨며, 무료로 이용할 수 있는 포털사이트만 해도 십여 개 이상이 된다. 그러나 어느 누구도 이용가능한 채널이나 사이트를 다 이용하지는 않는다. 이는 뷔페식당을 가더라도 이용자는 차려진 음식을 다 먹기보다는 자신이 좋아하는 몇몇 음식만을 골라먹는 행위와 비슷한 것이다. 선택할 수 있는 프로그램이나 채널 또는 사이트가 늘어나면 늘어날수록 이용자의 미디어이용은 더 소극적이 되어 자신이 이용하는 몇 개의 프로그램이나 채널 또는 사이트만을 정기적으로 이용하게 되는데, 이를 레퍼토리(repertoire)라고 한다.

　레퍼토리란 ‘채널묶음’(tiering) 또는 ‘프로그램 묶음’을 나타내는 개념으로 수용자는 매체 또는 채널에서 제공하는 프로그램을 모두 다 시청하는 것이 아니라 자신의 선호에 맞게 몇몇 프로그램만을 골라가며 시청한다는 것을 나타내는 개념이다. 이 개념이 새롭게 주목받기 시작한 것은 케이블 채널이 등장하면서부터이다. 히터와 그린버그(Heeter & Greenberg, 1988)에 의하면, 시청자들이 선택할 수 있는 채널이 수십 개라도 모든 채널을 골고루 다 시청하는 것이 아니라 자신이 즐겨 보는 프로그램을 중심으로 텔레비전을 시청한다는 것이다. 다채널 환경에서 시청자들이 채널목록을 구성하며 미디어를 이용하는 이유는 시청자들은 텔레비전을 시청하면서도 경제적 효율성을 생각하기 때문이다. 채널이 많고 선택할 수 있는 프로그램도 많은 상황에서 모든 프로그램을 다 검색하며 텔레비전을 시청하려면 시간과 노력이 많이 든다. 이러한 미디어환경에서 시청자들은 최소한의 시간과 노력을 들여 경제적으로 채널을 선택하려고 하는데, 바로 이런 행위의 하나로 자신만의 목록을 구성해 텔레비전을 시청하게 되며, 이런 미디어이용 행태를 레퍼토리라고 한다. 실제 다채널환경에서 미디어이용자들은 채널이든 프로그램이든 아니면 웹이든 자신만의 레퍼토리를 가지고 미디어를 이용한다는 실증적 연구가 발표되면서 레퍼토리 개념은 미디어 이용행위를 설명하는 중요한 개념으로 자리 잡았다. 구체적으로 한 개인이 정기적으로 이용할 수 있는 프로그램이나 채널, 인터넷사이트는 10개 내외라는 것이 기존의 연구결과이다.

따라서 새로운 미디어환경에서 미디어이용자가 형성하는 레퍼토리 개념이 바로 미디어이용에서 습관의 중요성을 말해주는 것이라고 할 수 있다.

3) 시청자 흐름의 통제

방송사는 기본적으로 자사 채널을 선택한 시청자를 계속 붙잡아 두고 다른 채널이나 다른 매체를 이용하는 시청자를 자신의 채널로 끌어들이려는 노력을 하지 않으면 안 된다. 즉, 자사 채널로부터의 이탈은 최소화하고 다른 매체나 채널로부터의 유입은 최대화함으로써 시청자 흐름을 통제하는 것이다. 이렇게 시청자 이탈을 막기 위한 방송사의 노력은 다양한 편성전략으로 이어지기도 한다. 시청자 이탈을 막기 위해 새로 시작하는 프로그램의 시작시간을 경쟁사 프로그램보다 5분 정도 일찍 시작함으로써 선점효과를 기대한 편성전략이 동원되기도 하고, 프로그램이 종료됨과 동시에 나타나는 시청자 이탈을 막기 위해 프로그램 후반부에 NG모음 등을 내보기도 한다.

대체로 방송사는 초저녁 또는 주시청시간대가 시작되면서부터 많은 시청자들이 좋아할 만한 강력한 프로그램을 편성하고 이후 계속해서 비슷한 유형의 프로그램을 편성하여 시청자를 붙잡아 두려는 전략을 강구한다. 시청자 흐름을 효율적으로 통제하기 위한 방법으로 동일한 유형의 프로그램을 장시간 편성하는 편성전략으로 구획편성(*block programming*) 이 있다.

지상파방송에서는 이렇게 시간의 흐름을 통제함으로써 시청자 유출을 최소화하고 유입을 극대화하려는 노력을 한다. 이러한 편성전략은 케이블TV나 위성방송에서도 예외는 아니다. 시간의 흐름을 고려해 프로그램을 배열하는 미디어에게 시청자 흐름 통제전략은 편성의 주요 원칙의 하나가 될 수 있다. 그러나 인터넷이나 DMB와 같이 시간의 흐름을 고려하지 않아도 되는 미디어의 경우 시청자 흐름을 통제하기 위한 편성전략은 어떻게 이루어질까? 인터넷이나 DMB와 같은 매체에서 시청자 흐름을 통제한다는 것은 일단 유입된 수용자라면 가능한 한 많은 시간을 DMB나 인터넷사이트에 머물 수 있도록 하는 다양한 전략으로 설명될 수 있다. 수용자가 많은 시간을 특정 사이트나 특정 채널에 머물도록 하기 위해서는 이 매체를 찾는 수용자의 욕구와 필요에 맞는 콘텐츠를 제공해야 한다. 물론 다른 사이트와는 차별화된 내용을 제공해야 하는 것은 물론이고, 이용의 편리성 등을 높이는 방안 등으로 수용자흐름을 통제해야 할 것이다.

이렇게 시간과 공간적 제약 속에서 매체들은 저마다 다른 특성을 지니며, 이런 특성들을 고려해 매체적 특성을 살려 수용자흐름을 통제할 수 있다.

4) 프로그램 자원의 확보

방송프로그램은 일회적이고 소모성이 높다는 특성이 있다. 경우에 따라서는 재방송되거나 비디오로 제작되어 재활용되기도 하지만 한 번 방송되고는 자료실에 깊이 보관된다. 하루 종일 돌아가는 방송채널을 생각하면 얼마나 엄청난 양의 프로그램이 필요한지 상상할 수 있다. 그런 의미에서 프로그램의 확보 여부는 편성전략을 강구하는 데 중요한 요인으로 작용한다.

그러나 이러한 프로그램 자원확보 전략은 비단 지상파 중심의 편성 전략에만 국한되는 이야기는 아니다. 신규매체인 인터넷방송이나 DMB 등은 이 매체를 주로 이용하는 수용자층의 취향을 반영해 장기적으로 어떻게 프로그램을 제공해야 할지 고민하고, 이런 고민을 바탕으로 장기적 편성전략을 수립해야 할 것이다. 결국 새로운 매체가 각축을 벌이는 다채널시대에는 어떤 채널이 어떤 튀는 콘텐츠로 수용자에게 다가갈 것인가에 성공여부가 달려 있다. 그리고 이렇게 경쟁력 있는 프로그램 자원은 단시간 내에는 확보될 수 없다.

최근 한류만 보더라도 프로그램 자원확보가 경쟁력차원에서 얼마나 중요한지 잘 보여준다. 이제 영상물시장은 국내시장에만 국한되는 것이 아니라 국외시장을 겨냥해야 한다. 시장규모가 커졌다고 할 수 있는데, 시장규모가 커졌다는 것은 바로 하나의 프로그램으로 벌어들일 수 있는 수입규모도 커졌다는 것을 의미한다. 이런 측면에서 본다면 경쟁력 있는 프로그램 자원확보는 중요한 편성전략이 되어야 할 것이다. 참고로 일본에서 욘사마 신드롬을 몰고온 〈겨울연가〉는 2004년 5백억 원의 부가수입을 벌어들였고, 〈대장금〉의 인기는 중국대륙에서 출발하여 동아시아 시장으로 확대되었다. 특히 홍콩에서 〈대장금〉의 인기는 가구시청률 47%에 점유율 95%(《월간중앙》 1월호, 2006)라는 홍콩방송 역사상 최고의 시청률이라는 사실을 통해 잘 알 수 있다. 이제 장기적으로 어떤 프로그램 자원을 확보해 어떻게 마케팅할 것인가가 채널의 생존차원에서 중요한 이슈로 떠올랐다.

5) 수용자 소구

방송사는 시청자 관심을 어떻게 끌 것인지에 대해 고심하고 여기에 상당한 자본을 투자하며 운용비용을 지출한다. 가능한 한 많은 사람들을 끌어들이기 위한 프로그램을 계속해서 내보내지만 그렇다고 전체 시청자를 모두 붙잡아 둘 수 있는 것은 아니다. 일반적으로 방송사는 시청자를 특성이 다른 여러 개의 하위시청자 집단으로 세분화해 이들의 연령, 성별, 학력, 생활양식의 차이를 극복하고자 노력한다.

또한 프로그램의 콘셉트, 스크랩, 견본 프로그램, 미리 만들어 놓은 프로그램 등을 분석하여 얼마만큼 시청자소구(audience appeal)에 부응했는지 사전에 면밀히 검토하는 것이 필요하다. 대중매체 상품으로서의 성공가능성을 평가하기 위한 구체적 방법으로 수용자의 관심과 흥미를 끌 수 있는 소구요소를 다음과 같이 1차적 소구요소와 2차적 소구요소로 구분하여 점검해 볼 수 있다. 이와 같은 소구요소들을 적절히 사용하거나 혹은 이 중 몇 가지를 부각시킴으로써 시청자로부터 관심을 얻고자 노력하는 것이다.

1차적 소구요소에는 평범하고 순탄한 것과 반대되는 극적 전개를 통한 갈등의 요소, 사람들을 웃기고 즐겁게 하고 때로는 긴장을 풀게 하는 다양한 코미디적 요소, 외모나 성격을 통해 표현되는 남성 혹은 여성적 요소, 세상 돌아가는 소식을 접하게 하고 그에 대처하게 해주는 정보적 요소, 타인의 삶에 대한 흥미와 호기심을 충족시켜 주는 인간적 흥미 요소 등이 여기에 포함된다.

2차적 소구요소에는 시청자가 등장인물과 정서적으로 동일하다는 느낌을 갖게 하는 동일시 요소, 동정심을 유발하는 요소, 과거의 것에 대한 향수를 유발시키는 요소, 퀴즈쇼·쇼핑채널과 같이 돈이나 물건을 얻을 수 있는 기회를 주는 취득성 요소, 믿음을 주는 신뢰성 요소, 중요한 인물이나 사건을 통해 시청자를 유인하는 중요성 요소, 미인·

〈표 1-2〉 수용자 소구요소

수용자 소구요소

·1차적 소구요소	·2차적 소구요소
① 갈등성 (*conflict*)	① 동일시 (*identification*)
② 코미디	② 동정심 (*sympathy*)
③ 섹스	③ 향수 (*nostalgia*)
④ 정보	④ 취득성 (*acquisitiveness*)
⑤ 인간적 흥미 (*human interest*)	⑤ 신뢰성 (*credibility*)
	⑥ 중요성 (*importance*)
	⑦ 아름다움 (*beauty*)
	⑧ 새로움 (*novelty*)

아름다운 경관·예술적 분위기 등을 통해 제공되는 아름다움의 요소, 새로운 아이디어나 제품·새로운 인물 등을 통해 주의를 환기시키는 새로움의 요소 등이 여기에 해당된다.

이런 수용자 소구요소들은 그동안 인간적 관심과 흥미를 끌기 위해 지상파방송을 중심으로 많이 인용되었던 소재들이다. 그리고 시대가 바뀌어도 사람들의 관심사는 크게 변하지 않기 때문에 프로그램을 기획할 때 이런 요소들이 얼마만큼 프로그램에 담겨 있는가를 확인하는 작업은 중요할 것이다. 그러나 이런 요소들을 시대에 맞게 어떻게 그려내느냐는 또 다른 문제이다. 동일한 고부간의 갈등을 다루었어도 이 갈등을 어떻게 다루느냐에 따라 수용자의 관심이 커지기도 하고 작아지기도 한다. 2005년 상반기 KBS 1채널의 일일드라마 〈어여쁜 당신〉은 고부간의 갈등을 다룬 전형적 가족드라마였다. 〈어여쁜 당신〉은 기존에 쌓여있던 KBS 1채널 일일드라마에 대한 시청자 기대로 좋은 출발을 보였으나 점차 시청률이 하락하면서 시청자의 관심에서 멀어져갔다. 시청자 게시판을 보면, 이 드라마에서 그리는 고부간 갈등이 너무 시대에 뒤떨어졌다는 평이 많다. 시어머니의 이유 없는 부당한 면박에 무조건 참고 지내는 며느리를 시청자들은 공감할 수 없었고, 리얼리티가 떨어진다는 이유로 시청자들은 이 드라마를 외면했다. 바로 이런 측면이 수용자 소구전략에서 고려되어야 할 것이다. 여기 제시한 수용자 소구요소들은 분명 시청자의 관심과 흥미를 끌기에 충분하지만, 이 요소들은 시대적 분위기에 맞아야 한다는 것이다. 즉, 동일한 갈등, 동일한 새로움이라 하더라도 이 소구요소가 수용자의 관심을 이끌어 내려면 시대적 변화의 트렌드를 따라가야 할 것이다.

4. 편성의 기본전략

방송편성의 기본원칙은 편성전략을 통해 구체화된다. 그렇다면 편성전략은 어떻게 정의될 수 있는가? 일반적으로 편성전략이란 제작·구매한 프로그램의 방송시간대를 결정하고 이들 프로그램을 전략적으로 배치하는 행위로 정의할 수 있다. 이러한 편성전략은 두 가지 의미를 함축하는데, 하나는 프로그램을 어떤 기준에 의해 제작하고 구매할 것인가 하는 것이고, 다른 하나는 제작·구매한 프로그램의 방송시간대를 정해 프로그램을 배열하는 것이다. 이제까지 편성전략에 대한 대부분의 논의는 주로 프로그램에 적합한 시간대를 정해 프로그램을 배열하는 후자에만 관심을 기울였다. 여기서는 편성의 기본전략을 두 부분으로 나눠, 프로그램 내용의 선택기준과 프로그램 배열에 관한 다양한 편성전략을 살펴본다.

1) 프로그램 내용에 따른 편성전략

편성에서 어떤 프로그램을 선택할 것인가를 결정할 때 우선적으로 고려해야 할 요인은 시청가능한 시청자 수와 이들의 인구사회학적 특성, 그리고 프로그램 유형별 선호도이다. 공영방송의 경우에는 소수집단의 욕구도 고려해야 하기 때문에 해당 시간대에 어떤 형태의 사람들이 시청하는가 하는 질적인 측면에서 시청자 구성을 파악해야 한다. 반면 상업방송의 경우에는 최대다수의 시청자를 목표로 하기 때문에 가시청자 수가 큰 경우에는 주시청층이 선호하는 프로그램을 편성하지만, 가시청자 수가 적은 경우에는 공통적으로 선호도가 높은 프로그램을 선택해야 한다. 이렇게 프로그램 선택기준에는 두 가지가 있는데, 하나는 LOP 모델이고, 다른 하나는 이상적인 인구사회학적 배경 모델이다.

(1) LOP 모델

LOP(*Least Objectionable Programming*) 모델이란 프로그램의 내용과 유형에서 수용자들에게 거부감을 주지 않는 프로그램, 즉 공통분모적 프로그램을 편성함으로써 가시청자의 규모를 극대화하는 전략이다. 이 개념은 1970년대 네트워크 편성전문가인 폴 클라인(Paul Klein)이 제기하였다. 그는 자신의 오랜 경험을 바탕으로 사람들은 텔레비전에서 자기가 좋아하는 프로그램이 방영되지 않더라도 텔레비전을 끄기보다는 그 중에서 가장 혐오감을 덜 주는 프로그램을 시청한다는 사실을 발견하였다. 간혹 우수한 프로그램이 실패하는 이유는 경쟁 프로그램과의 비교에서 상대적으로 부정적인 점수를 받았기 때문이며, 반대로 수준 낮은 프로그램이 성공하는 이유도 같은 맥락에서 설명할 수 있다. 이것이 LOP 모델의 핵심이다.

이러한 모델에 근거해 편성전략을 세울 때에는 우선 다양한 인구사회학적 특성에 따른 프로그램 유형별 선호도를 파악하여 해당 시간대의 시청자가 싫어하는 프로그램은 배제하고, 모든 시청자에게 어필할 수 있는 프로그램을 중심으로 편성할 필요가 있다. LOP 편성의 성공 여부는 편성된 프로그램의 시청자 구성이 해당 시간대의 가시청자 구성비율을 반영하고 있는지를 통해 드러난다. 실제로 지상파방송의 경우 프로그램이 40% 이상의 높을 시청률을 기록하려면 전 연령층에서 고루 시청되어야 한다. 특정 연령층에서 마니아층이 형성된 프로그램의 경우에는 사회적 반향을 가져올 수는 있으나 시청률로 성공하기는 어렵다. 예를 들어 한때 '다모 폐인'이라는 신조어를 만들어 냈던 MBC드라마 〈다모〉가 대표적인 경우이다. 이 드라마는 사극의 현대적 구성이라는 새로운 기획으로 젊은 시청층을 중심으로 엄청난 사회적 반향을 불러일으켰지만 시청률은 20%대 미만으로 높지 않았다. 그 이유는 이 드라마의 경우는 전 연령층에서 소구력을 얻는 데 실패했기 때문이다. 〈표 1-3〉은 〈다모〉와 40% 이상의 높은 시청률을 기록한 〈파리의 연인〉(SBS)과 〈내이름은 김삼순〉(MBC)의 시청자구성 분포표이다. 〈파리의 연인〉은 남녀 모두 30대 이상에서 높은 시청률을 보이고, 〈내이름은 김삼순〉은 남자는 30대 이상, 여자는 20~50대까지 높은 시청률을 보였다. 이에 반해 〈다모〉(MBC)는 남녀 모두 30대가 시청을 주도했음을 볼 수 있다. 결국 폭넓은 시청층에서 인기를 얻었던 〈파리의 연인〉이나 〈내이름은 김삼순〉의 가구시청률이 높게 나왔다는 것은 LOP 모델이 지상파방송의 프로그램 내용을 결정짓는 데는 유용한 모델이 될 수 있음을 시사하는 것이다.

그런데 문제는 LOP 전략이 다채널시대에도 여전히 효과적 편성전략으로 활용될 수 있는가 하는 점이다. 케이블TV와 비디오의 등장, 그리고 리모컨의 보급은 시청자의 시청패턴을 상당히 변화시켜 놓았다. 무엇보다도 채널 수의 증가는 시청자의 프로그램 선택권을 넓혀줌으로써 시청자의 취향을 세분화시켰고, 리모컨 보급은 시청자의 채널변경

〈표 1-3〉 주요 인기 프로그램의 시청자 구성분포

〔단위: 시청률(%)〕

		파리의 연인 (SBS)	내이름은 김삼순(MBC)	다 모 (MBC)
분석기간		2004년 6월 12일~8월 15일	2005년 6월 1일~7월 21일	2003년 7월 28일~9월 9일
가구시청률		42. 7	40. 0	20. 4
성별	남자	19. 7	12. 7	8. 6
	여자	28. 5	27. 0	13. 2
남자	20대 미만	17. 1	10. 0	6. 4
	20대	14. 1	8. 5	8. 1
	30대	24. 1	12. 8	11. 5
	40대	19. 0	14. 9	9. 1
	50대	27. 6	22. 2	8. 3
	60대 이상	23. 1	14. 9	8. 1
여자	20대 미만	20. 4	17. 5	7. 4
	20대	24. 5	25. 2	14. 0
	30대	31. 5	36. 0	20. 0
	40대	34. 3	36. 3	12. 5
	50대	35. 2	29. 1	13. 4
	60대 이상	32. 7	14. 5	12. 8

자료: TNS 미디어 코리아.

을 용이하게 해주었다. 이렇듯 채널선택의 기회가 급증하는 상황하에
서도 시청자가 여전히 혐오감을 덜 주는 프로그램을 선택할 것인지는
한번 생각해 볼 일이다.

(2) 인구사회학적 배경모델

이상적인 인구사회학적 배경모델은 바람직한 특정 수용자층을 겨냥
해 이들이 선호하는 프로그램 유형이나 프로그램 내용을 편성하는 것
이다. 이 경우 편성의 성과는 양적인 시청률 자체의 높낮이보다는 사
전에 목표로 설정한 시청자가 얼마나 시청하는가를 통해 드러난다. 10
대를 겨냥해 기획·제작된 프로그램이 이 시청층에서 안정된 시청자를
확보했다면 이 편성전략은 성공했다고 말할 수 있다. 따라서 LOP 모
델이 주시청시간대에 적합한 편성전략이라면 인구사회학적 배경모델
은 주변시간대(*fringe time*)에 적합한 편성전략이라고 할 수 있다.

또 일반적으로 보편적 다수를 대상으로 한 LOP 모델이 지상파방송
편성전략에 유용하다면 새로운 뉴미디어는 마니아층을 겨냥한 편성전
략이 유용하다고 하겠다. 만화전문 채널, 드라마전문 채널, 스포츠전
문 채널, 영화전문 채널 등이 성공적으로 평가받는 이유는 바로 특정
콘텐츠에 대한 마니아층의 취향과 욕구를 충족시켜 주었기 때문이다.

2) 프로그램 배열에 따른 편성전략

프로그램 배열에 따른 편성전략은 주로 지상파 텔레비전 편성에 국
한된 논의이다. 전문편성 또는 유사전문 편성을 지향하고 순환편성의
비율이 50% 이상 되는 케이블이나 위성방송의 경우에는 프로그램 배
열에 따른 편성의 효과가 드러나지 않는다.[1] 그러나 다른 매체에 비
해 상대적으로 시간과 공간의 제약을 받는 지상파방송의 경우에는 프

---

[1] 케이블이나 위성방송 편성에 대해서는 이 책 제7장을 참조하기 바란다.

로그램을 어떤 시간대에 어떻게 배열하느냐에 따라 효과가 달라진다. 그러면 프로그램 배열에 따른 편성전략에 대해 알아보자.

(1) 채널 내 편성전략

채널 내 편성전략은 수용자의 시청습관 형성에 목표를 둔 편성전략이다. 경쟁방송사의 프로그램 배열보다는 목표수용자의 생활주기에 초점을 맞춰 편성전략을 세우는 것으로 줄띠편성, 장기판 편성, 구획편성, 해머킹, 텐트폴링 등이 여기에 해당된다. 그럼 각 편성전략의 개념 및 유용성에 대해 살펴보기로 하자.

① 줄띠 편성

1주일에 5일 이상 동일한 시간대에 동일한 프로그램을 편성하는 기법을 줄띠편성(*strip programming*)[2]이라고 한다. 줄띠편성의 목적은 매일 같은 시간대에 동일한 프로그램을 편성함으로써 시청자가 일정한 시간에 프로그램을 시청하도록 시청습관을 갖게 하는 것이다. 예를 들어 저녁 메인뉴스를 보기 위해 밤 9시대에 KBS 1과 MBC를 틀어놓는다든지, 일일연속극을 시청하기 위해 저녁 8시 30분에 KBS 1에 채널을 고정시켜 놓는 행위 등은 줄띠편성의 효과를 보여주는 예이다.

〈표 1-4〉는 2005년 8월 1일부터 5일까지의 KBS 1 주간 편성순서를 나타낸 것으로, 음영으로 표시된 부분이 줄띠편성의 예이다. 저녁 6시에 방영되는 〈6시 내고향〉과 〈시청자칼럼 우리 사는 세상〉, 7시대에 방영되는 〈KBS 뉴스네트워크〉, 그리고 8시대에 방영되는 일일연속극 〈어여쁜 당신〉은 주말을 제외한 5일 동안 같은 시간대에 방송되며, 저녁 9시대에 방송되는 〈KBS뉴스 9〉는 일주일 내내 같은 시간에 방송되고 있어 줄띠편성의 가장 대표적인 예라고 할 수 있다.

---

2) 줄띠편성은 다른 말로 수평적 편성(*horizontal programming*) 또는 월경편성(*across the board programming*)이라고도 한다.

〈표 1-4〉 KBS 1 줄띠편성의 예(2005년 8월 1일~5일)

요일 시간대	월	화	수	목	금
18:00	00 6시내고향 55 시청자칼럼	00 6시내고향 55 시청자칼럼	00 6시내고향 55 시청자칼럼	00 6시내고향 55 시청자칼럼	00 6시내고향 55 시청자칼럼
19:00	00 뉴스 　　네트워크 30 우리말 　　겨루기	00 뉴스 　　네트워크 30 新 TV는 　　사랑을 싣고	00 뉴스 　　네트워크 30 대추나무 　　사랑 걸렸네	00 뉴스 　　네트워크 30 피플! 　　세상 속으로	00 뉴스 　　네트워크 30 신화창조의 　　비밀
20:00	25 어여쁜 당신	25 어여쁜 당신	25 어여쁜 당신	25 어여쁜 당신	25 어여쁜 당신
21:00	00 KBS뉴스 9	00 KBS뉴스 9	00 KBS뉴스 9	00 KBS뉴스 9	00 KBS뉴스 9

〈그림 1-2〉 〈KBS뉴스 9〉(KBS 1)

이러한 줄띠편성은 안정적 시청자를 확보할 수 있다는 장점은 있으나 편성에 변화를 주기 어렵고, 제작비가 많이 드는 프로그램에는 적용하기 어렵다는 단점이 있다. 줄띠편성의 성과를 평가하는 방법은 줄띠편성된 프로그램이 그렇지 않은 프로그램에 비해 안정적인 시청자를 확보했는지 살펴보는 것이다. 즉, 프로그램 시청률자료를 통해 일주일 또는 한 달 동안 줄띠편성된 프로그램의 시청률 변동상황 및 시청층 변동상황을 파악해 다른 프로그램과 비교함으로써 그 효과를 짐작할 수 있다.

② 장기판 편성

장기판 편성(*checkerboarding*)이란 동일시간대에 다른 유형의 프로그램을 격일 또는 주간단위로 편성하는 전략이다. 매일 같은 프로그램을 편성하는 줄띠편성이 시청자의 시청습관 형성에는 효과적이지만 제작비가 많이 들어 줄띠편성을 하기 어려운 경우 대안으로 장기판 편성을 한다. 실제로 장기판 편성은 줄띠편성을 제외한 나머지 부분 전체를 통칭한다고도 할 수 있다. 우리나라의 경우 저녁 7시대와 밤 11시대에 편성된 프로그램이 대표적 장기판 편성의 예이다.

〈표 1-5〉는 장기판 편성의 예를 나타낸 것이다. 2005년 8월 MBC의 주간 편성순서를 통해 확인할 수 있는 장기판 편성의 예는 저녁 7시대에 편성된 다섯 개 프로그램 〈전파견문록〉, 〈TV특종 놀라운 세상〉, 〈사과나무〉, 〈코미디쇼! 웃으면 복이와요〉, 〈꼭 한번 만나고 싶다〉와 저녁 10시대의 〈변호사들〉, 〈이별에 대처하는 우리의 자세〉, 〈유재석, 김원희의 놀러와〉 등이다. 밤 10시대는 주부들이 하루 일과를 끝내고 휴식을 취하는 시간대로 알려져 있다. 이 시간대에 주부들이 선호하는 드라마를 요일별로 다르게[3] 편성한 것이 바로 장기판

---

3) 우리나라 지상파 TV에서는 요일별로 매일 다른 드라마가 방영되는 것은 아니고 월요일과 화요일, 그리고 수요일과 목요일에 각기 다른 드라마가 방

〈표 1-5〉 MBC 장기판 편성의 예 (2005년 8월 1일~5일)

요일\시간대	월	화	수	목	금
19:00	20 전파견문록	20 TV 특종 놀라운 세상	20 사과나무	20 코미디쇼! 웃으면 복이와요	20 꼭 한번 만나고싶다
20:00	14 오늘의 뉴스데스크 20 굳세어라! 금순아	14 오늘의 뉴스데스크 20 굳세어라! 금순아	14 오늘의 뉴스데스크 20 굳세어라! 금순아	14 오늘의 뉴스데스크 20 굳세어라! 금순아	14 오늘의 뉴스데스크 20 굳세어라! 금순아
21:00	00 MBC 뉴스데스크 50 스포츠뉴스	00 MBC 뉴스데스크 50 스포츠뉴스	00 MBC 뉴스데스크 50 스포츠뉴스	00 MBC 뉴스데스크 50 스포츠뉴스	00 MBC 뉴스데스크 50 스포츠뉴스
22:00	00 변호사들	00 변호사들	00 이별에 대처하는 우리의 자세	00 이별에 대처하는 우리의 자세	00 놀러와

〈그림 1-3〉 〈사과나무〉(MBC)

영되고 있다.

편성인데, 문제는 주부들이 드라마를 선호하는 것은 사실이나 어떤 드라마를 즐겨 보느냐는 개인차가 있을 수 있다. 따라서 방송사마다 시청층을 세분화해서 다른 종류의 드라마를 방영한다면 방송사 측에서는 드라마의 성격에 맞는 고정시청자를 확보할 수 있고, 시청자 입장에서도 드라마 선택의 폭이 넓어진다는 장점이 있다.

장기판 편성의 효과는 해당 요일별로 같은 시간대의 평균시청률을 비교해 봄으로써 가능하다. 특정 요일 같은 시간대의 평균시청률이 불안정하면 그 요일의 장기판 편성은 효과적이지 못한 것이다. 따라서 해당 요일의 프로그램 편성을 제고할 필요가 있다.

③ 구획 편성

구획편성(*blocking*)은 특정 시간대의 주시청자가 명확할 때 주로 사용하는 편성전략이다. 하루를 비슷한 특성을 지닌 시청자를 중심으로 몇 개의 시간대로 나누고, 각 구획마다 특정 시청대상을 위해 프로그램을 집중편성함으로써 시청자 흐름을 유지하는 기법이다.

구획편성을 하기 위해서는 방송시간을 몇 개의 구획으로 나누어야 하는데, 이를 위해서는 시간의 흐름에 따라 시청자구성이 어떻게 변화하는지 알아야 한다. 즉, 시간대별로 가시청 인구의 규모 및 시청자 특성을 파악하여 비슷한 시청자 집단별로 구획을 나누고, 그 다음 시청자 선호에 맞게 프로그램을 배열한다. 예를 들면, 평일 이른 아침시간대의 주시청층은 출근을 준비하는 직장남성들이라고 할 수 있다. 이들의 관심사는 밤새 어떤 일이 발생했는지, 출근길 교통상황은 어떤지, 오늘의 날씨는 어떤지 등 뉴스정보에 있다. 따라서 이른 아침시간에는 뉴스, 뉴스쇼, 뉴스매거진을 방영하고, 그 이후 오전시간대에는 주시청층이 주부라는 점을 고려해 드라마, 인포테인먼트 프로그램을 3~4개씩 연속적으로 방영한다.

구획편성에서는 시청자를 붙잡아두기 위해 주로 맨 앞에 가장 강력

42

한 프로그램을 편성한다. 구획편성을 할 때는 두 가지를 우선적으로 고려하는데, 첫째는 프로그램 유형이 시청자 선호를 잘 반영했는가 하는 것이고, 둘째는 인접상황에서 수용자 성숙효과(*saturation effect*)[4] (Lehmann, 1971)가 있는가 하는 것이다.

〈표 1-6〉은 SBS의 주중 편성순서를 바탕으로 구획편성의 예를 나타낸 것이다. 〈표 1-6〉에서 "동일한 유형의 프로그램을 연속 편성한다"는 엄격한 의미의 구획편성이 가장 잘 나타나는 곳은 아침 9시부터 11시대까지이다. SBS는 아침 8시 30분에 〈여왕의 조건〉 드라마를 시작으로 여성들의 관심사를 반영한 인포테인먼트 프로그램을 연속 편성하고 있다.

구획편성을 평가하기 위해서는 우선 정해진 구획의 특성과 시청자 특성이 부합하는가를 살펴보고, 그 다음 구획별로 시청률과 시청자의 흐름이 안정적인가를 분석한다. 시청률과 시청자 흐름이 얼마나 안정적인가는 시간의 흐름에 따른 채널간 시청자 이동상황으로 확인할 수 있다.

④ 해머킹

해머킹(*hammocking*)은 시청률이 낮은 프로그램이나 신설 프로그램의 시청률을 높이고자 할 때 사용하는 편성전략이다. 새로운 프로그램이나 인기가 떨어지는 프로그램을 인기 있는 두 개의 프로그램 사이에 끼워넣어 인기 있는 프로그램의 시청자 흐름을 인기 없는 프로그램으로 연결시키려는 것이다. 일명 끼워넣기 편성 또는 샌드위치 편성이라고도 한다. 국내방송사 중에서 해머킹을 사용하는 예는 뉴스 전후에

---

4) Lehmann(1971)이 말하는 성숙효과란 편성담당자가 인접효과를 높이기 위해 동일한 장르의 프로그램을 연속적으로 방영할 때 시청자는 같은 종류의 프로그램만 계속 시청하게 되는데, 이럴 경우 어느 시점이 되면 시청자가 포만감을 느껴 그 채널의 시청을 중단한다는 것이다.

〈그림 1-4〉〈생방송 모닝와이드〉또는〈김승현 정은아의 좋은 아침〉(SBS)

〈표 1-6〉SBS 구획편성의 예(2005년 8월 1일~5일)

요일 시간대	월	화	수	목	금
06:00					
07:00	생방송 모닝와이드(1, 2, 3부)				
08:00					
08:30	여왕의 조건				
09:00	체험! 지구촌 홈스테이				
09:30	김승현 정은아의 좋은 아침				
10:40	뉴스와 생활 경제				
11:30	시청자제보 물은 생명이다				

인기드라마를 편성하여 시청자의 흐름을 자연스럽게 뉴스로 흘러 들어 가게 하는 편성전략을 들 수 있다. 해머킹편성에서 유의해야 할 사항 은 첫째, 편성하려는 프로그램과 성격이 비슷한 인기 프로그램을 찾아 해머킹편성을 하는 것이 효과적이다. 둘째, 해머킹하려는 시간대에 경쟁방송사의 프로그램 시청률이 높은 곳은 피하는 것이 좋다. 셋째, 시청자 특성을 고려하지 않은 프로그램 이동은 피하는 것이 좋다.

이처럼 해머킹은 새로운 프로그램 또는 시청률이 떨어지는 프로그 램을 지원하는 편성전략이기는 하지만 두 개의 인기 있는 프로그램 사 이에 인기 없는 프로그램을 편성함으로써 경쟁방송사에 시청자를 빼앗 길 수 있다. 따라서 해머킹의 성과는 편성 후 목표했던 프로그램의 시 청자 흐름이 안정적인가, 시청률은 올라갔는가를 파악해야 하고, 편

• 샌드위치 편성전략의 효과 사례

CBS의 편성담당자인 마이클 단(Michael Dann)은 관행적으로 기존의 인 기 있는 프로그램 사이에 새로운 프로그램을 끼워넣는 편성방식으로 20여 년 동안 네트워크 프로그램은 높은 시청률을 확보할 수 있었다고 주장하였 다. 이에 티지와 크소비크(Tiedge & Ksobiech, 1988)는 이러한 주장을 검증하기 위해 23년간의 시청률자료를 이용하여 샌드위치된 프로그램에 인 접 프로그램 점유율이 미치는 영향을 분석하였다. 분석결과, 인접한 프로 그램 점유율이 높은 경우 가운데 위치한 프로그램 점유율이 더 높게 나왔 으며, 후속 프로그램보다는 선행 프로그램 점유율이 중간에 위치한 프로그 램에 더 영향을 미치는 것으로 밝혀졌다. 즉, 선행 프로그램의 높은 시청 률은 후속 프로그램 시청률에 긍정적 영향을 미치나 선행 프로그램의 낮은 시청률은 후속 프로그램 시청률에 부정적 영향을 미치는 것으로 나타났다. 이는 인기 있는 프로그램 사이에 끼여 있는 신설 프로그램은 앞 프로그램 의 영향을 받아 어느 정도 시청자를 확보할 수 있었으나, 중간에 끼여 있 는 신설 프로그램의 낮은 인기도는 후속 프로그램에 부정적 영향을 미쳐 프로그램간 시청자 흐름을 단절시킨다고 결론지었다.

성한 프로그램 앞뒤에 위치한 인기 있는 프로그램 시청률이 낮아지지
는 않았는가를 파악하는 것이 중요하다.

⑤ 텐트 폴링

텐트폴링(*tent-poling*)은 해머킹과는 반대로 인기 있는 프로그램 앞
뒤에 덜 인기 있는 프로그램을 배열하는 전략이다. 따라서 시간의 흐
름에 따른 프로그램 시청률이 텐트폴링의 기초자료가 된다. 우리나라
지상파 채널 중에서는 KBS 1 채널만이 텐트폴링 전략을 사용한다.
KBS 1은 가장 경쟁력 있는 〈KBS 뉴스 9〉를 저녁시간대의 중심인 9시
대에 편성하고, 이를 중심으로 덜 인기 있는 프로그램을 앞뒤로 배열
한다. 텐트폴링의 효과는 해머킹과 마찬가지로 편성 후 앞뒤의 약한
프로그램 시청률이 상승했는지 혹은 강력한 프로그램 시청률이 낮아지
지는 않았는지를 통해 파악할 수 있다.

(2) 채널간 편성전략

경쟁방송국에 대한 대응이나 공격의 차원에서 일정 규모의 시청자를
확보하기 위한 경쟁적 편성전략을 채널간 편성전략이라고 한다. 채널
간 경쟁적 편성에 중점을 둔 편성전략으로는 실력편성, 보완편성, 함
포사격용 편성, 스턴트편성, 엇물리기 편성 등이 있다.

① 실력 편성

실력편성(*power programming*)이란 경쟁사가 이미 확보해 놓은 시간
대에 동일한 시청자를 대상으로 같은 유형의 프로그램을 맞붙여 놓는
정면도전전략이다. 즉, 한 방송사의 특정 프로그램이 인기 있을 경우
경쟁방송사도 이와 유사한 프로그램을 편성함으로써 같은 시청자를 놓
고 경쟁하는 것을 말한다. 예를 들어 경쟁방송사에서 영화를 방영할
때 같은 유형의 영화를 편성하는 전략이 이에 해당된다.

〈표 1-7〉은 방송 3사 네 개 채널간 실력편성의 예를 보여주고 있다. 저녁 8시대에는 KBS 2의 〈KBS 8뉴스타임〉과 〈SBS 8시 뉴스〉가, 8시 30분대에는 KBS 1의 일일연속극 〈어여쁜 당신〉과 MBC의 일일연속극 〈굳세어라! 금순아〉가 직접적 경쟁을 벌이고, 9시대에는 〈KBS 뉴스9〉와 〈MBC 뉴스데스크〉가, 밤 10시대에는 KBS 2의 〈그녀가 돌아왔다〉와 MBC의 〈변호사들〉, SBS의 〈패션 70's〉가 드라마로 경쟁을 벌인다.

방송사간 경쟁이 치열해지면서 한 방송사의 특정 프로그램이 인기가 있으면 경쟁방송사에서도 유사한 포맷의 프로그램을 방영하여 상대 방송사의 시청자를 빼앗으려는 의도에서 실력편성을 시도한다. 그러나 실력편성이 실패할 경우 방송사가 입는 피해는 치명적이다. 따라서 실력편성을 택할 경우 편성할 프로그램의 성패를 면밀히 분석해야 하고, 특히 동일유형의 프로그램을 여러 채널에서 동시에 방영하더라도 각 프로그램이 어느 정도의 시청률을 확보할 수 있을 만큼 전체 시청규모가 큰지 파악하는 일은 실력편성을 결정하는 데 중요한 판단기준이 된다. 실력편성 전략이 성공한 경우로는 MBC의 〈신비한 TV 서프라이즈〉를 들 수 있다. 〈신비한 TV 서프라이즈〉는 일요일 오전 11시대에 시청률 선두를 달리던 SBS의 〈좋은 친구들〉에 맞대응 편성해 시청자를 뺏는 데 성공했다. 반대로 실패한 경우로는 MBC의 〈상도〉를 들 수 있는데, 〈상도〉는 당시 높은 시청률을 보였던 SBS의 〈여인천하〉에 맞대응 편성했으나, 시청자를 뺏는 데는 성공하지 못했다.

이렇듯 실력편성은 같은 유형의 프로그램을 경쟁시킴으로써 해당 프로그램 유형의 발전을 가져온다는 바람직한 측면도 있으나, 여러 채널의 중복편성으로 시청자의 프로그램 선택의 폭이 제한된다는 문제점도 있다.

〈표 1-7〉 실력편성의 예(2005년 1월 12일~16일)

방송국 시간대	KBS 1	KBS 2	MBC	SBS
20:00	25 어여쁜 당신	00 KBS 8시 뉴스타임 40 경제투데이 55 인간극장	20 굳세어라! 금순아	00 SBS 8뉴스 45 오늘의 스포츠
21:00	00 KBS 뉴스 9	25 올드미스 다이어리	00 뉴스데스크 50 스포츠뉴스	00 솔로몬의 선택
22:00	00 가요무대	00 그녀가 돌아왔다	00 변호사들	00 패션 70's

〈그림 1-5〉〈어여쁜 당신〉(KBS 1)과 〈굳세어라 금순아〉(MBC)

② 보완 편성

보완편성(*counter programming*)은 경쟁방송사의 프로그램과 전혀 다른 유형의 프로그램을 편성하는 전략이다. 동일한 유형의 프로그램으로 경쟁할 경우 가시청자의 수가 충분하지 않아 각 방송사에서 끌어들일 수 있는 시청자의 규모가 작거나, 경쟁사 프로그램의 인기가 너무 높아 같은 유형의 프로그램으로 경쟁하는 것이 바람직하지 않을 때, 그리고 시청자 구성이 이질적이어서 다른 프로그램 유형에 대한 선호도가 높을 때 효과적이다. 따라서 보완편성을 하기 위해서는 시청자의 크기와 특성을 파악하고, 이들이 선호하는 프로그램 유형을 찾아내는 작업이 필요하다. 보완편성은 방송사가 서로 다른 소구대상을 찾는 방법으로 다양한 프로그램을 제공함으로써 시청자 선택의 폭을 넓혀준다는 점에서 긍정적으로 평가된다.

우리나라의 경우 KBS와 MBC가 주로 오락 프로그램을 편성하는 저녁 8시대에 SBS가 메인뉴스를 편성한 것과 KBS 1과 MBC가 메인뉴스를 편성하는 밤 9시대에 SBS에서 드라마를 편성한 것이 보완편성의 대표적 예이다. 또 보완편성은 다른 편성전략에 비해 성공가능성이 높은데, 동 시간대 다른 방송사와 장르를 차별화함으로써 시청률에서 성공한 경우로는 KBS 1의 〈도전 골든벨〉이 있고, 5) 동일장르 내에서 소구대상을 달리함으로써 안정적 시청률을 유지할 수 있었던 예로는 〈결혼의 법칙〉이 있다. 6)

---

5) KBS 1의 〈도전 골든벨〉이 방영되는 일요일 저녁 7시대에 다른 경쟁채널에서는 버라이어티 프로그램을 방영한다. KBS 2에서는 〈일요일은 즐거워〉, MBC는 〈일요일 일요일 밤에〉, SBS에서는 〈초특급 일요일 만세〉를 방영함으로써 버라이어티 프로그램을 싫어하는 시청자층을 〈도전 골든벨〉로 끌어들일 수 있었으며, 이러한 장르차별화 전략이 성공해 〈도전 골든벨〉은 동 시간대에 높은 시청률을 보였다.

6) MBC 일일연속극 〈결혼의 법칙〉은 KBS 1 일일연속극 〈우리가 남인가요〉가 한창 인기 있을 때 첫 방영되었다. 그러나 〈우리가 남인가요〉가 40대

이처럼 보완편성에 대한 평가는 경쟁사와 같은 유형의 프로그램을 방영할 때 시청률이 높은지 아니면 다른 유형의 프로그램을 방영할 때 시청률이 높은지 비교함으로써 파악할 수 있다. 그리고 시청률이 기대 이하로 낮을 경우, 시청자 구성에 대한 분석을 토대로 이들의 선호가 충분히 반영되었는지 확인하는 것도 보완편성의 성패를 가늠하는 하나의 방법이 될 수 있다.

③ 함포사격형 편성

함포사격형 편성(*blockbuster programming*)이란 방송시간이 긴 강력한 단일 프로그램으로 경쟁채널의 짧은 프로그램을 제압하려는 편성전략이다. 이를 위해 보통 90분에서 2시간 정도의 대형 프로그램을 경쟁방송사의 짧은 프로그램보다 일찍 편성하여 시청자의 흐름을 주도한다. 2004년 MBC에서는 토요일 오전시간대에 〈MBC 베스트극장〉을 100분 동안 재방송 편성했다. 이는 100분 동안 드라마를 편성해 타 채널로의 시청자 유출을 막으려는 전략을 편 것이다.

④ 스턴트 편성

스턴트편성(*stunt programming*)은 미식축구에서 사용하는 공격적 용어에서 따온 것으로 상대방의 프로그램을 무력화시키는 편성기법이다. 즉, 갑작스러운 편성변경이나 특집 등 예기치 않은 프로그램으로 상대방의 정규편성에 혼동을 줌으로써 단기적으로 경쟁방송사의 균형을 깨뜨리기 위해 사용하는 편성전략이다. 일반적으로 특집 대하드라마나 특집 미니시리즈 등 비정규 프로그램 편성이 여기에 해당한다.

이 편성전략은 1970년대 미국의 3대 네트워크가 즐겨 사용하던 기

이상의 중장년층에서 인기가 있음을 감안해 〈결혼의 법칙〉은 30대 이하의 시청층을 겨냥해 편성전략을 수립한 결과, 이 두 프로그램은 박빙의 경쟁을 할 수 있었다.

〈표 1-8〉 함포사격형 편성의 예(2005년 8월 5일 금요일)

방송국 시간대	KBS 1	KBS 2	MBC	SBS
21:00	00 KBS 뉴스 9	00 인간극장 25 올드미스 　다이어리	00 MBC 　뉴스데스크 50 스포츠뉴스	00 생방송 　세븐데이즈
22:00	05 역사스페셜	00 VJ특공대	00 놀러와	00 사랑한다 　웬수야
23:00	05 KBS 뉴스라인 35 생방송 심야토론	05 부부클리닉! 　사랑과 전쟁	00 뉴스플러스 　암니옴니 47 MBC 뉴스24	00 사랑한다 　웬수야

• 함포사격형 편성의 시작

시청습관 형성을 목표로 한 편성의 규칙에도 예외적인 경우가 있다. NBC 사장 위버(Sylvester Pat Weaver)는 프로그램의 예측가능성이 지나치게 높으면 시청자를 권태롭게 할 수 있다는 점을 깨닫고, 1950년대에 요즘음 특집으로 불리는 '스펙타큘러'(spectacular)를 고안했다. 위버는 일상적 시리즈보다 훨씬 긴 일회용 대형 프로그램(blockbuster programs)을 편성하여 기존의 프라임타임대 편성을 깨뜨렸다. 일회용 대형 프로그램으로 일상성을 깨뜨린 그 자체가 주목을 끌었고, 수용자도 이러한 비정규적 편성에 매력을 느껴 프라임타임대를 특집물로 편성하는 것이 유행이 되었다. 광고주도 습관적 시청자보다는 변화를 좋아하는 시청자가 구매력이 높다는 사실을 간파하고 이들에 대해 특별한 관심을 보였다. 이를 계기로 함포사격형 편성이 보편화되기 시작했다.

법으로 상대방이 눈치채지 못하게 마지막 순간에 단행하는 전략으로
상대방을 당황시키는 효과가 있다. 우리나라에서 맨 처음 스턴트편성
이 선보인 것은 1995년 SBS 창사특집극인 〈모래시계〉가 경쟁방송사
의 특집극인 〈까레이스키〉(MBC)를 제압하기 위해 주중 4회 방영하는
특별편성을 시도한 것이 시작이다. MBC는 월요일과 화요일에 〈까레
이스키〉를 정규편성했고, SBS는 〈모래시계〉를 월요일부터 목요일까
지 주 4일 편성했다. 이 결과 수요일과 목요일에 〈모래시계〉를 본 시
청자가 〈까레이스키〉는 재방송으로 시청하고 대신 주 4일 집중편성된
〈모래시계〉로 몰리면서 당시 〈모래시계〉는 '귀가시계'로 불릴 만큼
압도적으로 높은 시청률을 기록했다. 〈모래시계〉의 성공으로 〈까레이
스키〉는 작품의 우수성을 인정받았음에도 불구하고 당시 MBC로서는
드라마에서는 상상조차 할 수 없는7) 낮은 시청률을 보였다.

⑤ 엇물리기 편성

엇물리기 편성(*cross programming*)은 프로그램의 시작 및 종료시점
을 경쟁채널과 다르게 편성하여 해당 채널의 프로그램이 끝났을 때 다
른 채널에서는 이미 다른 프로그램이 진행중이도록 만드는 것이다. 이
전략의 핵심은 프로그램 종료 후 시청자가 선택할 수 있는 채널의 수
를 줄임으로써 시청자가 다른 채널로 빠져나가는 것을 막는 데 있다.
시청자가 현재 시청하는 프로그램이 끝나기 전에 다른 채널로 옮기지
않으면 타 방송사 프로그램의 시작부분을 놓치기 때문에 시청자는 처
음 시청한 채널에 남아 후속 프로그램을 처음부터 볼 수밖에 없다는
점에 착안한 것으로, 프로그램의 시작과 끝을 다르게 하여 시청자의
프로그램 선택권을 제한하는 편성전략이다.

엇물리기 편성에는 두 가지 전략이 있는데, 하나는 초저녁 시간부터

---

7) 당시 MBC 드라마는 평균 가구시청률이 30%를 웃돌았다.

주시청시간대까지 방영시간이 상대적으로 긴 프로그램을 편성하여 다른 방송사 프로그램의 시작과 끝을 지나치도록 하는 것이고, 다른 하나는 프로그램을 불규칙한 시간에 시작하고 끝냄으로써 다른 방송사 프로그램의 시작과 끝을 놓치게 하는 전략이다.

실제로 우리나라의 경우 여러 실증적 연구에서 엇물리기 편성효과는 어느 정도 있는 것으로 나타났다. 연구결과를 보면, 우리나라의 경우 해당 프로그램 시작 5~10분 전의 시청자 규모가 인접 프로그램 시청률에 상당한 영향을 미치는 것으로 나왔다. 또 특정 프로그램 시작 5~10분 전에 다른 방송사 프로그램이 시작하는 경우도 시청률에는 상당히 영향을 미치는 것으로 드러났다. 가령 〈MBC 뉴스데스크〉는 시보광고 때문에 밤 9시 정시에 시작하는 데 반해 경쟁 프로그램인 〈KBS 뉴스9〉는 2~3분 정도 일찍 시작한다. 이렇게 2~3분 일찍 시작하는 것이 경쟁방송사와 동일장르의 프로그램으로 경쟁하는 경우에는 상당히 유리하다. 그래서 경쟁사와 같은 장르의 프로그램을 편성해서 시청률 경쟁을 해야 하는 경우 프로그램을 5분 일찍 시작하거나 5분 늦게 끝냄으로써 시청자 관심을 끄는 전략을 택하기도 한다. 이 전략은 후발 프로그램으로 시작해 경쟁사의 선발 프로그램에 밀려 시청자 관심을 받기 힘든 상황에서 효과가 있다.

엇물리기 편성의 효과는 시청자 유출이 얼마나 적은지, 시청흐름이 얼마나 안정적인지를 통해 파악할 수 있다. 만약 프로그램 도중 혹은 종료 후에 시청자가 다른 채널로 대거 이동하는 상황이 발생한다면 엇물리기 편성효과는 없는 것으로 보아야 한다.

■ 연습문제

1. 방송편성의 의미에 대해 생각해 보자. 또 지상파 텔레비전에서는 왜 편성이 중요한 의미를 갖는지 토론해 보자.

2. 이스트만이 제시한 다섯 가지 편성원칙이 다채널시대 편성전략 수립에서 얼마나 유용한지 생각해 보자.

3. 현재 방송되는 지상파 텔레비전 프로그램을 중심으로 편성이 잘 된 사례와 그렇지 못한 사례를 찾아보자. 그리고 성공적 편성을 위한 대안을 생각해 보자.

4. 이제까지 시청했던 프로그램들을 중심으로 수용자 소구요소적인 측면에서 성공적이라고 판단되는 프로그램에는 어떤 것이 있는지 토론해 보자.

5. 지상파 네 개 채널편성표를 보면서 이 장에서 학습한 편성전략이 실제 편성에서 어떻게 사용되고 있는지 분석해 보자.

■ 참고문헌

김영임 · 한진만 · 심미선(2005), 《방송편성론》, 한국방송통신대학교 출판부.
심미선 · 강형철(2000), "프로그램 끝처리방식이 시청자 흐름에 미치는 영향
　　　에 관한 연구,"《한국방송학보》 14-2호, 한국방송학회, pp. 7~36.
홍기선 외(2000), 《현대방송의 이해》, 나남출판.

Eastman S. T., Head, S. W., & Klein, L. (1993), *Broadcasting/Cable Programming*: *Strategies and Practices* (4th ed.), Belmont, CA.: Wadsworth Publishing Co.

Head, S. W. (1981). "Programming Principles," In S. T. Eastman, S. W. Head & L. Klein (eds.), *Broadcasting Programming*. Belmont, CA.: Wadsworth Publishing Co.

Lehman, D. R. (1971). "Television Show Preference: Application of a Choice Model," *Journal of Marketing Research* 8 (February): 47~55.

McDowell, W. & Sutherland, J. (2000), "Choice versus Chance: Using Brand Equity Theory to Explore TV Audience Lead-in Effects, A Case Study," *The Journal of Media Economics* 13 (4): 233~247.

www. tnsmk. com
www. kbs. co. kr
www. imbc. com
www. sbsi. com

제 2 장

편성의 역사

한 진 만

　우리나라 라디오와 텔레비전방송은 각각 1927년과 1957년부터 시작
하였다.　비록　일제강점기였지만　한국에서　최초의　라디오방송국은
1927년 2월 16일 개국한 경성방송국(JODK)이다.　그런데 한국 전파의
독립성이 세계적으로 공인된 날은 1947년 9월 3일이다.　국제무선통신
회의(ITU: *International Telecommunication Union*)로부터 한국의 독자
적 호출부호로 HL을 할당받은 것이다.

　텔레비전은 일시적으로 방송하다가 사라지기는 하였으나 1956년 선
보인 KORCAD의 HLKZ-TV가 한국 최초의 텔레비전 방송이다.　이 방
송은 NTSC식 방식으로 세계에서는 15번째이며,　아시아에서 4번째로
개국한 것이다.　서울을 가시청권으로 하였다.　이 방송은 민영방송 형
태였는데,　당시의 한국 경제사정은 열악하기 그지없어 광고에 의존할
수 없는 상황이었기 때문에 운영에 상당한 어려움을 겪을 수밖에 없었
다.　몇 번의 소유주가 바뀌고 화재로 시설이 소실되어 AFKN-TV의

도움을 받아 방송하는 등 우여곡절을 겪다가 결국에는 1961년 KBS-TV 개국에 즈음하여 채널 9와 제작요원들을 대부분 넘겨주고 문을 닫는다.

역사란 과거의 반추를 통하여 현재 삶의 의미를 찾고 미래의 길을 찾는 이정표 역할을 한다. 그런 의미에서 우리나라 방송편성의 역사를 조명하는 작업은 우리 사회가 걸어온 변천과정이 방송을 통해서 어떤 식으로 투영되고 당시마다 방송이 사회적으로 갖는 위상과 성격이 무엇인지 알기 위해 필요한 과정으로 여겨진다. 이러한 목적에서 이 글에서는 라디오의 경우 라디오 위상의 변화를 중심으로 경성방송국 개국 초부터 2002년에 이르기까지 우리나라 라디오방송 편성의 역사를 크게 4기 ─ 라디오 독점기, 라디오간 경쟁시대, 라디오 위기시대, 다매체·다채널시대 ─ 로 구분하고, 텔레비전의 경우 편성의 역사를 방송제도의 변화를 기준으로 하여 크게 5기 ─ HLKZ-TV 방송, 국영방송기, 국민영방송기, 공영방송기, 공민영방송기 ─ 로 구분하고 당시의 라디오와 텔레비전 방송편성에 대하여 살펴보았다.

1. 라디오방송의 편성사

1) 라디오 독점기(1927~1961)

1927년 2월 16일 경성방송국이 개국한 이래 1961년 12월 31일 KBS-TV가 개국할 때까지 라디오방송은 독점적 지위를 누렸다. 물론 1956년 5월 12일 KORCAD의 HLKZ-TV가 개국하여 1961년까지 존재했으나 당시의 여건상 텔레비전 방송이 라디오방송의 영향력을 대체할 만한 정도는 아니었다. 텔레비전 수상기도 일반가정에 보급된 것이 아니라 큰 거리에 놓여 있었으며, 제한된 방송권역이나 방송시간으로 방

송으로서의 제 역할을 하였다고 볼 수 없다. 당시 텔레비전은 라디오
에게 위협적 존재가 아니었다. 따라서 이 기간 역시 라디오 독점기에
편입시키는 것도 별 무리는 없을 것으로 여겨진다.

라디오 독점기는 크게 세 기간으로 구분하였다. 첫 번째는 일제식민
지 기간이며, 두 번째는 광복 후 미 군정청의 통치기간이고, 세 번째는
정부수립 후부터 KBS-TV가 개국하는 1961년까지이다.

(1) 일제하 방송

1926년 11월 30일 조선총독의 허가를 얻어 1927년 2월 16일 설립된
우리나라 최초의 방송국인 경성방송국(JODK)이 현재 KBS의 전신인
사단법인 경성방송국이다. 호출부호 JODK는 일본이 ITU로부터 JO를
받은 후 도쿄가 AK, 오사카가 BK, 나고야가 CK로 개국한 다음 경성
방송국이 네 번째로 개국했다는 의미였다. 당시 조선총독부에서는 일
본 체신청의 호출부호 DK 사용을 반대했으나 내선일체의 식민정책을
위해 호출부호를 다르게 쓰는 것은 옳지 않다고 주장하였고, 그에 따라
JO의 네 번째 호출부호인 DK가 부여되었다(최창봉·강현두, 2001: 22).

일제 총독부의 지원 아래 일본인이 주도하여 설립한 경성방송국은
조선에 거주하는 일본인들의 정보와 문화욕구에 부응하고, 일본의 식
민지체제에 한국인을 순응하게 하기 위한 교화의 수단이었다(김영희,
2002: 152). 경성방송국의 운영을 맡은 이사회는 일인(日人)으로 구
성되었으며, 그들 중에서 이사장 한 사람을 추천하여 총독부 체신국장
의 승인을 받게 되어 있었으므로 결국 사단법인 경성방송국의 설립은
한국인의 의사와는 하등 관계없이 한국에서의 식민지정책을 보다 확고
하게 만들기 위한 일본의 계획적 수단에 불과한 셈이었다(방송위원회,
2000: 36).

경성방송국의 개국 초는 일본에서도 방송초기에 해당하기 때문에
편성방침에 확고한 원칙이 서있지 않았다. 일본의 '조사개요'(調査槪

要)1) 제 6항에는 일본에서 "방송사업의 경영은 실용적 보도, 즉 시각, 기상, 상장(相場), 신문(news) 등을 주목적으로 하고 음악 등은 부수적으로 하는 것이 적당하다"고 기술하여 당시 국민의 생활수준 및 국민성 등이 구미제국과는 달라서 구미 각국의 방송이 보여준 음악 등 '향락적 사항'(享樂的 事項)에 중점을 두지 않고 실용적 가치가 있는 보도를 주체로 한다는 원칙을 내세우고 있었다. 이러한 편성원칙은 식민지인 한국에도 그대로 적용될 수밖에 없었으나 확고한 편성방침하에 프로그램을 편성하지는 못하였다. 다만 식민지 한국인들을 회유한다는 통치방침을 반영하는 편성원칙이 부가되어 "조선에서 문화의 향상발전에 공헌"을 편성의 이상으로 표방하고 일본방송의 편성방침을 답습하였다(인태오, 1975: 25~26). 2년 3개월의 시험방송을 거쳐 1927년 2월 16일 방송을 시작한 경성방송국은 불합리하게도 방송국 내에는 편성을 전담하는 부서가 따로 없었기 때문에 방송편성은 일본방송협회의 편성형식을 거의 그대로 모방해서 꾸며 나갔다(이성진, 1998: 121). 개국 초 편성방침을 살펴보면, ① 내용의 충실화와 풍부, ② 교양 프로그램 편성에 중점, ③ 보도·교양·오락 프로그램의 균등 편성, ④ 일본어 야간 연예방송의 일본방송 중계, ⑤ 스포츠방송 일수(日數) 증가 등이었다. 그러나 사실상 첫 번째의 내용의 충실화와 풍부화는 네 번째의 일본방송 중계에 의한 충실화와 풍부화에 불과한 것이었다(최창섭, 1985: 42~43).

개국 당시 방송은 하나의 채널을 통해 한국어방송과 일본어방송을 교대로 내보내는 한일 양국어방송이라는 기형적 편성으로 진행되었다. 한국어방송과 일본어방송의 비율은 초기에 1:3이었는데, 이에 대해 신문 등에서 비난이 일자 그해 7월에는 2:3의 비율로 바꾸어 교대방송을 하였다(최창봉·강현두, 2001: 26). 이른바, 혼합방송이었는

1) 일본의 방송무선 전화제도의 기저를 명확히 하기 위해 체신청에서 오랜 기간에 걸쳐 작성한 것.

데 일본어와 한국어를 한 문장씩 즉시 번역으로 들려주기도 하였다. 뉴스, 요리메모, 일용품시세, 주간연예, 일기예보, 어린이시간, 공지사항, 방송순서예고, 시보 등이 주로 그런 프로그램이었다(이내수, 2000: 74). 기미주식(주식시세 및 상장방송)이 매일 10여 차례나 방송되기도 했고, 이밖에도 기악연주, 단가, 만담, 강연, 소설낭독, 외국어 강좌(영어), 라디오 연극, 국악(가야금 병창) 등이 경성방송국 최초의 기본편성표를 장식했었다(이내수, 2000: 76).

한 개의 채널로 한국어와 일본어를 교대로 내보낸 혼합방송 6년은 한국인이나 일본인 모두 불편했다. 이를 해결하기 위해 채널을 두 개로 만들어 한국말과 일본말을 따로따로 내보냈다. 기술적 어려움 때문에 몇 차례 2중 방송실시 일자가 연기되다가 마침내 1933년 4월 26일로 결정되었다. 한국어방송인 제2방송이 개설되어 비교적 독립적인 프로그램을 제작하면서 활기를 띠었으나, 1937년 일본이 중·일전쟁을 일으키면서 국민정신 총동원계획에 의해 라디오방송도 비상시국을 인식시키는 총독 당국의 철저한 대변인 노릇을 담당하기 시작하였다. 1941년 일본이 태평양전쟁으로 전쟁을 확대하면서 라디오 프로그램은 보도 제1주의로 도쿄로 통일방송의 중계를 강화하였고, 군국주의를 고취하고 황국식민화를 위한 내용이 그 대부분을 차지하였다. 라디오가 전시통제체제를 유지하는 데 주도적 역할을 하였다. 그나마 1942년 12월 단파방송 사건이 발생하여 1943년 6월 결국 제2방송이 폐지되어 일본어로 방송하는 제1방송만이 광복 당시까지 운영되었다(김영희, 2002: 152).

결국 독점기시대 라디오는 정권의 나팔수 역할을 하는 데 급급했을 뿐 오늘날과 같은 라디오방송으로서의 역할과는 상당한 차이를 보였다고 하겠다. 편성의 기본방침이 전시의식을 앙양하고, 국민사기를 고취시켜 시국의식을 준수케 하는 데 초점을 두었다는 사실은 당시 라디오 매체의 위상이 어떠했는가를 말해주는 것이다. 다만 전쟁이라는 상

60

황적 요인이 당시 라디오 매체가 사회 전반에 뿌리내리게 하는 데 일
정부분 긍정적 역할을 하였음을 부인할 수는 없을 것이다.

(2) 미 군정기의 방송

1945년 8월 15일 정오 일본의 무조건 항복을 알리는 히로히토의 육
성을 중계한 것은 경성방송국이었다. 그런데 8월 17일이 되자 일본군
이 경성방송국을 다시 접수하였다. 그들은 미군이 들어올 때까지는 한
국 내의 치안을 일본군이 맡는다는 명분을 내세웠다. 일본군의 방송국
점거는 9월 8일까지 계속되었다. 미군이 방송국을 접수한 것은 9월 15
일이었다. 광복을 맞이한 지 한 달 만에 조선방송협회도 우리나라 사
람을 회장으로 선출하였다. 그러나 중앙방송국은 미 군정청의 감독을
받았다. 미 군정청은 방송국에는 미 고문관을, 조선방송협회에는 감독
관을 파견하였다(최창섭, 1985: 50~51).

일제하에서의 방송은 거의 20년의 연륜을 쌓았지만 편성 면에서는
제자리걸음을 했으며, 더욱이 중·일전쟁이 일어난 뒤에는 전쟁완수
라는 목표에 시달리면서 어떤 원칙 같은 것도 세울 여지가 없었다(최
창섭, 1985: 52). 광복과 더불어 우리 방송은 일본의 통제에서 벗어날
수 있었으나 우리만의 방송을 할 만한 어떠한 준비나 과학적 자료, 전
문가 부재 등으로 우리의 방송은 시작부터 일본의 방식을 따를 수밖에
없었다. 또 광복과 더불어 미 군정의 통치를 받게 되면서 우리만의 독
자적 방송방식을 만들어가기보다는 식민통치하에 사용했던 일본의 통
제방식에 미국의 방식을 절묘하게 결합시켜 우리나라 방송은 일본과
미국방송의 편성양식을 상당히 많이 따랐다.

방송에 정시방송제가 실시된 것은 1946년 10월 18일이었다. 미군이
우리 방송에 가르쳐 준 것은 새로운 편성개념이었다. 이것은 방송사적
으로도 획기적인 것이었고 그 효과도 괄목할 만하였다. 정시방송제가
채택되기 전까지는 '뉴스', '가정시간', '어린이시간'을 제외하고는 언제

어떤 프로그램이 방송될지, 또 그것이 언제 끝날지 담당자밖에는 몰랐다. 미국사람들은 15분 단위 시간구분법에 의한 편성과 프로그램의 시간엄수를 종용했고 띠프로그램과 주 단위 시리즈 프로그램을 강화하도록 충고해줬다(김원용 외, 1991: 539). 그 당시엔 방송단위 15분은 퍽 짧은 시간으로 여겨졌다. 30분, 1시간짜리 프로그램이 나가던 때여서 15분짜리 방송을 내보내는 것도 어색하게 여겨졌고 프로그램을 짜는 데도 서툴렀으나 15분이 끝나면 반드시 콜 사인을 넣었다. 가령 30분짜리 프로그램의 경우엔 15분이 되는 중간에도 콜 사인을 넣어야 했다. 그때 들어갔던 콜 사인은 KBS(*This is Seoul Korean Station of the Korean Broadcasting System*)였다(한국방송협회, 1997: 200).

당시 국가기간 채널인 KBS의 편성방침은 광복된 모습을 진실, 정확하게 알려 청취자들이 국내·외 정세를 빠르게 파악하게 하는 것과 위축되었던 우리 문화를 소생시키는 일이었으며, 나아가서는 자주독립정신을 함양하고 새로운 시대사조를 받아들여 민주주의 발전에 이바지하는 것이었다. 이런 방침 아래 편성되는 프로그램은 많은 부분을 뉴스와 교양에 돌렸으며 교양의 으뜸은 강좌가 차지했다. 광복의 기쁨과 더불어 바른 말과 바른 글을 배우는 것이 무엇보다 급한 일이 아닐 수 없었다. 이러한 목적에서 처음으로 시도한 것이 바로 〈국어강좌〉이고, 뒤따라 〈국사강좌〉가 설치되었다. 프로그램은 별로 다양하지 않았지만 출연자를 선정, 교섭, 출연시키는 일이 여간 힘들지 않았으며, 음악프로에 독창이나 독주가 많은 것도 이런 이유에서였다(한국방송협회, 1997: 185).

⑶ 정부수립 이후의 방송

정부수립과 함께 방송정책에도 적지 않은 변화가 일어났다. 군정시대에는 정치적 중립을 유지하느라 좌우 양측에 대한 태도가 모호하였고 반공사상 고취에도 지극히 미온적이었다. 그러나 정부수립과 함께 이북의 김일성집단을 불법집단으로 단정하고 방송노선을 분명히 하였다. 정부수립 이후 당시 이승만 정부는 언론정책으로 금지 일곱 개 항을 마련하여 각 언론기관의 주의를 환기시키려고 하였다. 주요 금지사항으로는 대한민국의 국시국책을 위반하는 내용, 정부를 모략하는 내용, 공산당과 이북 괴뢰를 인정 내지 비호하는 내용, 허위사실을 날조 선동하는 내용, 우방과의 국교를 저해하고 국위를 손상시키는 내용, 자극적 논조나 보도로써 민심을 격앙·소란케 하는 외에 민심에 악영향을 끼치는 내용, 그리고 국가기밀을 누설하는 내용 등이었다. 이러한 이승만 정부의 방송정책은 북한의 선전에 대처하는 효과적 홍보와 국력집중을 위한 계도활동을 적극 전개하기 위해서는 무엇보다 강력한 전파매체를 갖고 있어야 한다는 인식을 바탕으로 하였다.

정부수립 초기, 방송의 외적 송신환경 또한 매우 열악한 상태였다. 일례로 1948년 5월 14일 북한이 아무런 예고 없이 그동안 남한에 계속 공급하던 전기를 일시에 중단해버렸는데, 이 사건 이후 전기사정이 극도로 악화되어 방송청취가 어려워졌을 뿐만 아니라 방송전파 자체도 일부 지방국에서 중단되는 일이 적지 않았다. 열악한 방송환경은 국영방송 형태의 방송제도를 정착시킨 빌미가 되기도 하였다. 왜냐하면 그러한 상황에서 청취료 징수로 방송을 운영한다는 것은 도저히 불가능한 일이었기 때문에 방송국 운영을 자율적으로 맡기기보다는 정부가 인수하여 크게 육성발전시키는 것이 더욱 효율적이라는 일부 여론이 있었기 때문이다(한국방송협회, 1997: 210). 또한 38선 이북에서는 김일성을 괴뢰로 내세워 정권수립을 획책하고 있었으므로 효과적 홍보와 국력집중을 위한 계도활동을 적극 전개하기 위해서는 무엇보다 강

력한 전파매체가 필요하였다. 따라서 정부수립 후 정부 홍보기관으로
서의 기능, 그리고 전쟁시 선전매체로서의 인식이 강하게 부각되어 점
차 정부기관으로서의 필요성이 고조되었기 때문에, 비록 방송사업의
국영화 반대운동도 있었으나 방송은 또다시 정부공보처 방송국으로 흡
수되었다.

전쟁 이후 라디오방송은 많은 변화를 경험하였다. 전후 한국방송의
주요 변화를 살펴보면, 한국 최초의 민간방송인 기독교방송이 개국
(1954년 12월 15일)하였으며, 1956년엔 KBS의 대북계 신설로 대북방
송의 본격체제를 확립하였다. 또한 1959년 4월에는 한국 최초의 상업
라디오 방송인 부산 MBC(주식회사 부산문화방송)가 개국하였다. 전쟁
후 미군이 한국에 주둔함에 따라 주한미군방송, 즉 AFKN-TV가
1957년부터 방송을 시작하였다(한국방송협회, 1997: 254).

기독교방송의 설립은 방송 소유구조 측면에서 볼 때 획기적 사건이
었다. 기독교방송의 개국은 종래 국가의 독점적 소유구조에서 탈피하
여 민간단체에 의한 방송소유가 이루어졌다는 점에서 우리나라 방송
소유구조 변화의 분기점으로 볼 수 있다. 기독교방송은 선교활동 외에
도 보도 오락물 등 종합편성을 실시함으로써 다른 방송에 자극을 주었
다(김원용 외, 1991: 544). 또한 1959년에 개국한 부산문화방송 역시
KBS와는 다른 편성전략을 통해 KBS와의 차별화를 시도하면서 동시
에 청취자들을 빠른 시간 내에 민영방송의 특성을 알고 청취할 수 있
도록 하는 방송제작 및 편성을 시도했다. 부산문화방송 개국 초기 편
성의 기본방침은 무엇보다도 청취자들의 기대감을 충족시켜 주면서 상
업방송의 이미지를 부각하는 데 두지 않으면 안 되었고, 그 전략으로
자유분방하면서도 다양한 내용의 프로그램을 과감하게 편성했다.

이 시기에는 텔레비전 방송이 선을 보이기는 하였지만 1950년대 한
국방송의 특성은 뭐니뭐니 해도 라디오방송의 보급과 확충에 있었다.
한국전쟁을 겪고 난 뒤 라디오가 국가재건과 경제성장의 주도적 역할

을 담당하였으며 방송의 내실을 이룬 시기였다. 예를 들어, 합동통신, 동양통신, 세계통신 등이 AP, UP, INS, 로이터 등과 계약을 맺어 외신을 받았으며, 1955년 4월 1일부터는 텔레타이프를 설치하여 외신을 직접 수신하였다. 따라서 외신기자도 새로 모집하여 외신부를 보강하기도 하였다(한국방송협회, 1997: 255).

그러나 자유당정권이 말기로 치닫게 되면서 방송의 공정보도는 어려워졌다. 1950년대 말엽부터 1960년의 3·15 부정선거를 거쳐 4·19 혁명에 이르기까지 보도의 공정성에 많은 훼손이 가해졌다. 그러나 보도부문을 제외한 그 밖의 부문은 장족의 발전을 거듭했다. 특히 스포츠경기의 실황중계가 활발해져 올림픽은 물론 아시아 경기대회를 비롯하여 해외에서 열리는 큰 경기는 거의 빠짐없이 현지에서 실황중계방송을 했다. 사회·교양부문의 프로그램도 녹음구성 프로가 다양하게 개발되는 등 각종 유익한 프로그램이 등장하여 KBS 본래의 특성인 계도성을 살리면서 청취율도 높이기에 힘써 나갔다. 농어민대상의 농어촌시간도 이론만이 아닌 실용에 도움이 될 내용의 프로그램을 개발하는 등 내실을 기했다. 주부 대상과 어린이 대상 프로그램도 실생활에 필요한 지식과 어린이들의 두뇌와 재질의 계발을 의식하면서 더욱 알뜰하게 다듬어 꾸준히 인기를 높여 나가기도 하였다(한국방송협회, 1997: 255). 연예·오락 프로그램의 발전이 두드러졌는데, 특히 연속극은 대표적 라디오장르로 등장하게 되었다. 예를 들면, 1956년 12월에는 일요일 단위로 방송되던 일요연속극을 선보이더니 이어 1957년 12월부터는 일일연속극도 등장하였다. 일일연속극은 1960년대 들어 민간방송국들까지 합세하여 방송함으로써 이른바 일일 연속방송극 전성시대가 개막되었다. 연속극 이외에 예술성 높은 순수극이라는 한 단막극이 〈KBS 무대〉라는 이름으로 자리를 굳히며 성과를 높여간 것도 이 시기였으며, 재미있는 퀴즈 프로그램이나 디스크자키 형식의 프로그램이 정착된 것 또한 이 시기였다.

2) 라디오간 경쟁시대

이 시기는 상업라디오들이 대거 개국한 기간이다. 물론 이 시기에는
KBS-TV(1961년 12월 31일)과 TBC-TV(1964년 12월 7일), 그리고
MBC-TV(1969년 8월 8일)의 세 개 텔레비전 방송이 개국했지만, 텔레
비전 수상기가 아직은 각 가정에 충분히 보급되지 않은 상태[2]였기 때
문에 수용자들에게 아직은 그 영향력이 그다지 크지 않았다. 그런데
이 시기에 상업라디오들이 경쟁적으로 개국한다. 1961년 문화방송의
개국을 필두로 1963년 동아방송(DBS), 1964년 라디오 서울(RSB, 후
에 TBC)의 개국 등 상업라디오 방송의 전성기를 이루었으며, 심지어
종교방송인 기독교방송에도 부분적 광고방송이 허용되어 방송국간에
더 많은 청취자를 확보하려는 경쟁이 치열해졌다.

이 시기의 전반적 특징 중의 하나는 오락 및 교양 프로그램의 감소
추세이다(한국방송협회, 1997: 415). 여러 분야의 시사성 있는 주 단
위 프로그램, 특히 연예계나 문화계 소식과 사회문제에 관한 녹음구성
프로그램들이 생방송으로 진행되는 대형화된 생활정보 프로그램 속에
분사 통합되었다. 이와 유사하게 음악과 드라마 이외의 오락 프로그
램, 즉 코미디·퀴즈·버라이어티 쇼와 같은 주 단위 프로그램들도 그
수가 줄면서 대형 생방송 프로그램 속에 흡수되었다. 즉, 인기연예인
이 레코드 음악을 틀면서 재치와 퀴즈 혹은 게임 같은 것들을 섞는 생
방송 프로그램이 늘어났다. 음악과 토막이야기가 교차하는 라디오가
되어 가는데, 그 이야기 토막들이 생활정보일 수도 있고 유머와 게임
혹은 잡담일 수도 있다. 당시 MBC의 〈유머대학〉(뒤에 〈유머휴게실〉
로 이름 바뀜), DBS의 〈유쾌한 응접실〉, KBS의 〈명랑 초대석〉 등 사
회 각계의 저명인사들을 주축으로 한 공개방송 프로그램을 통해 대학

---

2) 텔레비전 수상기의 세대당 보급대수가 1963년은 0.7%, 1967년 1.3%,
1972년 14.7%에 지나지 않았다(김승현·한진만, 2001: 30).

교수 등 지성인들도 연예인만큼 대중의 인기를 얻었다.

그런데 1968년이 되면서 TBC와 DBS 등 민영방송에서는 공개 프로그램을 많이 정리했지만 KBS만은 꾸준히 공개 프로그램을 비중 있게 편성하였다(한국방송협회, 1997: 416~417). 또한 이 시기에는 표적 청취자대상 프로그램도 꾸준히 유지되었다. 이런 유형에 속하는 프로그램으로는 주부 프로그램, 농어촌대상 프로그램, 국군대상 프로그램, 교통 프로그램 등이 있다. KBS는 부산 피난시절부터 특수한 상황하에서 여러 표적 청취자대상 프로그램을 방송해야 했다. 그 표적 청취자는 선생, 학생, 군인, 외국인, 그리고 북한군이기도 했다. 이와 같은 특정대상 프로그램은 제2라디오가 생기면서 거의 그쪽으로 옮겨가지만 종합방송서비스 채널인 제1라디오에서도 유사한 프로그램은 여전히 남아 있었다. 즉, 주부, 어린이, 농어민 등 일반 청취자 중에서도 어느 한 계층을 의식하는 프로그램을 라디오 초기부터 편성해왔는데, 그 뒤 상업라디오가 나오고 채널이 여러 개로 늘어나면서부터는 이른바 소비자 세분화이론을 도입하여 표적청취자를 더욱 좁히는 경향이 두드러졌다. 예를 들어 1964년 봄 개편 때 MBC는 고전적 종합편성을 탈피한다고 선언하고 청취자 대상별로 세분화된 편성을 제시하여 다음과 같이 시간대별 대상계층을 분명히 했는데, 이와 같은 대상계층 구분을 전제한 편성은 모든 방송사들의 일반적 경향이었다(한국방송협회, 1997: 418).

- 05:00 ~ 08:30, 전 가족
- 08:30 ~ 12:00, 가정주부, 요양자, 재택자
- 12:00 ~ 17:00, 가정주부, 직장인, 접객업소
- 17:00 ~ 19:00, 청소년
- 19:00 ~ 22:00, 전 가족
- 22:00 ~ 24:00, 청소년

이 시기에 개국한 RSB(뒤의 TBC)는 구체적인 표적청취자층을 확대하여 자동차 운전자 등의 운수업 종사자, 이·미용실 종사자, 노인 등을 위한 프로그램 〈가로수를 누비며〉, 〈직업인의 휴게실〉(곧 〈거울 속의 휴게실〉로 개칭), 〈장수무대〉 등을 내놨다(한국방송협회, 1997: 419).

각 방송사 공히 표적청취자 대상 프로그램으로 농어촌대상 방송을 특별하게 편성한 것은 우리나라 라디오방송의 독특한 현상이다. 농가방송토론 그룹시간 등 농어촌 프로그램을 저녁 황금시간대에 편성하는 경향을 보이기도 하였다. 그러나 그것도 잠시뿐, 결국 전통적인 농어촌 방송시간대로 불리는 오전 5시대에 여러 가지 내용을 방송하다가 1960년대에 들어서는 〈농어촌의 아침〉이라는 큰 제목으로 정착한다. 프로그램 시간은 30분에서 55분 사이에서 자주 바뀌며 소제목도 변하다가 1972년 10월에는 55분으로 편성하고 내용도 〈일력과 메모〉, 〈마을의 게시판〉(농수산물 상황과 공지사항), 〈앞서가는 농어촌〉, 〈외국의 농어촌〉, 〈밝아오는 우리 마을〉, 〈농어민 수기〉, 〈라디오 농업학교〉, 또는 〈라디오 수산학교〉, 〈어업 기상통보〉 등 거의 5분짜리 토막으로 다양하게 꾸몄다. MBC는 〈농어민의 차지〉라는 프로그램을 1964년부터 〈밝아오는 우리 마을〉로 고치고 처음에는 15분짜리로 편성하였다가 점차 시간을 늘렸으며 한때(1964년 가을)는 오전 6시대에 편성하기도 했다. 그 뒤 이 프로그램은 〈밝아오는 새마을〉로 개명, 1968년에는 방송시간을 45분으로 늘리고 농어촌 방송자문위원회를 두고 내용의 충실화를 기했으며, 1972년 11월 개편 때부터는 오전 5시 15분~5시 50분대에 자리를 잡았다. DBS는 1964년 10월에 25분 내지 30분짜리 농어촌대상 프로그램인 〈상록수의 마을〉을 처음 편성했다. 1966년 여름에는 생활정보 프로그램 〈다이얼 1230〉을 등장시키면서 〈상록수의 마을〉을 폐기했다. 이 프로그램은 그 뒤 1968년에 잠시 부활하지만 다음 해에 다시 〈새벽의 광장〉으로 바뀌어 농촌대상이라는 색채를 지우더니 1970년대에 들어서 정부의 새마을운동 방송 강력 추진 시책에 따라 1973년 1월에 〈새마을 광장〉으로 탈바꿈한다. DBS 는 가청지역이 서울 일원이었기 때문에 농어민대상 방송에 애로가 있었을 것이다. TBC는 1966년 3월에 〈내 고장 삼천리〉를 편성한 이래 그 프로그램 길이를 50분, 15분, 45분, 35분 등 개편 때마다 자주 바꿨지만 그 제목만은 꾸준히 유지하였다. 그리고 전일방송과 서해방송을 네트워크국으로 제휴한 뒤인 1970년대에 들어서서는 이 프로그램의 방송시간을 겨울철에는 오전 6시대로 늦추어 편성했다(한국방송협회, 1997: 421).

농어촌대상 프로그램 이외에 또 다른 표적청취자 대상 프로그램으로 군인대상 프로그램을 들 수 있는데, 한때 KBS 제2 라디오로 옮겨갔던 〈국군의 시간〉은 1960년대에 들어서 다시 제1라디오 오후 6시대에 편성되었다. 민영 라디오방송사의 경우 MBC가 꾸준히 일요일 아침에 〈용사의 시간〉을 편성했고 DBS는 한때 〈월남통신〉을, TBC는 〈승리의 국군〉(뒤에 〈국군의 광장〉), CBS는 〈장병시간〉을 편성했다. 민영방송사들은 정규편성에서 군인대상 프로그램을 비중 있게 다루지는 않았으나 일반 프로그램 — 특히 엽서나 전화 리퀘스트 프로그램 등 — 에서 일선장병이 보내오는 편지사연 혹은 이야기를 다루도록 노력했다(한국방송협회, 1997: 421).

한편 당시 자동차 교통이 극히 미미하던 때임에도 PSB(TBC의 전신)는 개국 초기 직장인대상 프로그램의 하나로 운전사와 교통관계자를 상정한 〈가로수를 누비며〉를 편성하였다. 이후 이 프로그램이 점차 자리잡게 되자 MBC가 〈푸른 신호등〉을 출발시켰고, 뒤이어 CBS의 〈명랑 하이웨이〉, DBS의 〈나는 모범운전사〉 등이 잇따랐다. 이들은 오늘날 라디오 편성의 중요한 요소를 이루는 교통방송의 개척자들이었다(한국방송협회, 1997: 421).

어린이대상 프로그램은 MBC의 경우 하루 35분, DBS는 30분씩 요일별 주(週)단위 프로그램을 다양하게 편성했으나, 몇 년 못 가서 DBS의 〈어린이 연속극〉과 〈모두모두 모이자〉 등 공개 프로그램, MBC의 〈연속 모험극〉(뒤에 〈청소년 극장〉)과 〈어린이 슬기자랑〉 등 만 남았다. 그러다가 1966년에 가서는 어린이 프로그램이 모두 자취를 감춘다(한국방송협회, 1997: 419).

3) 라디오 위기시대

1960년대 말에 텔레비전 수상기가 50만 대에 이르던 것이 1973년에 수상기 등록대수가 백만 대를 넘어선다. 가히 텔레비전의 전성시대가 개막된 것이다. 한편 라디오는 설 곳을 찾아 텔레비전과는 다른 라디오만의 특성을 살릴 수 있는 새로운 제작·편성방향을 모색하지 않을 수 없게 되었다.

텔레비전시대의 라디오 편성 및 생존전략에 관해서는 한국보다 미리 방송을 시작한 미국과 서구에서 많은 연구와 실험이 계속 이루어졌다. 이와 같은 텔레비전시대에 라디오가 취해야 할 전략에 대한 연구는 다른 무엇보다 라디오가 우선 시청(취)자들이 많이 몰리는 주시청시간대는 별수 없이 텔레비전에게 내어줄 수밖에 없는 매체환경 현실을 냉정하게 인정하고 스스로를 텔레비전보다 못한 매체라고 동의해야 한다는 점을 각인하는 것에서부터 시작해야 한다는 사실이다. MBC가 1973년 가을개편 때 라디오의 전략시간대를 밤 10시, 11시대, 오전 6시, 7시대, 낮 12시대, 오후 2시대 등으로 설정한 경우가 이러한 전략의 사례에 해당된다.

텔레비전시대의 라디오는 매체의 특성상 신속한 정보전달을 위해 긴 시간을 생방송하는 것이 최상이라는 결론에 도달한다. 그런데 긴 시간을 잡다한 토막으로 이어가기 위해서는 그것을 하나로 통합하는 역할자로서 혹은 청취자를 끌어들이는 요소로서 개성 있고 유능한 방송인이 필요하다. 즉, 퍼스낼리티를 강조하는 것이다. 그리고 지금 바로 필요한 정보와 신속하게 제공되는 뉴스가 유연하게 끼어들 수 있도록 반드시 생방송이라야 한다. 그러므로 텔레비전시대의 라디오방송은 생-와이드-퍼스낼리티적 형태 프로그램의 적절성을 발견하고 이를 편성전략에서 중요하게 고려하게 되었다.

라디오가 우리의 고전음악 및 소리들의 발굴과 보존이나 복잡해지는 도시생활이 요구하는 새로운 교통문화 및 질서의식 등에 대한 공익캠페인에 앞장서기도 하였다. 그러나 이러한 변화 자체는 텔레비전시대를 맞이한 후 라디오 전성기의 막이 내려진 상황에서 어쩔 수 없이 선택된 변화이거나 정부의 국가시책에 호응하면서 얻어진 것이었다는 점 또한 부인할 수 없다(한국방송협회, 1997: 537).

텔레비전이 '안방극장'으로 오락적 기능에서 단연 라디오를 앞지르게 되는 1970년대 초반부터 라디오드라마 홍수시대도 막을 내린다(김원용 외, 1991: 697~698). 1960년대가 라디오연속극의 전성기였던 반면 1970년대에 들어가면서 라디오연속극 수는 점차 줄어들었다. 한 달에 한 작품씩 새로운 작품을 방영하며 멜로드라마를 고정편성하던 방식은 텔레비전 드라마가 득세하는 상황에서 변화를 가져올 수밖에 없게 되었다. 극본가들의 텔레비전 진출이 활발해지고 많은 제작비가 투자되는 드라마제작은 지양되는 여건 속에서 라디오는 장기간 방영할 수 있는 새로운 방식의 다큐멘터리 드라마 및 대하물을 기획하게 되었다. 따라서 연속극으로 고정편성된 띠편성은 변모할 수밖에 없게 되었다.

라디오는 드라마를 포함한 화려한 오락 프로그램을 텔레비전에 빼앗기면서 정보와 음악위주의 편성으로 프로그램을 구성하는 전략을 마련하였다. 이는 텔레비전이 가장 각광받는 대중매체로 자리잡으면서, 그에 따른 광고수입 감소로 높은 제작비 수준을 요구하는 오락 프로그램을 유지할 여력이 없어졌기 때문이다. 작은 매체를 지향할 수밖에 없는 상황에서 라디오수신의 보편성과 실내든 실외든 어디에서나 청취가

능한 융통성을 살려 청취자들이 관심을 갖는 뉴스속보와 여러 가지 생
활정보 제공 중심으로 편성전략을 새롭게 구성하면서 DJ를 앞세운 유
행음악을 청취자 사연소개 등의 이야기와 곁들여 들려주는 프로그램
형식에 많은 부분 의존하게 된다(한국방송협회, 1997: 410).

1972년 10월 유신헌법 제정 이후 1973년의 새로운 방송법이 공포되
면서 한국의 방송은 커다란 전환점을 맞는다. 유신체제의 출범은 방송
계로 하여금 정부주도의 국가시책에 발맞추도록 하였으며, 10월 유신
을 홍보하는 이른바 유신 프로그램 양산을 요구하였다. 유신 프로그램
은 새 질서확립과 새마을운동에 부합되는 내용을 담은 정규 프로그램과
유신체제를 홍보하는 중계방송, 특집좌담, 촌극 스폿과 SB 스폿 등의
비정규 집중편성의 프로그램, 그리고 기존 프로그램에 유신을 홍보하
는 내용을 삽입하는 부분적 구성변형 프로그램 등으로 대별되며, 이러
한 프로그램들은 유신초기의 폭발적 급증에 이어 1970년대 말까지 정
치적 · 사회적 여건에 따라 수시로 증감을 반복하면서 꾸준히 방송되었
다(동아일보사, 1990: 281~282).

이와 같은 사회적 제반상황의 변환은 드라마 제작에도 많은 영향을
주게 되었다. 1973년에 들어서면서 동양라디오(TBC)는 드라마 제작
을 지양하는 반면 연예 · 오락중심의 생방송 프로그램에 주력하기 시작
했다. 한편 MBC 라디오도 KBS나 TBC 라디오와 마찬가지로 1971년
부터 방송극편성에 큰 변화를 시도, 테마드라마를 줄이고 장기 다큐멘
터리 드라마 기획에 나서기 시작했다. 특히 동아방송(DBS)의 경우 다
른 라디오방송국보다 드라마부문에서 선두를 달리며 청취율경쟁을 주
도하던 채널이었다. 1960년대 종반까지 라디오드라마 전성기가 구가
되던 시기에는 매 시간마다 드라마를 편성하기도 하였으나 텔레비전
드라마의 인기몰이에 압도되면서 DBS 역시 드라마위주 편성에서 후
퇴하였다. 1970년대 초반 이후 다른 라디오채널과 마찬가지로 DBS
또한 다큐멘터리 드라마 쪽에 치중하는 방향으로 전환하지 않을 수 없

었다(김원용 외, 1991: 699).

1980년 11월 한국신문협회와 한국방송협회가 이른바 자율적 형식으로 결의한 언론통폐합이 단행되면서 라디오방송의 경우, KBS는 TBC와 DBS 등을 인수하여 MBC와 양대 축을 이루게 되었다. 기독교방송(CBS)은 11월 24일부터 보도방송을 할 수 없게 되었고, 12월 1일부터는 광고방송도 할 수 없게 되면서 종교방송으로서 순수 복음방송만 남았다. 1970년대 공영과 민영의 혼영체제로 운영되던 체제는 언론통폐합 이후 민영이 사라진 채 공영체제로 바뀌었다.

또한 1980년대는 한국방송사에서 컬러텔레비전시대를 맞이한 연대라는 점에서 특기할 만하다. 당시 6백만 대라는 텔레비전 수상기 보급상황을 배경으로 1980년 8월부터 컬러텔레비전 수상기의 국내시판이 시작되었고, 12월부터는 미국식의 NTSC방식에 의한 컬러 시험방송이 시작되었다. 텔레비전 컬러방송의 도입으로 가장 많은 영향을 받은 부문은 라디오였다. 복합적이고 다양한 채널을 보유했던 KBS와는 달리, AM 한 개 채널과 FM 한 개 채널을 운용했던 MBC의 경우 텔레비전의 컬러방송 이후 광고가 급격하게 감소하면서 편성과 제작에까지 영향을 미쳤다. 예를 들어 1960년대 연속극과 1970년대 다큐멘터리 드라마로 상당한 청취율을 유지하던 라디오드라마의 경우, 1986년 가을 개편 당시, 한 편의 드라마에 20초짜리 스폿광고 1건만을 송출할 정도로 외면받는 상황에 이르게 되었다. 이와 같은 광고수주로는 제작을 담당하는 PD 한 명의 인건비 정도만을 충당할 수 있는 수입을 얻을 수 있었다. 지난날의 라디오 인기 프로그램이 광고주로부터 철저히 외면당하는 상황에서 라디오방송은 새로운 진로를 모색하지 않을 수 없게 되었다. 새롭게 기획된 생존전략의 하나로서 TV 탤런트를 라디오 드라마 또는 DJ 프로그램에 기용하는 인기 연예인의 후광을 노리는 프로그램의 편성, 청취대상의 세분화전략 및 다양한 생활정보 프로그램에 대한 집중적 편성 등 대응책 마련을 고심하게 되었다.

1981년의 라디오 편성에서 특기할 만한 점은 지금까지는 사각지대로 버려졌던 새벽시간대를 살리기 위한 각종 정보 프로그램의 신설과 심야의 라디오기능을 확장하기 위한 프로그램의 개발노력을 들 수 있다. 심야 프로그램의 확장은 종래의 청소년대상에서 장년과 지식층, 그리고 심야근무자까지 포함한 청취자대상층 넓히기였으며, 각종 교양 프로그램을 편성함으로써 라디오는 쇠약해진 위상에 활기를 불어넣으려는 자구책을 모색하였다.

1982년부터 1983년에 걸쳐 우리 기억에 오랫동안 남을 만한 것으로 〈이산가족 찾아주기 운동〉을 꼽을 수 있다. KBS는 6·25 특집방송으로 텔레비전과 함께 이산가족 찾아주기 운동을 전개하면서, 총 136일간, 시간으로 따져 454시간 연속생방송이라는 기록을 남겼다. 그후 KBS는 이를 고정 프로그램으로 편성하여 지속적으로 방송하기 시작했다. 이에 대해 MBC 라디오는 광복절 특집방송으로 〈아름다운 이 강산〉을 12시간에 걸쳐 생방송으로 실시하였다. KBS의 이산가족 찾기 운동이 민족이산의 슬픔과 통일의지를 반영했다면, MBC의 〈아름다운 이 강산〉은 국토분단의 아픔과 국토확장의 민족적 의지를 그 주제로 했다는 점에서 대조되는 것이었다. 또한 KBS가 8월 16일을 기해 24시간 종일방송을 시작한 것과 KBS 제 1FM이 방송시간을 1시간 연장한 것도 1983년에 빼놓을 수 없는 주요 기록이다(한국방송협회, 1997: 753).

1984년 한 해 동안 LA올림픽의 함성과 수해의 비탄이 교차한 가운데 방송편성 부문에 새로운 경향이 대두되었다. 오래 전에 자취를 감추었던 본격적 토크쇼 프로그램을 KBS와 MBC 모두가 역점을 두어 개발하기 시작한 것이다. 토크쇼는 한때 인기를 누렸으나, 텔레비전의 등장과 함께 라디오의 오락기능 약화로 뒷전으로 밀렸다가 거의 자취를 감추었다. 그러나 라디오와 텔레비전의 공존이 확립된 1984년에는 라디오의 독자적 영역으로 토크 프로그램을 다시 개발하려는 의지를 보이게 된 것이다(한국방송협회, 1997: 755).

1988년에 방송은 올림픽을 성공적으로 치러냄으로써 국내외적으로는 화려했지만, 한편으로는 정권의 시녀로서의 역할을 담당한 구태를 벗고 민주방송으로 거듭 태어나기 위한 산고를 겪어야 했다. 특기할 만한 방송편성으로는 올림픽방송, 노조의 요구에 의한 민주화지향 프로그램, 5공비리 관련 청문회의 생중계 등을 들 수 있다(한국방송협회, 1997: 761).

4) 다매체 · 다채널시대

1980년대 후반에 밀어닥친 방송환경 변화는 KBS와 MBC가 나란히 공영방송의 틀 안에 안주했던 라디오방송계에 거센 변화를 일으켰다. 1990년대의 들머리인 1990년은 걸프전, 독일통일, 남북고위급회담, 남북통일 축구대회 등 나라 안팎으로 갖가지 변화와 전통의 회오리가 거세게 불어닥친 격동의 해였다. 방송계도 예외는 아니었다. 9월의 정기국회에서 새 방송법이 통과되고 정부의 방송구조 개편계획이 착수되고 위성방송과 케이블TV의 개막도 이미 목전의 현실로 다가온 것이다. 한마디로 그동안 KBS가 누려온 공영방송의 독과점체제는 종식되고, 국 · 공 · 민영방송이 공존하는 다채널 경쟁시대를 맞이한 것이다.

1990년대 방송제도와 방송환경에서 나타난 특징은 무엇보다도 뉴미디어 방송의 등장과 함께 다매체 · 다채널시대가 본격적으로 도래하기 시작했다는 점이다. 방송에서 다채널화의 서곡은 1980년 언론통폐합 조치에 따라 사라졌던 민영방송이 11년 만에 부활하는 것으로 시작되었다. 1980년 신군부정권의 언론통폐합 조치에 따라 사라졌던 민영방송이 11년 만인 1991년 3월 서울방송(SBS) 개국을 계기로 다시 등장하게 되어 방송환경은 공민영 혼합체제로 복귀하였다. 그리고 1995년 3월 1일에는 케이블TV가 본격적으로 방송을 시작하게 됨으로써 뉴미

디어시대가 활짝 열렸다. 뿐만 아니라 지역민방시대 개막과 함께 1994
년 8월 5일 무궁화위성 발사 이후 1996년 7월 1일에 KBS가 위성시험
방송을 시작함으로써 공민영 혼합체제하의 기존 지상파방송 외에 케이
블TV, 위성 TV와 같은 뉴미디어 방송이 가세하게 된 것이다(한국방송
협회, 1997: 876). 이와 함께 기존의 다섯 개 라디오방송국 외에 평화
방송·불교방송·교통방송이 6월 11일까지 개국하는 등 특수방송들이
잇따라 설립되면서 라디오채널은 총 여덟 개로 늘어났다(한국방송협
회, 1997: 877).

　이와 같은 다매체·다채널시대의 개막은 라디오방송들로 하여금 채
널별·매체별 특성화를 추구하도록 만들었다. 이른바 백화점식 편성
이라고 일컫는 종합편성에서 벗어나 시간별로 청취대상 계층을 분명하
게 구분하는 전문편성 등 채널 전문화에 힘쓰게 되었다.

　특히 1993년에는 방송국들이 저마다 뉴미디어시대에서 라디오의 위
상을 정립하고자 하면서 보다 더 청취자에게 '도움'이 되는 라디오가
되어야 한다는 데 의견을 같이했다. 따라서 정보, 음악, 오락 등 크게
세 가지로 나뉘는 라디오의 특성을 훼손하지 않으면서 청취자들이 무
엇을 필요로 하는지, 그리고 무엇을 제공하는 것이 청취자에게 도움을
줄 수 있는지에 대한 인식의 전환을 통해 라디오의 위상에 대한 변신
을 꾀하기 시작하였다. 이와 같은 변신은 이른바 청취자의 자리를 대
폭 확대하는 것으로 이어졌다. 즉, 청취자에게 소리만 들려주는 방송
이 아니라 청취자와 함께 프로그램을 만들겠다는 의지를 보이게 된 것
이다. 즉, 라디오매체가 그동안 수용자를 향해 일방적 공급을 했다고
한다면 1993년부터는 보다 적극적으로 수용자의 목소리를 담는 현명
한 공급자가 되겠다는 것이다(한국방송협회, 1997: 1006).

　1994년은 라디오 발명 100주년이 되는 1995년을 앞두고 다매체·다
채널시대의 라디오 위상과 역할에 대한 자성의 목소리가 한층 높아진
한 해였다. 한국의 라디오는 편의성으로 가장 보편화될 수 있는 매체

76

임에도 불구하고 정체성을 면치 못하고 있다. 그것은 기술적 다양성의 결여, 채널 수에 맞는 프로그램의 다양성 결여, 지역 정보매체의 결여 등의 문제에서 비롯되었다고 할 수 있다. 따라서 오늘날과 같은 환경 속에서 라디오가 해결할 과제는 첫째, 방송사별 전문화와 차별화, 둘째, 보이는 라디오의 실현을 위한 이벤트 강화, 셋째, 라디오의 특성에 맞는 정보 프로그램의 개발, 넷째, 기술혁신과 음질의 고품질화, 다섯째, 라디오가 단순히 소비재가 아닌 총체적인 문화재 역할을 해나가도록 할 것, 그리고 세계화시대를 맞아 라디오 프로그램이 세계시장에 팔려갈 수 있도록 지적 경쟁에 박차를 가해야 할 것 등을 들 수 있다(한국방송협회, 1997: 1011~1012).

1996년 라디오 편성의 가장 큰 변화는 텔레비전 뉴스용으로 제작된 프로그램 자체의 보도내용을 그대로 받아 수중계(受中繼)하던 MBC와 SBS의 라디오뉴스가 폐지되었다는 점이다. 텔레비전 방송의 음성만을 전달하는 것이 아니라 라디오매체에 적합한 독자적 뉴스를 다시금 편성·방송하게 되었다. 다매체·다채널시대를 맞아 정보강화 경쟁의 와중에서 기존의 텔레비전과 라디오를 함께 운용하던 방송국들은 라디오 전문채널과의 차별성을 꾀한다는 측면에서 라디오의 TV 메인뉴스 수중계를 실시하였다. 하지만 이는 라디오라는 매체의 고유한 특성과 청취자 입장을 고려하지 않은 문제점과 더불어 라디오의 TV 종속화라는 문제점을 부각시키는 결과를 초래하였다. 방송학자들은 특히 텔레비전 뉴스의 라디오 수중계는 라디오의 속보성을 스스로 포기하는 것임을 지적하면서 음성의 라디오규칙을 스스로 버려 결국 음성매체의 영상매체로의 종속화를 이끌어낸 행위라고 지적하기도 했다. SBS는 방송 3사 중 가장 먼저 6월부터 TV뉴스의 수중계를 폐지했고, 방송위원회의 중단권고를 받은 MBC도 SBS의 뒤를 이어 TV뉴스 동시방송을 부활했다.

그러나 어쨌든 라디오방송들은 다매체·다채널이라는 심각한 경쟁상황 속에서 생존을 위한 전략으로 저마다 특성화를 추구한다. 예를 들어 KBS 1 라디오는 특수 및 민영라디오와의 차별성, 공익이념 구현 등에 역점을 두었다. 제 1라디오는 정보의 시간대별 차별화, 전문화, 세분화를 통해 시사정보 전문채널로서의 이미지 구축을 시도했다. 제 2라디오는 오락과 가정문화 채널로서 채널 이미지를 확립하기 위하여 각계 각층의 다양한 국민의식이 여과 없이 드러나고 현재의 대중문화를 적절히 조화시키는 편성전략을 세우면서 한편으로는 시청자의 정보 욕구를 충족시키고자 했으며, 또 다른 한편으로는 대중문화 활성화 기능을 겸비하고자 하였다. MBC는 라디오방송의 다채널·다지역화 추세에 따라 프로그램의 전문화·와이드화·퍼스낼리티 강화에 집중적 관심을 갖고 이에 따른 편성전략을 수립했다. 특히 청취성향에 대해 자체 조사결과를 바탕으로 라디오 특성에 부합한 프로그램을 보강하는 편성전략을 세우면서 좋은 라디오의 이미지를 계속 유지할 수 있는 새로운 포맷 개발에 주력했다. SBS는 전체적으로 종합편성의 형태를 유지하는 전략하에 뉴스 부문, 교통정보 부문, 구인정보 부문 및 교양과 오락 부문에서 특성을 두드러지게 나타내고자 하였다.

2. 텔레비전 방송의 편성사

1) HLKZ-TV 방송 (1956~1960)

1956년 5월 12일 우리나라에서 처음으로 TV전파가 발사되었다. 시내 중심가 40군데에 설치된 TV수상기를 통해 개국 프로그램이 방송되었다. TV사는 속칭 '종로방송국'으로 불린 KORCAD (HLKZ-TV) 였다 (오명환, 1995: 81). 개국편성은 매일 저녁 8시에서 10시까지 2시간 방송으로 출발, 두 달 후인 7월부터는 평일 3~4시간, 주말 5시간으로

78

확장되었다. 뉴스, 어린이 프로그램, 주부시간, 교양강좌, 스포츠, 퀴즈, 공개 오락쇼, 드라마 등이 당시에 편성된 프로그램들이다. 뉴스는 통신을 받아 아나운서가 읽어주는 식이었으며, 모든 프로그램은 부문을 막론하고 생방송으로 진행되었으며, 광고 역시 생CM이었다(오명환, 1995: 82).

1956년 5월 16일 《동아일보》에 나타난 편성지침은 "되도록 한국에 알맞도록 구성하는 동시에 과학의 발전과정, 교육, 문화에서 어학까지 취급하려 한다. 특히 가정 프로에는 각국 유행의상의 소개부터 요리, 미용, 육아에 이르기까지 세심히 계획하고 있다"라고 밝혔다. KORCAD 편성 중 굳이 특성을 찾는다면 학생층을 고려한 점으로 내용이나 수준을 떠나 교육적 관점에서 프로그램을 제작·편성했다는 점이다. 개국 후 1개월이 지난 시점에서 낮방송으로 마련된 특집편성은 학교방송, 문화영화, 음악감상의 내용이 많았는데, 이는 대상 프로그램에 대한 시도, 동질성이 강한 수용자집단에 대한 편성의 용이성, 제작비 절감, 제작·방송물 조달 및 협조의 편의성을 반영한 결과다(오명환, 1995: 82~83).

한편 박기성은 KORCAD의 편성경향을 다음과 같이 요약하였다(박기성, 1985).

첫째, 미국식 상업방송의 편성을 답습한 점이다. 이것은 광고주부터 재원을 확보하는 미국 상업TV의 편성형태를 도입한 결과다. 둘째, 법적 규제가 전혀 없는 상태에서 편성이 이루어졌다. 셋째, 프로그램 수급에 자체제작보다 외부의존도가 월등히 높았다. 특히 뉴스, 영화부문은 공보처, RCA, USIS 제공이 주류를 이루었다. 극영화는 국내 영화작품에 의존했다. 넷째, 교육 프로그램을 대량 할애한 점이다. 상업TV(미국)의 비판과 역기능에 대한 검증과 절충의도가 엿보이는 대목이다. 과목별 편성이 이루어졌고 학과 프로그램이나 또는 수용자(학생층) 참여 프로그램이 많았다. 다섯째, 교양 프로그램이 강화된

점이다. TV의 시발은 위락, 오락보다 지식과 교양을 제공하는 데 기
여해야 한다는 시대적 사명의식이 두터웠다. 여섯째, TV매체가 갖는
신기성을 주지시키고자 했다. 일곱째, 수용자대상은 거의 상류층에
초점을 맞춰 형성했다. 당시 TV 수상기 자체가 희귀품, 사치품이었고
경제적 여유가 없는 서민에게는 접촉기회가 적었다. 여덟째, 편성정
책이 상황(수급)에 따라 유동했고, 방송물도 자체제작보다 기성품 또
는 외부조달품이 주종을 이루었다.

그런데 KORCAD가 경영상의 이유로 소유주가 바뀌면서 DBC-TV
로 변경되면서 편성의 변화를 가져왔다. KORCAD와 비교해서 DBC-
TV 편성의 특징을 오명환은 다음과 같이 제시한다.

① 외국, 외부 프로그램에 대한 의존도를 줄이고 자체제작에 역점을
둔 점
② 학생대상의 학교방송과 문화영화가 주종을 이루던 낮방송을 폐지
하고 프라임타임에 집약적 방송을 행한 점
③ 보도기능을 강화한 점
④ 현장중계를 강화한 점
⑤ 1956, 1957년에 약 3천 대에 불과한 TV수상기 보급이 1958년 5
월 3천 5백 대, 10월 7천 대로 늘어남에 따라 후일 KBS-TV 편
성, 제작에 기초를 마련한 점으로 모아진다(오명환, 1995: 85).

2) 국영방송기(1961~1964)

1961년 12월 31일 KBS-TV가 개국하고 1964년 TBC-TV가 개국하
기 이전까지의 기간이다. 이때의 KBS-TV는 유일한 텔레비전 방송국
이었으며 국영방송으로 존재하였다. KBS-TV는 개국 이후 그 이듬해
1월 14일까지 하루 4시간의 임시편성을 하다가 1월 15일부터 하루 4
시간 30분의 정규방송을 개시했으며, 그후 2월 2일부터는 오후 5시부

터 오후 9시 30분으로 방송시간을 앞당겼다.

이 당시는 프로그램 유형의 종류가 다양하지 않았다. 주로 10분 스트레이트 뉴스, 토크쇼, 어린이 프로그램, 그리고 외화가 주를 이루었고 정부시책 홍보를 위한 프로그램이나 교양대학 등의 교육 프로그램들도 등장하였다. 그러나 이러한 경향은 1963년 KBS가 안정된 재원 확보를 위해 국고와 시청료 외에 광고방송을 시작하면서 보다 오락적인 성향을 띠게 되고, 이것은 1964년 TBC 개국을 앞두고 더욱 강하게 나타난다(인운섭, 1986).

후일의 드라마, 다큐멘터리의 본격적 제작으로 연결되는 새 연출기술과 제작기술의 모색을 시작하여 텔레비전의 특성을 활용한 새 프로그램 분야의 개발을 목표로 인형극이나 드라마를 시도했고, 텔레비전의 매력을 도출하려는 모색의 일환으로 라디오 인기 프로그램을 텔레비전에 활용, '스무고개', '노래자랑', '퀴즈쇼' 등 제작비 절약을 겸한 이른바 라디오-텔레비전 공용 프로그램이 적지 않게 등장했다. 그동안 라디오에서 인기를 끌었던 프로그램의 출연자들을 눈으로 직접 볼 수 있다는 사실만으로도 라디오-텔레비전 공용 프로그램의 인기가 높았기 때문에 라디오 프로그램에 대한 의존도는 매우 높았다(정순일·장한성, 2000: 42). 이렇듯 인기 있는 라디오 프로그램을 텔레비전에서 활용하는 사례는 이미 우리나라에 앞서 텔레비전을 도입했던 나라에서 공통적으로 나타났던 현상 중의 하나이다.

가중되는 제작비 압력으로 개국 7개월 만에 특히 연예·오락 프로그램의 침체가 눈에 띄어 시청자 불만의 소리가 높아졌다. 이에 정부는 국가예산을 절약하면서 텔레비전 운영도 정상화하는 방안을 강구하지 않을 수 없게 되었고, 1962년 8월 차관회의에서 KBS 시청료제도와 광고방송 실시를 진지하게 검토했다. 그 결과 11월 4일 국가재건최고회의는 정부예산안의 부수법률로서 국영텔레비전 사업운영에 관한 임시조치법(법률 1, 119호)을 심의, 통과시켰다. 이 법에 따라 KBS는

1963년 1월 1일부터 월 백 원의 시청료를 징수하면서 광고방송을 실시하여 적정한 재원을 확보할 수 있게 되었다. KBS는 한양영화사, 일요신문사, 한국방송문화협회 등 3개 사와 제작 및 광고대행 계약을 맺고 1963년 1월 1일부터 광고방송을 개시했는데, 이 결과 드라마와 쇼 등 주요 프로그램의 제작·기획권마저 이들 대행기관에 이관되는 이변이 생겼다(정순일·장한성, 2000: 45).

광고방송을 개시하면서 개편방향은 시청자보다는 광고주의 의사를 반영하여 기본편성이 오락성향으로 대폭 기울어 와이드 프로그램을 30분 단위로 축소조정하고 손쉽게 시청자를 흡수할 수 있는 외화를 11편이나 도입, 집중편성하였다(정순일·장한성, 2000: 45~46).

3) 국민영방송기(1964~1980)

1964년 12월 7일 TBC-TV[3])에 이어 1969년 8월 8일 MBC-TV 등의 민영방송들이 개국하였다. 1964년 방송법상으로 편성기준을 명시하였으며, 1973년 방송법 개정(한국방송공사법)과 더불어 1976년 문광부가 방송사들에게 편성지침을 하달하는 등 방송에 대한 일련의 정부통제가 가시적으로 나타나기 시작하였다.

1964년 1월 1일 방송법에서는 프로그램 유형별 편성기준을 명시하여 보도방송 10% 이상, 교육·교양방송 20% 이상, 오락방송 20% 이상을 편성하도록 하였다. TBC-TV 개국 이후 KBS와 TBC 양 방송사 간에 본격적 경쟁이 시작된다. 물론 KBS는 제도상으로 국영방송의 성격을 갖추었지만 주수입원으로 방송광고에 의존하는 형태를 띠었기 때문에 광고수입을 위해 TBC와 편성경쟁을 벌이지 않을 수 없었다. 편

---

3) 원래 1964년 12월 7일 DTV로 출발하였는데, 1965년 12월 5일 동화백화점 시대를 마감하고 중앙일보 사옥으로 이전하면서 상호를 중앙방송(JBS)으로 바꾸었다가 1966년 7월 16일 동양방송으로 다시 개칭하였다.

성경쟁으로 동일한 유형의 프로그램을 동일한 시간대에 편성하는 실력편성이 편성전략으로 등장하게 되었는데, 뉴스와 쇼, 드라마 등이 주요 경쟁대상 프로그램이었다.

TBC-TV는 KBS가 섭렵하지 못한 각종 프로그램의 개발과 본격화를 추진하였다. 개국 당시 TBC-TV의 기본편성 방향은, ① KBS가 시도하지 않은 새 포맷의 개발, ② 외화 및 해외 프로그램의 과감한 도입, ③ 프로그램의 대중성 제고, ④ 하루 5시간 편성, ⑤ 오락성과 공익성의 조화 등이었다. 특히 드라마는 사극제작에 역점을 두어 〈민며느리〉, 〈정경부인〉, 〈상궁나인〉, 〈수청기생〉, 〈공주며느리〉로 이어간다. 사극은 주간연속극 형태를 띠어 30~40분 15회 전후에서 매듭지었다. TBC-TV는 평일과 주말을 구분하여 주말편성에 오락성을 강화하였다(오명환, 1995: 87).

상업방송의 색채를 뚜렷이 한 TBC-TV는 개국 첫날부터 독특한 편성패턴으로 출발하였다. 편성비율은 방송으로서의 공익성과 상업방송으로서의 영리성을 조화시키는 데 초점을 맞추고, 보도와 교양 등 그 밖의 분야를 배려했다고는 하지만, 보도 14.6%, 사회교양 12.9%, 어린이·주부 11.4%, 오락 38.5%, 영화 22.6%로서 연예와 오락에 60%나 비중을 두었다(정순일·장한성, 2000: 48).

한편, 한국전력이 절전에서 소비권장으로 정책을 전환함에 따라 1967년 3월 6일 TBC는 서울과 부산에서 아침방송을 개시했고, KBS도 4월 17일에 아침방송에 돌입했다. 아침방송은 두 방송 모두 두 차례의 뉴스를 주축으로 미국과 일본의 와이드쇼를 본떠서 KBS는 〈안녕하세요〉, TBC는 〈굿모닝〉을 비롯한 정보와 교양 프로그램을 편성했다. 그러나 6월 26일부터는 전력사정이 악화되어 밤 10시 이후의 텔레비전 방송이, 11월 9일부터는 아침과 낮방송이 중단되었다(정순일·장한성, 2000: 50). KBS는 MBC가 개국하기 직전인 1969년 5월 5일 아침방송을 연장, 〈TV 학교방송〉을 시작하였다(오명환, 1995).

1960년대 중반에 TBC가 시도한 드라마 형태는 다양했다. 신정(新正) 특집극, 3·1절 및 광복절 등에 기획한 계기특집극, 작가 유호(兪湖)를 내세운 〈유호극장〉에서 시도한 시트콤, 〈화요드라마〉, 〈수요드라마〉, 〈목요드라마〉 등 요일을 내세운 주간극 등은 기본편성의 한 패턴으로 자리하여 오늘날 TV국의 모델을 제시하였다(오명환, 1995: 88).

또 하나의 민영상업 TV채널의 등장을 앞두고 TBC는 제작시설을 확대하는 등 경쟁력 강화에 대비하였고, KBS는 그동안 TBC와의 경쟁에 대한 국민비판을 의식, 교양 프로그램 강화, 광고방송 폐지 및 〈TV 학교방송〉 실시로 국영방송 본연의 기능에 충실한다는 방침을 세우기도 하였다(안정임, 1995: 109).

그러나 드라마는 여전히 주종을 이루어 오후 8시~8시 45분대에 매주 7편이 편성되었으나, 이 시점부터는 저질이라는 비난이 두드러지기 시작하고 드라마 시청률도 낮아졌다. 이는 두 방송사가 드라마로 시청률 경쟁에서 앞서보려고 양적 팽창을 시도했으나, 이런 수요를 충족시킬 만한 작가와 기획의 결핍으로 오히려 드라마를 저조하게 하고 드라마의 질과 시청률을 함께 떨어뜨리는 결과를 가져왔다(정순일·장한성, 2000: 51).

1969년 8월 8일 MBC-TV의 개국은 TV 방송편성에 큰 변화를 가져왔다. KBS는 이보다 3개월 전인 5월 1일부터 광고방송을 전폐한 반면, 5월 5일부터는 일일연속극 〈신부 1년생〉을 처음으로 방송하여 본격적 일일연속극시대의 막을 올리면서 한편으로는 〈TV교육방송〉을 개시하여 평일의 오전 9시 45분부터 11시까지 초등학교를 대상으로 사회, 과학, 자연, 예능, 음악, 미술의 여섯 개 프로그램을 방송하는 동시에 국영방송 본연의 기능에 충실한다는 기본방침 아래 사회교양 프로그램을 종전보다 8% 늘리고 오락 프로그램은 15% 줄임으로써 보도와 교양방송에 주력하겠다는 자세를 보였다. 그렇지만 1969년 10월의 개편에서는 오히려 오락 61.9%, 보도 17.3%, 교양 22.9%로 오락을 늘릴 수밖에 없었고, 1970년에 들어서자 다시 교양 프로그램의 비율을 높이고 오락의 비율은 44.4%로 낮추었다(정순일·장한성, 2000: 51).

1969년 8월 MBC-TV의 개국은 약 5년간의 공민영 2원체제에 새로운 변수를 던졌다. MBC는 당초 교육방송으로 출발하였으나 1년도 채 못 되는 시점에서 종합편성을 단행, 오락과 대중성을 갖춘 프로그램을 강화하여 TBC와 맞대응을 꾀하였다(오명환, 1995: 89).

MBC-TV 개국 초의 편성방침은, ① 재래식 편성방식에서의 탈피, ② 생활시간 및 습성과의 일치, ③ 높은 시청률과 높은 프로그램 판매를 동일하게 고려, ④ 대상 프로그램 개발에서 그 시청층을 명확히 이해, ⑤ 사회교양 프로그램의 일정수준 유지, ⑥ 해설과 속보성을 동시에 갖춘 보도 프로그램의 제작이었다(정순일·장한성, 2000: 52). 이러한 편성방침하에 MBC-TV의 개국 편성방향은, ① 오후 7~9시까지 주부중심, 9시 이후는 남성중심의 시간대 구분편성, ② 개국 초기 하루 5시간, 1970년은 8시간, 1971년은 10시간 방송으로 단계별 확대, ③ 상업방송으로서 수익성제고, ④ TV문화의 토착화 및 생활주변 취재 강화, ⑤ 전 방송의 20%에 이르는 교육방송, 특히 교육방송의 충실 등이었다(오명환, 1995: 89). 허가조건을 맞추기 위해 〈명교수 명강의〉, 〈만화로 사귀는 영어〉 등의 교육 프로그램이 오후 10시대에 편성되었으나, 전체적 기조는 민간상업방송다운 성격일 수밖에 없었다(정순일·장한성, 2000: 51).

1970년에 들어서면서 KBS, TBC, MBC 3대 방송사 간의 경쟁으로 편성에 커다란 변화를 겪는다. 텔레비전 각사가 오후 8시 10분대 골든아워에 벌인 편성경쟁을 살펴보면, ① 같은 종류의 프로그램을 엇갈리게 배열하고 있었으며, ② 그동안 오락물 주축이 되어왔던 주간 드라마의 시추에이션화 현상이 두드러지기 시작했고, ③ 주간드라마의 약화에 따라 버라이어티쇼를 보강하려는 추세였고, ④ 아침방송도 와이드 모닝쇼 외에는 인기 프로그램의 재방송에 그치고, ⑤ 외화 역시 골든아위의 프로그램을 전제로 하는 선에 머물고, ⑥ 사회교양 프로그램의 개발 역시 획기적 기획이 눈에 띄지 않았다(정순일·장한성, 2000: 90).

일일연속극 붐으로 방송사간 시청률경쟁이 가속화되고 프로그램의 질이 떨어진다는 비판을 받자 정부통제가 뒤따랐다. 문화공보부장관은 1971년 6월 16일 프로그램의 저속성을 비난하는 담화문을 발표하고 방송계의 자숙을 요청하기에 이르렀다. 담화문은, ① 민족문화의 전승발전, ② 외래문화의 무분별한 도입억제, ③ 대중가요의 외국어 가사 사용억제, ④ 저질·저속 프로그램의 배제, ⑤ 공서양속(公序良俗), 사회질서의 존중, ⑥ 히피, 광란 등을 추방 사회환경 정화, ⑦ 퇴폐사조의 불식, ⑧ 음란 또는 선정적 구사방지, ⑨ 성실, 근면, 자조, 협동, 단결심의 고양, ⑩ 사회 명랑화 분위기 조성, ⑪ 바르고 고운말 보급 등 11개 항목을 강조했다(정순일·장한성, 2000: 91~92). 이 해 12월 6일 국가비상사태가 선포되면서 12월 11일 문공부는 방송시책을 발표하고 방송매체의 개선, 특히 오락방송의 안보 위주의 새 가치관 확립에 노력하고 퇴폐풍조와 무사안일주의의 일소를 요망했다(《한국방송연감 72》, 1972: 45).

그러나 정부의 요청에도 불구하고 1972년의 편성은 일일연속극이 주류를 이루는 가운데 대치편성을 고수하여 전년도의 문제점을 거의 그대로 안고 있었다(정순일·장한성, 2000: 92). 한편 1973년 3월 21일 방송법을 개정하여 프로그램 편성기준을 보도방송 10% 이상, 교양방송 30% 이상, 오락방송 20% 이상으로 정하였는데, 이는 1964년의 방송법에서보다 교양을 10% 더 편성하도록 한 것이다.

문공부는 1차적으로 1973년 7월 16일 일일연속극이 범람하는 데 비해 교양 프로그램이 방송법에 규정된 30%에도 미달되고 있음을 지적하고, 각 방송사에 "일일연속극을 1편씩 줄이고 골든아워에 교양방송을 편성하도록 요망"하는 담화까지 발표하기에 이른다(정순일·장한성, 2000: 93). 또한 이 해 12월 3일 정부는 세계적 석유파동으로 인한 에

너지절감 정책의 일환으로 아침방송의 전면중단을 지시함으로써 평일 아침에 재방송되던 드라마가 자연히 자취를 감추었고, 1975년에는 일일극을 3편 이내로 줄이라는 지시에 이어 1976년 1월 12일에는 골든아워에 교양 프로그램 편성 의무화, 가족시간대의 일괄 편성, 일일극의 2편 이내로의 축소 등 방송의 정화정책이 강화되면서 드라마 홍수시대는 강제로 종결되었다(정순일·장한성, 2000: 114).

1976년 4월 12일 문공부에 의한 권고형식의 TV 프로그램 편성지침이 하달되자 방송사들은 획일적 편성을 하게 되며, 혹자는 '편성권 반납'이라고 혹평하기도 하였다. 정부로부터 '시간대 설정' 협조요청을 받게 되는데, 말이 협조요청이지 정부의 요청은 곧 강제적 준수를 의미하는 당시의 정치사회적 분위기에서 방송사들은 반강제적으로 시간대별 프로그램 편성기준을 정하였다. 즉, 저녁방송시간을 다음과 같이 다섯 개의 시간대로 나누어 그에 합당한 프로그램을 편성하도록 한 것이다.

- 오후 6시대 어린이시간
- 7시대 가족시간
- 8시대 민족사관 정립 드라마 및 캠페인 시간
- 9시대 종합뉴스
- 9시 30분 이후 오락 프로그램 시간대로 설정

따라서 이 당시에는 저녁의 주요 시간대에 국난극복 드라마나 새마을, 서정쇄신, 자연보호 등을 다룬 이야기, 밝고 명랑한 드라마 등의 프로그램이 대거 편성되고 건전가요가 널리 보급되기도 하였다(안정임, 1995: 110).

10월유신 후로는 억지웃음을 강요하는 유치한 언동, 애드리브에 의한 저속한 대화, 아동교육에 악영향을 줄 수 있는 작희적(作戱的) 행동을 피하도록 정부로부터 강한 규제를 받았고, 1977년 10월 26일에는 가을 개편을 앞두고 TV 프로그램에서 코미디를 일제히 폐지하라는 지시가 문공부로부터 내려왔다. 그러나 코미디가 저속하다고 해서 코미디 자체를 없앤다는 것은 본말전도라는 여론이 일자, 11월 개편에서 이 문제는 방송사재량에 위임하는 선으로 방향이 바뀌어 주 1회의 코미디 프로그램만 남게 되었다. 그 여파로 〈웃으면 복이 와요〉는 캠페인성 코미디로, 〈고전 유머극장〉은 권선징악을 주제로 한 코믹사극으로 변신했다(정순일 · 장한성, 2000: 111).

1975년 5월 대마초 연예인 방송출연 금지령은 연예가 정화작업의 일환으로 큰 파문을 일으켰다. 1979년에는 출연자의 의상이나 동작에 이르기까지 세세한 내용이 규제되었는데, 유행과 소비성을 조장할 염려가 있는 사치스러운 복장이나 신체부위를 과다하게 노출하는 의상(예컨대 앞가슴이 노출된 드레스나 핫팬츠 등), 단정치 못하고 예절에 어긋나는 옷차림은 삼가라는 지침도 방송윤리위원회로부터 내려왔다(정순일 · 장한성, 2000: 112).

1970년대 우리나라 텔레비전에서 광고주가 붙지 않은 방송사 자체 비용 부담 프로그램[4]은 거의 찾아보기 어려울 정도로 전 프로그램을 광고주에게 팔았다. 편성내용에서도 본격적인 고급 프로그램의 성격을 띤 음악, 미술, 토론, 예술 등의 프로그램은 별로 찾아볼 수 없었고, 일일연속극과 코미디, 쇼 등의 프로그램이 많은 비율을 차지하였다(안정임, 1995: 109).

한편 오명환은 1970년대 한국 TV 편성의 특징을 다음과 같이 정리하여 제시하였다(오명환, 1995: 89).

- 일일극의 범람(하루 한 채널 5편)
- 코미디 프로그램의 저질시비

---

4) 광고가 붙어 있는 프로그램은 스폰서 프로그램(*sponsoring program*), 방송사의 자체예산으로 만든 프로그램은 자주 프로그램(*sustaining program*)이라고 한다.

- 종합뉴스의 프라임타임 정착(하루 30분 이상)
- TV문화의 비판 대두 및 규제·통제 강화
- 수상기 6백만 대 돌파에 따른 세대당 보급률 60% 도달
- TV 프로그램 정보에 대한 신문매체 지면 확대
- 반공·국난극복 프로그램 의무제작, 편성
- 가족시간대 편성지침 수행(오후 8시대까지 오락 프로그램 지양)
- 새마을정신의 TV프로그램 반영
- 아침 생활정보 프로그램의 정착
- 우주 생방송 도입, 각종 세계 이벤트 수용
- 해외현지 제작 시도
- 방송법 개정, KBS 공사화 전환 및 TV 3사 새 사옥건립(여의도시대 출발)
- MBC, TBC 연중 이벤트 개발 및 국제가요제 개발시행
- 석유파동 및 에너지정책으로 오전방송 전면폐지
- 중간CM, 자막광고 폐지 등 광고규제 정책
- 각종 계기특집의 역점기획, 경쟁강화
- 해외 특파원제 확대
- 스포츠 중계의 활성
- 퍼스낼리티 프로그램의 각광 등

4) 공영방송기(1980~1991)

　1980년대 개막과 함께 몰아닥친 방송개혁은 언론기본법의 제정·공포를 비롯하여 한국방송광고공사법 제정 등 법과 제도의 개혁과 함께, 언론통폐합과 컬러방송 개시, 교육전담 방송의 출현, 아침방송의 재개 등 큼직한 사건들이 숨가쁘게 이어졌다. 방송의 공영화를 기본골격으로 하는 언론기본법의 기본원리는 공영방송이 지켜야 할 헌법상의 제 원칙을 확인하고, 이를 실현하기 위한 제도적 장치로서 방송위원회와 방송자문위원회를 두도록 했다(정순일·장한성, 2000: 153).

방송위원회에서는 공영방송의 지침으로서 '방송의 운용·편성에 관한 기본방향'을 심의·의결해서 각 방송사에 통보했다. 방송의 운용·편성에 관한 기본방향은, ① 방송의 공정성과 국민의 표현의 자유를 확보하며 건전한 국민의식을 함양한다. ② 1980년대의 국제정세에 능동적으로 대처할 국민의 긍지와 미래상을 개발한다. ③ 공공방송체제를 정착시켜 국민의 이해와 지지기반을 굳히며 경영·창작·기술의 개선에 주력한다. ④ 방송의 시대적 사명과 책임을 다하기 위해 보도·교양·오락 등 모든 부분에 걸쳐 사회교육적 기능을 강화한다는 것이다.

12월 1일 방송사 통폐합으로 TBC를 인수한 KBS는 기존채널을 '제1텔레비전'으로, 인수한 TBC채널을 '제2텔레비전'으로, 그리고 3개월 후에 발족한 교육전담 방송을 '제3텔레비전'으로 구분하여 세 개 채널을 정착시켰다. 각 채널의 편성방향은 채널의 고유성격을 갖도록 하면서 상호보완하는 편성이었다. 제1TV는 전국 네트워크로 연결된 기간방송으로서 종전과 같이 종합편성의 성격을 유지하고, 제2TV는 처음에는 성인대상의 교양방송 위주로 편성하되 수도권 시청자를 주대상으로 해 취향에 알맞은 성격을 부여했다. 그러나 제3TV가 개국하면서 제2TV는 수도권 시청자 대상의 종합편성 성격으로 전환한다(정순일·장한성, 2000: 154).

1980년대 TV 편성의 특징은 언론통폐합에 의한 TV 방송사의 재편성과 재정비부터 시작된다. 1980년대의 방송변화는 제도, 기술, 편성, 제작, 시청자, 광고, 수상기에 이르기까지 그 폭과 강도가 엄청나게 컸다. 방송위원회 및 방송광고공사의 설립은 TV방송 20년 시스템을 일시에 무너뜨리면서 쿠데타에 의해 출범한 제5공화국의 경영·홍보수단으로 예속되었다. 상업방송 폐지와 광고대행 및 요율시스템 정부관장, KBS로 건너간 TBC, DBS, CBS 등 인력재현과 해직, 방만한 KBS 운용형태는 1980년 초 통폐합에 따른 공영방송의 숱한 폐단을 키워놓았다(오명환, 1995: 94).

1980년대 초창기의 TV편성은 1970년대 공·민영방송제도하에서 일일드라마의 지나친 경쟁상황에서 벗어나 주간드라마를 개발하고 2시간 드라마를 정규편성했으며, 〈100분 쇼〉등 오락물의 대형화, 장기기획물의 대담한 편성 등 공영방송의 편성면모를 보였다. 아침방송이 개시되면서 생활정보를 중심으로 한 정보 생방송이 활성화되었고, 장시간 정책홍보성 생방송과 캠페인 프로그램도 빈번하게 편성되었다(정순일·장한성, 2000: 149).

1980년대 초기에 나타난 프로그램의 특징은 뉴스, 정치성 보도제작 프로그램과 스포츠가 획기적으로 강화되었고, 한국역사의 뛰어난 지도자를 극화한 대하드라마와 장기간 제작된 문화 다큐멘터리 시리즈, 정치드라마 등 의욕적인 대형 프로그램이 돋보였다. 그 중에서도 1983년 6월 말에 특집으로 편성되었던 KBS의 〈특별생방송 이산가족을 찾습니다〉가 방송사상 최대의 열풍을 몰고 와 장장 137일간의 방송으로 국내외의 관심을 집중시켰다(정순일·장한성, 2000: 149).

1980년 초 방송이 공영화되었다고는 하나 실제로는 방송통폐합 이후 한국방송은 KBS와 MBC의 양대 방송사체제를 이루면서 오히려 방송편성에서는 방송사간 치열한 경쟁을 보여주었다.

1980년 당시의 가장 큰 개혁은 컬러TV의 도입이었다. 텔레비전의 컬러방송은 세계적으로 이미 보편화되어 있었다. 1980년 12월 1일 KBS가 컬러 시험방송을 시작하였고 KBS-2TV와 MBC-TV도 1981년 2월 22일부터 컬러 시험방송을 실시하였다. 텔레비전의 컬러화가 방송편성에 미친 영향은 프로그램이 더욱 다양해졌고, 대형화추세를 보여주었으며, 쇼프로그램의 비중이 크게 높아졌다는 사실 외에도 뉴스 프로그램의 편성이 확대되고 비중이 높아졌다는 사실을 들 수 있다(정순일·장한성, 2000: 144). 한편 〈한국방송 60년사〉에서는 컬러화가 방송에 미친 영향으로 대형 프로그램의 집중편성, 보도 프로그램의 광역 심층화, 화려한 쇼·오락 프로그램의 활성화, 어린이 프로그램과 교양 프로그램의 신설 및 강화를 들었다(한국방송공사, 1987: 678).

　방송계에 컬러화의 변혁이 있은 지 얼마 되지 않아 텔레비전 방송에 또 하나의 획기적 조치가 있었다. 새로운 방식의 텔레비전 채널이 도입된 것이다. KBS는 1981년 2월 2일 UHF 주파수대를 사용하여 교육전담방송인 제3TV를 발족시켰다. 대학입시를 위한 과외교육의 폐단이 극심해지자 1980년 초부터 KBS 라디오로 가정고교방송을 시작하였다. 라디오의 고교입시교육이 인기를 얻게 되면서 이 해 6월 16일부터 일반 텔레비전으로 가정고교방송을 시작하게 되었는데, KBS-1TV를 통해서 매일 심야 11시 10분부터 90분간, 다음날 새벽 5시에는 1시간 재방송을 했다. 과외교육 전문학원의 명강사를 선발하여 제작한 TV 고교방송은 시작하자마자 선풍적 인기를 얻었는데, 초기에는 당시 KBS-1TV에서 방송되던 〈토지〉보다 시청률이 높을 정도로 높은 접촉률을 보이기도 했다. 그리하여 MBC도 KBS에서 방송된 프로그램을 밤 11시대와 새벽시간에 재방송하였다. 당시 아침방송이 없던 시기였으나 고교교육방송은 정책적으로 예외조치를 취했던 것이다. 가정고교방송이 심각한 사회문제였던 당시의 과외열풍을 진정시키는 데 크게 기여하기는 했으나 공영방송이 과외라는 왜곡된 교육행태를 모방한다는 비판도 만만치 않아 프로그램 명칭을 〈고교교육방송〉으로 변경하고, 강사도 학원강사에서 고교교사로 교체했으며, 방송시간대도 자주 변경하여 고교교육방송이 시작된 지 1년이 되지 않아 밤 시간의 프로그램은 폐지되었다. 1981년 2월 2일 KBS는 텔레비전의 교육전담 채널인 제3TV를 탄생시켰으며, 신설된 3TV에 고교교육방송의 주된 임무를 이양하여 고교대상 방송이 전체 방송시간의 40% 이상의 높은 비중을 두었다. 그리고 KBS-1TV와 MBC 등 일반 TV는 3TV 고교교육 프로그램을 재방송하는 보조역할로 물러섰고, 이어서 1982년 봄철 개편에서 완전히 폐지하고 말았다(정순일·장한성, 2000: 145~146).

　1981년 5월 25일 아침방송이 부활하였다. 1973년 12월 3일 전 세계적으로 몰아닥친 석유파동으로 일요일을 제외한 평일의 아침방송이 전면 중단되었다가 17년 6개월 만에 재개된 것이다. 아침방송이 부활한 것은 에너지 사정이 좋아진 이유도 있지만, 1980년대 말 언론통폐합과 1981년에 들어와 전두환의 제12대 대통령취임과 제11대 국회개원을 계기로 흩어진 민심을 모으고, 정치적 안정을 추구하기 위한 하나의 선심조치로도 볼 수 있었다. 아침방송 편성의 지시가 4월 1일에 있었고, 불과 두 달이 되지 않은 동안 각 방송사는 평일 매일 4시간의 프로그램을 편성하고 준비해야 했다. 그래서 주로 생방송 위주의 편성이 이루어졌다(정순일·장한성, 2000: 146~147).

1980년대 중반기의 TV편성은 정부의 편성통제가 상당히 완화되고 대형 프로그램도 점차적으로 후퇴한 반면, 방송사의 자율적 편성과 프로그램 개발이 활성화된 기간이었다. 토크쇼, 매거진 프로그램, 자연과 문화 다큐멘터리 등 새로운 포맷의 교양 프로그램과 다양한 장르의 드라마, 코미디를 포함하여 코믹 프로그램의 개발이 두드러졌으나 주간 연속드라마, 코미디 프로그램 등 오락물에 의한 지나친 프로그램 경쟁이 내외에 큰 비판을 불러일으키기도 했다. 한국 최초의 TV만화 개발이라든지, LA올림픽, 86아시안게임 등 국제 스포츠행사가 연속되어 스포츠편성이 강화된 특징을 보였다(정순일·장한성, 2000: 150).

1980년대 후반기는 6·29 선언 이후 방송에서도 민주화열풍이 몰아친 기간이다. 5공정권 언론통제의 법적 장치였던 언론기본법의 폐지와 새로운 방송법의 제정이 이루어졌고, 방송사 내부에서는 공정방송시비라든가 방송의 공정성과 자유언론에 대한 요구가 편성과 프로그램에서도 반영되었다. 민의수렴을 위한 정치·사회문제 토론이 활발해졌고, KBS의 심야토론 〈전화를 받습니다〉, MBC의 〈진단 87〉 등 토론 프로그램이 각광받았다(정순일·장한성, 2000: 150).

1980년 12월 31일 언론기본법에서는 기존의 방송법에서 프로그램 편성기준을 명시한 내용 중 교양 프로그램을 10% 더 강화하여 보도

방송 10% 이상, 교양방송 40% 이상, 오락방송 20% 이상을 편성하도
록 명시하였으며, 이는 1988년 4월 19일 개정방송법에서도 그대로 유
지된다.

5) 공민영방송기 (1991~)

1990년대는 한마디로 공중파 TV시대를 마감하고 다채널·다매체 사
회가 열리는 것으로 요약된다. 오명환은 방송법 개폐로부터 시작된 1990
년대 방송계의 현상을 다음과 같이 정리하였다(오명환, 1995: 100~101).

- 방송법 개정으로 공영시대를 마감하고 공민영시대의 복원, 민영방
  송 SBS의 탄생으로 3사 4채널 구조성립(1991년 12월)
- 종합유선방송의 출범(1995년 4월)
- 지역민영방송의 출범(1차 네 개, 2차 네 개)
- 프로그램 전문제작사 출현
- KBS 1TV의 광고폐지 및 시청료 공과금 병합납부제 실시(1994년
  10월)
- 시청자단체의 TV끄기운동(1993년 7월 7일)
- 선진방송 5개년 계획 성안 및 위성발사(1995년)
- '범죄와의 전쟁' 선포에 따른 TV수사극 폐지(1990년)
- TV 광고시간 조정(프로그램 광고 8/100에서 10/100으로 확대)
- 지상파방송 3사의 광역 경쟁 지양 및 시청률 조사 안 보기 선언
  (1995년 4월)
- 심야방송의 정착(자정~새벽 1:00, 1995년 9월 4일 이후)

1990년대에는 3사 4채널의 정립에 따라 채널 이미지와 차별화를 내
세운 대작 기획이 속출하였다. 1990년 이후 한국 텔레비전 방송편성
의 특징은 6·29 선언 이후 권위주의와 관료적 관행에 대한 도전과 불
공정 방송에 대한 시정요구로 방송계 내부의 갈등이 편성에 직접적 영

향을 미친 사실과 민영 상업 텔레비전방송이 개시되면서 상업적 오락 프로그램의 화려한 등장으로 편성과 프로그램의 치열한 경쟁적 양상, 그리고 KBS의 제2공영방송 원년 선언 이후 공영성과 상업성의 치별화에서 온 KBS 텔레비전방송의 강세 등으로 요약될 수 있을 것이다 (정순일·장한성, 2000: 245).

방송통폐합의 대변화가 있은 후 10년, 방송계는 또 한 차례 변화의 시기를 맞았다. 1987년 11월에 개정된 방송법과 이듬해의 방송법시행령 시행에 따라 1990년 4월부터 민간 라디오방송이 연이어 개국했고, 12월에는 KBS의 라디오와 TV의 교육방송 기능이 문교부의 교육방송으로 이관되었으며, 서울방송이 라디오와 TV 방송 무선국허가를 취득함으로써 방송의 공영화 이후 만 10년 만에 공민영체제와 상업방송의 시대가 막을 열게 된 것이다(정순일·장한성, 2000: 245~246). 이러한 과정에서 KBS는 2월 직제개편과 방송구조 개편의 소문과 함께 서기원 사장의 취임으로 4월 KBS 노동조합의 방송제작 거부운동이 일어나 4, 5월에 파행방송 사태가 발생, 봄철 개편에 들어가자마자 임시편성에 들어가지 않을 수 없었다. 노조원들의 프로그램 제작 및 출연거부로 4월 13일부터(5월 18일까지) 뉴스의 축소, 생방송 프로그램의 단축 및 재방편성이 불가피하게 되었다(정순일·장한성, 2000: 246~247).

1990년대에 들어 민영 SBS가 시청률경쟁에 합세하면서 코미디에 대한 비난의 고리가 비등했다. 공영방송인 KBS도 예외는 아니었다. "네개 방송 시선 끌기 저급 경쟁"이란 일간지 박스기사는 이렇게 텔레비전을 공격하고 나섰다(《한국일보》, 1997년 5월 27일).

코미디 프로그램의 저질문제는 어제 오늘에 지적된 사항이 아니지만 이제는 억지웃음 끌어내기 정도는 지양되어야 할 것 같다. 사회비판 내용을 담은 새로운 소재로 생활 속의 웃음을 끌어내는 시도가 간간이 돋보이는 것도 사실이지만 코미디 프로그램의 대부분은 아직도 구태의연한 말장난이나 엉뚱한 몸짓으로 웃음을 강요하는 경우가 많다. 우습

지도 않은 장면에 의도적으로 웃음소리를 가장하고 웃음소리를 중첩시켜 시청자를 '바보'로 만드는가 하면 현실에서 소재를 찾지 못하고 선조를 희화화해 보는 이를 어리둥절하게 만들기 일쑤이다. 스튜디오 녹화로 방청객이 없는데도 프로 진행중에 폭소가 터지는 소리가 자주 들린다. 이 중 실제 웃음이 나올 만한 경우도 일부 있으나 대부분의 경우 발로 차던가 넘어지는 어색한 동작과 억양, 음색을 기묘하게 변화시킨 대화장면 뒤에 웃음이 이어진다. TV 화면에 열중해 있던 시청자들은 웃음소리를 듣고 자신도 모르게 '웃어야 하는' 것으로 착각을 일으키는 경우가 많다. 결국 코미디 제작진은 이 같은 속임수를 통해 바보상자의 기능을 톡톡히 이용하는 셈이다.

1990년대 방송편성에서 또 다른 커다란 변화는 외주제작물 편성을 의무화함으로써 편성쿼터에 대한 통제의 역사가 시작되었다는 점이다. 1990년 8월에 개정된 방송법과 시행령에 따라 외주제작물의 편성비율을 매년 고시하게 되었다. 외주제작 비율은 1991년 3%에서 시작하여, 1992년 5%, 1993년 10%로 늘어났는데, 방송사들이 순수한 형태의 외주제작보다는 별도의 제작사를 설립해 충당하게 되자 정부는 순수독립제작에 의한 외주비율을 정하게 되었다(〈부록〉 참조).

그리고 1995년 케이블 텔레비전과 지역민영방송의 출범은 뉴미디어, 다채널시대를 현실화했으며, 이에 따라 지상파 텔레비전방송사들의 편성형태에는 커다란 변화가 보이기 시작했다.

방송법상의 편성에 대한 쿼터도 변화를 가져왔다. 2000년 3월 13일 개정된 통합방송법에서는 보도방송은 매월 전체 방송시간의 100분의 10 이상을, 교양방송은 매월 전체 방송시간의 100분의 30 이상을, 그리고 오락방송은 매월 전체 방송시간의 100분의 50 이하로 편성하도록하였다. 이후 2001년 3월 20일 개정된 방송법에서는 보도에 관한 방송프로그램, 교양에 관한 방송프로그램 및 오락에 관한 방송프로그램이 상호간에 조화를 이루도록 편성하되, 교양방송은 매월 전체 방송시간의 100분의 30 이상을, 그리고 오락방송은 매월 전체 방송시간의 100분의 50 이하로 편성하도록 하였다. 5)

한편 2000년 들어 방송법이 개정되었는데, 편성과 관련한 새로운 방송법의 두드러진 특징 중의 하나는 다음과 같은 쿼터제가 명시되어 있다는 점이다.

① 외주제작 방송프로그램의 편성비율(방송법 제72조, 시행령 제58조)
② 국내 제작 프로그램의 편성비율(방송법 제71조 제1항, 시행령 제57조 제1항)
③ 다른 한 방송사업자 방송프로그램 편성비율(방송법 제69조 제5항, 시행령 제50조 제5항)
④ 방송광고의 편성비율(시행령 제59조 제2항)
⑤ 방송프로그램의 유형별 편성기준(방송법 제69조 제3항 제4항, 시행령 제50조)
⑥ 시청자 참여 프로그램 편성(방송법 제69조 제6항, 시행령 제51조)

---

5) 한국 방송법시행령에 나타난 편성비율은 다음과 같은 변화를 겪었다.
  · 1964.1.1 방송법: 보도방송 10% 이상, 교육·교양방송 20% 이상, 오락방송 20% 이상
  · 1973.3.21 개정: 보도방송 10% 이상, 교양방송 30% 이상, 오락방송 20% 이상
  · 1980.12.31 언론기본법: 보도방송 10% 이상, 교양방송 40% 이상, 오락방송 20% 이상
  · 1988.4.19 방송법: 보도방송 10% 이상, 교양방송 40% 이상, 오락방송 20% 이상

■ 연습문제

1. 일제시대에 경성방송국 개국이 갖는 의미에 대해서 논하시오.
2. 다매체・다채널시대에서 라디오의 생존전략을 제시하시오.
3. 1980년대 초창기 TV 편성의 특성을 기술하시오.

■ 참고문헌

강대인(2003), 《한국방송의 정체성 연구》, 커뮤니케이션북스.
권태철(1996), "일제하 한국방송의 전개과정과 성격에 관한 연구," 서울대학
　　　교 대학원 석사학위논문.
김두곤(1974), "동아방송 편성에 관한 연구," 서울대학교 신문대학원 석사학
　　　위논문.
김민남・문종대・이범수(2002), 《한국민영 방송사의 재평가》, 커뮤니케이
　　　션북스.
김승현・한진만(2001), 《한국사회와 텔레비전 드라마》, 한울아카데미.
김영희(2002), "일제시기 라디오의 출현과 청취자," 《한국언론학보》 46권 2
　　　호, pp. 150~181.
＿＿＿(2003), "한국의 라디오시기의 라디오 수용현상," 《한국언론학보》 47
　　　권 1호, pp. 140~165.
김원용・김광옥・노영서(1991), "한국방송편성론," 방송문화진흥회(편),
　　　《한국방송총람》, pp. 527~817.
김재홍(역)(1999), 《JODK 사라진 호출부호》, 커뮤니케이션북스
노정팔(1995), 《한국방송과 50년》, 나남출판.
박기성(1985), 《한국방송문화연구》, 나남출판.
안정임(1995), "한국 텔레비전 편성변화에 대한 분석적 고찰," 《방송연구》
　　　통권 41호, 방송위원회, pp. 104~126.
오명환(1995), "방송프로그램 편성 50년 변천사," 《방송연구》 통권 41호,
　　　pp. 73~103.

유광호 외(1997), 《현대한국경제사》, 한국정신문화연구원.

윤병일(1986), "라디오방송편성의 변천,"《방송연구》, pp. 55~66.

이내수(2000), 《이야기 방송사》, 다나기획.

이상길(2001), "유성기의 활용과 사적영역의 형성,"《언론과 사회》9권 4호, pp. 49~95.

이윤하(2001), "동아방송 18년 편성의 뒤안길," 한국TV방송50년위원회, 《한국의 방송인》, pp. 179~188.

이진성(1198), "일제하 라디오방송의 성격에 관한 연구," 한양대학교 대학원 석사학위논문.

인운섭(1986), "TV방송편성의 변천,"《방송연구》겨울호, pp. 67~78.

인태오(1975), "한국방송의 성립과 그 기능에 관한 연구," 서울대대학원 석사학위논문.

정순일(1992), 《한국의 언론 Ⅱ》, 한국언론연구원.

정순일·장한성(2000), 《한국 TV 40년의 발자취》, 한울아카데미.

정진석(1992a), 《한국방송관계기사모음》, 관훈클럽.

＿＿＿＿＿(1992b), "일제하의 라디오 보급과 청취자,"《신문과 방송》10월호, pp. 54~65.

조항제(2003), 《한국 방송의 역사와 전망》, 한울아카데미.

최창봉·강현두(2001). 《우리방송 100년》, 현암사.

최창섭(1985), 《한국방송원론》, 나남출판.

최현철·한진만(2004), 《한국라디오 프로그램에 대한 역사적 연구》, 한울아카데미.

한국사회언론연구회(1990), 《현대사회와 매스커뮤니케이션》, 한울.

한진만(1989), "한국 텔레비전 내용의 다양화에 대한 연구," 고려대학교 대학원 박사학위논문.

＿＿＿＿＿(1990), "텔레비전 프로그램 내용의 다양화분석,"《방송연구》, 방송위원회, pp. 207~233.

＿＿＿＿＿(1993), "텔레비전 내용의 다양화 분석,"《방송문화연구논총》2, 방송문화진흥회, pp. 257~351.

＿＿＿＿＿(1998), "라디오 채널의 특성화에 관한 연구,"《방송연구》통권 46호.

＿＿＿＿＿(2000), "라디오", 강상현·채백(편), 《대중매체의 이해와 활용》, 한나래.

동아일보사(1990), 《동아방송사》.

방송위원회(2000), 《방송사사료집》.

문화방송(1997~2002), 《문화방송연지》.

_____ (1992), 《문화방송 30년사》.

중앙일보사(1975), 《중앙일보·동양방송 10년사》.

_____ (1985), 《중앙일보20년사》, 《附 동양방송17년사》.

한국방송공사(1977), 《한국방송사》.

_____ (1987), 《한국방송60년사》.

_____ (1989~2002), 《KBS년지》.

한국방송문화협회(1962), 《KBS연감》.

한국방송협회(1997), 《한국방송 70년사》.

한국방송회관(1971~1973), 《한국방송연감》.

한국언론재단(2000), 《한국신문방송연감 2000》.

_____ (2001), 《한국신문방송연감 2001》.

한국TV방송50년위원회(2001), 《한국의 방송인》, 커뮤니케이션북스.

Norberg, E. (1996), *Radio Programming Tactics and Strategies*, New
　　　York: Focal Press.

부록 : 방송법상의 외주제작 의무편성 비율의 변천

구 분		외주 비율		독립제작사 비율	주시청시간대 외주제작 비율 (KBS, MBC, SBS)	SBS 제외 민영방송 사업자
		KBS 2, MBC, SBS	KBS 1			
1994	봄개편	13%	10%	4%		
	가을개편	15%	13%	5%		
1995	봄개편	15%	15%	5%		
	가을개편	15%	15%	5%		
1996	봄개편	15%	15%	5%		
	가을개편	18%	18%	8%		
1997	봄개편	19%	19%	9%		
	가을개편	20%	20%	12%		
1998	봄개편	20%	20%	12%		
	가을개편	—	—	14%		
1999						
2000						
2001	봄개편 (매월)	29%	24%	18%	8%	4%
	가을개편	31%	26%	18%	8%	4%
2002		33%			10%	
2003		35%	KBS 30%	21%	10%	4%
			EBS 20%			

제3장

방송편성의 결정요인

한 진 만

1. 편성결정에 대한 이해

　방송편성은 방송사의 이미지를 결정하는 동시에 타 방송사와의 경쟁
관계에서 우위를 점하기 위한 전략적이고 전술적인 요인으로도 작용한
다. 방송사에서 아무리 잘 만든 프로그램이라고 할지라도 편성이 잘못
되면 그 프로그램의 가치는 상실되게 마련이다.

　프로그램 편성은 일종의 전투에 비교된다. 타 방송사와의 경쟁에서
우위를 점하기 위해서 각종 전술과 전략이 동원되며, 궁극적으로 경쟁
방송사보다 많은 시청자를 확보하려는 것이 편성목표 중의 하나이기
때문이다.

　편성의 속성은 경쟁이고 그 경쟁이 끊임없이 이어진다는 것쯤은 편
성을 알 만한 사람이면 다 안다. 편성은 온통 경쟁해야 하는 것에 둘
러싸여 있다. 다른 채널이나 매체는 모두 편성의 경쟁상대로서 아이디
어를 경쟁하고 한정된 광고시장과 인기탤런트를 두고 뺏고 뺏기는 쟁

탈전을 벌이는가 하면 피 터지는 시청률경쟁도 한다. 또 밖으로 드러나는 경쟁 못지 않게 편성은 좋은 방송을 위해 제작과도 경쟁하고 날씨와 시간과도 경쟁한다. 이렇게 보면 편성은 온통 경쟁뿐인 것 같다. 사실 그것은 곧 먹느냐, 먹히느냐 하는 처절한 싸움이라고 하는 편이 옳을 것 같다. 아이디어 경쟁이나 출연자 확보전, 시청률 싸움 등은 편성과 제작이 공동대처해야 할 싸움이지만, 날씨·시간과의 싸움은 편성이 주도적으로 치러야 할 전쟁이다(김지문, 1998: 23).

일반적으로 편성을 결정하는 경우 시청률이 가장 중요하게 작용하는 요인으로 알려져 있다. 그러나 늘상 시청률이 결정적 요인으로 작용하는 것은 아니다. 방송에 대한 인식의 정도에 따라 시청률을 그다지 중요하게 여기지 않는 경우도 있다. 시청률보다는 오히려 프로그램의 질을 우선으로 할 수도 있으며, 경우에 따라서 프로그램의 내용에 통제를 가하는 등의 법적 장치가 보다 중요한 요인으로 작용할 수도 있다. 실제로 편성을 결정하는 데는 단 하나의 요인이 단독으로 작용하기보다는 여러 가지 요인들이 복합적으로 작용한다고 보아야 할 것이다. 단지 그러한 여러 가지 요인들 중에서 어떠한 특정 요인들이 보다 중요하게 영향력을 발휘하게 되며, 그러한 정도의 차이가 방송의 성격을 달리하는 요인으로 작용하게 된다.

편성의 형태에 따라 편성 결정요인이 달라질 수 있다. 우리나라 방송사가 하는 편성형태는 정기편성, 수시편성, 특집편성(계기별 특집, 임시특집)의 세 가지를 들 수 있다. 방송사들은 대체로 일 년에 두 차례 정기개편을 한다. 정기개편의 경우 여름과 겨울의 일조량에 따라 달라지는 국민생활시간대에 맞게 조정하고, 스포츠와 같은 옥외활동 증가 등의 생활환경 변화를 수용하며, 참신한 새 프로그램을 선보여 경쟁력을 강화시킬 필요성에 따라 봄(4월경)과 가을(9, 10월경) 두 차례 개편하는 것이 관례화되어 있다.

그런데 근자에 들어 이러한 정기적 편성보다는 그때그때 편의에 따라 하는 수시편성이 늘어가는 경향이 있다. 2002년도 방송편성인을 대상으로 한 심층인터뷰 조사결과(한진만, 2002)에서도 나타났듯이 편성과정에서 두드러진 변화는 편성에 대한 인식변화이다. 기존의 방송편성에 대한 논의는 봄, 가을 정기개편을 중심으로 논의되었으나, 최근에는 수시편성 비중이 늘어나고 있음을 알 수 있었다.

예전에는 1년에 두 차례 하는 정기적 편성은 일종의 축제이자 커다란 행사였다. 그러나 요즈음은 정기편성에 그다지 큰 의미를 부여하지 않는다. 경우에 따라서는 소리 소문 없이 조용히 개편하는 경우도 있다. 수시편성이 이루어지기 때문이기도 하다. 개편의 개념도 바뀌고 있다. 예전에는 대대적으로 개편하는 것이 좋은 것으로 여겨졌으나, 현재는 많이 개편할 경우에는 반응이 좋지 않거나 회사 이미지에도 중요한 영향을 미치기 때문에 정기개편보다는 수시로 필요할 경우에 하는 경우가 많다. 따라서 브랜드 이미지, 즉 장수하는 프로그램도 필요하고 안정성을 중요시하게 되었다. 시청률이 좋거나 시청자들에게 좋은 이미지를 가지는 프로그램의 경우는 개편보다는 부족한 부분을 보완하는 정도에 그친다. 이러한 현상은 다른 방송사들도 마찬가지이다. 단, KBS 2의 경우는 실험성 있는 프로그램들을 많이 하기 때문에 개편의 규모가 큰 것으로 알고 있다.

편성과정에서 정기편성의 중요성이 줄어드는 이유는 먼저 방송사들간의 경쟁강화를 꼽을 수 있다. 방송사들간의 경쟁이 강화되면서 정기편성에 의해 장기적 경쟁구도를 형성하는 것보다는 수시로 경쟁에 미흡한 프로그램을 보완하는 입장을 방송사들이 선호하게 된 것이다. 둘째는 시청자들의 욕구 다양성이다. 최근의 시청형태는 채널충성도보다는 프로그램에 대한 선호도에 의존하는 경향이 강화되는 추세이다. 방송사들이 시청자들의 시청형태 변화에 대응하기 위해서는 정기편성보다는 수시편성을 선호할 수밖에 없다.

한편 방송사에서는 특집편성을 시행하기도 한다. 특집편성은 정규방송순서 개편 이후에 계절의 변화와 국내의 상황변화 및 개편 프로그램의 부적절 사항 등을 참고하여 필요에 따라 편성조정한다. 특집편성에는 정해진 질기와 국경일, 기념일 등에 맞추어 준비하는 '계기별 특집'과 시대적 상황 및 시의성에 맞추어 마련하는 '임시특집' 등이 있다.

편성의 기본단위는 주간이며, 이 주간단위 편성을 도표화시킨 것이 '주간기본편성표' 또는 '기본방송순서'라고 한다. 주간편성은 정기개편 때 마련된 기본방송순서를 기본 틀로 하여 변화를 가져오는 제요인(특집 프로그램, 시간변경 등)과 토·일요일의 낮 방송배열(스포츠, 재방송), 기타 여러 가지 이벤트를 반영하는 방송순서안을 편성기획회의를 거쳐 경영진(사장)에게 보고한 후 시행하는 경향이 있다.

편성결정은 몇 가지 형태로 나타난다. 즉, 기존의 프로그램을 폐지하고 새로운 프로그램을 편성하는 작업과, 시청자의 생활시간 및 계절적 요인들을 고려하여 기존 프로그램의 방송시간대를 재조정하는 시간대배열(scheduling), 1) 특집과 같은 임시적으로 프로그램을 편성하는 행위, 그리고 우리나라의 경우에서 나타나고 있는 현상으로 방송시간 연장으로 인한 새로운 프로그램(재방 프로그램 포함)을 편성하는 작업 등이 있다.

---

1) 강대인은 그의 학위논문에서 새로운 프로그램의 편성과 방송시간대를 재조정하는 시간배열의 두 가지를 들었다.

2. 편성과정에 대한 이해

편성을 결정짓는 요인을 살펴보기 위해서는 우선적으로 편성과정에 대한 이해가 선행되어야 한다. 그런데 편성의 개념을 어떻게 정의하느냐에 따라 편성과정은 달라진다. 즉, 편성의 개념을 프로그램 기획에서부터 제작에 이르기까지의 전 과정을 지칭하는 광의의 개념으로 볼 때와 단순히 프로그램의 배열만을 의미하는 것으로 볼 때 편성과정은 달라진다. 여기서는 편성의 개념을 프로그램의 기획에서부터 제작에 이르는 전 과정을 지칭하는 광의의 개념으로 보고 편성의 과정을 설명하기로 한다.

일반적으로 편성과정은 세 단계로 구분하여 설명한다. 첫 번째 단계는 기획단계로 방송의 최고경영자에 의해 편성의 기본정책이 수립되는 과정으로 편성방침이 결정되는 단계이다. 두 번째 단계는 편성방침에 의한 편성작업 과정으로 프로그램의 결정 및 순서배열 등 편성실무작업의 단계로서 편성표가 확정된다. 마지막 세 번째 단계가 확정된 기본편성표에 따른 제작과정으로 구체적 개별 프로그램이 제작되는 단계인데, 일반적으로 방송국에서는 이 단계를 제작영역으로 분리시켜 편성과정과 구별한다(강대인, 1993: 45).

1) 기획 단계

편성의 첫 번째 단계인 기획단계는 편성의 기본방향을 설정하는 데 그 목적을 둔다. 편성의 기본방향을 설정하기 위해서는 자기 방송사의 프로그램 경쟁력을 정확하게 파악하는 것이 중요하다. 경쟁방송국과 비교해 경쟁력 있는 요일이나 시간대는 언제이고, 프로그램 유형은 무엇이며, 주시청층은 누구인지, 반대로 경쟁력이 떨어지는 요일이나 시간대 또는 프로그램 유형 및 주시청층을 제대로 파악해야 한다. 그리고 개편에서 어디에 중점을 두어야 할지 결정한다. 이 과정에서 편성실무자는 폐지할 프로그램과 신설힐 프로그램, 그리고 시간대를 바꾸어야 할 프로그램들을 정한다. 이렇게 편성의 전체적 윤곽이 잡히면 다양한 기초자료 수집에 들어간다. 시청률자료나 사회조사를 통해 시청자의 시청습관, 라이프스타일, 최근 시청자의 프로그램 선호도 등을 파악하고 개편에 들어갈 프로그램의 기본방향을 정한다. 이때 편성실무자는 방송사의 기본이념, 경영방침, 방송법시행령에 나타난 법적 규제, 그리고 예산규모 등을 고려한다. 기획단계에서 결정된 프로그램의 기본방향은 최고경영층의 허락을 얻어 구체적 편성단계로 들어간다.

2) 편성 단계

두 번째 단계는 협의의 편성단계로 신설 프로그램이나 시간대를 변경할 프로그램을 요일·시간대별로 배열하는 단계이다. 이 단계에서는 개별 프로그램에 대한 제작진의 의견이 중요하게 작용한다. 프로그램별로 편성된 시간대가 적절한지 여부를 시청행위 자료를 토대로 제작진과 상의한다. 이러한 과정을 거쳐 편성실무자는 편성의 기본 틀을 잡는다. 그러나 편성의 기본 틀을 잡는 것으로 일이 끝나는 것은 아니다. 편성부에서 마련한 기본 틀을 가지고 관련부서인 제작팀, 광고팀, 그리고 예산을 담당하는 기획팀과 최종회의를 한다. 제작팀에서는 프로그램 시간대가 시청자의 시청행태와 일치하고 프로그램 성격에도 맞는지를 최종 확인하고, 광고팀에서는 편성안이 광고수입과 어떤 관련이 있는지 꼼꼼하게 체크한다. 프로그램 시간대를 바꿈으로써 광고비가 감소한다면 이 편성안은 재고할 필요가 있다. 예산을 담당하는 기획팀에서는 편성안이 방송사의 기본이념이나 경영목표를 충실히 반영하고 있는지, 그리고 주어진 예산의 범위 안에서 수용가능한지 검토한

〈그림 3-1〉 편성과정

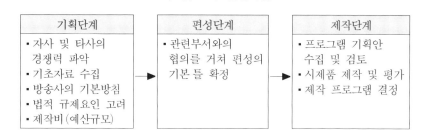

기획단계	편성단계	제작단계
• 자사 및 타사의 경쟁력 파악 • 기초자료 수집 • 방송사의 기본방침 • 법적 규제요인 고려 • 제작비(예산규모)	• 관련부서와의 협의를 거쳐 편성의 기본 틀 확정	• 프로그램 기획안 수집 및 검토 • 시제품 제작 및 평가 • 제작 프로그램 결정

다. 이러한 과정을 거쳐 편성의 기본 틀을 확정짓는다.

3) 제작 단계

편성의 기본윤곽이 잡히면 세 번째 단계인 제작단계로 들어간다. 제작단계에서 하는 첫 번째 일은 프로그램 기획안을 사내·외적으로 수집하는 일이다. 자체 제작할 프로그램은 사내에서 프로그램 기획안을 받고, 외주제작할 프로그램은 독립제작사를 통해 받는다. 몇 개의 프로그램 기획안이 수집되면 이 기획안을 가지고 정책결정자와 관련부서 책임자가 모여 제작에 들어갈 프로그램을 결정한다. 이 과정에서는 예산이 중요하게 고려된다. 프로그램이 결정되면, 시제품을 제작하고 이에 대한 방송사 내 관련부서 책임자와 실무자로부터 프로그램에 대한 평가를 받는다. 최근에는 20~30명의 시청자를 선정해 시제품을 시청하게 한 후 평가서를 받는 방송사도 있다. 이들의 의견을 종합적으로 수집하여 제작에 들어갈 시제품을 최종선정한다. 다음 제작자는 프로그램 제작에 들어가고 편성팀과 기획팀, 광고팀은 프로그램 홍보 작업을 시작한다. 그리고 프로그램이 방영되고 약 한 달이 지나면 방송된 프로그램에 대한 평가를 받아 프로그램 제작에 반영한다.

이러한 편성과정은 가장 일반적인 형태이나, 모든 프로그램이 다 이

과정을 거치는 것은 아니다. 사전제작 프로그램이나 특집 프로그램 편성은 이와는 다른 과정을 거쳐 편성되고 제작된다. 그러나 분명한 사실은 하나의 프로그램이 제작되어 시청자 앞에 선보이기까지는 여러 단계에서 많은 사람들의 노력이 필요하다는 점이다.

3. 방송사의 프로그램 편성과정 사례 [2)]

MBC의 경우 편성을 준비하는 초기단계에서는 편성관련 자료를 수집하고 분석하는 작업이 이루어진다. 이 단계에서는 사내 아이디어 공모, 국별 개편의견, 시청자의견, 시청자조사, 외주제작사의 기획안, 계열사의 개편의견 등이 고려된다. 어느 정도 의견과 자료가 취합되면 편성국에서는 이를 정리하여 개편 준비작업을 하고 실무소위원회인 편성전략위원회를 거친 후 개편방향을 정리한다.

이러한 단계를 거쳐서 편성(개편)작업이 이루어지는데, 여기서는 제작부서와 편성전문 요원들에 의해서 전문적이고 구체적인 방향이 설정된다. 편성기획부에 의해서 프로그램 편성시안이 만들어지면 국장급으로 구성된 2차 편성전략회의의 협의과정을 거치고 관련부서와 추가협의를 거쳐 수정·보완하여 개편방향을 확정하고 신설 프로그램 제작에 착수한다. 본 계열사 편성책임자 회의를 거쳐 개편안을 최고경영진에 품의하고 계열사에 통보한다.

개편내용을 시청자에게 알려줄 예고 프로그램을 제작하고 방송위원회에 통보한 후 프로그램을 개편함으로써 정기개편을 완료하게 된다.

한편 SBS의 경우 프로그램 개편시 〈그림 3-3〉에서 제시하는 내용과 같은 단계를 거침을 알 수 있다.

---

2) 방송사의 프로그램 개편과정에 대한 자료는 2002년 조사를 통해 구했다.

〈그림 3-2〉 MBC-TV의 프로그램 개편과정

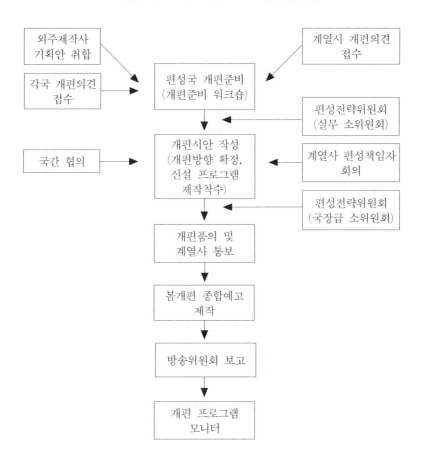

〈그림 3-3〉 편성・제작 업무 흐름도(SBS)

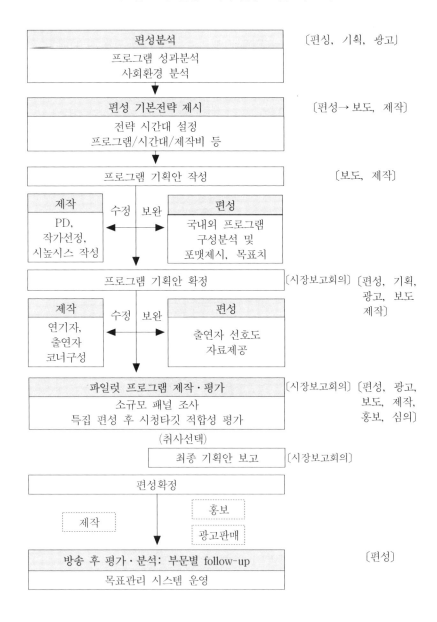

4. 편성 결정요인에 대한 기존의 논의

편성 결정요인과 관련하여 외국에서 발표된 논문은 그다지 많지 않다. 대체로 다음의 몇 가지 논문들이 고전으로 소개되는 실정이다.

게이트키핑(*gatekeeping*) 이론에 근거하여 편성의 의사결정 과정을 연구한 버츠(Paul H. Virts)는 그의 학위논문에서 지방 텔레비전 방송국을 중심으로 편성의사결정 모델을 제시하였다. 텔레비전 방송의 편성책임자는 편성을 결정할 때 진공상태에 서 있는 것이 아니라 여러 과정에서 작동하는 요인들(*inputs*)의 영향을 받는다. 그들 중 어떤 것은 수량화하기 어려운 지역사회 규범이나 편성취향과 같은 인지적이고 추론적인 형태일 수도 있고, 시청률, 프로그램 비용, 수용자의 인구학적 특성과 같이 경험적 자료의 형태를 취할 수도 있다(Virts, 1979: 5; 강대인, 1993: 16 재인용).

그는 이 논문에서 편성에 영향을 주는 환경적 작용요인으로 다음과 같은 9가지 형태를 제시해 설명하였다.

① 지각된 내용의 질(*perceived content qualities*)
② 방송국의 정책과 구조(*institutional policies and structure*)
③ 동료간의 상호작용(*interaction with peers*)
④ 정보원(*information source*)
⑤ 태도 및 배경(*attitudes and background*)
⑥ 경제적 요인(*economics*)
⑦ 규제환경(*regulatory environment*)
⑧ 수용자의 피드백(*audience feedback*)
⑨ 전략(*strategy*)

또 다른 연구로 피셔(Michael G. Fisher)가 분석한 편성요인을 살펴보면, ① 전체적인 잠재수용자, ② 경영정책, ③ 특정 프로그램의 특정 수용자, 판매잠재력, 그리고 규제사항, ④ 편성책임자의 개인적 판단 등의 순서로 비중이 나타났다(Fisher, 1978: 31).

한편 루이스(David Lewis)는 편성에 적용하는 사회적·경제적·정치적·법적·윤리적 차원의 여러 요인들 가운데 45개 영향요인을 추출하여 521개 방송국의 편성책임자들을 대상으로 설문조사한 결과, 다음의 8가지 사항들이 편성정책에 영향을 끼치는 것을 발견하였다 (Lewis, 1969~1970: 71~82; 강대인, 1993: 17~18 재인용).

① 직접적 피드백(direct feedback)
② 규제사항(regulatory constraints)
③ 추론적 피드백(inferential feedback)
④ 한정적 피드백(conditional feedback)
⑤ 사원 피드백(staff feedback)
⑥ 개인적 판단(personal judgement)
⑦ 재정적 제약(financial constraints)
⑧ 전술적 고려(tactical consideration)

그런데 편성 결정요인과 관련하여 국내에서 발표된 논문은 거의 없으며, 그나마 제기된 것들은 결정요인을 직접적으로 규명하기 위한 연구라기보다는 외국의 연구결과를 소개·인용하거나 주제는 편성 결정요인에 관한 것이 아니지만 우리나라 방송에서 나타날 가능성이 있는 결정요인들을 추정하여 기술하는 수준에 머무르고 있다. 몇 가지 사례를 들면 다음과 같다.

한진만 등은 편성의 결정요인을 크게 방송사의 외적 조건과 내적 조건으로 구분하고, 전자에는 법적·제도적 조건, 수용자조건, 경쟁매체 상황, 사회적 조건, 정치적 조건 등이 있으며, 후자에는 정책적 조건과 제작여건이 포함된다는 것을 제시하였다(김영임·한진만·심미선, 2005).

주성희는 그의 석사학위논문에서 프로그램 폐지와 관련하여 방송편성에 영향을 미치는 요인으로 외부의 통제요인과 내부의 통제요인으로 구분하고, 전자에는 정치적 통제요인, 경제적 통제요인, 사회적 통제요인, 자율적 통제요인이 있으며, 후자는 방송사 내의 경영진, 편성인들을 제시하였다. 정치적 통제요인은 법적 차원과 법 외적 차원에서 이루어지며, 정치체제 그 자체뿐만 아니라 정부기관이나 정치인을 통해서도 이루어진다고 하였다. 경제적 통제에는 주로 광고의 영향을 들었으며, 사회적 통제는 시민운동을 통해서 이루어지고 있음을 제시하였다(주성희, 1996).

김우룡은 프로그램 편성에서 의사결정은 안팎의 여러 가지 복잡한 요인으로 영향받는다고 주장한다. 일출·일몰, 날씨 등 계절의 변화가 직접적으로 영향을 주고 , 다른 미디어, 경쟁국, 그리고 오디오·비디오 산업이 작용하고, 라이프스타일의 변화와 스포츠행사, 그리고 정치시스템과 사회환경이 반영될 수밖에 없다는 것이다(김우룡, 1987: 82).[3]

좀더 지엽적으로 이권영은 프로그램 편성(개편)은 왜, 언제 하는가 하는 질문을 던지면서 편성을 결정짓는 요인으로 시청률 저하, 방송사의 이미지 저하, 정책변화, 방송사 의지구현, 방송위원회의 결정과 권고,[4] 기술의 진보, 특집 및 중계의 필요성 등을 제시하였다(이권영,

[3] 프로그램 편성 결정요인 및 결정과정에 대해 김우룡은 다음과 같이 첨언한다. 프로그램 편성은 현행 프로그램을 검토하는 일로부터 시작된다. 인기가 높고 시청률이 높고 사회적 평판이 좋은 프로그램은 요지부동이지만 그렇지 못한 프로그램은 바람 앞의 촛불신세가 된다. 편성전문가들은 봄철개편이 끝나면 가을철개편을 걱정하듯 가을편성이 실시되면 곧 봄개편에 착수한다. 외국의 자료를 모으고 아이디어 개발팀을 조직하고 브레인스토밍을 위한 일련의 모임을 마련하고 방송에 관련된 정책의 변화를 살핀다(김우룡, 1987: 80).

114

1990: 259). 한편 편성의 최고결정 요인으로 방송이념을 들기도 한다 (손용, 1990).

한편 강대인은 국내 대부분 방송국의 의사결정은 버츠가 제시하는 모델과 비슷한 과정을 거친다고 주장한다. 특히 1991년 SBS의 출현 이후 종전보다 더욱 방송국간의 경쟁적 요인이 프로그램의 존폐를 결정하는 데 크게 작용하는 요인이 되고 있으며, 갖가지 방송국 내외의 조사자료 및 프로그램 평가자료, 그리고 무엇보다 시청자의 반응과 시청률 등이 편성의사를 결정하는 주된 요인이 되었다고 하였다(강대인, 1993: 16~17).

5. 편성 결정요인

편성은 주로 편성인에 의해서 이루어지지만 편성을 결정짓는 데는 무수히 많은 요인들이 관여한다. 어쩌면 방송을 둘러싸고 있는 모든 현상들이 편성에 영향을 미친다고 할 수도 있다. 누구를 대상으로 어떤 프로그램을 어떻게 얼마나 제작하고 어떤 시간대에 배치할 것인가를 결정하는 데는 우리가 사는 모든 여건들이 연루될 수밖에 없기 때문이다. 편성을 결정하는 데 작용하는 요인을 간략하게 정리하면, 우선 방송사의 외적 조건과 내적 조건으로 대별할 수 있으며, 전자에는 방송과 관련 있는 법적·제도적 조건, 시청 여부와 관련 있는 수용자 조건 등이 있으며, 후자에는 방송사의 정관(定款), 사시(社是), 경영 방침 등의 정책적 조건과 예산, 시설과 장비, 인력 등 제작조건 등이 포함된다.

---

4) 원문에서는 방송심의위원회로 표기되어 있으나 방송위원회가 적절한 표현으로 이 글에서는 방송위원회로 수정하여 제시하였음.

방송편성에 영향을 미치는 방송사의 외적 조건과 내적 조건을 보다
자세히 살펴보면 다음과 같다.

1) 방송사의 외적 조건

(1) 법적·제도적 조건

편성의 결정요인으로 작용하는 법적·제도적 조건들로는 개인적 이
익이나 사회적 이익 또는 국가적 이익을 내용으로 하는 헌법상의 법조
항을 비롯하여 방송법과 청소년보호법 등이 있으며, 방송위원회 등과
같은 제도도 이에 포함된다.

우리나라의 경우 방송위원회나 정부의 방송정책이 편성을 결정하는
데 또한 중요하게 작용한다. 우리나라는 방송편성에 외주제작 프로그
램이라든가 국내제작 프로그램을 일정비율 이상 편성하도록 명문화하
였다. 그리고 청소년보호법에 의해서 청소년에게 유해하다고 여겨지
는 프로그램 편성에 대해 규제책5)을 마련하는 등 법적·제도적 차원

---

5) 청소년보호법은 청소년에게 유해한 매체물과 약물 등이 청소년에게 유통되
는 것과 청소년이 유해한 업소에 출입하는 것 등을 규제함으로써 청소년을
유해한 각종 사회환경으로부터 보호·구제하고 나아가 이들이 건전한 인
격체로 성장할 수 있도록 하기 위한 목적을 갖는다. 그런데 청소년 유해매
체물의 청소년대상 유통규제에서 매체물의 범위(제 7조) 중에는 방송법 및
종합유선방송법의 규정에 의한 방송프로그램 중 교육·음악·오락·연예
물 등이 포함된다. 이 법에서 방송규제의 핵심이 되는 것은 유해방송물 등
급제(제 9조)와 표시의무(제 14조)의 실시와 방송시간의 제한(제 19조)이
다. 유해방송물의 등급제는 청소년에게 해로운 것으로 판정된 방송물에 자
막 등의 형태로 유해방송물을 표시하도록 하는 것이며(프로그램의 방송을
시작하기 전에 "이 프로그램은 19세 미만 청소년이 시청해서는 안 됩니다"
라는 자막표시를 한다), 방송시간 제한은 유해물로 판정된 방송, 광고물
은 청소년보호위원회가 정하는 청소년시청보호시간대(시행령 제 18조, 청
소년 유해매체물을 방송하여서는 아니 될 방송시간은 오후 1시부터 오후
10시까지로 한다)에는 방송할 수 없게 되는 것을 의미한다. 19세 이상이

에서 편성에 영향을 미친다.

다양성이나 소외계층을 위한 방송편성 등 방송위원회뿐만 아니라 방송사업자의 방송프로그램 내용 및 편성과 운영 등에 관하여 종합적으로 평가하기 위하여 평가위원회를 두고 있는데, 이 위원회에서 요구하는 내용들도 편성을 할 때 충분히 고려한다. 방송사로서는 정부와 방송위원회가 법적・제도적으로 요구하는 사항에 대해서 모두 편성에 반영하는 것이 현실이다. 한편 이러한 법, 제도적 조건이 편성에 영향을 미치는 형태나 정도는 그 나라의 방송이 어떠한 방송제도를 택하는지에 따라 달라진다. 즉, 방송시장이 공영방송을 제도적으로 보장하는 독점적 상황인지 아니면 상업방송하에서의 시장경쟁구조인지에 따라 편성도 달라진다는 것이다.

시장구조와 편성 간의 관계는 스타이너(Steiner)의 연구에서 잘 드러난다. 스타이너에 따르면 소수채널, 즉 채널이 제한되어 있는 상황에서는 경쟁구조보다는 독점구조에서 프로그램 다양성이 더 증대된다고 한다. 경쟁구조에서는 모든 방송사가 시청자 수를 극대화하는 프로그램에 집중하기 때문에 프로그램간 중복현상이 심화될 수 있다. 따라서 채널이 제한된 독점상황이라면 독점이 경쟁보다 더 다양한 프로그램으로 더 높은 시청자 만족을 제공한다는 것이다. 그러나 채널이 제한되지 않은 상황에서 독점은 여전히 공통분모적 프로그램을 찾는다. 독점자는 각각의 시청자가 가장 선호하는 프로그램은 아니더라도 다른 대안이 없으면 시청하는 프로그램, 즉 공통분모적 프로그램으로 전 채

시청하는 성인용 프로그램에 대해서는 유해매체물 목록표를 작성하여 방송을 제한하고 청소년들이 이를 볼 수 없도록 구체적 방송시간대를 대통령령으로 정하도록 한다는 것이다. 이렇듯 청소년 유해매체의 유통을 규제하는 것이 청소년보호법의 가장 중요한 대목 중의 하나이다. 성인용과 청소년용 두 가지의 유통경로를 철저히 구분하여 청소년을 유해매체로부터 보호하겠다는 취지이다.

널의 누적적 시청자 수의 극대화를 꾀한다는 것이다(방송위원회, 1995: 113~114). 이런 측면에서 본다면 시장구조는 공영방송 및 상업 방송 편성에 상당한 영향을 미친다고 할 수 있다.

또 같은 상업방송이라 하더라도 시장구조에 따라 방송편성은 달라 질 수 있다. 공영방송의 토양 속에서 뿌리내린 영국의 대표적 상업방 송인 ITV가 미국의 상업방송인 ABC, CBS, NBC나 FOX와는 다른 편성특성을 보이는 것은 해당 국가의 방송이 근간으로 하는 법, 제도 적 틀이 다르기 때문이다.

(2) 수용자 조건

방송 프로그램을 편성하는 데 가장 중요하고 우선적으로 고려되어야 할 것은 방송수용자인 시청자의 시청여건이다. 시청여건 중 시청자의 생활주기는 무엇보다도 중요하다. 수용자들이 방송중, 특히 텔레비전 을 시청하기 위해서는 텔레비전 수상기가 있어야 하기 때문에 편성에 서 우선적으로 고려해야 할 사항은 시청자들이 집에 있는 시간이 언제 인가를 알아내는 것이다. 즉, 어떤 시간대에 어떤 계층의 사람들이 집 에 있는지의 재택(在宅) 현황은 편성을 결정하는 데 중요한 요인으로 작용한다. 그리고 이와 아울러 시청자들이 언제 일어나고 언제 출근하 는지, 또 귀가하는 시간은 언제인지, 집에 있는 시간에는 주로 무엇을 하는지 등 생활주기에 대한 정확한 파악은 시청자를 최대한 확보할 수 있는 편성을 가능하게 한다. 아울러 시청자들의 연령, 직업, 수입, 취 미, 기호, 교육수준 등과 같은 인구통계학적 요인이라든가 시청자들 의 생활습관과 관련 있는 계절, 기후, 날씨, 일시 등도 편성에서는 중 요하게 고려되어야 한다.

이와 함께 시청자가 방송을 통해 바라는 것이 무엇인지 제대로 파악 해야 한다. 특정시간대의 주시청층은 누구이며, 이들에게 필요한 정 보와 선호하는 프로그램은 무엇인지 수시로 파악하여 편성에 반영해야 한다. 이러한 목적에서 시청률 조사가 시작되었다. 시청률자료는 시간대별로 주시청층은 누구이며, 이들이 주로 시청하는 프로그램은 무엇인가에 대한 기초적 정보를 제공한다. 그리고 이러한 자료는 편성전략을 수립하는 데 기초가 된다. 예를 들어 방송사에서 시간대별로 어떤 유형의 프로그램을 방송하는 것이 이상적인가를 결정할 때, 그리고 시청자의 시청습관을 형성하기 위해 다양한 편성전략을 짤 때 시청률자료가 유용하게 활용될 수 있다.

분명한 사실은 채널이 늘어나고, 각각의 채널이 일정한 크기의 수용자 시장을 놓고 경쟁하는 방송환경이 도래하면서 수용자의 존재는 그 어느 때보다도 중요해졌다는 것이다.

⑶ 경쟁력 강화

편성을 결정하는 데 가장 중요하게 작용하는 요인은 프로그램의 경쟁력이다. 일반적으로는 시청률이라고 알려져 있지만 반드시 그렇지는 않다. 오히려 시청률보다는 방송사가 추구하는 정책이나 목표에 부합하면서도 상대 방송사의 프로그램보다 경쟁력 있는 프로그램을 편성하려고 한다. 물론 경쟁력에는 시청률이 포함되기는 하지만 전통적 채널 이미지, 즉 채널의 정체성을 확보하고 유지하기 위한 것들이 시청률보다는 이미지가 우선하기도 한다.

편성을 결정하는 단적 요소는 경쟁력(이미지 강화)이라 표현할 수 있다. 흔히들 시청률이 가장 중요하게 여겨질 것이라고 생각하는데 반드시 그렇지는 않다. 시청률이 낮더라도 이미지를 제고시킬 수 있는 프로그램은 여전히 탄탄하게 편성될 수 있다. 물론 미국 상업방송의 경우는 방송편성 결정요인은 시청률이라 할 수 있다. 그러나 유럽 공영방송의 경우는 공영성이나 이미지 등의 정체성을 구현하는 것을 방송의 목표로 삼는다.

경쟁력강화에는 물론 타 방송사와의 관계에서 우위를 점하려는 의지가 담겨 있다. 프로그램 편성은 일종의 전투에 비교된다. 타 방송사와의 경쟁에서 우위를 점하기 위해서 각종 전술과 전략이 동원되며 궁극적으로 경쟁방송사보다 많은 시청자를 확보하려는 것이 편성목표 중의 하나이기 때문이다.

방송편성은 채널을 달리하는 동종매체와의 경쟁뿐만 아니라 매체적 성격을 달리하는 이종매체와의 경쟁관계도 고려해야 한다. 특정 텔레비전방송사는 다른 텔레비전 방송사와 경쟁해야 하며, 또한 케이블텔레비전이나 비디오 등과도 경쟁해야 한다. 따라서 텔레비전 시청행태에 대해서 뿐만 아니라 다른 매체의 이용현황에 대한 정보도 편성전략을 세우는 데 중요한 요인으로 작용한다.

(4) 사회적 분위기

수용자가 처한 사회적 분위기 또한 편성 결정요인으로 작용한다. 예를 들어 우리가 겪은 바 있는 IMF 관리체제와 같은 상황에 직면하게 되었을 때 방송편성은 그러한 어려운 상황을 잘 고려해서 결정되어야 한다. 경제적으로 어려워지고 실직자가 늘면서 가정이 파탄되는 위기를 맞게 되는데도 방송이 소비지향적 프로그램을 편성한다면 사회적으로 비난대상이 된다는 것은 자명한 이치이다. 오히려 이러한 때에는 경제적으로 과소비를 억제하는 분위기를 자아내거나 가정의 소중함을 일깨워 가족의 따뜻함을 그려주는 내용의 프로그램을 편성하는 것이 바람직할 것이다. 또 사회적으로 폭력이 증가하고 인명을 경시하는 행위들이 범람할 때 생명의 소중함을 일깨워 주는 자연 다큐멘터리의 집중편성도 좋은 예가 될 수 있다.

그 밖에 시민단체들도 편성에 영향을 미치는 요인으로 작용할 수 있다. 시민단체들은 시청자운동의 일환으로 방송의 편성에 직·간접적으로 영향력을 행사하기도 한다. 사회적으로 문제가 있는 프로그램에 대해서는 비판하지만, 또 필요로 하는 프로그램에 대해서는 편성을 요구하기도 한다. 일전에 방송사(MBC)가 아침에 편성되어 있는 어린이 대상 프로그램(〈뽀뽀뽀〉)을 폐지하려고 하였을 때 시청자단체의 반발로 무산된 것은 이러한 현상을 보여주는 대표적 예가 된다.

2) 방송사의 내적 조건

(1) 방송사의 이념 및 목표

방송사의 이념은 곧 편성이념으로 구체화되며 프로그램의 제작과 편성의 기본방향을 제시해 준다. 그리고 편성목표는 방송제도가 공영방송체제를 지향하느냐 아니면 상업방송체제를 지향하느냐에 따라 다르게 나타난다. 공영방송의 경우 방송의 공익성을 프로그램 편성의 기본이념으로 삼는다. 공익성이란 방송전파의 공적 소유의 측면에서 파악될 수 있는 절대적 가치인 방송의 공공성에서 비롯된 개념으로 방송이 특정인의 사적 이익이 아니라 전파의 주인이 되는 일반대중의 이익을 추구해야 한다는 방송활동 기준을 제시하는 이념이다(김재홍, 2003: 45; 김춘옥, 2001: 240; 차승민, 2000: 44). 이러한 공익성에 근거한 공영방송 편성은 실제적으로는 다수수용자를 대상으로 한 프로그램 편성뿐 아니라 소수의 소외된 계층도 편성대상으로 고려해야 하며, 상업방송에서 제공하지 못하는 부분을 제공해야 하는 의무를 지닌다. 공영방송이 상업방송과 다른 편성전략을 추구하는 이유가 바로 여기에 있다. 반면, 상업방송은 방송사 수익과 직결되는 최대의 시청자 확보가 중요한 편성목표가 된다.

그러나 공영방송이나 상업방송의 제도적 차이를 막론하고 편성의 기본과제는 시청자 확보를 통한 이윤추구와 공익추구라는 두 가지 목표를 어떻게 적절히 조화시키느냐에 있다. 가능한 한 많은 시청자를 확보하기 위해 단순히 흥미와 오락물만을 제공할 경우 방송의 사회적 책임을 외면하는 것이 되고, 반대로 공익만을 지나치게 강조할 경우 시청자를 끌어들이는 데 실패하여, 방송경영상에 문제가 제기될 수 있기 때문이다.

방송사의 이념과 목표는 경영진의 운영철학이나 경영방침과 같은 정책적 요인들에 의해 실현된다. 이러한 정책적 조건에는 방송사의 정관, 사시(社是) 및 사훈 등은 물론, 기존에 갖고 있던 전통적 채널 이미지, 즉 채널정체성을 확보하고 유지하기 위한 것들도 포함된다.

KBS의 경우 국가기간방송으로서의 역할을 수행하기 위해 그에 적합한 프로그램, 예를 들어 오락 프로그램보다는 정부정책을 알리거나 국민을 계도하는 내용을 주로 담는 보도 프로그램이나 교양 프로그램을 중점편성하였다.

MBC는 다수취향의 신뢰받는 공영방송을 표방한다. 이런 방송사의 이미지에 걸맞고, 무겁지 않으면서도 경박하지 않은 젊지만 신중한 방송사의 이미지를 유지하기 위해 노력한다. MBC가 30~40대를 겨냥해 편성의 기본골격을 짜는 것은 바로 MBC만의 젊지만 신뢰받는 이미지를 유지하기 위함이다.

한편 SBS는 젊은 방송을 모토로 내세운다. 10~20대를 주시청자층으로 삼아 프로그램을 편성한다. 같은 드라마라도 KBS에서 제작하는 드라마와 SBS 드라마는 차이가 있다. 이는 SBS의 경영방침이 기존의 KBS나 MBC와는 차별화된 젊은 이미지를 구현하는 데 목적을 두었기 때문이다. 이러한 경영방침은 프로그램 편성 곳곳에 묻어난다.

(2) 제작 여건

편성을 결정하는 제작조건으로는 방송시설과 장비를 포함한 물리적 조건, 예산조건, 인적 조건 등을 들 수 있다. 물리적 조건에는 제작에 필요한 각종 장비와 시설들을 얼마나 충분히 확보하느냐가 고려된다. 예산으로는 연간매출액 및 광고비, 프로그램제작비, 예산집행의 경제원리와 합리성이 고려되며, 인력으로는 제작인력의 능력, 지원부서와의 협조체제, 작가나 출연자 등 제작에 활용가능한 인력에 대한 정보 등이 포함된다.

방송프로그램을 제작하고 편성할 때 아무리 아이디어가 좋다고 하더라도 시설이나 장비가 턱없이 부족하고 제작에 참여할 수 있는 인력이 몇 안 되며 예산도 별로 없다면 좋은 프로그램을 제작하여 편성하기는 어려울 것이다. 또 시설이나 장비가 잘 갖추어져 있다 하더라도 우수한 인력이 뒷받침되지 않으면 무용지물이 되고 만다는 것은 자명하다. 제작능력이 탁월한 인력을 많이 확보했다고 하더라도 예산이나 시설 및 장비가 여의치 않으면 그 결과는 마찬가지이다.

예를 들어 세계화를 구현하기 위해 해외문물을 소개하는 프로그램을 제작할 필요가 있을 때 충분한 예산이 뒷받침되면 제작진이 해외에 직접 가서 현지에서 촬영하거나 구한 자료들을 활용하여 프로그램을 제작·편성하는 것이 가능하지만, 재정적 지원이 여의치 못할 경우에는 외국에서 제작한 프로그램을 구입하여 재구성하여 제작·편성하는 방법을 택할 수밖에 없다.

우리의 경우 지역방송(지방방송)에 대한 논의에서 이러한 제작여건의 문제가 주된 쟁점으로 거론되기도 한다. 우리나라의 지역방송에 대한 연구에서 공통적으로 지적하는 것 중의 하나는 지역방송이 아직은 활성화되지 못했고, 지역주민들로부터도 그다지 커다란 관심을 끌지 못한다는 점이다. 그리고 그렇게 나타나는 현상을 시설 및 장비, 인력, 예산부족 등의 제작여건의 열악함에서 그 원인을 찾는 경향이 있다. 이렇듯 시설 및 장비와 인력, 그리고 예산의 세 가지 제작요건은 편성을 결정짓는 중요한 필요조건으로 작용한다.

(3) 방송사 내의 조직

방송사의 최고경영진은 편성을 결정하는 데 평상시에는 그다지 커다란 영향력을 발휘하지는 않는다. 다만 사내의 부서간 갈등이 해결되지 않을 때, 또는 여러 안들이 있을 때 특정 안을 선택하는 경우 결정적 역할을 하기는 한다. 방송사 내에 편성에 따르는 갈등을 최소화하고 편성효율성을 높이기 위해 별도 조직을 두기도 한다.

문화방송의 경우 편성전략위원회가 존재한다. 이 위원회에는 편성, 광고, 기획부 등이 모여서 회의를 통해서 예산설정에서부터 각 부서별 편성관련 이해관계를 논의하고 조정한다. 국장급 밑에 CP(각 국을 대표하는 사람들)들을 두어 편성관련 회의를 하는데, 이 회의를 통해 편성에 대한 인식을 공유하고 서로의 입장을 이해하게끔 한다. 만약 이 위원회에서 부서별 갈등이 해결되지 않는다면 그 다음에 국장급회의, 이사급회의 순으로 절차가 진행된다. 이사회의에서도 해결되지 않아 마지막으로 사장 주재로 결정되는 경우도 있다. 이 위원회가 있음으로 해서 편성의 후유증을 최소화하는 효과를 가져오기도 한다.

■ 연습문제

1. 편성과정의 세 단계를 제시하고 설명하시오.
2. 편성을 결정하는 데 작용하는 요인을 제시하시오.

124

■ 참고문헌

강대인(1991), "다매체 시대의 방송편성전략,"《방송학 연구》, 한국방송학
　　　회, pp. 103～121.
＿＿＿(1993), "한국텔레비전 편성의 특성과 전략에 관한 연구,"고려대학
　　　교 대학원 박사학위논문.
강대인·이동규·김우룡(1983), "프로그램의 유형별 분류 및 편성기준에 관
　　　한 연구,"《방송조사연구보고서》제 3집, 방송위원회, pp. 103～247.
강대인·김영임·한진만 (2000),《방송편성론》, 한국방송대학교 출판부.
강철용(1993), "뉴미디어 시대 공중파 방송(TV)의 편성전략방안 연구,"
　　　《방송시대》통권 4호, pp. 73～89.
강현두(1983), "텔레비전 채널의 특성화 방안,"《방송조사연구보고서》제 3
　　　집, 방송위원회, pp. 5～42.
김영임·한진만·심미선(2005),《방송편성론》, 한국방송대학교 출판부.
김지문(1998),《TV편성 현장보고서》, 커뮤니케이션북스.
김학천(1988), "TV編成의 多樣性과 均衡性,"《방송연구》, 방송위원회,
　　　pp. 174～183.
＿＿＿(1992),〈편성의 다양화 및 프로그램 내용의 독창성 개발을 위한 방
　　　안〉, 편성의 다양성 제고방안에 관한 토론회 결과보고서, 방송위원
　　　회, pp. 45～59.
손용(1990), "방송편성기획," 방송학회(편),《방송편성론》, 나남출판,
　　　pp. 43～58.
안정임(1992),〈채널간 프로그램 배열의 맞물림 현황과 문제점〉, 편성의 다
　　　양성 제고방안에 관한 토론회 결과보고서, 방송위원회, pp. 3～23.
안정임·송현경·전경란(1992), "공민영방송제도 이후의 TV 중복편성 현황
　　　분석,"《방송연구》, 방송위원회, pp. 321～354.
＿＿＿(1994),〈'94 텔레비전 편성의 다양성 분석 보고서(Ⅰ)〉, 방송위원회.
안홍엽(1986), "한국방송의 프로그램 편성기준에 관한 연구,"중앙대학교 신
　　　문방송대학원 석사학위논문.
오현숙(1995), "텔레비전방송사의 신설 프로그램 편성전략에 관한 연구,"연
　　　세대학교 대학원 석사학위논문.

유태영(1984), "방송프로그램의 다양화 방안,"방송위원회 토론회 주제논문, 방송위원회.

이경자(1984), "방송채널의 특성화 방안,"제 4회 방송위원회토론회 주제논문, 방송위원회.

_____(1993), "프로그램 편성의 질 제고 방안,"《방송연구》, 방송위원회.

이권영(1990), "민영방송의 편성전략,"방송학회(편),《방송편성론》, 나남출판, pp. 235~274.

이윤선(1991), "방송산업 구조개편에 따른 TV 편성전략 연구,"서강대학교 공공정책대학원 석사학위논문.

정창기(1977), "한국 텔레비전방송편성에 관한 분석연구,"서울대학교 석사학위논문.

조연하(1985), "TV 프로그램의 편성경향,"《방송연구》, 방송위원회, pp. 199~220.

주성희(1996), "지상파 텔레비전방송사의 프로그램 폐지에 관한 연구,"연세대학교 대학원 석사학위논문.

최양수(1992), "방송편성에서의 근접효과에 관한 연구,"《방송학 연구》, 한국방송학회, pp. 231~254.

한승오(1994), "방송구조 개편전후의 TV 프로그램 편성현황에 관한 연구," 경희대학교 대학원 석사학위논문.

한은영(1992), "방송편성에서 인접효과에 관한 연구,"연세대학교 대학원 석사학위논문.

한진만(1989), "한국 텔레비전 내용의 다양화에 대한 연구,"고려대학교 대학원 박사학위논문.

_____(1990), "텔레비전 프로그램 내용의 다양화 분석,"《방송연구》, 방송위원회, pp. 207~233.

_____(1990), "텔레비전 편성,"방송학회(편),《방송편성론》, 나남출판, pp. 151~177.

_____(1993), "텔레비전 편성의 다양화 분석,"《1992 방송문화연구논총 2》, 방송문화진흥회, pp. 259~351.

_____(1994a), "방송평가와 편성지표,"《방송연구》, 방송위원회, pp. 15~45.

한진만(1994b), 〈텔레비전방송사의 편성전략에 관한 연구〉, 1994년도 장기과제연구보고서, 한국방송학회.

126

_____ (1995),《한국 텔레비전방송 연구》, 나남출판.

홍기선・김우룡(1982), "放送(TV) 채널의 特性化 方案,"《방송연구》, 방송
　　위원회, pp. 29~38.

Eastman, Susan T., Head, Sydney W. & Lewis, Klein(1981),
　　Broadcasting Programming, Belmont, CA. : Wadsworth Publishing
　　Company.

Fisher, Michael G. (1978), "A Survey of Selected Television Station
　　Program Managers: Their Backgrounds and Perceptions of
　　Role," M. A. thesis, Temple University.

Lewis, J. David(1969~1970), Programmer's Choice: Eight Factors in
　　Program Decision-Making, *Journal of Broadcasting* 14: 71~82.

Virts, Paul H. (1979), "Television Entertainment Gatekeeping: A Study
　　of Local Television Program Directors' Decision Making," Ph. D.
　　Dissertation, Univ. of Iowa.

제 4 장
편성과 수용자 조사

조 성 호

이 장에서는 현재 활용되는 다양한 시청률 조사방법과 그 장단점을
소개하였다. 시청률 조사에 앞서 청취율조사가 실시되었는데 최초의
청취율조사는 미국에서 1920년대 라디오의 등장과 더불어 전화나 엽
서를 통해 특정 프로그램의 시청자반응을 파악하는 데서 출발하였다.
라디오 운영을 위해 1930년대에 광고가 판매되면서 본격적 청취율조
사가 시작되었다. 이 당시 청취율조사는 청취자들을 대상으로 설문조
사가 실시되었고, 이 자료는 다양한 관련분야에서 공동으로 활용되었
다. 이후 정기적이고 지속적인 청취율 데이터에 대한 요구에 부응하기
위하여 일기식 조사와 전화조사가 실시되었고 텔레비전의 등장으로 라
디오 청취율 측정에 사용되던 조사방법이 시청률 조사에 동시에 활용
되었다. 이후 시청률 조사방법은 오디미터(*audimeter*) 식 측정방법을 거
쳐 현재는 피플미터(*peoplemeter*) 방식이 가장 많이 활용된다. 하지만
아날로그에서 디지털로 전환되면서 다양한 소스의 다채널방송의 등장
으로 디지털을 측정할 수 있는 새로운 시청률 조사방법에 대한 요구가

끊임없이 제기되었다. 또한 집 안팎은 물론 다양한 매체이용을 한 번에 측정할 수 있는 개인별 휴대미터(PPM: *Personal Portable Meter*)와 같은 미래형 조사방법도 개발되었다. 비록 최신의 시청률 조사방법이 개발되어 있지만 여전히 특정지역이나 목적에 따라 설문이나 일기식 등의 시청률 조사가 활용되기 때문에 이 장에서 다양한 조사방법의 소개와 그 장단점을 서술하였다.

1. 시청률 조사의 목적

최근 방송환경의 급격한 변화로 케이블TV, 위성방송, 위성 및 지상파 DMB 등 다양한 소스의 방송이 등장하였다. 뿐만 아니라 IPTV의 등장이 곧 예고되어 있고 현재도 인터넷을 통해 다양한 방송이 운영된다. 이는 곧 지상파를 비롯하여 대부분의 방송이 광고나 수신료로 운영되기 때문에 한정된 시청자를 확보하고 재원을 차지하기 위한 치열한 경쟁이 불가피한 상황을 의미한다.

광고에 의존해서 운영되는 상업방송의 경우 한정된 광고를 유치하기 위해 치열한 경쟁을 하지 않을 수 없다. 또한 수신료로 운영되는 뉴미디어 방송의 경우에도 수신료를 배분하기 위한 객관적 기준이 절실한 시점이다. 즉, 시청자에 대한 객관적이고 공정한 기준이 있어야 시청자를 확보하기 위한 편성계획을 세우고 광고도 판매하고 공정하게 수신료도 배분할 수 있다. 따라서 시청률 조사는 미디어의 내용물에 대한 실제시청자를 가능하면 정확하게 추정하는 데 목적이 있다.

시청률자료는 프로그램 및 광고의 시청자 규모, 구조, 서로 다른 매체 및 프로그램에 대한 이용 정도가 파악되는데, 이는 주로 편성담당자, 제작자, 광고판매국, 광고대행사, 광고주, 미디어 컨설팅, 마케팅 리서치 회사에 의해 사용된다. 뿐만 아니라 일반시청자들도 어떤 프로그램이 어느 정도 시청되는지에 대한 관심도 높아지고 있다.

시청률자료는 개별 프로그램, 각 채널별 시청 정도를 파악하게 해줄 뿐만 아니라 지상파, 케이블, 위성방송이 차지하는 비율 및 장기적으로 뉴미디어와 기존매체와의 경쟁상황 변화 등을 예측할 수 있게 해준다. 또한 시청률자료를 기초로 가장 효과적인 광고시간 구매행위가 이루어진다.

우리나라의 경우 현재 AGB닐슨과 TNS가 피플미터를 이용하여 서울, 수도권, 부산, 대구, 광주, 대전에서 시청률 조사를 실시한다. 시청률 조사자료는 방송프로그램 편성과 제작에 활용될 수 있는 기초자료를 제공할 뿐만 아니라 광고주 입장에서도 효율적으로 매체를 활용하여 최대효과를 예측할 수 있는 근거를 제시해 준다.

초기에 시청자에 대한 개략적 정보를 파악하기 위해 주로 전화, 서베이, 일기식 조사방법이 사용되었고, 현재는 개인시청률 측정이 가능한 피플미터 방식이 가장 많이 이용된다. 시청률자료 이용자들은 좀더 신뢰할 수 있고 정확하며 세분화된 분석이 가능한 자료를 요구하고 있고, 시청률 조사회사도 그러한 서비스를 제공하기 위해서는 더 많은 비용을 지불하기를 원한다. 그렇지만 시청률자료 구매자는 자료구입에 대한 더 많은 대가를 지불하기를 꺼려하는 상황이다. 이는 곧 시청률 조사회사와 자료구매자 간에 적정선에서 합의가 필요하다는 것을 의미한다. 타협은 비용에 따른 조사방법은 물론 시청률 조사과정 전반에 관한 하나하나의 절차와 그 결과 해석에 이르기까지 모든 과정에 대한 합의가 요구된다.

방송기술의 변화 및 방송규제의 완화는 시청시간 증대를 촉발하고 또한 방송시청 기회도 증가한다. 즉, 방송환경 변화에 따른 채널증가로 시청자가 세분화되고 채널당 점유율이 낮아짐에 따라 시청자 구성을 파악하기 위한 좀더 자세하고 정확한 자료가 요구된다. 이는 곧 주로 지상파를 대상으로 측정하던 피플미터의 측정대상을 케이블 및 위성방송 등으로의 확대는 물론 궁극적으로 패널규모의 확대 요구로 이어진다. 또한 다양한 디지털기기의 이용을 정확하게 구분해서 측정해야 한다. DMB와 같은 이동형매체의 등장으로 가정에서의 텔레비전 이용, 그리고 집 밖에서의 각종 매체이용이 증가함에 따라 텔레비전뿐만 아니라 모든 매체를 한 번에 측정할 수 있는 측정방법에 대한 요구도 꾸준히 제기된다.

따라서 이 장에서는 현재 활용되고 있는 설문지식, 전화식, 일기식, 기계식(오디미터와 피플미터) 방법에 대한 조사방법과 활용의 장단점을 서술한 후 미래의 측정방법에 대한 개발현황에 대하여 검토하였다.

2. 시청률 조사방법

1) 조사 유형

일반적으로 조사는 고객주문형 조사와 공유형조사로 구분된다 (Miller, 1994). 고객주문형 조사는 특정 방송사나 광고주 또는 광고대행사가 자사 또는 특정목적에 활용하기 위하여 조사회사에 의뢰하여 실시하는 조사로 다양한 이용자가 사용하기에 제한적이고 자료의 신뢰성이나 정확성도 공유형조사에 비해 낮다.

반면 공유형조사는 특정 조사회사가 다양한 자료이용자들에게 활용될 수 있도록 장기간 조사방법을 기획하고 조사내용에 대한 합의를 얻어 실시하는 조사이다.

(1) 고객주문형 조사

고객주문형 조사는 다음과 같은 특징을 지닌다.

- 방송사의 경우 시청자에 대한 다양하고 자세한 조사를 통하여 충성 시청자나 이탈 시청자를 파악하는 데 활용한다.
- 충성 시청자나 이탈 시청자가 발생하는 원인을 파악한다.
- 개별 프로그램에 대한 질적 평가 및 방송사 이미지 등을 비교할 수 있다.
- 공유조사에서 파악되지 않는 새로운 매체 또는 채널의 시청자집단을 파악할 수 있다.
- 단점으로 다른 조사결과와 직접 비교가 어렵고 다른 자료이용자가 객관성에 대해 의문을 제기할 때 이를 방어하기 어렵다.

(2) 공유형 조사

다양한 이용자가 공동으로 활용하기 위하여 실시하는 조사로 공유형조사도 두 가지로 구분될 수 있다.

첫째, 이용자가 공동으로 비용을 지불하여 공동조사를 실시한 후 그 자료를 공동으로 이용하는 방식이다. 예를 들면, 영국, 독일, 프랑스 등 대부분의 유럽국가가 이 제도를 활용하여 시청률 조사를 실시한다. 즉, 방송사와 광고대행사 등이 공동으로 기획하고 자금을 갹출하여 조사회사를 선정하여 조사를 실시한 후 공동으로 자료를 이용하는 형태이다. 현재 중단되었지만 예전의 방송위원회에서 실시하는 AI(*Appreciation Index*) 조사의 경우도 자료이용자의 합의하에 기획되지는 않았지만 공적 기관에서 다양한 이용자를 고려하여 조사를 실시하였다는 점에서 이러한 유형의 공유조사로 간주할 수 있다.

둘째, 개인조사 회사가 자체비용으로 기획하고 시청률 조사를 실시하여 다양한 이용자에게 판매하는 방식이다. 현재 우리나라에서 실시되고 있는 시청률 조사가 이에 해당된다. 우리나라뿐만 아니라 미국 및 유럽 이외의 대부분 국가에서 이러한 조사방식을 채택한다.

공유형조사는 다음과 같은 특징을 지닌다.

- 다양한 자료이용자들의 요구를 충족시켜야 되기 때문에 기획(측정 방법과 표준화된 포맷 개발)이 어렵다.
- 시스템 유지비용이 많이 든다.
- 공신력을 획득하기 어렵기 때문에 투자에 대한 모험성을 띤다.
- 새로운 측정방법을 테스트하고 타당성을 입증하는 데 시간과 비용 이 많이 든다.
- 관련전문가, 매체사, 광고주 등을 설득하고 검증받는 데 상당한 투자가 요구된다.
- 장점으로는 조사방법의 타당성과 신뢰성이 입증되고 고객이 확보 되면 안정적으로 장기간 운영될 수 있다.

• 공유형조사의 실패 사례

영국의 AGB가 오디미터로 측정하던 미국시장에서 1985년 수백만 달러를 들여 닐슨보다 앞선 측정방법인 피플미터를 도입하여 닐슨과 경쟁하였으나 AGB의 자료를 구매할 고객확보의 실패로 1988년 손을 들고 철수하게 된 경우가 있다.

1980년대 초 미국에서 광고주가 양적 조사뿐만 아니라 특정 프로그램에 대한 질적 평가에 따라 광고를 구매할 수 있다는 판단 아래 질적 조사를 실시하였으나 구매자를 확보하지 못하여 실패하였다.

우리나라의 경우도 1990년 최초로 갤럽이 피플미터식 조사를 실시하였으나 후발주자인 MSK(Media Services Korea)와의 경쟁에서 신뢰성 입증 실패와 고객확보 실패로 1992년 철수하였다.

2) 시청률 조사방법

시청률 조사방법에는 설문지조사, 전화조사, 일기식 조사, 기계식 조사가 있다. 현재 가장 정확성과 신뢰성이 뛰어난 조사방법은 기계식방법 중에서도 피플미터식 방법이다. 그렇다고 모든 시장에서 이 방법이 활용되는 것은 아니다. 미국의 경우에도 설문지조사부터 피플미터식 조사까지 시장상황에 따라 다양한 방법이 여전히 활용되고 있다.

(1) 설문지 조사

설문지조사는 특정사안이 있을 때 또는 일정 시간간격으로 매번 무작위 표본을 선정하여 각 채널별 프로그램 시청여부 등을 조사하는 방식이다(박원기·오완근·이승연, 2003). 부정기적으로 조사가 이루어질 수 있고 조사시 다양한 인구통계적 요인 등을 포함하여 조사의뢰자의 의도에 맞게 시청률 이외에도 다양한 내용의 조사가 이루어질 수 있다는 장점이 있다. 단점으로는 조사된 시청률의 정확성이 떨어지고 응답결과 분석에 시간이 걸린다는 점이다.

(2) 일기식 조사

일기식 조사방법은 샘플로 선정된 가구를 대상으로 일정기간 동안의 시청취일기를 작성하도록 하여 텔레비전이나 라디오의 시청자 크기를 조사하는 방법이다. 일기식 조사는 시청취율 조사에 가장 많이 사용되는 방법으로 주로 지역 TV방송 시청률이나 라디오 청취율 측정에 사용되고 네트워크 측정에는 잘 사용되지 않는다(Kent, 1994). 일기란 시청자가 직접 매체이용을 기록하도록 만들어진 소책자에 시청취 행위를 기록하는 것을 말한다. 일기는 기계식 조사방법(오디미터나 피플미터)이 도입되기 이전에 방송매체의 노출현황을 조사하기 위하여 보편적으로 사용되던 방법이다. 기계식 조사방법 도입 이후 그 이용범위가 줄어들었으나 기계식 조사방법으로 각 지역을 조사하기에는 경제적으로 부담이 크기 때문에 소규모 지역시장의 경우 여전히 일기식 조사방식이 선호된다. 미국의 경우 아비트론과 닐슨 모두 지역방송의 시청자 조사를 위해 일기식 조사방법을 이용하고 있으며, 규모가 큰 지역시장의 경우 일기식 방법과 기계식 방법을 병행하여 조사한다.

일기식 조사방법은 시청자 개개인의 시청행태를 장기적으로 조사한다는 데 그 특징이 있다. 즉, 1주일, 2주일 또는 그 이상의 기간에 대한 시청행위를 기록한다(Beville, 1988). 시청기록을 하는 방식도 집안의 모든 텔레비전 옆에 시청일기를 비치하여 가족구성원 각자가 자신의 시청기록을 기입하는 방식과 가족구성원 대표 예를 들면, 주부가 가족의 시청상황을 기록하는 두 가지 방식이 있다. 즉, 대표로 선정된 가족 중의 한 사람이 매일 가족의 TV시청 상황을 일기식으로 기록하는 방법으로 그 가구의 TV보기 시작한 시간, 시청한 사람, 시청한 채널 및 프로그램 등을 기록한다.

이 결과는 주로 1주일 단위로 조사회사에서 수거하여 분석하는데, 사전조사시 샘플로 선정된 가구의 연령, 성별, 학력, 소득수준, 소비패턴 등과 같은 정보를 이용하여 다양하게 분석된다. 이 방법은 피플미터에 비해서 비용이 적게 들고 비교적 많은 정보를 제공하기 때문에 시장규모가 작은 지역(춘천, 울산, 마산, 전주 등)에서 사용하기에 적합하다.

일기식 조사포맷은 보통 두 가지로 구분된다. 하나는 방송사명, 채널, 프로그램명이 미리 인쇄되어 응답자가 그 해당항목의 프로그램을 시청하였을 때 체크만 하면 된다. 이러한 조사포맷은 각 지역의 방송 채널 수가 다르고 편성 프로그램이 다를 경우, 그 지역에 맞는 일기식 용지를 마련해야 한다는 번거로움이 있다. 또한 프로그램명이 기재되어 있거나 방송사에 의해 프로그램이 변경될 경우, 이를 수정하기가 어렵다. 또 다른 일기식 포맷은 해당되는 칸에 응답자가 직접 채널,

방송사명, 프로그램명을 기재하도록 되어 있다. 이 경우 일기식포맷은 전국에 통용될 수는 있으나 응답자의 상당한 노력이 요구된다. 또한 분석시에도 코딩을 위한 별도 작업이 요구된다.

일기식용지는 왼쪽 아래방향으로 15분 또는 30분 단위의 시간순으로 구분되어 있고, 위쪽 가로방향으로는 채널, 방송사, 프로그램명, 가족의 고유번호 등이 기재되어 있다. 응답자는 해당되는 곳에 체크하면 된다. 이와 달리 개인일기는 구성원 개개인이 자신의 시청을 기록하도록 되어 있으며, 세로에는 시간이 미리 정해져 있지 않고 기록자가 몇 시 몇 분에 시청했는지 기록하도록 되어 있다. 일기에는 유선방송이나 VCR의 이용 여부도 기록하도록 되어 있으며, 만일 시청자가 정규 프로그램을 녹화한 후 VCR을 이용하여 프로그램을 시청하였다면 해당 프로그램의 시청자로 간주하기도 한다.

일기식 조사의 장점은 다음과 같다

- 면접원이 직접 만나서 조사를 실시하지 않고 응답자가 직접 일기를 작성해서 조사회사로 보내기 때문에 조사비용을 줄일 수 있다. 또한 수집된 자료의 범위나 양에 비해 상대적으로 비용이 적게 들고 다양한 정보를 얻을 수 있다.
- 개인별·가구별 시청률자료뿐만 아니라 인구통계적 자료도 얻을 수 있다.
- 이 자료를 이용하여 15분당 평균시청률을 비롯한 새벽부터 밤늦은 시간까지의 누적적 자료 등 다양한 자료의 산출이 가능하다.
- 계속적 조사가 가능하여 시청패턴에 대한 추세를 알 수 있고, 다른 조사와 병행이 가능하다.

일기식 조사의 단점은 다음과 같다.

- 응답률이 보통 45~50% 정도이기 때문에 오차발생률이 높고 불성 실한 응답으로 에러가 발생할 수 있다.
- 일기 기록시 시청발생 시점에 기록하지 않고 하루치를 한꺼번에 한다거나 일기를 보내기 전에 1주일치를 몰아서 기록하는 경향이 있고, 이러한 경우 기억에 의존하므로 신뢰성에 문제가 발생할 수 있다.
- 매일의 기록으로 귀찮아하고 타성에 젖기 쉽다.
- 기록자의 관심 프로그램에 따라 오류가 발생할 가능성이 있다.
- 잘 안 알려진 프로그램 시청시, 잠깐 시청시, 한밤중 시청시, 외부에서 시청시 기록하지 않는 경향이 있다.
- 시청기록시 본인이 시청률 조사의 대표성을 의식하여 보지 않은 품위 있는 프로그램을 시청했다고 기록하기도 한다.
- 급격한 채널증가로 재핑(zapping) 시 기록되지 않으며 케이블채널 이나 지역방송 등은 잘 기록되지 않는 경향이 있다.
- 신속성이 떨어지고 각 계층별 응답률의 차이로 오차가 발생할 수 있다.
- 한 사람이 가족의 시청기록을 할 경우 다른 사람의 시청행위를 잘 모르기 때문에 대충대충 기록할 수도 있다.

(3) 전화 조사방법

전화 조사방법은 가장 오래된 시청률 조사방법 중의 하나이고 현재 도 여전히 사용된다. 이 방법은 면접자가 응답자에게 전화를 걸어 현 재 또는 하루나 1주일간의 시청취한 프로그램 등에 대한 것을 질문하 는 방식이다. 전화 조사방법은 보통 응답자의 기억력에 의존하는 전화 회상식 방법(Telephone Recall Method)과 전화 동시조사 방법(Telephone Coincidental Method)이 있다(Beville, 1988).

이 조사방법은 초단위 분석이 요구되는 광고 시청률 조사와 채 널 이

〈표 4-1〉 일기식 조사 용지작성의 예

시 간	TV 상태		채널 번호	방송사 명	프로그램 명	가장			그 외 가족구성원 및 방문자				
	커짐	꺼짐				이름								
						나이								
						성별	남	여						
6:00~6:14													
6:15~6:29													
6:30~6:44													
6:45~6:59													
7:00~7:14													
7:15~7:29													
7:30~7:44													
7:45~7:59													
8:00~8:14													
8:15~8:29													
8:30~8:44													
8:45~8:59													
9:00~9:14													
9:15~9:29													
9:30~9:44													
9:45~9:59													

주: 이 표는 Arbitron Television Diary를 참고한 것임.
자료: Webster & Lichty(1991), p. 103.

동상황 및 프로그램이나 채널 충성도 측정이 거의 불가능하다. 따라서 이 방법은 단발적으로 단편적 정보를 필요로 할 때 사용되며 국내에서 현재 정기적 시청자 조사방법으로는 사용되지 않는다. 그러나 피플미터 방식의 조사대상 지역이 아닌 지역방송의 경우 시청자의 시청행태를 알 수 없기 때문에 이 방법을 활용하여 시청자에 대한 정보를 수집할 수 있다. 또한 현재 진행되는 피플미터식 시청률 조사의 검증을 위해 활용되기도 한다.

전화 조사방법의 일반적 장점은 다음과 같다.

- 신속하게 단시간에 집중적인 조사를 할 수 있다.
- 조사지역에 제한을 받지 않는다.
- 조사비용이 비교적 저렴하고 조사가 용이하다.
- 주관적 편견이 비교적 적게 게재된다.

전화 조사방법의 단점은 다음과 같다.

- 전화 비가입자는 제외되기 때문에 표본의 대표성에 문제가 발생할 수 있다.
- 전화번호부에 등록을 원하지 않는 가입자는 제외되어 오차가 발생할 수 있다.
- 응답거부에 의해 오차가 발생할 수 있다.
- 정보수집이 제한적이고, 지속적 데이터의 축적이 어렵다.
- 단시간 내에 조사를 해야 하기 때문에 초보자로서는 조사가 어렵다.
- 응답자가 솔직한 답변을 하지 않을 경우 이를 확인하기 어렵다.

전화 조사방법의 유형을 전화 회상식 방법과 전화 동시조사 방법으로 나누어 살펴보면 다음과 같다.

① 전화회상식 방법

이 방법은 전화를 걸기 24시간 전의 모든 라디오(또는 텔레비전)의 프로그램에 대한 회상을 요구하는 전화인터뷰를 의미한다. 하루 또는 1주일간 본 것을 기억하여 응답하는 방식이기 때문에 응답자들이 얼마나 잘 기억하느냐에 따라 신뢰도가 달라진다. 경우에 따라서 이 방법으로 수집된 데이터는 전화 동시조사 방법이나 일기식방식에 대한 보충자료로 이용되기도 한다.

전화회상식 방법의 장점은 다음과 같다.

- 문맹에 관계없고, 일기방식 사용시 응답률이 낮은 어린이들의 데이터도 잘 수집된다.
- 일기방식과 같이 응답자에게 피로감이나 싫증을 주지 않는다.
- 집안에서 뿐만 아니라 외출시에 시청취한 것도 파악할 수 있다.
- 단위당 비용이 상대적으로 싸다.
- 이른 아침이나 늦은 저녁을 포함한 전 시간을 대상으로 할 수 있다.

전화회상식 방법의 단점은 다음과 같다.

- 일반적으로 전날 하루 동안의 시청행위에 대한 질문을 하기 때문에 1주일간의 시청패턴을 추정할 경우 모델을 사용하여 추정되므로 정확성이 떨어진다.
- 비교적 장시간 전화로 전화면접자가 실수를 저지를 수도 있고, 응답자가 단지 기억에만 의존한다는 데 문제점이 있다.
- 주로 시청하는 프로그램은 기억을 잘하는 반면, 일시적으로 본 것이라든가 사소한 것은 기억하지 못한다는 단점이 있다.
- 1주일 또는 한 달 등의 누적적 자료를 제공하지 못한다.
- 전화번호부에 등록되지 않은 가구는 조사대상에서 제외된다. 이 문제는 RDD(*Random Digit Dial*) 방식으로 보완할 수 있지만 비용이 많이 든다.

② 전화 동시조사

전화회상식 조사에서 발생되는 기억력문제를 제거할 수 있는 방법으로 전화를 받는 순간에 시청하거나 청취하는 프로그램을 알아보는 방법이다. 즉, 표본가구를 정해놓고 프로그램이 나가고 있을 때 전화를 걸어 TV를 켜놓았는지의 여부와 어느 채널을 보고 있는지를 알아보는 방법이다. 이 방법은 현재 시청률 조사검증에 활용된다.

전화 동시조사의 장점은 다음과 같다.

- 응답자의 기억력에 의존하거나 과다한 질문을 하지 않기 때문에 회상식에 비해 데이터가 정확하다.
- 개별 프로그램이나 이어지는 몇 개의 프로그램에 초점을 맞출 수 있다.
- 협조비율이 상대적으로 높다.
- 인구통계적 자료를 얻을 수 있다.
- 무응답 비율이 상대적으로 낮다.
- 무작위 샘플의 수준을 유지할 수 있다.
- 특정 기간이나 특정 프로그램에 대한 반복조사로 추이분석(*trend analysis*) 및 의미 있는 결과를 도출할 수 있다.

전화 동시조사의 단점은 다음과 같다.

- 특정 매체의 일시적 사용만을 알 수 있고 질을 위해 양적 정보를 희생해야 하며, 수집하는 데이터의 양에 비해 상대적으로 비용이 많이 든다.
- 집안에 있는 수용자만을 대상으로 조사하기 때문에 차에서 많이 이루어지는 라디오 청취나 집 밖에서 일어나는 시청취 행위가 기록되지 않는다.
- 평균 수십 분 단위 또는 프로그램 단위의 데이터만 제공할 수 있다. 따라서 누적적 시청률을 산출할 수 없다.

- 특정시간대 예를 들면, 오후 10시에서 다음날 오전 9시까지의 시간은 측정이 힘들다.
- 대체로 특정 프로그램 단위로 조사하기 때문에 그 비용이 상대적으로 비싸다.

③ 산업계 후원 전화 동시조사

전화 동시조사 방법에서 좀더 발전된 방법으로 산업계 후원 전화 동시조사(ISR Telephone Coincidental: *the Industry Sponsored Research Telephone Coincidental*) 방법이 있다. 일반적 전화 동시조사보다 비용이 5배에서 10배까지 비싸기 때문에 자주 이용되지는 않지만, 다른 시청률 조사방법과 비교될 수 있는 표준지표로 인정된다.

이 방법은 일반적 전화 동시조사와 달리 대규모 면접원들이 한곳에 모여서 감독원 지시에 따라서 같은 시각에 동시에 전화를 걸며(지정된 1분 이내에), 전화 동시조사보다 정확성을 기하기 위하여 통화중, 무응답, 응답거부 등으로 통화가 안 된 경우는 하루에 5번까지 7일 이내에 재통화를 시도한다. 전화 동시조사에서는 이러한 경우에 통화가 된 가구의 비율로 추정한다. 따라서 전화 거는 횟수가 많아지기 때문에 비용도 상대적으로 많이 든다.

동시에 전화를 걸기 위해서 디지털시계를 이용하여 1분 이내에 모든 전화를 걸며, 전화 동시조사가 5~6번 벨이 울릴 때까지 기다리는 반면, 이 방법은 처음 전화 시도시 8번 벨이 울릴 때까지 기다리고 안 받으면 다시 한 번 더 건다. 통화중일 경우는 1분 이내에 다시 거는 형식으로 진행된다.

예를 들면, 미국의 홈쇼핑센터의 경우 동시에 5백 명 이상이 전화 걸 수 있는 시스템을 갖추고 있다. 이와 같이 특별한 조사의 경우 산업계 후원 전화 동시조사를 활용할 수 있지만 접근이 쉽지는 않다.

④ 우리나라 시청률 검증에서 활용한 전화 조사방법

우리나라의 경우 시청률 조사결과의 내적 타당도를 검증하기 위하여 2001년부터 매년 AGB닐슨과 TNS 패널가구를 대상으로 전화 동시조사를 실시한다. 양 시청률 조사회사의 협조를 얻어 패널가구 및 가구원에 대한 조사를 실시한다. 조사방법은 이를 수행할 조사회사를 선정하여 현재 방영되는 지상파 각 채널을 볼 수 있는 텔레비전 수상기 5대를 동시에 틀어놓고 조사원이 패널가구원 모두에게 전화를 걸어 피플미터상의 기록과 일치하는지의 여부를 확인한다. 즉, 텔레비전의 켜고 끈 상태의 일치 여부, 채널일치 여부, 핸드세트 번호의 일치 여부 등 총 네 가지 관점에 초점을 두고 조사를 실시한다.

또한 2004년부터 시청률 조사결과의 외적 타당도를 검증하기 위하여 예비전화 동시조사 검증을 실시한다. 이 조사의 목적은 양 시청률 조사회사의 시청률과 시간대별 추세가 일치하는지 여부를 확인하는 데 목적을 둔다. 따라서 패널가구가 아닌 일반 시청률 조사 대상지역의 가구에서 샘플을 추출하여 그 가구들을 대상으로 전화를 걸어 가구시청률, 개인시청률 등을 이용하여 시청률 조사회사가 산출한 시청률이나 점유율과 비교하여 유의적 차이가 있는지 검증한다.

일반적으로 이러한 조사는 대규모 샘플을 추출하여 동시에 전화를 걸어 시청률자료와의 차이를 비교해야 한다. 하지만 수백 명이 동시에 전화를 할 수 있는 조사회사의 설비가 갖추어져 있지 않고 대단히 많은 조사비용 때문에 조사대상을 재택자가 있고 텔레비전이 켜 있는 가구만을 대상으로 조사하였다(한국방송광고공사, 2005). 따라서 전화 동시조사에서의 실제 시청가구 및 시청자와 시청률 조사회사의 시청가구 및 시청자와의 비교를 통해 시청률 조사의 외적 타당성을 검증하는 방법으로 활용한다.

(4) 기계식 조사방법

① 오디미터

오디미터(Audimeter), 세트미터(Set meter), 하우스홀드 미터(House-
hold meter) 또는 TV미터라고 불리는 기계를 이용하여 시청률을 측정
하는 방법 중의 하나로, TV나 라디오에 미터기를 장착하여 TV나 라디
오 상태의 변화, 즉 켜고 끔, 채널변경 여부만을 자동적으로 기록하는
장치이다. 이 방법은 조사 초기 시청취 상황을 테이프나 필름에 기록
하는 기계적 장치를 수상기나 수신기에 부착하는 방식을 사용하기 때
문에 전화방식이나 일기식방식에 비해 비용이 많이 든다. 이로 인해
큰 규모의 패널을 유지하기 어려운 약점을 갖고 있다. 닐슨사의 오디
미터, 비디오 리서치사의 비디오미터(Video meter)와 같은 장치가 대표
적 예가 된다(김규, 1984).

이 기계는 1936년 MIT대학의 엔지니어팀에 의해 개발되었다. 시카
고에 본부를 둔 닐슨사가 이 기계장치의 특허를 사들여 6년 동안의 실
험과 조사를 거쳐 1942년부터 라디오 청취율조사에 본격적으로 사용
하였다. 이어 1950년부터 이 방법을 이용하여 네트워크 TV 시청률 조
사를 하기 시작했으나, 라디오 청취율조사는 1964년에 중단되었다(강
현두·김우룡, 1989). 그 이유는 라디오방송이 광범위한 지역에서 이
루어지고, 라디오의 소형화추세로 가정 이외의 장소에서 이용되는 경
향이 증가하여 이를 조사하기 위한 경제적 비용증가로 라디오에 대한
미터식조사가 중단되었다.

오디미터의 도입은 시청률 조사의 혁신을 가져왔다. 오디미터는 기
존의 서베이, 일기식, 전화방식에 비해 월등하게 정확하고 신속한 방
식으로 시청행위가 자동으로 기록되고, 다시 이 기록이 전화선을 통해
조사본부로 전송되어 그 다음날 시청률이 산출되는 방식이다. 이 방식
은 신속하고 정확하며 계속조사가 가능하다는 장점을 지니고 있어서

기존방법보다 획기적이었으나 개인 시청정보를 얻을 수 없다는 한계점 때문에 이를 일기식으로 보완해왔다. 우리나라의 경우 각 방송사가 수시로 설문조사나 전화를 이용해 시청률 조사를 실시하기는 하였으나 공유식 일기식 조사나 오디미터기에 의한 조사과정을 거치지 않고 1991년부터 곧바로 피플미터에 의한 측정이 이루어졌다.

오디미터의 장점은 다음과 같다.

- 다량의 풍부한 자료를 다음 날 즉시 얻을 수 있다. 1년 내내 매일 초단위의 시청상황이 기록되어 다양한 자료분석이 가능하다. 즉, 일차적 가공으로 모든 데이터를 1분 단위로 정렬하여 분석자의 목적에 따라 15분, 30분, 시간별, 일별, 주별, 분기별 등의 시청률, 점유율 및 추세분석 등이 가능하고 그 외의 프로그램별, 장르별 등 다양한 분석이 가능하다.
- 설문지나 일기식과 같이 면접자나 가구 내 협조자에 의해서 기록할 때 발생될 수 있는 사람의 실수로 인한 오차를 제거할 수 있다.
- 설문식이나 일기식보다 매우 정확한 시청률을 제공할 수 있다.
- 시청자들이 직접 시청상태를 기록하는 번거로움이 없고, 문맹자에 상관없이 자료를 정확하게 수집할 수 있다.

오디미터의 단점은 다음과 같다.

- 특정 가족성원의 시청행위가 타 가족원의 시청행위에 영향을 미칠 수 있다.
- 개인별 시청정보가 기록되지 않는다. 그러나 보통 개인별 시청정보는 일기식 조사를 병행해 보완한다.
- 전화조사나 일기식 조사에 비해 상대적으로 비용이 많이 들기 때문에 샘플 크기의 제한을 받는다.
- 패널의 신분노출이 문제가 되기도 한다.

② 피플미터

피플미터(*People Meter*)는 오디미터에서 한 단계 더 발전된 미터기로 개인 시청정보를 얻을 수 없었던 TV미터의 한계점을 보완하여 패널 가족구성원의 개인별 시청행태까지 조사할 수 있다는 특징을 지닌다. 텔레비전에 부착된 전자장치(MDU, CDSU, Probe, Handset)[1]를 이용하여 누가, 언제, 어떤 방송을 시청하였는가를 자동으로 기록, 송신하게 되어 있어 시청패턴은 물론 시청자의 인구통계학적 자료를 동시에 얻을 수 있다. 즉, 피플미터는 오디미터의 기본적 작동장치에 개인시청을 입력할 수 있는 장치를 추가한 측정방식이다. 그러나 이 방법은 시청시에 시청자 자신에게 할당된 번호를 입력해주어야 하기 때문에 TV세트의 점소 여부와 노출된 채널의 주파수는 자동적으로 기록되는데 비하여 개인시청행위는 자동적으로 기록되지 않고 인위적 조작에 의하여야 한다. 시청자 개인시청 행위의 시작과 끝을 성실하게 핸드세트를 통하여 입력하여야 한다는 의미에서 피플미터를 '전자일기'라고 부르기도 한다.

피플미터가 일기식이나 전화방식에 비해 세계 여러 나라에서 가장 많이 사용되는 이유는 정확성, 공정성, 신속성과 어느 정도 수준의 세분성이 보장되기 때문이다. 피플미터 측정방식에 대한 높은 요구도와 고비용으로 각국에서 조사회사가 대체로 독점으로 운영된다. 우리나라의 경우 특이하게 두 회사가 경쟁하는 상황이다.

현재 우리나라 AGB 닐슨에서 사용하는 기존 기계의 경우 시청채널을 주파수 탐지방식으로 감지하고, TNS는 샘플로 추출한 화면과 실제 녹화된 화면을 일치시켜 감지하는 픽처매칭(*picture matching*) 방식을 이용한다.

그러나 두 기계 모두 시청하는 채널을 인식하는 데 7~8초 내외의

---

[1] 이 용어는 피플미터의 세트가 어떤 기종이냐에 따라 약간씩 다른데 기본적으로 기능은 동일하다.

시간이 걸리기 때문에 실질적 초단위 시청률 산출에는 정확성이 떨어진다(한국방송광고공사, 2001). 독일에서 사용하는 피플미터기인 Telecontrol XL은 실질적 초단위 시청률이 정확하게 기록된다(허명회 · 박정래 · 조성호 · 오세성, 2005).

가. 피플미터기를 통한 자료수집 과정

샘플로 선정된 각 패널세대에 TV세트 수만큼의 리모컨장치와 유사한 핸드세트가 제공되는데, 핸드세트에는 0에서 9까지의 단추가 있다. 각 가족구성원들은 고유숫자를 부여받고 가족 중 한 사람이 텔레비전을 볼 경우 본인에 부여된 고유번호를 누르고, 텔레비전을 그만볼 경우 다시 한 번 자신의 고유번호를 누른다. 수상기상단에 놓인 SMU(*Set Monitoring Unit*)는 MDU(*Memory and Display Unit*)와 동일한 기능을 하는 장치로 TV의 켜고 끄는 상태는 물론 TV 내부에 장치된 주파수 탐지기(*probe*)가 감지한 채널변동 상황을 시간 및 개인시청기록과 함께 일시적으로 기억한다.

MDU에 기록된 자료는 정기적으로 각 가정에 설치된 데이터 기억장치인 CDSU〔*Control Data Storage Unit*: HMI(*Home Management Interface*)와 동일한 기능〕에 전송된다. 정규방송 종료 후 조사회사의 메인컴퓨터가 모뎀을 통하여 자동으로 각 패널가정에 전화를 걸어 CDSU에 기록된 일일 가구시청자료를 수집한다. 조사회사는 각 가정에 대한 자료집계가 완료되면 컴퓨터로 자료처리 과정을 거쳐 가구별 · 개인별 시청정보가 자동적으로 계산되며 보고서형태로 분석되어 고객에게 보내지거나 온라인으로 전송된다.

〈그림 4-1〉 AGB닐슨의 피플미터 시스템

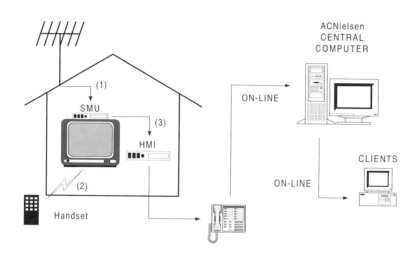

〈그림 4-2〉 TNS의 피플미터 시스템

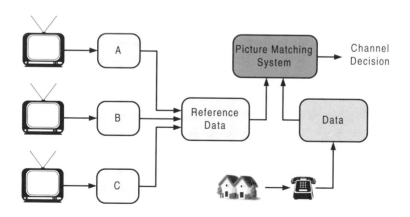

나. 시청률자료 수집절차

■ TV 환경조사(기초조사)

모집단의 TV 시청환경에 대해 추정하기 위하여 각국에서는 정기적으로 이루어지는 인구조사 결과통계를 이용하기도 하지만 주로 이 자료에는 TV와 관련된 자세한 변인들이 포함되지 않기 때문에 피플미터로 조사하고자 하는 지역을 대상으로 TV 환경조사를 실시한다. 이 환경조사는 오차를 줄이고 정확성을 기하기 위하여 비교적 많은 샘플을 대상으로 조사를 실시한다. 즉, 환경조사의 목적은 첫째, TV 소유 가구의 구조, 구성원, TV 관련 장비의 소유 여부 및 규모에 대한 정보를 파악하고 모집단을 추정할 수 있는 요인을 파악한다. 둘째, 인구사회학적 정보로 패널을 통제할 수 있는 정보를 파악하고 샘플사이즈 및 각 샘플구성시 하부 변인당 크기를 정하는 데 필요한 정보를 파악한다. 셋째, 일 년간 패널을 보충하는 데 필요한 데이터뱅크를 확보한다.

유럽국가의 경우 TV 환경조사가 궁극적으로 최종시청률에 영향을 주기 때문에 대규모 샘플을 대상으로 면접조사를 실시하는 경향이 있다. 예를 들면, 독일의 경우 6만 명을 대상으로 매년 면접조사를 실시하고 있으며, 영국의 경우는 5만 명을 대상으로 면접조사를 실시하고 있다.

우리나라의 AGB닐슨과 TNS의 경우 매년 1만 5천 명 내외의 전화조사를 통하여 기초조사를 실시한다. 그러나 문제점은 전화번호부를 이용하여 샘플을 구축하는데, 전화번호부에 등재된 가구의 비율이 54%밖에 되지 않아서 대표성에 다소 문제가 발생한다. 이와 더불어 재택률이 60%이고 응답률이 30~65%인 점을 감안한다면 최종시청률 산정에 적지 않은 영향을 미치고 있음을 알 수 있다(한국방송광고공사, 2005).

■ 패널 영입

TV 환경조사를 기초로 패널에 영입될 표본을 선택한다. 표본선택은 무작위 샘플추출방법이 이상적이나 패널선정시 쿼터 샘플링을 혼용한 방식을 사용하기도 한다. 따라서 주로 다단계 지역비례할당법을 사용하나 확률비례법을 사용하기도 한다. 어느 방법을 사용하든 피플미터의 경우 경제적 이유로 최소한의 패널이 모집되기 때문에 패널이 모집단 특성을 반영하도록 표집과정에서 각별한 주의를 기울인다.

현재 AGB닐슨은 지역, TV대수, 가구원 수, 소득, 케이블 가입 여부를 고려하여 할당표집을 한다. 반면 TNS는 이 변수 외에 추가로 TV시청량, 가구원의 성과 연령대 분포도 고려하여 표집한다.

패널을 영입하는 과정에 두 가지 주요 문제점이 고려된다. 첫째는 실제 영입되는 샘플의 크기가 설정된 통제변인에 미달되거나 초과되어 모집되는 경우다. 이 경우 패널의 편향이 발생되어 최종시청률에 영향을 줄 수 있다. 예를 들어 AGB닐슨에서 TV대수가 하나인 가구를 40% 모집하려고 했으나 50%가 모집된 경우를 의미한다.

둘째는 샘플영입 비율이 현저하게 낮은 경우이다. 패널참여 거부자와 협조자의 시청행태 차이로 시청률의 정확성에 영향을 주기 때문이다. 이 부분은 패널컨트롤(즉, 쿼터)과 가중치로 교정할 수 있다. 그렇지만 최종시청률이 다소 왜곡되는 현상이 발생할 수밖에 없다.

패널영입률은 대체로 약 25~50% 정도로 낮은 수준이다. 피플미터 참여 요구에 대한 협조율은 영국이 약 25~30%, 북미지역은 약 50% 정도이다. 미국 닐슨의 경우 초기에 협조율이 약 50% 정도였으나 현재 협조비율을 68.5%까지 끌어올리는 데 성공했다. 현재 우리나라의 경우 패널영입률이 20~30% 내외로 비교적 낮은 수준이다. 영국의 경우 협조율이 낮은 계층은 젊은층 가정, 독신자, 고소득자, TV 적게 보는 사람으로 나타났다. 캐나다의 경우 노년층, 저학력층, TV 많이 보는 사람으로 나타났다(Twyman, 1994).

미국의 경우 패널선발과 모집에 엄격한 확률표집이 되도록 한다. 그 이유는 특정 통제변인에 의해 패널이 선발될 경우 그들의 성향과 특성을 모르기 때문에, 또 패널을 통제할 수가 없기 때문에 오차가 발생할 수 있다는 것이다.

반면 유럽지역 조사회사들은 패널모집을 확률표집방법에만 의존하면 모집하기 어려운 집단 예를 들면, 학생가구 등이 최종패널에서 예상보다 덜 모집될 수 있다고 반박한다. 실제 조사회사의 실무자들은 앞의 상반된 주장이 가중치(weight)를 이용해서 해결될 수 있다고 주장한다. 이러한 논쟁은 향후에도 계속될 것이다(Menner & Syfret, 1994).

■ 패널 관리

최종패널 선택이 완료되면 피플미터 방식이 잘 유지되도록 관리가 절대적으로 필요하다. 관리에는 기계에 대한 관리와 인간에 대한 관리 두 가지로 나눌 수 있다. 기계에 대한 관리는 핸드세트, MDU, CDSU 및 probe의 관리를 의미한다. 대체로 기계적 오류는 조사회사의 관리에 의해 통제가 잘되는 편이다. 그러나 개인 시청정보를 위해 시청자 개개인이 누르게 되는 핸드세트의 관리는 감지하기 어렵다. 물론 사후에 개인의 협조를 체크할 수 있는 방안이 제시되어 있기는 하나 대체로 핸드세트의 작동에 협조하지 않는 개개인을 체크하기 어렵다. 보다 중요한 점은 적절한 보상과 교육을 통해 패널구성원의 자발적 협조를 유도하는 것이 최선의 방법이다.

따라서 최초 패널영입시에 일정금액의 가입비를 지불한다. 미국 닐슨의 경우 지역, 연령, 인종 등에 따라 50~100달러의 차등가입비를 지불한다. 즉, 협조가 낮을 가능성이 있는 가구 또는 구성원일수록 더 많은 보상을 한다. 영국의 AGB의 경우도 일정금액(약 25달러)을 가입시 지불하는 등 대부분의 국가들이 각 나라의 사정에 맞게 일정금액의 보상을 한다. 물론 보상의 목적은 협조율을 높이기 위해서이지만 지나친 보상은 오히려 역효과를 낼 수도 있다. 이외에 정기적으로 카드, 소식지, 선물, 상품권 추첨 등을 통해 지속적 관심을 유도한다. 금전적 보상 외에 경우에 따라서는 전화나 방문 등을 통해서 인간적 협조를 유도하기도 하고 교육 프로그램을 통해 협조를 유도하는 등 각 조사회사에 따라 다양한 패널관리 방법이 동원되는데, 이는 조사회사의 노하우와 관련되기도 한다. 그러나 요즈음은 대체로 이러한 노하우도 공개하여 패널관리의 투명성을 고객에게 밝힌다.

우리나라 AGB닐슨의 경우 패널가구에 최초 가입비와 매달 일정금액을 지급하고 1년에 비교적 큰 액수의 선물을 두 번 증정하는 방법을 사용한다. TNS의 경우 전기 보조금으로 비교적 적은 금액을 매달 지급하고 이보다는 선물증정과 소식지 등을 활용한다.

■ 패널 교체

패널관리에서 중요한 또 하나의 요인은 패널의 강제적 또는 자연적 교체에 대한 관리이다. 패널교체(panel turnover)에는 자연교체(natural panel turnover)와 강제교체(forced panel turnover)가 있다. 자연적 교체는 이사, 비협조 등으로 교체되는 것을 의미한다. 이런 요인으로 보통 매년 20~25%가 교체된다. 강제교체는 보통 5년 동안 체계적으로 매년 20%씩 강제적으로 교체되는 것을 의미한다. 강제교체는 비용이 많이 들고 장기분석시 정해진 패널사이즈가 유지되지 않을 수 있기 때문에 대부분의 유럽국가는 자연교체를 선호한다. 반면에 미국의 경우, 강제교체를 원칙으로 하고 전 패널교체시기도 현재 5년에서 2년으로 단축하여 실행한다.

패널교체와 관련하여 패널의 최대 지속기간을 정하는 것에 대해 찬반의견이 갈려 있다. 강제교체를 찬성하는 측은 패널이 시간이 지남에 따라 피로, 불성실이나 비양심으로 자료가 왜곡될 수 있다고 주장한다. 그러나 장기조사(longitudinal study)에서 샘플 사이즈의 잠재적 감소, 추세 데이터의 불안정성 및 강제 로테이션에 따른 비용증가 등과 견주어서 고려되어야 한다고 한다. 어떤 방식을 사용하든 패널관리가 관건이고 강제적 로테이션이 정기적 패널의 수행감시보다 더 중요시될 수는 없다.

패널영입시 그 통제요인이 국가마다 다른데 보통 가족크기, 수상기 대수가 주통제요인이고 사회경제적 지위나 지역크기가 통제요인으로 작용하기도 한다. 이외에 이러한 통제요인이 최종 시청률 산정시 가중치를 주는 요인으로 작용하기도 하는데 이 부분은 거의 합의가 이루어지지 않고 있다. 그러나 패널통제 요인에 대해서는 각국이 점점 더 투명하게 밝히고 있다(Roger, 1994).

우리나라의 경우 패널 최대 지속기간은 양사 동일하게 4년으로 정하고 양사 모두 강제교체와 자연교체 방식을 활용한다. 양사의 패널교체 비율은 현재 양사가 지속적으로 패널을 증가시키기 때문에 안정된 수준의 비율을 정확히 밝히기 어렵다.

■ 자료수집 및 처리

방송종료 후 조사회사는 소프트웨어를 이용하여 각 가정에 자동으로 전화를 걸어 CDSU에 수집된 가구별 시청행태 자료를 매일 수집한다. 보통 한 가구의 데이터를 수집하는 데 약 30~60초가 소요된다. 수집된 자료는 검증 소프트웨어에 미리 입력된 검증규칙에 따라 일차검증을 받는다. 검증은 가구별 시청자료에 대한 검증과 개인별 시청자료에 대한 검증으로 구분된다. 일반적으로 검증된 자료는 초 단위의 자료로 제공되기도 하지만 보통 일정한 규칙의 계산과정을 거쳐 1분 단위의 기초자료로 가공되어 제공된다. 조사회사에 따라서는 30초 단위로 가공되기도 한다. 이러한 부분은 고객 또는 이를 위임받은 기구와 조사회사와의 계약에 의해 결정된다.

현재 우리나라 시청률 조사회사는 양사 모두 1분 단위의 시청률을

기준으로 다양한 시청률을 산정한다. 그러나 현재 양사에서 사용하는
미터기로는 초단위 시청률을 산정하는 데 매우 부적합하다.

■ 자료 전송

시청률자료는 보통 방송사용 자료와 광고자료의 두 가지로 구분된
다. 자료 제공방식은 온라인을 이용하여 제공되기도 하고 보고서형태
로 제공되기도 하며 두 가지 다 제공되기도 한다. 조사회사는 주간보
고서, 월간, 계간, 연간보고서를 제공하고 고객들은 온라인으로 제공
된 데이터를 이용하여 조사회사에서 제공한 소프트웨어를 이용하여 다
양한 분석이 가능하다. 고객과 조사회사 간의 계약조건에 따라 조사회
사는 특별분석을 하기도 한다.

피플미터의 장점은 다음과 같다.

- 핸드세트를 이용하여 가구시청률뿐만 아니라 개인별 시청률을 기
  록하기 때문에 시청자들이 각 채널별로 어떻게 분산되어 있는지
  알 수 있다.
- 일기식방법에 비해 신속하고 더 정확하다.
- 매분별 시청률은 프로그램과 광고에 대한 노출, 중복, 충성시청자
  등을 추정할 수 있게 해 준다.
- VCR 및 게임기 등의 이용에 대한 조사도 가능하다.
- 기기에 따라서 약 2백여 개의 채널까지도 측정이 가능하다.
- 새로운 프로그램에 대한 평가를 내려주고 새로운 프로그램 제작에
  대해 예측할 수 있는 근거를 마련해 준다.
- 도달(*reach*)과 빈도(*frequency*)를 통해 특정모델의 도움 없이 광고
  스케줄링상의 효과를 예측할 수 있다.

피플미터의 단점은 다음과 같다.

- 미터설치가 복잡하고 비용이 많이 든다(최근에는 비교적 미터설치가 간단한 피플미터가 개발되었다).
- 참여자의 절대적 협조가 관건이기 때문에 표본가구의 협조도에 따라 오차에 영향을 준다.
- 어린이의 경우 리모컨을 잘 작동할 수 없기 때문에 시청행위가 적게 반영되고, 젊은층이 핸드세트를 잘 눌러주지 않는 경향이 있다.
- 보통 피플미터가 한 가정에 5년 정도 유지되는데, 이러한 과정에서 피로현상이 제기된다. 닐슨은 패널교체 시기를 2년으로 바꾸었으나 여전히 문제점은 제기되고 있다. TV자체의 특성이 시청자가 긴장을 풀고 즐기기 위해서 이용하는데, 5년 동안 계속해서 TV를 볼 때마다 버튼을 누르라고 하는 점이 정확성과 신뢰성을 유지하는 데 얼마나 도움이 되는지 의문이다. 그러나 독일의 경우 실험 결과 패널지속 기간이 협조도에 영향을 주기 않는다는 결론을 내리고 있다.
- 표본 수가 적거나 선정이 잘못되면 대표성의 문제가 야기된다. 닐슨은 초기에 기계설치에 동조하는 가구비율이 50% 정도로 이에 대한 비판을 받았다. 닐슨은 지난 2년간 연구결과에 따라 닐슨의 피플미터 설치에 동조하는 가구비율을 약 20% 증가하는 데 성공했다. 따라서 기계설치에 참여하는 비율이 68.5%로 증가되었다. 현재 미국의 경우 2억 인구를 대상으로 지난 1년 동안 약 1천 가구의 샘플을 늘려 약 5천 가구의 샘플로 TV 네트워크 조사를 하고 있다.
- 재핑(*zapping*, 광고 건너뛰기) 현상을 알아내지 못하고, 다채널화에 따른 측정채널 수의 제한이 있다.
- TV 볼 때 버튼을 누르지 않는 것, 보지도 않으면서 눌러 놓는 것, 눌러놓고 다른 일을 하는 것 등이 심각한 문제인데, 이는 데이터에서 제외하거나 편집하거나 또는 재교육시키는 방법으로 해결되기는 하나, 이러한 방법이 실질적 해결책이 아니라는 점이다.

3. 미래의 시청률 조사방법

현재 사용하는 피플미터, 오디미터나 일기식 조사를 통한 수용자 측정은 미디어환경의 변화에 따라 그 한계를 보인다. 프로그램 소스가 다양화되고 채널의 급격한 증가로 현재의 측정방식으로는 방송사나 광고주들이 원하는 적절한 시청정보를 제공하지 못할 것으로 예측된다. 이러한 다양한 미디어소스들은 지상파방송, 케이블 TV, 위성방송, 비디오테이프, 컴퓨터 CD, 레이저 디스크, DMB, IPTV 등이다. 채널 수가 꾸준히 늘어나고 디지털 압축방식이 발달되면 채널의 세분화는 물론 프로그램 전달방식의 다양화로 각 채널당 시청률도 낮아지고 수용자층이 더욱 세분화되면 수용자를 분석하기 위한 더 자세한 데이터가 요구될 것이다.

이러한 미디어 환경변화에 따른 미래의 새로운 시청률 측정방법은 다음과 같은 요건을 갖추어야 한다(Purdye & Harvey, 1994).

첫째, 측정방법이 쉬워야 한다. 즉, 시청자 측정은 패널에 참여하는 사람에게 부담을 주지 말아야 한다. 사생활을 침해하지 않고, 측정하는 데 시간을 많이 소비하지 않도록 하고, 지적 부담감을 주지 말아야 하며 매일의 일상생활과 부합해야 한다.

둘째, 포괄적 개인별 측정이 이루어져야 한다. 미래의 측정은 각종 전송방식을 통해 개인에게 전달되는 모든 서비스를 어떠한 장소에서든지 포착할 수 있어야만 한다. 디지털화로 각종 미디어가 통합적으로 수렴됨에 따라 소비자들이 어느 소스의 프로그램인지 구별하는 것이 점점 어려워질 것이고, 광고주들은 다양한 미디어를 이용하는 소비자의 행동을 파악하기 위해서 광범위하고 더욱 세분화된 데이터베이스를 원하게 된다. 따라서 미래의 시청률 측정은 개인들의 포괄적 미디어 이용행태를 파악할 수 있어야 한다.

셋째, 샘플사이즈가 증대되어야 하고 다양한 조사가 비교될 수 있도록 표준화되어야 하며 차별화된 정보를 제공할 수 있어야 한다. 즉, 수용자 측정은 고객에게 더 많은 정보와 사업에 대한 더 많은 가치를 제공해야 한다. 현재의 샘플사이즈는 고도로 세분화된 소비자들의 요구에는 적절하지 않다.

대부분의 고객들이 그들 자신의 타깃마켓에 대해 샘플 수의 증대를 원하지만 그에 대한 비용을 더 지불하려고 하지 않는다. 현재의 조사방법으로 샘플 수를 늘리려면 비용이 상승할 수밖에 없다. 따라서 미래에는 새로운 조사방법이 필요하다. 즉, 기존의 피플미터 방식을 통해 샘플 수를 늘리려면 비용이 지속적으로 증가하기 때문에 새로운 시청률 조사방식을 모색해야 한다.

광고주들은 가구보다는 개인별 시청자료를 원한다. 그리고 원하는 목표수용자가 어떠한 미디어를 어느 정도 이용하는지 구체적으로 파악하길 원하기 때문에 여러 미디어의 이용행태를 한 번에 측정할 수 있는 측정도구를 원한다. 또한 향후 지속적으로 샘플사이즈 문제가 더욱 중요하게 부각될 것이다. 현재도 다채널로 인하여 하루 평균시청률이 1 미만의 채널들이 상당수 존재한다. 뿐만 아니라 지상파채널도 시청률이 점점 떨어진다. 이는 곧 시청률이 낮은 소수의 채널들은 샘플링에러로 프로그램간 시청률 비교가 대단히 부정확해짐을 의미한다. 그렇다고 단순히 소수채널 및 소수집단의 시청자를 측정하기 위해 패널사이즈를 충분히 늘리는 것은 경제적으로 어려울 것이다.

동시에 시청자들은 피플미터기를 통해 누가 시청하고 있는지에 대한 정보를 입력하기 위해 개인버튼을 눌러준다. 하지만 패널가구원의 버튼협조도를 일정수준 유지하기 위해서는 패널에 대한 관리비용이 증가하게 되고, 패널가구원 중에서도 특정 가구원은 협조도가 떨어지거나 심지어는 참여하지 않는 경우도 발생한다. 따라서 이러한 패널가구원의 부담을 덜어주고 누가 시청하는지에 대한 보다 정확한 정보를 얻기 위해 자동으로 시청가구원을 파악할 수 있는 다양한 패시브미터가 필요하다.

하지만 문제는 패시브미터가 어느 정도 정확성을 증대시켜 줄지에 초점이 모아진다. 패시브미터의 도입은 비용증가를 초래하는데, 약간의 정확성 향상을 위해 높은 비용으로 인해 패널사이즈를 줄이게 된다면 패시브미터의 의미는 줄어들게 될 것이고 현재는 지속적으로 패널사이즈 증대가 요구된다. 따라서 오히려 피플미터의 패널사이즈를 늘리는 것이 정확성을 제고하는 방안일 수도 있다. 다음은 이미 오래 전에 개발된 다양한 패시브미터에 대한 간략한 소개이다.

1) 패시브미터

피플미터 방식에서 TV를 시청하는 사람이 매번 리모컨을 통해 시청정보를 입력해야 하는 번거로움 및 비협조에 의한 오차를 줄이기 위한 방법으로 초음파나 열탐지기를 이용한 센서가 장착된 패시브미터(Passive Meters)나 시청자에게 개인별로 인식표를 부착하여 식별하는 방식, 소형카메라가 장착된 기기 등이 개발되었다. 이러한 방식은 시청자가 자기가 누구인지 번호를 누르고 언제 텔레비전을 시청하고 언제 시청을 중단하는지 일일이 버튼을 누르지 않아도, 개인이 시청할 때 감지기가 그 개인의 물리적 특성을 감지하여 자동적으로 그가 누구인지 판단할 수 있게 하는 방식이다.

패시브미터는 방에 있는 사람을 식별해주고, 시청하는 프로그램에 대한 정보를 기록할 수 있는 장치를 부착한 전자기기이다. 몇몇 실험에서 패시브미터용 컴퓨터 소프트웨어가 가족구성원들의 두드러진 특성을 메모리에 저장된 모델과 비교하여 정확히 규명하는 것으로 보고되었다. 이 같은 패시브미터가 종전의 피플미터의 약점들을 극복할 수 있을지 모르지만, 테스트결과 특정 감지기가 본인들이 텔레비전 앞에

158

나타나는 것을 기록한다는 자체에 거부감을 갖는다. 즉, 본인들이 감시당한다는 느낌을 주기 때문에 얼마나 많은 사람이 이 방식의 패널로 참여할지는 의문이라는 점이다(Weinblatt, 1994).

피플미터의 여러 가지 문제점 때문에 궁극적 해결책으로 많은 사람들이 패시브미터에 관심을 가지게 되었는데, 이 방식은 어느 행위를 시청이라고 간주할 것인가의 문제를 응답자에게 맡기지 않고 관찰자가 결정하도록 한다. 즉, 관찰자가 어느 행위를 시청으로 간주할 것인가를 평가해야 하는 책임을 진다. 패시브시스템이 시청가능성(*availability*)이나 시청하는 것(*viewing*)을 판단하지 못하고 단순히 누가 방안에 있는지 판단하도록 디자인된다면, 비록 자료의 적절함에 대한 논란이 있겠지만 추가적 판단이 더 필요할 것이다.

만일 패시브시스템이 시청가능성이나 시청하는 것을 측정할 수 있도록 고안된다면 특정 규칙이 있어야만 한다. 이 규칙은 예를 들면, 텔레비전이나 패시브 감지기로부터 머리를 돌릴 경우 어떻게 처리해야 되는지와 같은 다양한 상황까지도 규정해야 한다. 어떤 행위를 시청으로 간주할 것이냐와 관련된 시청의 정의에 대하여 피플미터와 동일한 문제가 발생하지만, 피플미터와 다른 점은 피플미터는 개인이 스스로의 판단에 의해서 시청과 비시청이 기록되지만, 패시브미터는 자신의 시청여부에 대한 판단과 관계없이 감지기가 자동으로 감지한다는 점이다.

(1) 패시브미터의 종류
① 적외선 감지방법(*Infrared sensor method*) : 이 방법은 방안에 있는 체온(개, 사람)을 감지하여 텔레비전 수상기 앞에 시청자가 있는지의 여부를 판단한다. 그러나 문제는 사람과 애완동물을 구분하지 못한다는 단점이 있고, 또한 여러 사람이 시청하는 경우 각 개인이 누구인지 구별하지 못한다. 따라서 완전한 패시브미터는 아니고 결국 시청하는 사람이 누구인지 입력해야 하는 중간형태

의 패시브미터이다.

② 음파감지방법(*Sonic sensor method*) : 이 방법은 방안의 움직임을 감지하여 수상기 앞에 시청자가 있는지의 여부를 판단한다. 이 방식 또한 사람들간의 차이를 구분하지 못하고 사람과 커튼 등의 움직임을 구분하지 못한다는 단점이 있다.

③ 형상감지방법(*Image recognition method*) : 닐슨에서 개발한 것으로 사람의 이미지를 컴퓨터에 기록하여 사람을 분간하는 방식이다. 정해진 공간을 훑어서 기억된 사람과 대조하여 가족 중 누구인지 분간할 뿐만 아니라 방문자도 구분한다. 시청자들의 영상은 기억하지 않고 분간된 사람의 시청행위만 기록한다.

④ 또 하나의 방식으로는 마이크로 장치를 팔찌나 목걸이에 장치하여, 패널로 선정된 사람의 TV 시청여부를 감지하는 방법으로 매우 완벽하고 과학적인 방법이라 할 수 있다.

단, 앞의 방식들이 현재 개발되어 있는데 이를 실현하는 데 한 가지 문제점이 있다면, 광고주와 방송사 측이 원가가 4~5배 비싼 이 시청률 조사 방법을 위해 예산을 지출할 준비가 되어 있지 않다는 점이다.

2) 개인별 휴대미터(PPM: *Potable People Meter*)

(1) 방송환경 변화와 피플미터의 한계

방송환경의 급격한 변화로 현재의 피플미터식 조사방법의 한계가 드러나고 있다. 가장 빠른 점유율 확산을 보이는 케이블TV의 경우 가입가구가 1천 3백만이기 때문에 현재의 피플미터식 패널을 통해 자연스럽게 시청률 조사가 가능하다. 하지만 스카이라이프 위성방송의 경우 가입가구가 180만이기 때문에 기존 패널에서 개별 채널의 시청률을 파악하기에 한계가 있는 것으로 판단된다. 이 문제는 패널가구가 늘어나고 스카이라이프 위성방송의 가입자가 늘어난다면 자연스럽게 해결될 수 있는 문제이다. 또한 개인적 취향에 따라 원하는 프로그램을 장시간 예약녹화 저장이 가능하고 생방송시청 도중에도 멈춤, 되돌려보기, 슬로모션으로 볼 수 있는 기능이 가능한 TV의 도입 및 확산의 경우에도 방송사에서 프로그램 고유번호를 입력하여 송출한다면 기존 피플미터식 시청률 조사방식으로도 녹화나 재생에 대한 측정이 가능하다.

그렇지만 현재 상용화된 새로운 시청방식의 하나인 위성과 지상파 DMB의 경우 피플미터식 방법으로 조사할 수 없다는 한계에 부딪치게 된다. 스카이라이프 위성방송 가입자에 대한 조사를 별도의 패널을 구축하여 조사하였듯이 위성 DMB의 경우도 가입자만을 대상으로 별도의 패널을 구축하여 조사하면 별다른 문제는 없을 것이다. 그렇지만 2005년 12월 현재 가입자가 30만을 넘어선 위성 DMB를 비롯하여 지상파 DMB의 가입자가 향후 급격히 늘어나면 기존의 텔레비전 시청행태에 다소간의 영향을 줄 것은 분명하다. 동시에 IPTV의 등장이나 인터넷을 통한 다양한 방송이용은 현재의 피플미터로 측정하는 데 한계가 발생한다. 즉, 외부에서의 다양한 소스를 통한 시청행위가 늘어날 것이고 또한 일부는 집안에서도 DMB나 인터넷을 통해 시청할 가능성이 커질 것이다. 따라서 궁극적으로 집안에서의 텔레비전 시청행위만을 측정하는 방식에 문제가 제기될 것이고 집 안팎에서의 다양한 시청 취 행위를 한 번에 측정할 수 있는 싱글소스에 대한 요구가 높아질 것이다.

(2) 대안적 측정방법

AGB 닐슨 미디어 리서치, 미국의 닐슨, TNS 등의 세계적 시청률 조사 업계에서도 이 문제에 대해 고민하고 있고, 또한 이에 대한 대안을 마련하고 있다. 그 대안 중의 하나가 PPM(*Potable People Meter*)이다. PPM 방식은 1992년부터 아비트론이 개발에 착수해 현재 상용화

단계에 있는 기술이다(이하 아비트론 홈페이지 참조). 이 방식은 집안은 물론 외부에서의 다양한 멀티미디어 이용을 하나의 측정방식으로 조사할 수 있다는 장점을 지닌다.

PPM의 기본적 조사방법은 패널가구를 선정하여 패널가구원 전부가 휴대전화 크기의 미터기를 기상 이후 하루 종일 차고 다닌 후 잠자리에 들기 전에 휴대전화 충전기와 유사한 기기(*Base Station*)에 장착하면 된다. PPM이 이 기기에 장착되면 가구구성원 각자의 데이터를 전화선과 연결된 가구 내 허브(*Hub*)라는 중앙통제기기에서 수집하여 조사회사에 전송한다. 현재 PPM의 배터리는 30시간 지속되고 보조배터리 및 충전기가 제공되기 때문에 장시간의 휴가나 출장중에도 데이터 축적이 가능하다. 또한 패널의 협조도를 높이기 위하여 PPM에 동작 감지센서를 장착하여 패널이 PPM을 휴대하지 않으면 빨간 불이 깜빡거리고 이 기기를 휴대하고 다닌 시간에 따라 축적된 점수를 베이스 스테이션의 LCD 스크린에 보여주고 이 점수에 근거해 보상하는 방식을 이용한다.

집 안팎에서의 다양한 매체이용을 한 번에 측정할 수 있는 방식의 핵심은 채널인식방법에 있다. 피플미터와 PPM의 채널인식방법의 차이를 비교하면 다음과 같다. 현재의 피플미터는 주로 지정된 방송채널 주파수를 탐지하여 채널을 인식하거나 오디오 또는 비디오매칭(*Audio or Video Matching*) 방식을 이용하여 시청채널을 인식한다. 오디오매칭 피플미터 방식의 경우 영상과 음성으로 구성된 TV방송의 음성샘플만을 추출하여 녹화된 TV 방송프로그램의 오리지널 음성과 비교하여 어느 채널인지 인식하는 방식을 이용한다. 반면 PPM 오디오매칭 방식은 방송국에서 프로그램 송출시 특정채널을 대표하는 신호음을 별도로 삽입하여 송출하고 PPM이 이 신호음을 감지하여 어떤 채널을 접촉하고 있는지 감지하는 음향탐지방법(*Acoustic Detection Method*)을 사용한다. 이 신호음은 기존 방송의 오디오에 전혀 영향을 주지 않고 사람이들을 수 없는 주파수로 제공된다. 또한 이 신호음은 VCR 녹화나 재생 시에도 작동하도록 되어 있다.

PPM은 채널별 신호음을 탐지하는 방식이기 때문에 아날로그방식이나 디지털방식 모두에 통용되고 지상파, 위성, 케이블을 통한 텔레비전이나 라디오방송 모두를 한 번에 탐지할 수 있다. 또한 인터넷을 통한 방송시청은 물론 위성이나 지상파 DMB도 송출시 채널별 신호음을 삽입하여 송출하면 전부 탐지해낼 수 있다는 장점이 있다. 탐지거리는 사람이 일반적으로 시청취할 수 있는 범위 내에서의 미디어 이용행위에 국한된다. 또한 헤드세트를 이용하여 시청취할 경우 아비트론에서 제공하는 헤드세트를 이용하면 탐지가 가능하다.

미국 닐슨의 경우 미국 내 지역시장의 텔레비전과 라디오 이용에 대한 동시측정을 위해 2000년 아비트론과 전략적 협정을 맺은 상태이다. 또한 영국에 본부를 둔 TNS도 아비트론과 PPM 활용을 위한 전략적 제휴를 맺은 상태이다. 현재로서는 PPM이 유일하게 집 안팎의 다양한 멀티미디어 측정에 활용될 수 있도록 개발·실험되었고 동시에 광고주의 싱글소스에 대한 요구에 부응할 수 있는 가장 근접한 측정방식이다.

하지만 PPM 방식에 대한 문제점 지적도 적지 않다. 현재 집 밖에서의 시청행위는 나라마다 차이는 있지만 AGB 닐슨 미디어 리서치에 따르면 약 5% 정도 이루어진다고 추정한다. 이 5%의 추가측정을 위해 기존 피플미터보다 정확성이 떨어지는 PPM 방식을 굳이 이용할 필요가 있느냐는 것이다. 보다 근본적으로 텔레비전 시청에 대한 측정이 이루어져야 하는데, PPM은 오디오를 탐지하여 시청으로 간주하기 때문에 정확한 시청행위가 기록된다고 볼 수 없다는 점이다. 예를 들어 피플미터 패널의 경우 본인이 TV를 시청할 때 자신에게 지정된 번호를 눌러주라고 하기 때문에 실제 시청시에만 기록되지만, PPM의 경우 실제 시청이 이루어지지 않더라도 청취가 가능한 거리에 있으면 본인의 의지와 관계없이 시청으로 간주된다는 것이다.

동시에 국제적 시청행위의 기준인 '시청기회'(*Opportunity to See*)가 '청취기회'(*Opportunity to Hear*)로 바뀌어야 하고 자료의 호환성이 상실될 수도 있다는 것이다. 따라서 현재의 피플미터가 외부에서의 미디어 이용에 대한 측정에 한계가 있지만 PPM을 피플미터로 완전히 대체해 사용하기보다는 새로운 패널구축 등의 비용문제를 고려한다면 내부시청은 피플미터로 측정하고 외부시청은 피플미터 패널이 외출시에만 PPM을 휴대하여 그 기록을 기존 피플미터 데이터에 보완하는 방식을 제안하기도 한다(2004년 독일 GfK 방문면담).

미래의 측정방식으로 현재는 PPM이 가장 유력한 방식이고 다양한 미디어 이용에 대한 싱글소스를 제공할 수 있다는 장점을 지니고 있지만, 현재의 피플미터를 단시간 내에 대체할 기기로 판단되지 않는다. 비록 TNS가 상대적으로 PPM의 가능성을 가장 높게 평가하고, 미국 닐슨의 경우도 PPM의 사용가능성에 대해 협정을 체결한 상태이지만 대부분의 피플미터 사용국가의 경우 2010년까지 PPM으로 대체될 가능성은 매우 적다고 판단된다.

외부 시청행위가 급격하게 늘어나고 또 다른 경쟁자가 피플미터보다 우수한 예를 들면, 향후 더욱 발전된 PPM과 같은 미터기로 시장에 진입하지 않는 이상 조사회사가 기존의 피플미터를 자진해서 바꾸지는 않을 것이다. 그 예로 1987년 미국의 닐슨이 수년 전에 이미 피플미터식 기술이 개발되었음에도 불구하고 전환에 드는 비용 때문에 1987년까지 오디미터로 측정하다가 AGB가 피플미터기로 미국 시장에 진입하자 곧바로 피플미터로 대체한 경험이 이를 간접적으로 입증해 준다.

따라서 우리나라 시장도 비록 세계적으로 가장 앞선 위성 DMB와 지상파 DMB로 다른 나라와 달리 외부시청이 급격하게 늘어날 가능성이 있고, 또한 IPTV나 인터넷방송 등으로 집안에서의 시청 및 청취행위에 변화가 예상되지만 현재의 피플미터기가 2010년 이내에 대체될 것으로 생각되지 않는다. 오히려 제3의 조사회사가 PPM으로 시장에 진입한다면 의외로 측정기기의 대체가 빠르게 진행될 가능성은 여전히 남아 있다.

■ 연습문제

1. 만약 광고요금이 미국과 같이 시청률에 따라 책정된다면 현재 우리 나라에서 시청률 조사가 실시되지 않는 지역은 광고요금을 책정하 기 위하여 어떤 방식의 시청률 조사를 실시해야 할까?
2. 현재 우리나라의 경우 두 개의 조사회사가 시청률을 산출하고 있는 데, 이따금 시청률 차이가 발생하는 이유는 무엇일까?
3. 시청률 조사의 검증은 왜 필요한가?

■ 참고문헌

강현두·김우룡(1989),《한국방송론》, 나남출판.

김규(1984),《방송매체론》, 법문사.

박원기·오완근·이승연(2003),《광고매체론: 조사, 계획 그리고 구매 중심》, 케이에이디디.

한국방송광고공사(2001),〈2001년도 TV 시청률 조사에 대한 검증 연구〉, 한국방송광고공사.

_____(2005),〈2001년도 TV 시청률 조사에 대한 검증 연구〉, 한국방송광고공사.

허명회·박정래·조성호·오세성(2005),〈시청률 조사 검증의 현재와 미래〉, 한국방송광고공사.

Beville, H. M. (ed.) (1991), *Audience Ratings: Radio, Television, and Cable*, New Jersey: Lawrence Erlbaum Associates, Publishers.

Kent, R. (ed.) (1994), *Measuring Media Audiences*, Lodon: Routledge.

Menner, P. & Syfret, T. (1994), "Towards Harmonization of TV Audience Measurement," *The Journal of European Society for Opinion and Marketing Research*, Nov.: 231~242.

Miller, P. (1994), "Made-to-order and Standardized Audiences: Forms of Reality in Audience Measurement," In J. Ettema & C. Whitney (eds.), *Audiencemaking: How the Media Create the Audience* (pp. 57~73), London: Sage.

Purdye, K. & Harvey, B. (1994), "TV Audience Measurement around the World," *The Journal of European Society for Opinion and Marketing Research*, Nov.: 223~230.

Roger, G. (1994), "Television Audience Measurement Systems in Europe: A Review and Comparison", In R. Kent (ed.), *Measuring Media Audiences* (pp. 22~41), Lodon: Routledge.

Twyman, T. (1994), "What Peoplemeters Can Measure," In ESOMAR/ARF worldwide electronic & broadcast audience research symposium, Paris.

Webster, J. & Lichty, L. (1991), *Ratings Analysis: Theory and Practice*, New Jersey: Lawrence Erlbaum Associates, Publishers.

Weinblatt, L. (1994), "The Multimedia Wearable Passive Meter: An Update," In ESOMAR/ARF worldwide electronic & broadcast audience research symposium, Paris.

http://www. arbitron. com

http://www. agbnielsen. co. kr

www. tnsmk. com

http://www. arbitron. com

http://www. agbnielsen. net/

http://tnsofres. com에서 키워드 television audience measurement

제 2 부
매체별 편성전략

제5장

네트워크 텔레비전의 편성전략

강 명 현

　지상파방송에서 네트워크란 두 개 이상의 방송사가 같은 프로그램을 동시에(*simultaneously*) 방영하는 연결체계를 말한다. 네트워크 체계는 프로그램 공급을 담당하는 키국(*key station*)과 이를 주로 수신하는 제휴국 혹은 가맹사(*affiliated station*)로 이루어져 있는데, 우리나라의 경우 KBS, MBC, SBS가 전자에 해당하고 각 지역방송사들이 후자에 해당한다. 하지만 키국의 역할비중이 높은 점을 감안하여 통상적으로 네트워크 방송사라 하면 그냥 키국을 가리키는 경우가 많다. 이장에서는 네트워크 방송사들이 취하는 편성전략에 대해 살펴보기로 한다. 네트워크 방송사들의 편성 역시 편성을 어떻게 개념규정하느냐에 따라 달라질 수 있지만, 이 장에서는 프로그램의 선정단계에서 시간배치, 프로모션, 그리고 평가에 이르는 전 과정으로 상정하고 각 단계에서 제기되는 기초적 개념과 전략들을 구체적으로 살펴보기로 한다.

1. 네트워크 텔레비전의 편성전략

방송환경이 변화함에 따라 편성의 개념 역시 변화하였다. 과거 편성 (*programming*)이라 함은 프로그램을 어느 시간대에 배치해야 하는 프로그램 배치전략쯤으로 인식되었다. 그리하여 시청흐름을 유지시키기 위해 유사한 장르의 프로그램 유형을 연속으로 제공한다든지 혹은 경쟁 프로그램보다 조금 일찍 시작하게 하여 상대방의 흐름을 뺏는 등의 방법을 통해 시청자 수를 유지하고 증가시키는 것이 편성의 주요한 목표였다. 하지만 현재와 같이 탈동시적 방송환경에서는 시간대 배치전략만으로 시청자를 확보하기에는 한계를 지닐 수밖에 없다. 즉, 녹화를 통해 시청시간대 이동을 가능케 하였던 비디오의 등장에서부터 언제든지 원하는 시간에 프로그램 시청을 가능하게 해주는 인터넷의 VOD(*video-on-demand*) 서비스, 또 자동적으로 며칠간의 프로그램이 녹화되어 원하는 시간에 프로그램을 자유자재로 불러올 수 있게 해주는 개인형 비디오(PVR: *Personal Video Recoder*)[1] 등 새로운 커뮤니케이션 기술은 편성개념의 근본적 변화를 요구한다. 이 같은 상황에서 이스트만과 퍼거슨(Eastman & Ferguson, 2002)은 과거처럼 프로그램을 단순히 배열하는 배치전략의 한계를 지적하며 앞으로의 편성은 "프로그램의 선정(*selecting*), 배치(*scheduling*), 홍보(*promoting*), 그리고 평가(*evaluating*) 등의 요소가 총체적으로 어우러지는 과정"으로 보다 확대된 편성개념을 제시하였다.

---

1) 개인형 비디오라 불리는 PVR은 컴퓨터 칩이 내장된 디지털 비디오로 48시간 이상의 전 프로그램이 자동적으로 녹화되어 이용자들로 하여금 언제든지 원하는 시간대에 녹화된 프로그램을 시청할 수 있게 해주는 차세대 비디오이다.

〈그림 5-1〉 새로운 편성모델

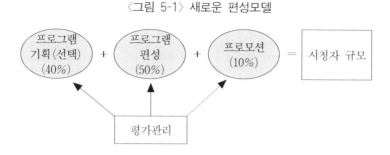

자료: Eastman & Ferguson(2006), *Media Programming*, CA: Thomson, p. 18.

〈그림 5-1〉은 새로운 편성모델을 나타낸 것으로 그림에서 보는 바와 같이 편성은 배치요인뿐 아니라 어떤 프로그램을 제작할 것인가 하는 프로그램 선정요인, 새로운 프로그램을 어떻게 알려야 할 것인가 하는 프로모션 요인, 그리고 편성에 대한 사후평가 요인 등으로 구성됨을 알 수 있다. 여기에서 수치는 현재 편성과정에서 각각의 요인이 차지하는 비중 정도를 나타낸 것이다. 그림에서 보듯이 편성과정에서 여전히 프로그램을 어떻게 배치하느냐 하는 배치요인(50%)의 비중이 가장 높음을 알 수 있고, 이어 프로그램 선정요인(40%)과 홍보요인 (10%) 등이 편성에서 중요한 비중을 차지한다(Eastman & Ferguson, 2002). 그러나 점차 비동시적(*asychronicity*) 프로그램 시청행태가 보편화됨에 따라 편성에서 차지하는 이러한 비중 역시 변화가 불가피할 것이다. 즉, 프로그램 배치요인의 비중이 점차 감소하는 대신 프로그램의 선정이나 홍보요인이 편성에서 차지하는 비중은 점차 확대될 것이다. 이 장에서는 새로운 편성모델에 따라, ① 프로그램 선정, ② 배치, ③ 홍보, ④ 평가의 단계로 구분하여 각 단계에서 제기되는 편성의 기초적 개념을 살펴보고 이를 바탕으로 현재 우리나라 주요 네트워크 텔레비전이 구사하는 편성전략을 살펴보기로 한다.

1) 1단계 : 프로그램 기획 및 선정

자체제작보다는 외주제작의 비율이 점차 높아지거나 아예 전체 프로그램을 아웃소싱하는 출판사형 방송형태가 보편화되면서 편성과정에서 어떤 프로그램을 기획하느냐 하는 프로그램 기획단계의 역할이 점차 중요해졌다. 외주 프로그램을 직접 구매하거나 혹은 프로그램의 제작을 독립제작사에 의뢰하면서 네트워크는 기획단계에서 미리 편성하고자 하는 프로그램에 대한 기획의도나 방향 등을 제시하게 된다.

프로그램 선정단계에서 우선적으로 고려해야 할 사항으로는 편성을 유지해야 할 프로그램과 폐지해야 할 프로그램을 결정하는 일이다. 일반적으로 상업 네트워크에서 가장 쉽게 사용하는 방법은 프로그램당 수입액에서 제작비를 제외했을 때 이윤이 얼마나 남느냐를 근거로 판단하는 것이다. 또한 해당 시즌의 전체 프로그램에 대한 시청률과 점유율을 평균하여 이를 상회하는 프로그램만을 그대로 남기고 나머지는 폐지하는 방법을 사용하기도 한다. 미국의 경우 2001년 기준으로 네트워크 방송사들의 프라임타임대 평균시청률은 약 7%, 점유율은 12%로 알려져 있으며, 우리의 경우는 지난 2005년 봄 시즌의 경우 네트워크별로 약 10% 정도의 평균시청률을 보인다. 기획단계에서 네트워크들은 이렇게 평균시청률을 기준으로 프로그램의 존속과 폐지여부를 결정한다. 하지만 프로그램에 대한 존폐여부는 이러한 기준에 의해 단순하게 결정하기 어려운 측면이 많다. 가령 시청률은 높지만 피로감이 느껴지는 프로그램이나 높은 시청률에도 불구하고 당초 의도했던 시청자 구성층이 아닐 경우, 시청률은 낮지만 전문가나 시청자 단체로부터 호평을 받았을 경우에는 보다 다양한 요소들을 고려하여 신중하게 존폐를 결정하여야 한다. 일단 폐지할 프로그램이 결정되면 이를 대체할 프로그램을 선정하게 되는데, 이 단계에서 가장 중요하게 거론되는 요소는 바로 프로그램에 대한 콘셉트(*concepts*)이다. 네트워크들이스트만과 퍼거슨(Eastman & Ferguson, 2001)은 성공적 편성을 위해 기획단계에서 고려해야 할 요소(*tips*)를 다음과 같이 제시한다.

① 적합한 수용자 층을 설정할 것
② 그 수용자에 적합한 프로그램을 선정할 것
③ 프로그램의 종류와 편성시간대를 고려하였을 때 제작비나 구입비가 적당할 것
④ 편성시간대를 결정함에 있어 타 채널과의 경쟁 정도를 염두에 둘 것
⑤ 선정한 프로그램이 앞뒤의 주변 프로그램과 어울리는지 결정할 것
⑥ 시청자가 좋아하는 연기자를 가급적 고용할 것
⑦ 성공한 경험이 있는 작가나 연출자를 투입할 것
⑧ 현재 유행하는 주제를 다룰 것
⑨ 현재 시청률이 높은 프로그램과 비교해 볼 것

은 때때로 현재 유행하는 트렌드를 그대로 모방하는 프로그램을 기획하기도 하고 일부는 유능한 구성작가를 고용하여 새로운 콘셉트의 개발을 시도하기도 한다. 미국의 경우 매 시즌마다 방송사에 제시된 수천 건의 아이디어 중에서 프로그램 제작을 신중하게 검토하는 콘셉트는 대략 6백 건 정도가 되는 것으로 알려져 있다. 채택된 아이디어는 대본(*scripts*)을 통해 보다 구체화되고 대본을 바탕으로 파일럿 프로그램을 제작한다. 파일럿(*pilots*) 프로그램이란 제작을 고려하는 프로그램을 실제로 제작하기 전에 시청자들의 반응을 미리 알아보기 위해 만든 일종의 샘플 프로그램을 말한다. 파일럿 프로그램을 통해 시청자들의 반응, 기존 프로그램과의 유사성 여부, 전문가나 극작가에 의한 평가, 해당 콘셉트의 장기지속성 여부 등을 종합적으로 평가한 후 본 프로그램의 제작여부를 최종적으로 결정한다. 이밖에도 시청자의 시청습관, 제작비, 배우의 출연가능성, 경쟁채널과의 차별성, 그리고 트렌드 반영 여부 등이 프로그램 기획·선정단계에서 고려되어야 할 요소 등이다.

2) 2단계 : 프로그램 배치

전술했듯이 과거에 비해 프로그램 배치(scheduling) 전략에 대한 비중
은 점차 감소한다. 하지만 기본적으로 사람들의 시청행위가 수동적임
을 고려한다면 편성에서 시청습관을 이용하는 시간대 배치는 여전히
효과적 전략임에 틀림없다. 현재 시청하는 프로그램이 형편없는 경우
가 아니면 시청자들은 가급적 채널을 고정하고자 하는 시청관성(iner-
tia) 때문에 비슷한 유형의 프로그램을 그대로 시청하려는 경향을 보인
다. 연속으로 비슷한 유형의 프로그램을 배치하는 구획편성이나 시청
률 높은 프로그램의 후광효과(halo effect)를 이용하는 샌드위치 편성
(sandwich programming) 등이 성공했다는 사례들은 여전히 시간대 배
치전략이 유효함을 보여준다.

(1) 채널별 편성전략

채널별 편성전략은 크게 경쟁채널의 편성전략에 상관없이 시청자의
시청패턴을 고려하여 수립하는 채널 내 편성전략(Intra-channel program-
ming)과 경쟁채널의 편성상황을 염두에 두고 이에 대한 대응전략을 모
색하는 채널간 편성전략(Inter-channel programming)으로 구분된다. 채
널 내 편성전략으로는 시청자의 시청습관을 형성하기 위해 사용되는
줄띠편성, 시청관성을 이용하여 연속적 시청흐름을 유지하기 위한 구
획편성, 줄띠편성에서 다소 변화를 가미하여 사용하는 장기판 편성
(checkboard programming) 등이 대표적이다. 반면, 채널간 편성전략으
로는 상대채널과 동일한 유형의 프로그램으로 맞불을 놓는 실력편성,
상대채널과 다른 형식의 프로그램으로 이를 피해가기 위한 보완편성,
특집물을 이용하거나 변칙적으로 편성함으로써 상대방을 당황시키기
위한 스턴트편성, 그리고 상대채널의 프로그램이 끝나는 시간보다 조
금 일찍 엇비껴 시작함으로써 시청흐름을 빼앗고자 하는 엇물리기편성

등이 있다. 각 편성전략에 대한 보다 구체적인 내용과 장단점에 대해
서는 앞의 장에서 자세하게 언급되었기 때문에 여기서는 이를 생략하
도록 한다.

(2) 시간대별 편성전략

지난 2005년 12월부터 평일 낮시간대 방송이 허용됨에 따라 우리나
라 지상파 텔레비전 네트워크들은 평일의 경우 아침 6시부터 새벽 1시
까지 하루 평균 약 19시간 동안 프로그램을 편성하여 방송한다. 각 네
트워크들은 현재 시청자의 시청습관을 면밀히 분석하여 편성의 기본

〈표 5-1〉 시간대 구분 및 광고단가

시간대 구분	시 간	광고 시급	주시청자층	주요 편성유형
오전시간대	오전 6~7시	C	직장인	뉴스
	7시~8시 30분	B	직장인, 주부	생활정보
	8시 30분~9시 30분	A	주부	드라마, 생활정보
	9시 30분~정오	B	주부	토크쇼
낮시간대	정오~오후 5시	C	주부	토크쇼, 생활정보
	5~7시	B	어린이, 청소년	만화, 생활정보
주시청시간대	7~8시	A	일반 대상	연예, 오락
	8~11시	SA	일반 대상	뉴스, 드라마, 연예
심야시간대	11~12시	A	성인층	연예, 토크쇼
	12~12시 30분	B	성인층	영화, 토론
	밤 12시 30분 이후	C	성인층	영화

적 원칙, 즉 시청주기와 일치하는 프로그램 유형을 편성하고자 노력한 다. 편성시간대의 구분은 이를 어떤 기준에 의해 구분하느냐에 따라 달라질 수 있지만 시청자구성층의 밀도에 따라 크게 오전시간대, 오후 시간대, 주시청시간대, 심야시간대로 구분된다. 여기서 오전시간대란 아침 6시부터 정오까지, 낮시간대는 정오에서부터 저녁 7시까지, 주 시청시간대는 저녁 7시부터 밤 11시까지, 그리고 심야시간대는 밤 11 시 이후의 시간대를 가리킨다. 시청자층이 얼마나 두텁게 형성되어 있 느냐에 따라 각 시간대는 광고단가와 연동되는데, 가령 프라임타임대 의 경우 시청자 구성밀도가 가장 높기 때문에 광고단가가 가장 높은 SA급 시간대로 분류되고, 상대적으로 시청자층이 얇게 형성되어 있는 이른 아침시간대나 심야시간대는 광고단가가 가장 저렴한 C급 시간대 로 분류된다. 상업방송의 경우 광고매출액에 의존하지 않을 수 없기 때문에 시간대에 따른 이러한 광고단가의 차이는 프로그램 편성에 많 은 영향을 미친다.

여기서는 인구통계학적 수용자 특성에 따라 네트워크들이 구사하고 있는 편성의 특징을 각 시간대별로 구분하여 살펴보기로 한다.

① 오전시간대(아침 6시~정오)

우선 이른 아침시간대에 우리나라 지상파 네트워크들의 편성은 주 로 뉴스장르로 이루어져 있음을 알 수 있다. 이렇게 이른 아침시간대 뉴스중심의 편성경향은 전 세계 모든 국가의 방송에서 나타나는 보편 적 특징으로, 이는 간밤에 일어난 사건 사고에 대한 뉴스수요 때문이 다. 우리나라의 경우에도 KBS 1의 〈뉴스광장〉, MBC의 〈뉴스투데 이〉, 그리고 SBS의 〈생방송 모닝와이드〉 등과 같은 뉴스 프로그램에 대한 이 시간대의 편성경향은 거의 변함 없이 유지되고 있다. 다만, 이 시간대 뉴스 프로그램의 성격이 과거의 사건, 사고중심의 경성뉴스 에서 최근에는 생활정보적 성격의 연성뉴스로 그 특징이 다소 변화하

〈표 5-2〉 오전시간대 채널별 프로그램 장르 편성시간 및 비율

	KBS 1	KBS 2	MBC	SBS	계
뉴 스	4,020(39.1)	840(8.2)	1,800(17.2)	670(6.5)	7,330(17.7)
다큐멘터리	1,135(11.0)	620(6.0)	1,160(11.1)	50(0.5)	2,965(7.2)
대 담/토 론	200(1.9)			480(4.6)	680(1.7)
드라마	480(4.7)	2,135(20.8)	1,270(12.2)	1,530(14.8)	5,415(13.1)
코미디				280(2.7)	280(0.7)
영 화		90(0.9)			90(0.2)
만 화/인형극		300(2.9)		65(0.6)	365(0.9)
버라이어티쇼	60(0.6)	240(2.3)	100(1.0)	60(0.6)	460(1.1)
토크쇼	60(0.6)	1,425(13.9)	160(1.5)	1,550(15.0)	3,195(7.7)
퀴즈/게임쇼		60(0.6)	445(4.3)	630(6.1)	1,135(2.8)
스포츠		150(1.5)	260(2.5)	330(3.2)	740(1.8)
생활정보	3,030(29.5)	4,120(40.1)	4,815(46.1)	4,620(44.7)	16,585(40.1)
학 습	690(6.7)	180(1.8)	330(3.2)		1,200(2.9)
문화예술	180(1.8)		110(1.1)		290(0.7)
기 타	420(4.1)	120(1.2)		60(0.6)	600(1.5)
전 체	10,275 (100.0)	10,280 (100.0)	10,450 (100.0)	10,325 (100.0)	41,330 (100.0)

자료: 한국방송영상산업진흥원(2001), 〈다매체시대의 매체별 편성전략 연구〉,
　　　p. 72에서 재구성.

고 있다.

한편, 아침 8시부터 12시까지의 오전시간대는 주부를 메인타깃으로 하는 시청시간대로 이 시간대는 대개 아침드라마 및 매거진형식의 생활정보 프로그램이 주종을 이룬다. 〈아침마당〉, 〈주부 세상을 말하자〉, 〈여유만만〉, 〈좋은 아침〉 등이 이 시간대의 대표적 주부대상 프로그램들이다. 한국방송진흥원이 지난 2001년 우리나라 지상파네트워크들의 편성경향을 분석한 결과에 따르면, 아침 6시부터 정오까지의 오전시간대에 주로 편성된 프로그램 장르는 뉴스, 생활정보, 드라마의 순으로 나타나 주부집단을 타깃으로 하는 이 시간대의 편성경향을 짐작케 한다.

② 낮시간대(정오~저녁 7시)

지난 2005년 12월 1일부터 지상파 낮방송이 허용됨에 따라 주요 네트워크들의 시간대에 대한 편성전략에 관심이 집중되고 있다. 지상파에 대한 낮방송 허용은 시청자의 선택권 확대 및 지상파방송의 재원확보라는 긍정적 평가도 있지만 지상파방송의 독점력을 강화함으로써 매체간 균형발전을 오히려 저해할 수 있다는 부정적 시각도 존재한다. 특히, 편성과 관련하여 낮방송이 정규적으로 편성되면 프라임타임대의 지나친 대응편성, 중복편성의 경향이 다소 해소될 것으로 전망되지만, 낮시간대와 같은 다른 주변시간대로의 중복편성 해소노력이 수반되지 못할 경우 오히려 전파자원의 낭비라는 비난이 제기될 수도 있다.

전통적으로 이 시간대는 시청대상층이 한정됨에 따라 시청률이 낮은 특징을 보였다. 그리하여 각 네트워크들은 프로그램을 신규 제작하여 편성하기보다는 드라마 재방송이나 스포츠중계와 같은 프로그램으로 임시변통했었다. 실제로 오후시간대 편성비율을 분석해 본 결과를 보면 스포츠 프로그램의 편성비율이 35.5%로 가장 높았고, 그 다음으로는 드라마 재방송이 13.0%로 나타났다(한국영상진흥원, 2001).

앞으로 정규편성이 가능함에 따라 네트워크들은 이 시간대에 대한 새로운 편성전략을 강구하게 될 것이다. 하지만 본격적 낮방송이 허용된 이후 지금까지의 편성경향을 살펴보면 〈표 5-3〉에서 보는 바와 같이 서너 개의 주부지향성 정보 프로그램이 신설되거나 뉴스 프로그램이 정규편성되었다는 점을 제외하고는 오후 2시에서 4시까지는 스포츠 및 재방송위주의 기존 편성형태가 그대로 나타났다.

낮 방송시간대의 주요 네트워크들의 편성경향을 살펴보면, KBS 1TV의 경우는 낮 12시와 1시에 뉴스와 시사 프로그램을 연달아 배치하면서 낮 방송시간대의 뉴스편성을 강화하였다. 우선 〈뉴스 12〉라는 정오뉴스를 한 시간 동안 편성하였고 시사화제, 문화예술계 이슈 등 다양한 현안과 정보를 제공하는 〈생방송 시사중심〉을 연달아 편성하였다. 이후 오후 2시대부터 4시까지는 스포츠 및 문화행사, 국회일정 등을 편성하고 있다. KBS 2TV는 주부층을 타깃으로 하여 생활, 패

〈표 5-3〉 신설 낮시간대 편성표의 예

시간	KBS 1	KBS 2	MBC	SBS
12시	00 뉴스 12	10 감성 매거진 행복한 오후	00 MBC 뉴스현장 50 베스트극장(재)	35 세계로 떠나볼까
1시	00 생방송 시사중심 55 새천년 건강체조	30 인간극장(재)		00 김미화의 U
2시	00 KBS 뉴스 10 스포츠 중계	00 KBS 네트워크 50 2TV 스페셜 비타민(재)	00 스포츠	00 SBS 뉴스 10 스포츠
3시	스포츠 중계 계속		스포츠 중계 계속	스포츠 중계 계속

〈그림 5-2〉〈김미화의 U〉

션, 인테리어, 공연정보 등을 다룬 80분짜리 주부대상 종합매거진 프로그램 〈감성 매거진 행복한 오후〉를 평일 낮 12시대에 편성했다. MBC 역시 12시대에 〈MBC 뉴스 현장〉을 편성한 것을 제외하고 〈베스트극장〉을 재방송하거나 스포츠 프로그램을 편성하였다. 한편, 이 시간대 가장 공격적인 편성을 보인 네트워크는 SBS로 오후 1시대에 주부 대상 시사토크 프로그램인 〈김미화의 U〉를 줄띠편성하였고, 오후 2시대에는 50분 동안 〈네트워크 현장, 고향이 보인다〉나 〈중소기업 대한민국의 힘〉 등 매일 다른 주제의 프로그램으로 장기판 편성을 시도하였다.

이처럼 이 시간대 주요 네트워크들의 편성경향을 살펴보면 아직까지는 새로운 편성전략이 시도되기보다는 드라마의 재방송이나 스포츠 편성 등 기존의 편성형태와 큰 차별성이 나타나지 않고 있다. 신설 프로그램의 경우도 토크쇼나 종합매거진 형식의 프로그램들로 주부를 대상으로 하는 오전시간대의 편성형태와 크게 다르지 않다.

하지만 앞으로 주부집단을 대상으로 하는 이와 같은 수동적 편성전략보다는 시청가능한 잠재적 시청집단을 면밀히 분석하는 등 보다 체계적이고 실험적인 편성전략의 모색이 요구된다. 가령, 지상파 DMB의 실시로 앞으로 이동수신 방송인 DMB를 통해 이동시청집단으로 편성이 연계될 경우 이들 집단에 대한 새로운 콘텐츠의 개발과 편성전략이 강구될 것으로 보인다.

③ 주시청시간대(저녁 7시~ 밤 11시)

주시청시간대는 시청자들의 텔레비전 시청이 가장 많이 이루어지는 시간대로 흔히들 프라임타임대로 불린다. 시청자층이 가장 많은 시간대이기 때문에 광고시급 역시 광고단가가 가장 비싼 SA시급에 해당한다. 우리나라 방송법시행령은 주시청시간대를 평일의 경우 오후 7시부터 오후 11시까지로, 주말과 공휴일의 경우는 오후 6시부터 오후 11시까지로 정하고 있다. 주시청시간대는 시청층이 가장 두텁게 형성되어 있기 때문에 그만큼 채널간 경쟁이 치열한 것도 사실이다. 주시청시간대의 편성경향을 나타낸 〈표 5-4〉에서 보듯이 이 시간대에 집중배치된 프로그램 유형으로는 뉴스, 드라마, 다큐멘터리 장르이다.

공영성을 지향하는 KBS 1의 경우는 뉴스 및 다큐멘터리 편성이 두드러진 반면, 광고를 통해 시청률경쟁을 해야하는 나머지 세 채널은 드라마의 편성비율이 높게 나타남을 알 수 있다. 특히 SBS는 최근 평일 10시대뿐 아니라 금요일에도 드라마 두 편을 연속으로 배치하는 등 주시청시간대에 대한 드라마의 비중이 점차 높아지고 있다.

④ 심야시간대(밤 11시 이후)

과거에 비해 시청률이 점차 상승하는 시간대가 심야시간대이다. 이는 밤늦은 시간대까지 활동하는 현대인의 라이프스타일 변화 때문으로 풀이된다. 따라서 네트워크들도 과거에 비해 연예, 오락 프로그램을 이 시간대에 집중배치하는 등 시청자 확보에 많은 노력을 기울이고 있다. 과거에 이 시간대에 주로 편성된 프로그램 유형은 뉴스 다큐멘터리, 토크쇼 등이었으나 최근에는 코미디나 버라이어티쇼와 같은 새로운 형식의 프로그램을 이 시간대에 편성하거나 혹은 SBS의 주말과 같이 드라마를 연속으로 배치하는 등 편성전략에도 많은 변화가 나타나고 있다. 또한 주 5일제 근무가 보편화되면서 영화의 편성이 늘어난 점도 이 시간대 편성의 또 다른 특징으로 나타나고 있다.

⟨표 5-4⟩ 주시청시간대 채널별 프로그램 장르 편성시간 및 비율

	KBS 1	KBS 2	MBC	SBS	계
뉴 스	2,390(34.6)	975(14.0)	1,565(22.5)	1,230(16.4)	6,160(21.7)
다큐멘터리	1,575(22.8)	700(10.0)	585(8.4)	495(6.6)	3,355(11.8)
대 담/토 론	180(2.6)	25(0.4)			205(0.7)
드라마	1,475(21.3)	1,500(21.5)	2,240(32.3)	2,190(29.2)	7,405(26.1)
코미디		875(12.5)	560(8.1)	1,535(20.5)	2,970(10.5)
영 화				170(2.3)	170(0.6)
만 화/인형극					
버라이어티쇼	455(6.6)	1,195(17.1)	490(7.1)	175(2.3)	2,315(8.2)
토크쇼	350(5.1)	325(4.7)	275(4.0)	60(0.8)	1,010(3.6)
퀴즈/게임쇼	180(2.6)	470(6.7)	480(6.9)	640(8.5)	1,770(6.3)
스포츠		110(1.6)	120(1.7)	135(1.8)	365(1.3)
생활정보	200(2.9)	470(6.7)	630(9.1)	525(7.0)	1,825(6.4)
학 습	60(0.9)				60(0.2)
문화예술					
기 타	50(0.7)	340(4.9)		340(4.5)	730(2.6)
전 체	6,915 (100.0)	6,985 (100.0)	6,945 (100.0)	7,495 (100.0)	28,340 (100.0)

자료: 한국방송영상산업진흥원(2001), 《다매체시대의 매체별 편성전략 연구》, p. 71에서 재구성.

3) 3단계 : 프로모션

최근 방송편성 전문가들에 따르면 텔레비전 프로그램의 성공여부는 그 프로그램을 얼마나 효과적으로 프로모션(promotion) 했느냐에 달려 있다고 한다. 이는 아마도 프로그램의 시청률은 프로그램 자체의 질 혹은 편성요인에 영향받지만 이와 함께 시청자들이 그 프로그램에 대해 얼마나 인지하고 어떤 태도를 지니고 있는가 하는 프로모션적 요인이 더 중요해졌음을 의미한다. 최근 쌍방향 방송환경이 조성되면서 기존의 편성전략 대신 상대적으로 방송사나 혹은 개별 프로그램에 대한 프로모션의 중요성이 강조되고 있다. 미국의 NBC가 지난 몇 년 동안 올림픽과 그들의 이미지를 연관시키기 위해 수십억 달러의 돈을 쏟아붓고, ABC나 CBS, 그리고 머독의 스타 네트워크에 이르기까지 전 세계 미디어그룹들이 그들의 브랜드 이름과 프로그램에 대한 가치를 높이기 위해 막대한 자금을 투여하고 있다. 미국 지상파 네트워크에서 프로모션을 위해 사용한 방송시간은 지난 10년 이후 계속 증가추세에 있는데, 1999년 ABC와 NBC의 경우, 프로모션을 위해 할당된 시간이 10년 전인 1989년에 비해 시간당 5분 이상 증가한 것으로 나타났다. 즉, 1999년 여섯 개 주요 네트워크는 매년 약 3만 개 이상의 프로모션 스폿을 방영하는 것으로 알려지고 있는데, 이를 프로모션 할애시간으로 환산하면 프라임타임대의 경우 평균 4.5분에 해당하는 것이다. 이러한 사례들은 프로그램 프로모션이 현재 방송사 내부에서 얼마나 중요한 위치를 부여받는지 단적으로 보여준다.

이와 같이 최근 방송사 내부에서 개별 프로그램에 대한 프로모션, 특히 온에어 프로모션에 대한 중요성이 커지는 이유에 대해 이스트만(Eastman, 2000)은 다음과 같은 요인으로 설명한다.

첫째, 프로그램 제작비의 상승요인이다. 상승된 제작비는 광고수익을 증대하기 위해 수용자의 크기, 즉 시청률을 가급적 최대화하여야

184

할 필요성이 제기되었고, 이를 위해서는 그만큼 프로그램 프로모션이 중요할 수밖에 없다는 것이다.

둘째, 채널 수가 증가하였다는 점이다. 경쟁채널 수의 증가로 지상파의 독점력이 약화되었고, 이러한 점은 상대적으로 개별 프로그램에 대한 효과적 프로그램 프로모션이나 채널 이미지의 중요성을 더욱 강조한다.

셋째, 온라인 미디어가 성장하였다는 점이다. 인터넷의 급속한 성장은 새로운 온라인 경쟁자를 출연케 하였는데, 개인의 가용시간이 일정하기 때문에 온라인 매체는 기존의 지상파방송사를 더욱 경쟁적으로 만들고 있다. 온라인 미디어는 아직 지상파 텔레비전만큼 프로모션 전략이 구체화되지 않았지만 향후 프로그램에 대한 프로모션 경쟁은 온라인 매체의 등장으로 더욱 가속화될 전망이다.

넷째, 미디어에 대한 탈규제이다. 방송 마케팅에 대한 규제가 점차 완화됨으로써 방송사 자체의 마케팅이 점차 강화되는데 예를 들어, 라디오방송사는 그들의 호출부호(Call letter, Call sign)를 마케팅이 쉽도록 바꾼다든지 프로그램 스폿이나 로고송 등 방송사 스스로의 마케팅 활동이 점차 공격적으로 진행되고 있다. 방송사의 매니저들이 효과적 프로모션이나 마케팅의 중요성을 잘 알고 있고, 프로모션에 대한 예산이 제작 다음으로 높게 증가한 점은 프로모션에 대한 방송사의 적극성을 잘 대변한다.

마지막으로 수용자들의 신기술 채택영향도 프로모션의 중요성에 한 몫한다. 즉, 수용자들이 빠른 속도로 새로운 커뮤니케이션 테크놀러지를 이용한다는 점도 프로그램 프로모션의 필요성을 배가시킨다. 예를 들어, 비디오의 등장은 프로그램의 시청시간을 뒤로 늦출 수 있게 하였고, 리모컨은 채널의 전환을 용이하게 함으로써 편성전략에 영향을 미치게 되었다. 이렇게 비디오나 리모컨과 같은 신기술의 등장은 프로그램의 다중이용(multiple uses)을 가능케 함으로써 경쟁하는 서비스에서 차별화 수단으로 프로모션 중요성이 더욱 강조되는 것이다.

(1) 채널 프로모션

채널브랜드를 고양시키기 위해 사용되는 모든 마케팅활동까지를 포괄하는 개념으로 사용된다. 예를 들어, 디즈니채널이 미키마우스 모양의 채널심벌을 사용하여 브랜드가치를 높이는 것이나 MBC가 올 초부터 새롭게 선보인 CI 등도 채널브랜드를 높이기 위한 프로모션 전략이다. MBC는 지난 2005년 초부터 심벌마크를 사용하지 않는 대신 영문 'MBC'의 워드마크를 기본체계로 채색하고 중앙에 빨간 네모를 담은 새 로고를 선보인 바 있다.

〈그림 5-3〉 MBC의 새 CI

MBC는 지난 2005년부터 'NEW MBC' 선포식을 갖고 새로운 CI(*Corporate Identity*: 기업 정체성)를 도입하였다.

MBC의 새 CI는 심벌마크를 별도로 사용하지 않고 영문자 'MBC'의 워드마크를 기본체계로 채택하고 중앙에 '빨간 네모'를 담아 시각화를 더했다. MBC 측은 "워드마크의 '빨간 네모'는 콘텐츠를 담을 수 있는 매개체로, 모든 미디어를 상징적으로 표현한 것"이라며, "이는 시청자와 소통의 창(窓)과 재미, 감동, 정보를 담은 고품격 콘텐츠상자를 동시에 의미한다"고 밝혔다. MBC는 또 새로운 CI도입과 함께 슬로건을 '좋은 친구 MBC'로 정하고 로고송도 새롭게 선보였다.

MBC는 이번 CI 개편이 단순한 오프라인적 그래픽 통일작업이 아닌 구미 선진방송에서 볼 수 있었던 채널 이미지 통합작업을 콘셉추얼한 모션 그래픽을 통해 마케팅수단으로서의 채널 브랜딩을 강조하는 것이라고 밝혔다. 제품 자체가 아닌 브랜드 이미지(방송사 이미지) 강화를 통한 마케팅기법은 이미 광고시장에서 보편화된 전략으로 이러한 개념을 방송에 적용한 사례이다.

자료: imbc.com

(2) 프로그램 프로모션

채널의 전체적 브랜드 인지도 및 가치를 높이기 위해 시도되는 프로모션이 채널 프로모션이라면 특정 프로그램에 대한 인지도나 시청률을 높이기 위해 시도되는 프로모션을 프로그램 프로모션이라고 한다. 프로그램을 위한 프로모션 방법으로는 어느 매체를 사용하는가에 따라 인쇄매체 프로모션, 웹 프로모션, 그리고 온에어 프로모션(on-air pro-motion)으로 구분된다. 인쇄매체 프로모션은 신문이나 잡지의 프로그램 안내면을 통해 텔레비전 프로그램에 대한 각종 안내나 정보를 제공하는 방법을 말하고, 웹 프로모션은 방송사 홈페이지나 프로그램 자체의 웹 페이지를 별도로 구축해 프로그램을 홍보하는 방식을 말한다. 마지막으로 온에어 프로모션은 방송프로그램의 중간중간에 특정 프로그램을 홍보하는 것으로서 자체 채널 내에서 이루어지는 자체 프로모션과 다른 방송사의 채널을 통해 이루어지는 크로스-프로모션(cross-promotion)이 있다. 크로스 프로모션은 채널을 여러 개 소유한 방송사들이 교차적으로 행하는 프로모션 전략으로서 이를테면 KBS 2에서 방송예정인 드라마를 KBS 1에서 대신 홍보해 주는 방식을 말한다.

퍼어스(Perse, 2000)는 프로그램 프로모션의 역할에 대해, ① 잘 알려지지 않은 프로그램의 인지도를 높임으로써, ② 프로그램의 편성시간대의 변경을 알려줌으로써, ③ 프로그램에 대한 관심을 높임으로써, ④ 프로그램의 맛보기를 유도함으로써, ⑤ 프로그램에 대한 만족감을 높여 결과적으로 그 프로그램에 대한 충성도 및 반복시청을 유도할 수 있다는 점을 들고 있다. 프로그램 프로모션은 그리하여 인지적(프로그램의 소개)·정서적(긍정적 태도의 형성), 그리고 행동적(실제 시청) 측면에서 수용자들에게 영향을 미치는 것으로 간주된다. 일반적으로 프로그램 프로모션의 효과는 다음과 같은 요인에 의해 영향받는다.

① 혼잡도

이스트만과 뉴톤(Eastman & Newton, 1998)은 한 프로모션에 담긴 혼잡도(*clutter*)의 정도를 측정하였는데, 한 스폿에 등장하는 프로그램의 수를 측정한 연구결과, 평균 8.3개로 나타났다. 한편, 네트워크의 프로모션 시간은 1999년 시간당 5분에서 10년 뒤 15분 44초로 늘어났다. 그들의 연구결과에 따르면 혼잡도의 정도는 특히 신규 프로그램의 시청률에 영향을 미치는 것으로 나타났다.

② 메시지의 구조

이는 한 스폿에서 얼마나 많은 프로그램을 언급하느냐를 말한다. 즉, 요즘은 30초 스폿에서 여러 프로그램을 언급하는데, 주로 기존의 프로그램과 새로운 프로그램을 혼합한다. 한 연구결과에서는 다중 프로모션의 경우 전체 프로모션의 약 40~50% 정도 차지하는 것으로 나타났으며, 워커의 연구에서는 약 55% 정도인 것으로 분석되었다. 그러나 이러한 구성의 차이는 시청률과 상관없는 것으로 밝혀졌다 (Eastman & Newton, 1998).

③ 디자인의 목적

프로모션의 디자인이 네트워크의 브랜드 이미지 고양에 관한 것이냐, 아니냐의 차이에 따라 '일반적(*generic*) 디자인'과 '특수한(*specific*) 디자인'으로 구분되는데, 특수한 디자인이라 함은 특정 프로그램의 에피소드에 관한 프로모션을 말한다. 미국 프라임타임대에 방영된 프로모션의 경우 95% 이상이 특수한 프로모션인 데 반해 단지 1~5%만이 일반적인 것으로 밝혀졌다.

④ 기간차

많은 연구가 프로모션 방영시기와 실제 프로모션된 프로그램 방영 시간과의 시간차에 대한 중요성을 언급한다. 이 시간차 변인은 같은 날, 같은 주, 다음 주, 그 다음 주 등으로 조작적 측정이 가능할 것이다. 연구결과에 따르면 대체적으로 프로모션과 실제 방영하는 프로그램간 기간차(distance)가 짧을수록 효과가 큰 것으로 알려져 있다.

⑤ 친숙도

프로그램이 얼마나 친숙한 상태이냐에 따라 프로모션 효과가 달라지는지를 규명한 워커(Walker, 1993)의 연구에서는 프로그램의 성격(장르)과 프로그램의 성공 여부(즉, 시청률 정도)가 프로모션의 빈도 수와 상호작용하는 것으로 나타났다. 이 연구에 따르면 프로모션의 횟수는 새로운 프로그램보다는 기존 프로그램과 부적 관계를 보였는데, 이는 인기 있는 프로그램보다는 시청률이 낮은 프로그램에 더욱 프로모션이 집중되기 때문이다.

⑥ 빈도

프로모션의 빈도 수가 실제 시청률에 어떤 영향을 미칠 것인지에 대한 많은 연구가 시도되었음에도 연구결과는 아직 분명하지 않다. 워커(Walker, 1993)의 연구결과에서는 프로모션의 빈도(frequency)가 신규 프로그램 첫 주에 많이 집중된 것으로 나타났다.

⑦ 장르

프로그램의 성격에 따라 프로모션의 전략 역시 달라질 수 있다. 가령, 스포츠 프로그램에 대한 프로모션 구사방식은 미니시리즈와 달라야 한다는 것이다. 일반적으로 영화, 게임, 특집과 같은 단발성 프로그램은 프로모션의 영향이 적은 반면, 규칙적으로 방영되는 프라임타임 시리즈는 프로그램 프로모션의 효과가 상대적으로 높다.

⑧ 삽입 위치

프로모션의 위치가 프로그램의 어디에 있느냐, 즉 프로그램 중간광고 시간에 있느냐 혹은 프로그램의 끝 부분에 있느냐에 따라서도 효과는 달리 나타난다. 미국 프로모션의 경우 4분의 3은 중간광고 시간대에 있고 10~15%는 프로그램의 끝 부분에, 그 다음으로 10%는 프로그램이 바뀌는 중간에 위치하고 있는 것으로 분석되었다(Eastman & Netwon, 1998).

4) 4단계 : 편성평가

편성과정의 마지막 단계는 편성에 대한 평가를 하는 것이다. 편성평가(evaluation)를 하는 가장 주된 목적은 뭐니뭐니 해도 편성에 대한 성과를 알아보기 위함이다. 즉, 시간대를 이동한 프로그램이 이전과 비교해서 시청률 변화가 나타났는지, 새롭게 선보인 실험적 프로그램에 대한 시청자들의 반응은 어떠했는지, 또 프로그램간 시청흐름은 원활하게 이루어졌는지 등을 평가함으로써 이러한 분석결과를 다음 개편시에 반영하기 위함이다.

편성에 대한 평가는 크게 프로그램에 대한 평가와 프로그램 배치에 대한 평가, 그리고 특정 이슈에 대한 평가 등으로 구분될 수 있다. 먼저, 프로그램에 대한 평가는 개별적으로 프로그램을 평가하는 것으로 주로 시청률에 의한 방법과 질적 평가지수를 이용하여 평가하게 된다. 한편, 배치에 대한 평가는 시간대 배치전략이 전체적으로 얼마나 효과적이었는지 가늠하기 위한 것으로 주로 개편 이전과 이후의 성과를 비교분석하게 되는데, 비교방법으로는 일차적으로 개편 전후의 시청률을 평균하여 비교하는 방법과 함께 배치의 다양성을 통해 편성의 적절성 정도를 평가하기도 한다. 마지막으로 이슈별 편성평가는 편성에서 지향하고자 했던 편성목표나 철학 등이 얼마나 잘 반영되었는가를 평가하는 것으로, 예를 들면 '세계 장애인의 해'나 '여성의 해'일 경우, 관련 프로그램이 어느 정도 비중있게 편성되어 있는지 평가해 보는 것이다.

(1) 개별 프로그램 평가

개별 프로그램 평가는 편성된 개개의 프로그램에 대한 수용자 반응을 측정하는 것으로 양적 평가와 질적 평가로 구분된다. 양적 평가는 주로 시청률을 통해 이루어지고, 질적 평가는 별도로 개발된 질적 평가지수를 통해 이루어진다.

① 시청률에 의한 평가

방송편성에서 시청률 조사의 중요성은 아무리 강조해도 지나침이 없을 것이다. 과거와 달리 다채널시대가 도래하여 시청자 수가 세분화됨에 따라 특정 프로그램에 대한 시청행태 자료의 중요성이 그만큼 커졌다. 시청자들이 어떤 유형의 프로그램을 좋아하는지 수용자의 욕구와 기대를 파악할 수 있게 되어 추후편성과 제작의 기초자료로 활용할 수 있기 때문이다. 시청률 조사의 필요성, 조사 및 산출방법에 대해서는 앞의 장에서 자세하게 언급되었기 때문에 구체적 논의는 생략하기로 한다.

② 질적 지수에 의한 평가

시청률과 같은 양적 평가는 프로그램에 대한 기본적 선호도, 즉 얼마나 해당 프로그램을 시청했는지 숫자를 통해 명확히 설명해 주기 때문에 방송사나 광고주들이 가장 선호하는 자료이다. 주지하다시피 시청률에는 수용자들이 해당 프로그램을 좋아하기 때문에 시청했을 것이

라는 기본적 전제를 깔고 있다. 그러나 이러한 전제가 항상 옳은 것만
은 아니다. 어떤 프로그램의 경우는 보고 싶어서 해당 프로그램을 시
청하기보다는 다른 대안이 없어서라든지 혹은 우연히 시청하는 경우도
적지 않을 것이다. 따라서 시청률에는 단순히 "시청했다" 혹은 "시청하
지 않았다"와 같은 정보 이외의 시청행태와 관련된 추가적 정보들, 가
령 시청했다면 왜 했는지, 그리고 시청 후의 만족감은 어떠했는지와
같은 정보들이 제공되지 않는다는 한계를 지닌다. 개별 프로그램을 질
적 차원에서 평가해야 하는 이유가 여기에 있다. 특정 프로그램에 대
한 시청감상이나 의견이 도출된다면 시청률의 한계를 보완해 줄 수 있
기 때문이다. 방송문화적 측면에서도 질적 평가는 중요하게 인식되는
데, 지나친 시청률 경쟁으로 초래되는 방송의 오락화, 저질화를 방지
할 수 있기 때문이다. 실제로 일부 소수지향 프로그램의 경우, 시청률
은 낮지만 질적 평가점수가 높다면 평가점수의 결과는 프로그램이 왜
필요한지에 대한 존립근거를 제공한다.

이와 같은 이유 때문에 현재 주요 방송사들은 시청률과 별도의 질적
지수에 관심을 갖고 개별 프로그램에 대한 질적 지수를 산출한다. 영
국을 비롯한 일부 국가에서는 시청률 한계를 보완하기 위해 질적 측면
에서의 수용자조사를 고려할 것을 법적으로 명시하였고, 미국, 일본,
캐나다 등에서도 방송프로그램의 질적 측정을 시도하고 있다. 영국의
경우, 1960년 필킹턴 위원회에서 시청률 조사의 문제점, 즉 악화가 양
화를 구축할 수 있다는 문제점이 제기되고 난 후, 오랜 준비기간을 거
쳐 1982년부터 수용자에 의한 프로그램의 질적 평가를 실시하였다.
감상지수(AI)라고 잘 알려진 이 지수는 시청자들에 의한 프로그램의
사회·문화적 기여도를 산출함으로써 비록 시청률이 낮은 소수 프로그
램이라 하더라도 이러한 지수를 통해 이를 보호함으로써 공영방송의
존재의의를 찾고자 하는 의도를 담고 있다. 한편, 일본에서 프로그램
에 대한 질적 평가에 대한 논의는 1980년대 후반에 본격적으로 진행되

〈표 5-5〉 주요 방송사들의 질적 평가지수

시행 주체	질적 평가지수 명칭	측정방법
방송위원회	수용자 반응지수 (AI: *Appreciation Index*)	▪ 보도, 교양, 오락장르로 나누어 '재미 있거나(고)/유익하다'라는 질문을 6점 척도로 평가하게 하고 이를 100점 만점 으로 환산함
KBS	공영성지수 (PSI: *Public Service Index*)	▪ '잘 만들었다'(제작 완성도), '뭔가 얻는 게 있다'(유익성), '시간 가는 줄 몰랐 다'(흥미성) 등을 10점 만점으로 응답 케 하여 100점으로 환산함
MBC	프로그램 품질지수 (QI: *Quality Index*)	▪ 뉴스: '사회적으로 중요한 내용을 다룬 다', '흥미롭다', '공정하다'의 항목을 7 점 척도로 측정 ▪ 교양: '사회적으로 중요한 내용을 다룬 다', '흥미롭다'로 측정 ▪ 오락: '뭔가 느끼는 게 있다', '재미있 다'로 측정함
SBS	수용자 만족도 지수 (ASI: *Audience Satisfaction Index*)	▪ 보도: 객관성, 공정성, 신뢰성, 사회적 기여도로 차원을 나타내는 열 개 문항 으로 측정 ▪ 교양: 창의성, 완성도, 즐거움, 생활의 기여도 차원을 나타내는 12개 문항으로 측정 ▪ 예능: 창의성, 완성도, 즐거움, 문화적 기여도를 나타내는 12개 문항으로 측정
EBS	평가지수 (EPEI: *EBS Program Evaluation Index*)	▪ 제작평가, 정보지향 반응, 감성지향 반 응의 3차원 및 공익성 차원을 5점 척도 를 측정함

었는데, 소비자의 구매성향이 변화함에 따라 이에 대항하려는 마케팅 전략을 수립하기 위한 광고주의 필요성 제기에 의해 실시되었다. 일본에서 1990년대 이후 시청자 반응의 질을 측정한 사례를 들어보면 후지 TV의 'FASS'(후지 TV 시청자 만족도 조사), TBS의 '텔레비전 프로그램 영향력 조사', TV 아사히의 '리서치 Q' 조사 등이 대표적이다.

우리나라의 주요 방송사들도 현재 질적 지수를 개발하여 사용하고 있는데 대표적 예를 들면 KBS의 공영성지수(PSI: *Public Service Index*) 조사, EBS의 프로그램 평가지수(EPEI: *EBS Program Evaluation Index*), MBC의 품질지수(QI: *Quality Index*), SBS의 수용자만족지수 (ASI: *Audience Satisfaction Index*) 등이 있다. 그리고 방송위원회와 같은 정책기구에서도 과거 영국의 AI 지수를 차용하여 1990년대 수용자 반응지수조사(AI)를 통해 지상파방송사 프로그램에 대한 질적 평가를 시도하였고, 최근에는 KI 지수(*KBC Index*) 등을 개발하기도 하였다. 참고로 KBS의 PSI 지수는 제작완성도 차원, 정보적 차원, 오락적 차원으로 나누어 이를 "잘 만들었다", "뭔가 얻는 게 있다", 그리고 "시간 가는 줄 몰랐다"라는 질문항목을 100점 만점으로 측정하고 있다.

(2) 다양성 평가

① 다양성의 의미

방송의 공익성을 구성하는 제 가치 중의 하나로 다양성이 거론된다. 나폴리(Napoli, 2001)는 다양성을 공급원의 다양성(*source diversity*), 내용의 다양성(*content diversity*), 노출의 다양성(*exposure diversity*) 등 세 차원으로 나누어 설명하였다.

공급원의 다양성이란 프로그램 생산주체의 다양성을 의미하는 것으로 누가 미디어기업을 소유했는가 하는 '소유의 다양성'(*ownership diversity*)과 프로그램을 어떤 사람들이 제작하는가 하는 '제작인력의 다

〈그림 5-4〉 다양성 차원의 유기적 연관성

노출 다양성	내용 다양성	공급원 다양성
- 수평적 다양성 - 수직적 다양성	- 프로그램의 다양성 - 등장인물의 다양성 - 의견반영의 다양성	- 오너십 다양성 - 제작인력의 다양성

자료: Napoli(2001), p. 129에서 재구성.

양성'(workforce diversity) 등이 공급의 다양성을 구성하는 하위차원이다. 한편, 내용의 다양성이란 시청자가 특정시간에 시청할 수 있는 프로그램 선택의 폭을 의미하는데, 특히 방송편성에서 말하는 프로그램의 다양성은 협의의 의미에서 프로그램의 다양성을 지칭한다. 일반적으로 프로그램 선택범위가 클수록, 즉 다양성이 높을수록 시청자 만족도는 증가하는 것으로 인식된다. 공급의 다양성이 제작 측면에서의 다양성이라면 마지막으로 노출다양성은 실제로 수용자가 어떤 프로그램을 시청했는가 하는 시청구성상의 다양성을 의미한다.

노출다양성은 크게 '수평적 노출다양성'(horizontal exposure diversity)과 '수직적 노출다양성'(vertical exposure diversity)으로 구분된다. 수직적 노출다양성은 한 개인이 시청하는 프로그램이 얼마나 다양한가를 나타내고, 수평적 노출다양성은 특정시점에 시청집단이 어떻게 분산되어 있는가를 나타내주는 다양성을 말한다. 다음과 같은 가정을 통해 수평적 다양성과 수직적 다양성이 사회 공익적 측면에 미치는 영향력을 살펴보기로 하자.

〈표 5-6〉에서 보듯이 맨 왼쪽의 경우는 각 채널 내에서 다양한 프로그램 유형이 제공되고 있는 편성이나 실상 같은 시간대 시청자 선택의 폭이란 측면에서 보면 전혀 다양하지 않은 구조로 되어 있다. 반면, 두 번째의 경우에는 채널 내의 다양성은 없지만 수용자가 선택할 수 있는 폭은 넓게 형성되어 있음을 알 수 있다. 물론, 채널 내 다양성과

〈표 5-6〉 다양성의 종류

시간대	수직적 (채널 내) 다양성			수평적 (채널간) 다양성			혼합적 다양성		
	KBS	MBC	SBS	KBS	MBC	SBS	KBS	MBC	SBS
09:00	보도	보도	보도	보도	교양	오락	보도	교양	오락
10:00	교양	교양	교양	보도	교양	오락	교양	오락	보도
11:00	오락	오락	오락	보도	교양	오락	오락	보도	교양

채널간 다양성이 모두 실현되는 세 번째 혼합적 다양성이 가장 이상적인 편성형태임은 말할 나위가 없다.

② 다양성 측정방법

편성의 다양성을 측정하는 방법은 여러 가지가 있지만 일반적으로 흔히 사용되는 방법으로는 상위장르 점유율 계산방법, 상대적 엔트로피 지수, 그리고 허핀달-허쉬만 지수 등이 있다. 먼저, 상위장르 계산방법은 상위 세 개 장르의 점유율을 계산하여 합산하는 방법으로 합산된 점수가 높을수록 다양성은 낮아지게 된다. 그러나 이 계산법은 상위 세 개 장르 이외의 점유율이 지수에 반영되지 않는 단점을 지니기 때문에 산출방법이 간편하다는 장점에도 불구하고 실제로 많이 사용되고 있지는 않다. 내용 다양성을 측정하기 위한 두 번째 방법으로는 '상대적 엔트로피'(relative entropy) 지수가 있다. 이 측정방법은 정보의 질과 다양성을 측정하기 위해 샤논과 위버가 사용했던 방법으로 상위 장르 합산법보다 더욱 정교한 지수로 취급된다. 왜냐하면 이 지수는 상위 세 개 이외의 장르에 대한 점유율이 반영되어 있기 때문이다. 계산방법은 '다양성 = $-\sum pi \log 2\ pi$'로 계산되고 여기서 pi는 특정 장르의 점유율을 의미한다. 마지막으로 다양성 측정을 위해 가장 많이 활용되는 지수로 허핀달-허쉬만 지수(*Herfindahl-Hirschman Index*)가 있는데 이를 간단히 H-H 지수라고 부른다. 당초 이 지수는 미국 법무성에서 산업의 집중 정도를 측정하기 위해 허핀달과 허쉬만이라는 경제학자에 의뢰해 개발한 척도였으나 그후 미디어 분야에서 프로그램의 다양성을 측정하기 위한 방법으로 차용되었다. 측정방법은 각 장르점유율을 제곱하여 이를 더함으로써 구해지는데, 간략한 예를 통해 H-H 지수를 산출해 보기로 하자.

- H-H 지수의 산출공식

$$H\text{-}H\ \text{지수} = \sum_{i=0}^{n} (pi)^2 \quad (pi:\ \text{각 장르의 점유비율})$$

위의 공식으로 H-H 지수를 계산하면, 채널 A의 경우 각 장르의 점유비율을 편성표상에서 계산하고 이를 제곱하여 합하면 1800이 되고 같은 방식으로 채널 B는 2400, 그리고 채널 C는 3000이 된다(〈표 5-7〉 참조). H-H 지수는 값이 적을수록 다양하게 편성되었다는 것을 의미하므로 채널 A의 편성이 가장 다양하다고 평가할 수 있다.

한편, 편성의 다양성을 분석하기 위해서는 먼저 프로그램의 유형을 분류해야 한다. 그러나 최근 들어 장르혼합(*genre mixing*) 현상이 나타나면서 프로그램 유형을 분류하는 일이 점차 어려워졌다. 예를 들어 드라마와 다큐멘터리가 혼재된 새로운 형식의 다큐드라마가 나타나는가 하면 정보와 오락이 혼재된 '인포테인먼트'(*infotainment*) 등이 등장함에 따라 분류작업에 어려움이 더해지고 있다. 프로그램 유형분류는 형식, 내용, 분류주체, 기능 등 분류를 어떻게 하느냐에 따라 분류범주가 달라지게 되는데, 분류에서 가장 중요하게 고려해야 할 부분은 분류기준을 상세하게 마련하는 것과 분류된 프로그램이 상호배제적

(exclusive)이어야 한다는 것이다. 다시 말해, 다큐드라마의 경우, 미리 정의된 기준에 의해 다큐멘터리나 혹은 드라마 등 어느 한쪽으로 분류해야지 두 개 장르의 성격이 혼재되었다고 해서 두 장르에 모두 포함시켜서는 안 된다는 것이다. 참고로 우리나라 주요 방송사 및 방송관련 단체의 분류법을 제시하면 〈표 5-8〉과 같다.

〈표 5-7〉 H-H 지수 산출과정의 예

장르	채널 A의 장르분포		채널 B의 장르분포		채널 C의 장르분포	
	점유비율 (pi) (%)	$(pi)^2$	점유비율 (pi) (%)	$(pi)^2$	점유비율 (pi) (%)	$(pi)^2$
보도	20	400	20	400	30	900
드라마	20	400	30	900	40	1600
스포츠	20	400	30	900	20	400
다큐멘터리	20	400	10	100	10	100
코미디	10	100	10	100	0	0
생활정보	10	100	0	0	0	0
계	100	1800	100	2400	100	3000
H-H 지수	1800		2400		3000	

③ 다양성에 관한 연구

편성의 다양성에 관한 연구는 크게 두 가지 영역에서 진행되었다. 첫째는 시간의 흐름에 따라 다양성의 변화 정도를 비교해 보는 것이다. 예를 들어, 특정 네트워크의 올해 다양성은 지난해에 비해 증가되었는가 비교해 보는 것이다. 이와 같은 연구의 대표적 예로는 미국 지상파 네트워크의 프라임타임대 다양성의 변화과정을 분석한 도미닉과 피어스(Dominick & Pearce, 1976)의 연구와 이를 유사하게 케이블 네트워크에 적용한 드종 등의 연구(DeJong & Bates, 1991)가 여기에 해당한다. 이러한 연구들은 시간의 흐름에 따라 다양성의 독특한 추이

〈표 5-8〉 우리나라 주요 방송사 및 방송관련 단체의 분류법

	분류 기관	분류 유형
방송사	KBS	뉴스/시사교양/드라마/연예오락/스포츠
	MBC	뉴스/시사교양/드라마/연예오락/보도
	SBS	뉴스/교양 · 정보/드라마/예능/애니메이션
방송관련 단체	방송위원회	뉴스/다큐멘터리/대담 · 토론/드라마/코미디/영화/만화/버라이어티쇼/토크쇼/퀴즈 · 게임/스포츠/생활정보/학습/문화예술/광고/기타
	TNS(시청률 조사기관)	보도/정보/드라마 · 영화/오락/스포츠/어린이/교육/기타
	방송광고공사(KOBACO)	보도/정보/드라마 · 영화/오락/스포츠/어린이/교육/종합/기타

를 파악할 수 있다는 점에서 유용하게 평가되지만, 그러한 변화에 영향을 미치는 요인과의 관련성을 배제했다는 한계를 지닌다.

한편, 단순히 편성추이 분석에 그치지 않고 다양성과 이에 영향을 미치는 요인과의 관계를 규명하기 위한 연구도 진행되었다. 이러한 유의 연구는 비록 그 수가 적지만 커뮤니케이션 정책의 효과를 알아볼 수 있다는 점에서 더욱 중요하게 받아들여진다. 다양성에 영향을 미칠 수 있는 요인들과 다양성과의 관계를 규명한 대표적 연구로는 리트만 (Litman, 1979)의 연구가 있다. 1970년대 중반 미국 네트워크 방송사들의 다양성을 분석한 연구에서 그는 네트워크간 경쟁은 프로그램 편성의 다양성을 증가시키고 있음을 밝혀냈다. 한국에서도 이와 비슷하게 1990년 SBS의 등장 이후 지상파 전체의 다양성은 일시적으로 증가한 것으로 나타났다(Kang, 1997). 같은 논리로 네트워크간의 경쟁이 약화되면 다양성은 감소된다는 연구결과도 제시되었다. 이와 같은 연구결과들은 네트워크간의 경쟁이 프로그램의 다양성에 영향을 미치고 있음을 보여준다.

2. 네트워크 편성의 미래

앞에서 살펴본 바와 같이 네트워크 방송사의 편성은 프로그램 선정 → 배치 → 프로모션 → 평가라는 일련의 과정으로 이루어져 있음을 알 수 있다. 이와 같은 네 가지 편성요인은 앞으로도 유기적 연관관계를 맺으면서 방송환경 변화에 따라 동태적으로 전개될 것으로 보인다. 벌써부터 네트워크 편성에서는 변화하는 수용자 이용행태에 대응하기 위한 다양한 전략들이 구사되고 있다.

첫째, 채널 수가 많아져 시청선택의 폭이 넓어지고 리모컨과 같은 기술적 장치에 의해 채널변경이 쉬워짐에 따라 수용자의 흐름을 유지하기가 그만큼 어려워졌다. 따라서 현재 각 네트워크들이 편성에서 주안점을 두는 요인은 어떻게 하면 프로그램간 수용자의 흐름을 원활히 진행하느냐 하는 것이다(심미선·강형철, 2000). 이를 위해 사용하는 전략이 이른바 '이음새 없는 편성'(seamless programming) 전략으로, 구체적으로 핫 스위칭(hot switching), 역동적 끝처리(live-ends), 그리고 빠른 시작(cold star) 등의 방법이 구사된다. 핫 스위칭전략은 프로그램간 브레이크를 최대한 없애고 앞 프로그램 종료와 함께 뒤 프로그램이 가급적 바로 이어지도록 하는 편성을 말하고, 역동적 끝처리는 프로그램 끝부분에서 흔히 등장하는 'NG 모음'이나 다음 회분에 대한 예고편 등을 내보냄으로써 프로그램이 종료되더라도 계속 시청자들의 눈을 잡아두기 위한 전략이다. 빠른 시작은 프로그램 시작과 함께 방영하던 타이틀 등의 형식을 없애고 프로그램 시작과 함께 곧바로 프로그램 내용을 시작하는 전략을 말한다.

둘째, 프로그램 내의 진행속도가 빨라졌다는 점이다. 〈일요일 일요일 밤에〉나 〈느낌표〉와 같이 현재 방영되는 대부분의 오락 프로그램이 그러하듯이 한 프로그램의 진행속도를 빨리 하기 위해서 여러 아이템으로 세분화하고 이를 매거진 스타일의 프로그램으로 구성하는 것이다. 또한 아이템을 배열함에서도 시청자의 관심을 지속시키기 위해서 매주마다 아이템 순서를 바꾸어 방영한다든지 아이템간의 프로모션, 즉 뒤의 아이템 하이라이트 부분을 앞의 아이템 중간에 살짝 방영함으로써 관심을 지속시키기 위한 전략을 동시에 병행하고 있다.

그 다음으로 프로그램 단위의 시청극화 현상이 나타났다는 점이다. 시청극화(viewing polarization)란 시청자들이 자신들만의 프로그램 레퍼토리를 정하고 그 레퍼토리에 들어 있는 프로그램만 시청하는 현상을 말한다. VOD나 PVR과 같은 기술의 등장으로 자기가 원하는 시간에 원하는 프로그램을 언제나 시청할 수 있게 됨에 따라 좋아하는 프로그램만 골라 시청하는 편식현상이 가능하게 되었다.

이러한 시청행태 변화는 네트워크의 편성전략에도 변화를 요구하게 되는데, 앞에서도 잠시 언급했지만 과거 네트워크가 담당했던 프로그램 배치전략이 점차 수용자의 손으로 넘어감에 따라 네트워크의 역할은 대신 프로그램 기획이나 프로모션에 집중될 것으로 전망된다.

■ 연습문제

1. 이스트만과 퍼거슨이 제시한 네 가지 편성의 주요 요인 이외에도 편성에서 고려해야 할 기타 중요한 요인이 있는지 생각해 보자.
2. 우리나라 주요 네트워크들이 현재 구사하는 편성전략에 대한 공통점과 차이점에 대해 살펴보도록 하자.
3. 프로그램 프로모션이 잘된 사례를 찾아보고, 성공요인을 분석해 보자.
4. 현재 각 네트워크 방송사의 편성표를 바탕으로 방송위원회의 분류기준을 사용하여 H-H 지수를 계산해보고, 어떤 방송사의 편성이 가장 다양한지 논의해 보자.
5. 네트워크 편성에서 현재 새롭게 구사되는 편성전략과 미래 편성의 방향에 대해 논의해 보자.

■ 참고문헌

김영임·한진만·심미선(2005), 《방송편성론》, 한국방송통신대학교 출판부.
심미선·강형철(2000), "프로그램 끝처리방식이 시청자 흐름에 미치는 영향에 관한 연구, "《한국방송학보》14-2호, 한국방송학회, pp. 7~36.

De Jong, A. S. & Bates, B. J. (1991), "Channel Diversity in Cable Television," *Journal of Broadcasting & Electronic Media* 35(2) : 159~166.

Dominick, J. R. & Pearce, M. C. (1976), *Trends in Network Prime-time Programing, 1953~1974, Journal of Communication* 20(1) : 70~80.

Eastman, S. T. (2000), *Research in Media Promotion*, Mahwah, NJ. : Lawrence Erlbaum Assocatites, Publishers.

Eastman S. T. & Ferguson, S. A. (2002), *Broadcast/Cable/Web Programming : Strategies and Practices* (6th ed.), Belmont, CA. : Wadsworth Publishing Co.

Eastman, S. T. & Newton, G. D. (1998), "The Impact of Structural Salience within On-air Promotion," *Journal of Broadcasting & Electronic Media* 42 : 50~79.

Eastman S. T. , Head S. W. , & Klein L. (1993), *Broadcasting/Cable Programming : Strategies and Practices* (4th ed.), Belmont, CA. : Wadsworth Publishing Co.

Kang, M. (1997), "Competition and Program Diversity," Paper presented for the AEJMC. Washington, D. C.

Litman, B. R. (1979), "The Television Networks, Competition, and Program Diversity," *Journal of Broadcasting* 24(4) : 393~409.

Napoli. P. M. (2001), *Foundations of Communication Policy : Principles and Process in the Regulation of Electronic Media*, Cresskill, NJ. : Hampton Press.

Perse, E. M. (2000), "Applying Theory to the Practice of Promotion," In S. T. Eastman & Tiedge Walker(ed.), *Research in Media Promotion*, Mahwah, NJ. : Lawrence Erlbaum Assocatites,

Publishers.

Tiedge, J. T. & Ksobiech, K. J. (1987), "Counter Programming Prime-time Network Television," *Journal of Broadcasting* 3: 41~55.

Walker, J. R. (1993), "Catchy, Yes, but Does It Work? The Impact of Broadcast Network Promotion Frequency and Type on Program Sucess," *Journal of Broadcasting and Electronic Media* 37: 197~207.

제6장

라디오 편성전략

김 진 웅

1. 라디오의 특성과 편성

1) 라디오의 특성

그동안 라디오가 지닌 특성에 대한 연구자들의 평가는 다양한 차원에서 제시되었다. 그 중 대표적 견해를 몇 가지 소개하면, 우선 강대인은 라디오매체의 특성으로 라디오의 묘사성, 직접성, 속보성, 단순성, 경제성, 일회성, 선택성을 꼽았다(강대인, 1993: 179). 또 여기에 간결성, 인격성, 음악성을 추가하기도 하였다(강대인·김우룡·홍기선, 1990: 36~40). 이와는 달리 강대인·김영임·한진만은 시·공간적 제약 없이 송수신이 가능하고 대자본과 권력으로부터 자유로우며 다양한 계층이익을 반영할 수 있는 쌍방향 커뮤니케이션 매체이자 국제적 매체의 가능성을 라디오 특성으로 꼽았다. 이에 따라 라디오는 권력분산, 전문화, 지역화, 다양화에 기여할 수 있는 민주적 매체로서

206

잠재성을 제시하고 있다(강대인·김영임·한진만, 2000: 184).

또한 김영욱은 친밀성과 상대적 비공식성, 주변매체, 간편성과 경제성 등 크게 세 가지로 구분하였다(김영욱, 1998: 7~13). 그 외에도 김영준은 문화적 관점에서 볼 때 라디오는 일상성, 시·공간의 자유, 개인성, 참여성, 소수집단의 매체, 지역성, 전문성, 대안미디어로서의 특성을 지녔다고 평가하였다(김영준, 1996: 150~153).

한편 청취자 조사결과에 따라 라디오의 특성을 제시한 경우도 있는데, 라디오매체는 속보성, 기동성, 친밀성, 병행성, 경제성이 특성이라고 평가하는가 하면(이호준·도준호, 1997: 283), 다른 조사결과는 라디오의 일상주변매체, 음악매체적 특성을 강조한다. 즉, 청취동기가 타 매체에 비해 습관적이거나, 음악을 듣는 것을 비롯한 오락 휴식적 동기 혹은 주변사람들의 살아가는 이야기를 듣기 위한 동기가 주류를 이루고 있다(한국언론재단, 2003: 50).

이상과 같이 연구자들의 견해는 보는 관점에 따라 각양각색으로 표현되는데, 이들이 공통적으로 지니는 요소도 많다. 따라서 보편적이고 새로운 견해를 제시하기는 어렵지만, 이들은 대략적으로 라디오자체의 매체적 특성(전파사용에 의한 시·공간 무제약성 등), 기능적 차원, 송신자 관점(경제성 등), 수신자 관점(신속성, 일상매체) 등 네 가지 범주에 속하는 것으로 유형화할 수 있다.

이 중에서 특히 타 매체와의 차별적 특성으로서 라디오의 청각미디어적 측면이 좀더 중요성을 지닌다고 본다. 지각적 특성상 라디오는 청각에만 의존하는 매체이나 효과가 약하다고 할 수는 없고, 오히려 개인적 수신형태와 결합하여 청취자의 의견을 바꾸는 데 강한 효과가 있다고 한다. 강대인은 라디오의 감성적 소구에 기반한 퍼스낼리티적 특성을 강조하면서, 이는 청취자의 의견변화를 유도하는 데 기여한다고 평가하였다. "라디오는 다른 매체보다 친밀감을 주는 개인적 대화, 즉 '당신'이라는 용어를 사용함으로써 … 청취자는 대화자의 퍼스낼리티를 느끼게 되고, 이것은 이따금 논조 자체의 내용보다도 의견을 변화시키는 데 보다 효과적인 요인이 된다"(강대인, 1978: 63).

따라서 라디오는 퍼스낼리티가 프로그램의 성패를 좌우하는 결정적 역할을 수행하며 포맷이 같아도 진행자가 다른 경우 큰 차이를 보이게 된다. 또 청취자도 장르보다 MC중심으로 프로그램을 선택하는 청취 행태를 보이는 것이 보편적 현상이다.

또 다른 유사한 견해를 소개하면, "음성과 소리를 통해 대상과 연결되는 경험은 매우 깊고 관여적이어서 라디오 화자와 청취자 간의 관계는 내밀하고 사적이며 강한 울림을 남긴다. 그래서 메시지가 소리와 침묵으로 구성되어 있어 청각에 의존하는 라디오는 청취자들로 하여금 시·공간을 초월한 무한한 상상의 세계를 창출하는 능력을 부여하며, 체계적이고 논리적이기보다 감성적이고 즉각적인 효과를 주는 것이다"(한국언론재단, 2003: 42~43)라고 제시하였다.

이러한 라디오의 매체적 속성은 기능상의 잠재적 성격을 규정해 주는 것이기도 하다. 예를 들면, 공통적 특성 중 하나로 꼽히는 친밀성은 "라디오와 청취자가 1 : 1의 면대면으로 만나는 것 같은 가상상황을 연출하며 또 라디오의 화자도 3인칭보다는 1인칭이나 2인칭을 많이 사용함으로써 친밀한 대화상황의 분위기를 만들어내는 것이다"(이호준·도준호, 1997: 283; 한국언론재단, 2003: 43에서 재인용).

이상에서 서술한 매스미디어로서 라디오의 성격은 결국 고유한 라디오 프로그램 편성의 가이드라인을 규정하는 데 핵심적 요체로 작용할 수 있다.

2) 라디오채널 현황

우리나라 라디오채널의 운영현황은 크게 중앙 지상파채널, 특수방송 및 지역 라디오채널로 대별된다. 사실상 라디오매체를 주도하는 지상파 채널에는 KBS, MBC, SBS 3대 방송사가 속한다. 이 중 KBS는 AM 1, 2, 3채널, FM 1, 2채널, 그리고 사회교육방송 및 국제방송 등 일곱 개 채널을 운영하고 있어 차지하는 위상이 매우 크다. 이에 비해 MBC는 AM, FM채널을 각각 하나씩 운영하고 있으나 사회적 영향력 측면에서는 수위를 점하고 있다. 그리고 오랜 전통을 지닌 KBS, MBC에 비해 최근에 개국한 SBS채널(AM/FM)은 짧은 역사에 비해 빠른 성장을 거듭하여 강력한 경쟁채널로 자리매김하였다.

한편 종교채널을 중심으로 한 특수방송도 한국 라디오방송의 역사와 함께 했는데, 기독교방송(CBS)은 오랜 역사와 영향력 측면에서 독자적 위상을 부여받았다. 그 외에 극동방송, 불교방송, 원음방송 등도 특수방송으로서 일정한 역할을 수행하고 있다. 기타 각 지역에 기반을 두고 있는 지역 라디오채널들은 최근에 등장한 신생채널에 속하는 것으로 독자적 영역확보에 노력하고 있다.

역사적 측면에서 볼 때 매스미디어로서 라디오는 과거 억압적인 정치적 규제로 상호경쟁이 지양되고 KBS, MBC를 중심으로 한 소수 독과점적 구조로 운영되어 오다가 방송민주화 흐름에 따라 탈규제적 환경으로 전환되었다. 따라서 라디오 영역은 수십 년간 지속된 전통적 채널과 1990년대 이후 새로 출발한 신규채널 간의 상호 저널리즘 및 시장경쟁이 본격적으로 전개되는 상황에 놓여 있다.

한편 텔레비전에 밀려 대중매체로서 기존의 위상상실은 물론, 존립기반까지도 논란이 되기도 했었다. 라디오의 현재 위상을 분석하기 위한 효과적 방법 중의 하나는 라디오매체가 점하는 경제적 측면을 살펴보는 것이다. 방송위원회가 발간한 〈2003년 방송산업실태조사보고

서〉에 의하면 2002년 기준으로 지상파방송사의 총 매출액(3조 5,480
억) 중 라디오가 차지하는 비중은 3천 4백억으로 약 9.6%에 달한다.
이는 텔레비전의 약 10분의 1 수준인데, 이 중 공영 라디오방송이 약
55%, 민영방송이 12%, 그리고 특수방송이 33%를 점하는 분포를 보
이고 있다(방송위원회, 2003: 57).

　이 중 주요 수입원은 광고매출로 2002년 지상파 라디오 총 광고수
입은 2,877억을 기록하였다. 매체별 광고수입을 비교해 보면 MBC가
1,440억으로 약 50%를 점유함으로써 단연 두드러진 위상을 차지하고
있다. 이 중 서울 본사가 올린 매출액은 596억(21%), 지방계열사는

〈표 6-1〉 라디오채널별 광고매출규모(2002년 기준)

	매출액(억 원)	점유율
MBC	1,440	50.0%
CBS	447	15.5%
KBS	314	10.9%
SBS	209	7.3%
불교방송	136	4.7%
평화방송	125	4.3%
경기방송	46	1.6%
극동방송	37	1.3%
부산방송	26	0.9%
원음방송	25	0.9%
합 계	2,877	

자료: 방송위원회(2003), 〈2003년 방송산업실태조사보고서〉, p.15 재구성.

844억(29%)을 기록하여 지방계열사 비중이 매우 높았다. 2위는 특수방송인 기독교방송으로 447억의 매출규모로 15.5%의 지분을 차지하여, 3위의 KBS(314억)보다도 크게 앞섰다. KBS는 다수의 채널을 운영하고 있으나 상업광고를 하지 않는 공영채널 및 특수방송을 운영하는 것이 MBC에 비해 상대적으로 열세의 위치에 있으나, 이를 감안하더라도 광고시장에서의 위상은 매우 취약한 편이다. SBS의 경우는 209억의 매출액으로 7%의 지분을 확보하면서 성공적 자리매김을 했다고 평가할 수 있다. 그 외에도 불교방송, 평화방송 등 특수방송이 차지하는 위상이 크다는 점이 라디오시장의 특성 중 하나에 속한다 (〈표 6-1〉 참조).

2. 라디오 편성의 기초

1) 라디오 편성의 흐름

일반적으로 편성을 다양하게 규정할 수 있지만, 대략적으로는 무엇을, 언제, 어떻게 방송할 것인가를 결정하는 일련의 작업에 속한다고 할 수 있다. 따라서 이는 제작적 측면과도 구별이 쉽지 않은데, 프로그램 소재를 찾는 전략 및 이를 조화시키는 과정을 편성이라고 한다면, 이를 토대로 프로그램의 실현을 위한 인적·물적 자원의 배열과 조작을 제작으로 구분할 수 있다(이건세, 1991: 56~57).

텔레비전과 같이 라디오 편성은 일정한 틀을 기준으로 정규적으로 방영되는 방송의 흐름이 연속되는데, 현재 이에 기본이 되는 준거틀은 크게 세 가지로 구분할 수 있다. 우선 가장 상위의 정규편성 형태는 매 6개월 간격으로 운영되는 '기본편성'인데, 통상 4월과 10월에 시작되어 다음 개편시까지 지속되면서 편성의 가이드라인 역할을 한다. 흔히 계절적 변화와 맞추어 실시되기 때문에 전자의 편성주기를 봄편성, 후자를 가을편성이라고 부르기도 한다. 기본편성은 기존 프로그램을 개편하거나 혹은 폐지할 것인가를 결정하기도 하고, 새로운 신규 프로그램을 편성하는 등 핵심적인 편성정책적 행위에 속한다.

다음은 1주일을 기본으로 하는 '주간편성'을 들 수 있는데, 이는 기본편성을 토대로 실제 운영상의 반복적 사이클을 의미한다. 따라서 실제 방송현장에서 제작자들에게 가장 중요한 편성주기로서 효력을 지닌다고 할 수 있다. 이는 또한 현대인의 라이프사이클과도 밀접한 관련성을 지니는 것이기 때문에 전략상 중요한 편성주기인데, 보통 주중과 주말의 편성에 차이를 보인다. 따라서 최근에 확산되는 주 5일근무제 도입은 라디오 편성에도 변화를 초래하였다. 특히 라디오 주청취층이 출퇴근자나 직장에서의 청취 등의 행태를 보이기 때문에 편성변화를 수반할 수밖에 없다.

한편 주간편성이 횡적 차원의 편성 가이드라인이라면, 종적 차원에서는 시간흐름에 따른 '일일편성'을 들 수 있다. 이는 하루 24시간을 기준으로 방송시작부터 종료까지 시간대 흐름에 따라 이어가는 편성규칙을 의미하는데, 여기서는 청취자의 하루 청취주기에 따라 시간대별로 편성에 차별성을 부여한다. 예를 들면, 오전 7시대에는 출근자를 위한 시사정보 프로그램을 내보내고, 심야시간대에는 청소년 프로그램을 편성하는 등 청취자의 일상생활에 맞춘 편성전략이 이 범주에 속한다.

이상의 세 가지 정규편성 원칙에 예외로 적용되는 경우가 있는데, 흔히 특집방송이나 이벤트방송을 포함하는 '임시편성'이다. 이건세는 정기적 특집 혹은 이벤트방송의 필요성, 비상사태나 재해 등 예상치 못한 상황, 정규편성의 변화 필요성 등을 임시편성 근거로 제시한다 (이건세, 1991: 63).

상기한 기본편성 틀은 전통적으로 모든 방송사들이 공유하는 가이드라인을 의미한다. 이러한 정규적 편성원칙과는 달리 역동적 차원에서 실제방송을 지배하는 것은 다양한 편성유형 혹은 편성전략이다. 편성 전략은 관점에 따라 매우 다양하게 유형화할 수 있다(이건세, 1991: 74; 방송위원회, 1996). 예컨대 채널의 프로그램 내용구성에 따라 종합편성 혹은 전문편성으로 구분되는가 하면, 시간적 배열방법에 따라 보완편성 혹은 경쟁편성을 하기도 한다.

그러나 라디오 편성전략에서 가장 보편적으로 적용되는 유형으로는 블록편성과 포맷편성을 꼽을 수 있다(이건세, 1991: 71~73). 구획편성은 시간대 및 블록단위로 비슷한 프로그램을 연속적으로 편성하는 방식을 뜻하는데 수직편성이라고도 한다. 보통 시간대를 뉴스 및 정보, 토크쇼, 음악 등으로 정하여 청취자 흐름을 지속적으로 확보하려는 전략이다. 포맷편성(*format programming*)은 전 방송시간에 걸쳐 동일한 편성유형을 견지하는 방식으로 음악, 정보, 전문분야를 편성하거나 혹은 특정 청취층을 대상으로 포맷을 정하는 전략을 구사한다. 여기서 가장 특징적인 포맷편성은 '단일포맷 편성'(*single format programming*)인데, 일반적으로 미국과 같이 경쟁채널 수가 많은 경우 가능하나, 그렇지 못한 경우 현실적으로 성공의 한계를 지닌다.

이러한 것이 실제 적용되는 AM방송과 FM방송 간에는 일반적으로 편성상 차이를 보이는데, 전자는 보통 종합편성, 후자는 음악, 토크쇼 등 전문편성을 지향한다. AM방송의 경우는 전통적으로 정시뉴스를 비롯하여, 정보, 토크쇼 등을 중심으로 대다수 채널이 종합편성의 틀을 견지한다. 반면 FM채널은 국악, 클래식, 대중음악 등 이를 보완하는 전문편성의 틀을 유지한다. 특히 1990년대 중반 이후 FM채널에서는 오락 프로그램인 토크쇼 비중이 증가하는 추세를 보이고 있다(방송위원회, 1996).

따라서 편성전략적 측면에서 AM은 성격상 블록편성의 형태를 견지하는데 비해, FM은 포맷편성을 근간으로 하는 경향이 강하다. 하지만 AM, FM 모두 매일 같은 시간대에 동일한 유형의 프로그램을 편성하는 방법을 의미하는 줄띠편성 전략을 추구하기도 한다. 이는 무엇보다도 자연스런 시청습관을 형성케 하여 고정청취자를 확보하는 데 적합하기 때문이다(한진만, 1998: 189; 방송위원회, 1996: 47).

2) 청취행태 추이[1]

청취행태에 대한 분석은 라디오에 대한 수용자 행위의 추이를 평가할 수 있는 척도이자 프로그램 편성을 결정하는 토대로서 중요성을 지닌다. 각종 연구결과 텔레비전과 비교하여 라디오 수용자의 특성은 텔레비전이 각 개별프로그램에 따라 채널을 선택하는 프로그램 충성도 (*program loyalty*)가 높은 반면, 라디오 청취자는 특정 방송사에 대한 채널충성도(*channel loyalty*)가 높다고 한다(이건세, 1991: 66). 최근 한 조사결과도 이러한 경향을 뒷받침하는데, 이에 의하면 라디오매체의 채널충성도가 44%인데 비해, 프로그램 충성도는 이보다 낮은 37.6%에 그쳤다(한국언론재단, 2003: 51).

라디오 청취자의 청취행위 추이에 대해서는 서울대학교 언론정보연구소가 KBS의 의뢰를 받아 실시한 '국민생활시간조사' 결과에 잘 나타나 있다. 먼저 라디오는 총 청취시간량에서 1980년대 이후 1990년대 중반까지 약간씩 감소하는 추세를 지속하였다. 평일의 경우 1981년 청취시간량은 46분이었다가 1990년 32분, 1995년 31분으로 줄어들었다. 주말의 경우도 비슷한 하강곡선의 변화를 유지하였다. 하지만 1990년대 후반 이후부터 청취시간이 급격히 줄어들어 2000년에는 청취량이 12분에 불과하였다. 일요일은 감소폭이 더욱 커 급기야 한 자리 숫자로 떨어졌다. 이처럼 절대적 청취량에서는 1990년대 중반을 고비로 급감하는 추세를 보여 라디오매체의 위상이 상대적으로 크게

---

1) 이 부분은 서울대학교 언론정보연구소가 발표한 1995년 및 2000년도 국민 생활시간조사 결과를 중심으로 분석하였다.

<표 6-2> 라디오 청취시간량 추이(시간)

	평 일	토요일	일요일
1981	0. 46	0. 41	0. 34
1990	0. 32	0. 29	0. 25
1995	0. 31	0. 27	0. 22
2000	0. 12	0. 11	0. 09

약화되었다. 그럼에도 불구하고 텔레비전과는 달리 라디오는 이전과 변함없이 평일의 청취량이 주말보다 많아 '일상생활 매체'로 수용되고 있다고 할 수 있다(〈표 6-2〉참조).

한편 시간대별 청취율의 변화추이도 뚜렷하다. 1990년, 1995년, 2000년을 비교한 결과 1990년대는 22시 청취율이 5. 4%를 정점으로 21시부터 23시까지 프라임타임대를 형성하였고, 오전 10시부터 12시 사이도 평균 3. 5% 이상을 기록하였다. 1995년에는 동 시간대의 청취율이 강세를 유지하기는 했으나 전반적 청취율의 약세를 반영하여 3%를 상회하는 수준에 그쳤다. 그러나 2000년에는 전반적 청취율에서 변화가 감지되었는데, 우선 전형적 프라임타임대를 형성하였던 오전 10시대와 오후 10시대의 청취율이 크게 둔화되었다. 오히려 오후 2시부터 3시대가 가장 높은 청취율을 기록하여 전체적 청취행태의 변화를 보여주고 있다. 또 다른 중요한 변화는 기본적으로 심야시간이나 이른 새벽시간대를 제외하고는 전 시간대에 걸쳐 고른 청취율을 보여준다는 점이다. 따라서 최근 라디오는 텔레비전 및 인터넷 등 뉴미디어와의 경쟁에서 밀려 점차 주변매체로 전락했다고 할 수 있으나, 청취행태상의 변화에서는 일상적이고 전일적인 매체의 성격을 더욱 뚜렷하게 보

〈표 6-3〉 시간대별 라디오 청취률 변화추이 비교(%)

시간	5	6	7	8	9	10	11	12	13	14	15	16	17	18	19	20	21	22	23	24
1990	0.6	1.5	2.2	2.4	2.6	3.7	3.6	3.3	2.9	2.9	2.7	2.8	2.6	1.9	2.0	2.3	3.6	5.4	3.2	1.1
1995	0.4	1.5	2.8	2.6	2.6	3.4	3.2	2.5	3.1	3.0	3.0	2.7	2.5	2.7	2.1	2.1	3.0	3.4	2.9	1.3
2000	0.1	0.4	1.0	1.0	1.0	1.2	1.3	1.3	1.5	1.6	1.6	1.4	1.2	1.3	0.9	0.7	0.9	1.0	0.9	0.6

여준다고 할 수 있다(〈표 6-3〉 참조).

　이러한 라디오청취 행태의 변화는 청취장소, 청취행태, 성별, 직업별 유형과도 밀접한 관련성을 지닌다.

　먼저 청취장소에서 1990년대 초반까지는 실내에서 주로 청취하는 것이 대세였으나, 1990년대 중반 이후부터 실외중심으로 이동되고 있다. 실제로 1990년의 경우 32분 중 실내 청취량이 20분으로 우세하였으나, 1995년에는 총 31분 중 실외 청취량이 17분, 실내가 14분으로 역전되었다. 그리고 2000년에는 총 12분 중 약 60%에 해당하는 7분이 실외청취로 집계되었다. 다만 일요일의 경우는 최근까지도 실내청취가 우위를 차지하고 있어 주중과 주말의 차이를 보여준다. 이러한 변화는 옥외매체로서 라디오 수용의 또 다른 특징을 암시하는 것이기도 하다. 특히 자동차문화의 급속한 확산으로 카오디오 청취층이 정비례하여 증가한 것을 주요 요인으로 꼽을 수 있다.[2]

---

2) 1998년 한 조사결과에 의하면 20대 이상 청취자 중에서 남성은 실외에서 청취율이 높은 반면, 여성은 실내청취가 주류를 이루고 있다. 남성의 경우 주로 자동차에서 라디오를 청취하는 습관이 두드러진데, 30대는 약 65%, 40대는 58%, 50대는 67%에 육박하고 있다. 반면 여성은 집 혹은 사무실에서 청취하는 습관이 지배적임을 보여주고 있다. 이 중 가정청취 행위의 경우 20대는 57%, 30대 47%, 40대 46%, 50대 54%로 직장에서

그리고 청취형태에서도 타 매체에 비해 특징적 현상이 나타난다. 즉, 라디오만 듣기보다는 다른 일을 하면서 동시에 라디오를 청취하는 패턴이 보편적 현상이다. 다른 일을 하면서 청취하는 시간과 순수하게 라디오만 청취하는 시간의 비율이 약 1 : 3 정도를 유지한다. 구체적 예를 들면, 1995년의 경우 총 청취량 31분 가운데 순수하게 라디오만 듣는 행위는 24분이고, 나머지 7분은 다른 일과 동시적으로 청취하는 것으로 나타났다. 2000년에도 총 12분 중 3분 : 9분의 비율을 보여 주었다(서울대학교 언론정보연구소, 2001: 111 참조).

그리고 남녀별로 비교할 경우, 1995년 평일기준으로 남자 청취량이 28분, 여자가 33분이었다가 2000년에는 남자 13분, 여자 11분으로 전체적으로 예전에 비해 큰 폭으로 감소하였다. 주말의 경우도 이와 비슷한 수준으로 줄어들었다. 절대시간량에서는 1995년의 경우에는 여자의 청취율이 남자에 비해 다소 높았으나, 2000년 조사에서는 이와는 반대로 남자가 약간 더 많이 청취하는 것으로 나타났다. 이는 무엇보다도 이전에 비해 30, 40대 출퇴근자 집단의 청취율이 높아진 것과 관련된다고 추측할 수 있다.

한편 연령별 청취행태는 다소 많은 변화를 보여준다. 2000년 기준으로 볼 때 1995년에 비해 가장 감소 폭이 큰 연령대는 20대로 46분에서 16분으로 32분이나 감소하였다. 또 10대와 30대도 각각 23분, 24분씩 감소하여 매우 큰 변화를 보였는데, 전통적으로 높은 청취계층에 속했던 10대 후반의 집단이탈은 최근 청취율 추이 중 두드러진 현상에 속한다. 이에 비해 40대 연령층은 상대적으로 가장 낮은 감소 폭(10분)을 보여주었고, 그 결과 2000년 조사에서는 40대가 청취량이 가장 높은 연령대에 속하는 것으로 나타났다(〈표 6-4〉 참조).

이밖에 직업별 청취행위에서도 차이가 큰데, 2000년 기준으로 자영

보다도 더 높은 비율을 보여주었다(서울대학교 언론정보연구소, 2001: 110~111).

〈표 6-4〉 연령대별 라디오 청취량 추이(분)

	16~19세	20대	30대	40대	50대	60대	70대
1995	32	46	37	26	25	20	22
2000	9	14	13	16	14	5	7
증 감	-23	-32	-24	-10	-11	-15	-15

업자(24분), 기능작업직(23분)의 청취율이 높은 반면, 농림어업자(2
분), 사무기술직(7분), 주부, 학생, 경영관리직의 청취율이 상대적으
로 낮은 한 자리 숫자에 머무르고 있다. 특히 1995년과 비교하여 주
부, 학생, 농림어업자의 청취량이 큰 폭으로 감소하였다(주부 28분→
8분, 학생 25분→7분, 농림어업자 13분→2분).

　기타 학력별 청취량에서는 중졸 12분, 고졸 14분, 대졸 14분을 기
록하여 큰 편차를 보이지는 않았다(2000년). 그러나 지난 1995년에
비해서는 10대 후반에서 20대 초반의 고등학생과 대학생의 청취율이
크게 감소하였는데, 대학생은 1995년 41분에서 2000년 10분으로, 고
등학생은 31분에서 8분으로 가파른 감소세를 보여주었다.

3. 주요 채널별 편성전략

1) 채널시장구조 분석

2004년 1월 26일~2월 8일까지 한국갤럽이 1,221명을 대상으로 한 조사결과에 의한 채널별 청취율 추이를 보면 전반적으로 MBC의 절대적 우위가 유지되는 가운데 SBS, KBS 등 경쟁채널이 이를 추격하는 양상을 보인다. 구체적으로 살펴보면 MBC-AM 채널이 35.6%로 단연 우월적 시장점유율을 유지하고, 이어서 2위는 SBS-FM으로 16.5%, 3위는 MBC-FM(11.7%) 순이다. 특히 SBS-FM은 FM영역에서 선두를 유지함으로써 짧은 역사에도 불구하고 성공적 시장입지를 확보했다고 할 수 있다. 반면 KBS는 AM, FM 모두 약세를 면치 못하는 입장이나, 최근에는 점진적으로 상승세를 이어간다. 라디오시장은 3대 채널이 절대적 우위를 점하고 있는 가운데, TBS가 특수방송임에도 불구하고 청취율 8.8%로 4위를 기록했다는 점이 주목된다(〈표 6-5〉 참조).

각 프로그램별 비교에서는 청취율 상위 30개 프로그램 중 MBC AM 18개, MBC FM 두 개, SBS FM 열 개 등으로 구성되어 소수채널에 의한 집중화현상이 뚜렷하다. 청취율 상위의 대표적 프로그램으로는 MBC의 경우 〈지금은 라디오시대〉, 〈싱글벙글쇼〉, 〈여성시대〉, 〈즐거운 오후 2시〉, 〈격동 50년〉 및 뉴스프로그램(〈2시의 취재현장〉, 〈정오뉴스〉, 〈저녁종합뉴스〉 등)이 꼽힌다. 이에 비해 SBS는 〈파워타임〉, 〈하하몽의 영스트리트〉, 〈이현우의 뮤직라이프〉, 〈가요풍경〉 등이 상위의 청취 프로그램에 속해 있다.

한편 채널별로 프로그램 편성을 전통적인 보도, 교양, 오락 등 3분법으로 비교해 보면 〈표 6-6〉과 같다. KBS, MBC, SBS를 비교할 경우 두드러진 현상은 각 채널별로 편성상의 전략이 각각 다르게 나타나는 점이다. 즉, KBS-AM은 보도, MBC는 교양, SBS는 오락에 치

〈표 6-5〉 채널별 청취율 비교(%)

채 널	2004년 2월	2003년 7월	증 감
MBC-AM	35. 6	39. 9	- 4. 3
SBS-FM	16. 5	15. 5	+ 1. 0
MBC-FM	11. 7	13. 4	- 1. 7
TBS (교통방송)	8. 8	9. 1	- 0. 3
KBS-2FM	8. 5	7. 4	+ 1. 1
SBS-AM	3. 6	3. 0	+ 0. 6
KBS-1AM	4. 1	2. 8	+ 1. 3
KBS-2AM	4. 6	2. 7	+ 1. 9

〈표 6-6〉 장르별 편성비율 비교(%)

	보 도	교 양	오 락
KBS AM 1	48. 5	39	12. 5
MBC AM	16. 0	68. 0	16. 0
SBS AM	15. 3	43. 3	41. 3
부산방송	2. 9	57. 6	39. 4
대전방송	1. 9	58. 5	39. 6
경기방송	24. 7	34. 6	40. 7
기독교방송	22. 6	64. 4	13. 0
불교방송	9. 0	61. 9	29. 1

주: KBS는 2003년 기준. 보도는 뉴스 및 시사정보, 교양은 생활정보 및 교양,
   오락은 쇼/토크쇼/스포츠/드라마를 포함(김별님, 2004: p. 30 재구성).
자료: 방송위원회(2003), 〈2003년 방송산업실태조사보고서〉, pp. 58~59.

중한 편성이 상대적으로 두드러지게 나타난다. 그 외에 지역 민영방송 (부산방송, 대전방송) 등은 대체로 보도기능이 약한 경향을 보인다. 특수방송 중에서 기독교방송은 오락성이 배제된 보도 및 교양에 역점을 둔 점이 주요 편성전략에 속한다.

2) 채널별 편성현황

(1) KBS

KBS는 기간 공영방송으로서 지향하는 편성목표도 다른 채널과는 구별되는 특징을 보인다. 다시 말해서 무엇보다도 공영성과 동시에 경쟁력을 강화하고 '다품종 소량주의 원칙'하에 채널의 차별화 및 전문화를 추구한다.

먼저 KBS 1 라디오는 대표적 핵심채널로 정보중심의 시사정보채널 혹은 뉴스시사 전문채널로 라디오 저널리즘을 주도하는 전략을 추구한다. 특히 2003년 7월부터 시행된 편성의 주요 내용은 정시뉴스 등 뉴스 편성시간의 대폭 확대, 시사프로그램의 강화, 청취자 참여 토론프로그램 신설(〈KBS 열린토론〉) 등 이른바 '국가기간방송'으로서 공영성 강화를 추구한다. 이러한 편성전략은 2000년까지 딱딱한 뉴스시사 채널 이미지를 벗고 정보교양을 통한 감동과 조화를 추구하거나 연성화 전략을 추구하던 것과는 다른 차별화 편성전략이다.

KBS 2(2003년부터 〈해피 FM〉) 채널은 이와는 달리 건강한 오락가족 채널, 서민 및 장년층을 위한 오락채널, 생활문화채널을 지향한다. 따라서 MBC, SBS 등 타 채널과 비교적 유사한 전략으로 경쟁을 추구한다. 그리고 KBS 1 라디오와는 달리 광고방송을 하는 것도 이와 같은 편성의 방향과 무관하지 않다.

제 3라디오는 장애인 전문채널로 2000년 1월 1일 신설되었다(사랑의 소리방송, 1995년 12월 개국). 주로 영세서민 장애인, 노약자 등 소외계층을 대상으로 실용적 정보와 즐거움을 제공하는 수도권지역의 채널로 편성상 생활정보 비중이 매우 높은 편인 반면 뉴스비중이 비교적 낮다.

KBS AM채널의 프로그램을 분석해 보면 전반적으로 주중에는 시사 생활정보 프로그램의 비중이 높은 반면, 주말에는 이와는 달리 쇼/토크쇼에 치중하는 편성을 보이는 성향이 있다. 대표적 사례로는 KBS AM 1채널 및 2채널을 들 수 있다(김별님, 2004: 30).

FM방송의 경우도 채널간의 전문화, 차별화 전략이 두드러진다. 우선 FM 1채널은 고전음악 및 국악전문채널로 특화되어 있다. 즉, 국악, 클래식, 월드뮤직, 재즈 등 다양한 장르의 음악애호가를 위한 방송을 견지한다. 이러한 음악전문 차별화 전략은 한 프로그램 조사결과에서도 그대로 나타나 프로그램 중 순수음악이 91%, 생활정보가 9%로 구성되었다(김별님, 2004: 31).

반면에 FM 2(쿨FM) 채널은 대중음악 전문채널의 편성전략을 유지한다. 다양한 라이브 공개방송, 젊은 채널, 감성채널을 지향하면서 출퇴근 청취자 및 심야 청소년대상 등 10대 젊은층부터 30~40대 장년층까지 청취층을 흡수하려 노력한다(KBS, 2004). 1994년부터 국내 최초로 24시간 방송을 실시하였고, FM 1채널과는 달리 2002년 1월부터 광고방송을 실시하고 있다. 따라서 프로그램 내용이 대중음악 등 대중성을 지향하는 성향이 강하다. 1990년대 중반에는 팝송과 가요비율을 기존의 6:4에서 4:6의 가요중심으로 전환하는 전략을 취하기도 했다(한국방송협회, 1997: 1018).

이밖에 KBS는 공익적 특수채널로 사회교육방송과 국제방송을 내보내고 있다. 사회교육방송은 공식적으로 남북화해와 협력을 통한 통일에 기여하고 동북아 주변국과 연계한 7천만 민족을 연결하여 민족동질성 회복을 추구하는 편성을 지향하고 있다. 그리고 국제방송(Radio Korea International)은 국책 해외방송으로 국제친선 증진 및 문화적 독창성 홍보 등 이미지 제고를 추구하는 정보를 제공한다. 지난 2003년에는 개국 50주년을 맞이했는데, 최근에는 단파 및 인터넷방송을 이용하여 10여 개 언어로 제작·방송하고 있다.

이상에서 서술한 내용을 정리하면 KBS는 우선 AM, FM, 특수방송 등 다수의 다양한 채널을 운영하면서 차별적 편성을 하는 것이 두드러진 점이다. 이는 무엇보다도 국가기간 공영채널로 공익을 위한 소기의 주어진 역할을 수행해야 하는 것과 관련된다. 이와 관련 KBS는 공영채널로서의 이미지 제고의 편성전략이 오래 전부터 변함없이 추구되었다. 특히 1990년대 후반부터는 공영라디오의 정체성 확립, 지역라디오의 내실화 등 공익성 강화가 편성의 핵심적 목표로 추구되었다(《신문방송연감》참조). 하지만 KBS는 편성정책상 다른 방송사와는 다른 어려움을 안고 있다. 즉, 수신료와 광고를 통한 이중적 재원에 의존하는 현실로, 공익성과 경쟁력 사이에서 늘 고민해야 하는 편성전략이 쉽지 않은 난제에 속한다.

(2) MBC

MBC 라디오는 오랫동안 청취율 및 광고시장에서 타 채널을 제치고 부동의 선두를 유지했다. 특히 1980년 언론통폐합으로 TBC 등 다수의 경쟁채널이 사라진 이후 MBC는 사실상 KBS와 시장을 분할점유하면서 유리한 여건에 놓여 있었고 이러한 추세가 오랫동안 유지되었다. 또 편성전략으로도 다소 경직된 KBS에 비해 비교적 자율성이 보장된 기반 위에서 공익성 및 수익성 제고를 동시에 추구하면서 어느 정도 성공을 거두었다. 특히 MBC의 절대적 위상은 무엇보다도 언론통폐합으로 강력한 라이벌 TBC가 KBS에 강제흡수되어 경쟁 없는 상태가 주어진 데 기인한다. 당시 공존했던 KBS 라디오는 관영적 성격으로 경직된 편성이 수용자로부터 외면당한 반면, MBC는 일련의 편성전략이 성공을 거두었다고 평가된다. 즉, 한편으로는 오락성이 강한 프로그램(〈즐거운 오후 2시〉, 〈100분쇼〉 등), 다른 한편으로는 진보성 프

로그램(〈시사칼럼〉, 〈마이크 출동〉등)을 동시에 추구하는 전략이 성
공적이었다.

　이에 힘입어 MBC는 라디오영역에서 경쟁자 없는 독주적 위상을 오
랫동안 견지했는데, 이러한 라디오의 강세에 대해 김승월 제작위원은
다음과 같이 평가하기도 했다.

　　"MBC 라디오는 서민적 정서에 부합하는 프로그램을 추구하였고,
　　1980년대 초 신입 PD들이 대거 입사하여 내부적 경쟁이 치열한 가운
　　데, 1980년대 말에 젊은 PD중심으로 새로운 편성정책을 추진하였다.
　　또한 1990년대 초에는 미래의 편성전략을 제시하면서 상대적으로 능
　　동적이고 새로운 전략을 추구한 것이 주요하지 않았나 생각한다."

　채널별로는 종합편성을 하는 AM의 경우 변함없이 절대적 우위를
유지하였다. 프로그램 장르별 편성추이는 보도나 오락보다는 교양중
심에 두는 등 큰 변화가 없는데, 2000년의 경우 보도 15.5%, 교양
62.4%, 오락 22.1%로 구성되었다. 그동안 성공적 편성전략으로는
1990년대 말 자동차운전자 및 30대 이상 청취자를 주요 타깃으로 하거
나, 2000년대 초 시사정보프로그램의 내실화를 추구하는 방안 등을
꼽을 수 있다. 청소년대상의 대표적 프로그램 중의 하나인 〈별이 빛나
는 밤에〉는 1969년 신설된 이후 지속적 인기를 얻었는데, 그 결과 27
년 만에 1만 회를 기록하는 성공을 거두기도 했다(1969년 3월 17일~
1996년 12월 1일자).

　한편 FM채널의 경우 음악전문채널의 이미지 강화를 추구하는 가운
데 주로 교양과 오락 프로그램의 이원적 장르로 편성하였다. 그리고
채널의 특성상 청장년층보다는 10대, 20대의 젊은 계층이 잠재적 청
취자라고 할 수 있는데, 이에 상응하여 편성전략도 AM채널보다는 대
상 연령층이 낮다. 최근의 편성추이를 보면 2000년대부터는 젊은 FM
이미지를 강화해 10대, 20대 청취층을 적극적으로 유인하려는 전략을

224

구사하고 있다. 이는 그동안 청소년대상 프로그램이 SBS 등장으로 침체를 보였는데, 이를 극복하고 10대 청소년층 대상 채널이미지를 강화하려는 편성에 주력하는 측면으로 해석된다.

(3) SBS 및 기타 채널

KBS, MBC와 달리 1990년대 뒤늦게 개국한 SBS 라디오는 1991년 AM채널을 개국한 데 이어 1996년에는 FM채널을 개국하여 이원체제를 유지하고 있다. AM채널의 경우 기존 KBS의 '라디오서울' 채널을 인수받아 개국하였고, 1997년 6월에는 뉴스정보 전문채널을 선언하면서 타 채널과의 경쟁에 뛰어들었으나 아직 약세적 위치에 있다.

이와는 대조적으로 수도권 전역을 청취권으로 하여 뒤늦게 출발한 FM채널(107.7)은 짧은 역사에도 불구하고 성공적 평가를 받는다. 이는 특히 기존 MBC, KBS에서 유능한 DJ를 대거 영입하였고 'Less talk, more music'을 모토로 젊은층을 주요 청취대상으로 삼는 전략을 취한 것 등이 성공요인으로 꼽힌다. 아울러 대중적 인기곡 위주의 선곡에서 탈피하여 숨겨져 있는 명곡을 발굴하는 차별적 편성전략으로 질적 제고를 추구하는가 하면, 음악전문가를 영입하는 '프리랜서 피디제'를 도입하여 수준향상을 도모한 점도 성공의 원동력으로 평가된다(한국방송협회, 1997: 1002). 그러나 프로그램의 내용구성은 쇼, 토크쇼가 87.5%로 주로 오락적 편성에 치중하고 있으며, 기타 생활정보를 보완적으로 내보내는 수준이다(김별님, 2004: 31).

하지만 1980년대 후반 이후 신설된 불교방송, 평화방송 등 신규채널들은 기존 채널과 유사한 종합편성전략으로 경쟁을 시도하다가 차별화에 실패한 사례가 다수를 차지한다. 그 밖에 특수방송 중에서 CBS (AM)는 시사정보프로그램을 특화하는 전략이 성과를 거두어 라디오 저널리즘의 회복을 주도하는가 하면, 올드 팝(old pop) 중심의 편성전략으로 차별화에 성공을 거두기도 했다. 그리고 역사가 짧은 교통방송도 음악과 교통정보 중심의 전문편성 틀을 유지하여 좋은 평가를 얻는다.

3) 채널편성의 문제점

그동안 라디오방송은 텔레비전에 밀려 주변매체로 전락한 가운데 이를 타개하거나 일정한 지분확보를 위한 차원에서 당면한 문제점들이 종종 지적되곤 했다. 특히 편성상의 주요 문제점으로는 중복편성, 편성전문가 부재, 청취율 우선주의, 청취자조사 부족, AM라디오 채널 편성 획일화, 대상계층의 축소화, 텔레비전 방송에의 종속성 등이 지적되곤 했다(방송위원회, 1996: 47~63; 방송개발원, 1994). 또 이를 개선하기 위한 방안도 다양하게 제시되었는데, 이는 크게 두 가지 측면으로 압축된다. 즉, 첫째는 라디오매체 자체의 특성에 맞는 편성을 지향하는 것이고, 또 다른 측면은 수용자 욕구에 능동적으로 대처하는 방안이다. 3)

이와 관련 가장 일반적으로 지적된 사항은 편성의 전문화 혹은 차별화이다. 두 개념은 보통 유사한 의미를 지닌 것으로 간주되는데, 전문화는 주로, ① 음악, 뉴스, 토크전문채널 등 단일 포맷편성을 지향하는 채널별 전문화, ② 텔레비전과 차별화를 통한 전문화4) 및 ③ 진행자의

---

3) 이와 관련 방송개발원은 개선과제로, ① 채널별 전문화, 특성화, ② 공익성 구현, ③ 편성의 과학화, ④ 지역매체로서의 기능강화(중앙집중성 완화), ⑤ 프로그램 기획기능 강화, ⑥ 텔레비전과의 차별화(방송개발원, 1994)를 꼽았고, 강대인은, ① 전문편성, ② 에프엠중심 편성, ③ 음악전문채널 중심, ④ 생활정보 중심, ⑤ 적극적 경영, ⑥ 퍼스낼리티 중시를 활성화의 조건으로 제시하였다(강대인, 1995).

4) 텔레비전과 라디오를 동시에 운영하는 지상파채널의 경우 텔레비전 뉴스를 똑같이 중계하고 있다. 이는 텔레비전에 라디오의 종속화문제를 야기시킨다는 비판과 방송위원회의 권고에 따라 1996년 봄개편 때 폐지했다가 가을에 다시 부활 운영하고 있다. 이는 양 매체의 특성을 무시한 것이자 청

전문화 등을 요구한다(방송위원회, 1996). 특히 진행자의 전문화는 라디오매체가 진행자와 청취자의 일체감 및 인간적 교류가 가능한 차원에서 진행자 비중이 절대적임을 감안할 때 중요한 위상을 점하고 있다고 할 수 있다. 실제로는 흔히 유명 연예인 위주의 기용이 성행하는데, 이는 프로그램의 질적 저하를 비롯하여 장기적으로 전문화에 역행하는 현상을 초래할 것이 우려된다(강대인 · 김영임 · 한진만, 2000: 197~200).

포맷상 전문화 사례로는 FM채널이 이른바 'Less talk, more music'이라는 기치를 내걸고 음악중심 편성을 보편적으로 추구하는 것을 들수 있고, 채널전문화는 1990년대 초 교통방송이 교통인구를 대상으로한 전문채널로 성공했다는 평가를 받기도 했다. 당시 한 조사결과에의하면 교통방송은 특수채널임에도 불구하고 지상파를 비롯한 전 채널과의 비교에서 유익한 방송부문 3위를 기록하기도 하였다(MBC 내부자료, 1990). 한편 최근에는 영어전문채널의 운영이 시도되기도 했다. 대표적 사례로 국제방송교류재단은 2002년 12월 허가를 받아 2003년부터 제주도권에서 아리랑 FM방송을 시범운영중인데 디지털 라디오방송이 본격화되면 전국방송으로 확대될 예정이다. 아리랑채널은 주로 국내체류 외국인 및 관광객을 대상으로 각종 정보를 제공하는 것을목적으로 한다(방송위원회, 2003;《세계일보》, 2004년 5월 24일).

라디오채널의 전문화는 전통적으로는 수백 개의 채널이 경쟁하는미국시장에서 성공한 모델로 거론되는가 하면, 또 다른 한편으로는 디지털시대를 맞이하여 수많은 채널이 경쟁하는 상황에서 적합한 잠재적편성전략으로 거론되곤 했다. 그러나 전문화전략이 성공하려면 다채널간의 실질적 경쟁이 전제되어야 한다. 따라서 우리나라의 전통적 라디오시장은 이러한 전문화가 성공하기에는 규모가 작다는 견해도 제기

취자 입장을 고려하지 않은 방송사의 편의주의적 편성이라고 할 수 있다. 그 배경에는 라디오 자체의 보도기능을 별도로 두지 않고 필요시 텔레비전의 뉴스정보를 받아 송신하기 때문이다.

된다. 또한 디지털시대의 도래는 아직 본격적으로 전개되지 않은 기술적 측면에서의 잠재적 가능성만을 의미하기 때문에 이에 기반한 전문화의 정착은 아직 속단하기 힘들다.

한편 라디오채널의 중복편성은 우리나라 라디오시장의 또 다른 문제점에 속한다. 1998년 초 라디오 프로그램을 대상으로 한 조사결과에 의하면 AM채널의 전체 중복률은 17.9, FM은 11.5로 AM이 더 높게 나타났다. AM채널간 비교에서는 KBS 2와 MBC의 중복률이 8.5로 가장 높았고, KBS 1과 SBS가 3.7로 그 뒤를 이었다. FM채널에서는 MBC와 SBS가 쇼/토크부분에서 높은 중복률(5.2)을 보였고, KBS 1과 KBS 2는 생활정보 부문에서 중복되는 현상이 다소 빈번했다 (5.4)(한진만, 1998). 이러한 편성상의 중복현상은 무엇보다도 과도한 시장경쟁에 기인하는 것으로 볼 수 있는데, 토크쇼 등 대중성이 높은 특정장르를 중심으로 중복성이 심각한 것은 이를 대변하는 것이다.

4) 라디오 저널리즘

최근 라디오 편성에서 나타난 두드러진 현상 중의 하나는 라디오 저널리즘의 회복이라고 할 수 있다.[5] 이미 오래 전에 TV에 자리를 빼앗긴 후 라디오는 매체간 경쟁상황 혹은 정치적 규제 등으로 주로 오락매체로서 오랫동안 기능했다. 그러다가 1980년대 후반부터 고유의 저널리즘 정신을 되찾기 시작하였는데, 이에는 몇몇 채널의 편성전략이 중요한 계기가 되었다. 우선 정권에 의해 보도기능을 상실했던 기독교방송은 1988년부터 보도기능이 회복됨과 동시에 과감하게 사회비판적 프로그램 편성을 시도하여 사회적 주목을 받기 시작하였다. 1995년에는 아예 시사정보채널로 특성화하는 전략을 추진하여 라디오 저널리즘

---

5) 라디오 저널리즘에 관한 연구결과에 대해서는 김영욱(1998) 및 한국언론재단(2003)을 참조.

구현에 앞장섰다. 한편 공영채널 KBS도 1994년부터 제 1라디오를 정보채널로서 새로운 편성전략을 시도하여 저널리즘 부활에 동참하였다.[6] 이어서 MBC, SBS 등 주요 지상파채널도 시사정보프로그램을 앞다투어 경쟁 편성함으로써 라디오는 그 어느 때보다도 저널리즘의 기능이 강화된 상태이다. 이러한 시사정보프로그램을 중심으로 한 라디오 저널리즘 정신의 부활은 채널편성전략에 의한 것이기도 하지만, 다른 한편으로는 청취자들의 시민의식 제고에 따른 정보수용 욕구의 증대가 반영된 결과이기도 하다.

2004년 현재 주요 채널은 시사정보프로그램을 경쟁적으로 편성하고 있다. KBS의 경우 제 1라디오에서 〈안녕하십니까 강지원입니다〉, 그리고 제 2라디오에서 〈열린아침 정용석입니다〉를 편성하고 있다. MBC는 오전 6시부터 8시 사이에 〈시선집중 손석희입니다〉, SBS AM에서는 〈정진홍의 SBS 전망대〉를 내보내고 있다. 이들 3사는 모두 아침 출근시간대에 편성하고 있어 상호경쟁이 뜨겁다. 반면에 CBS는 저녁시간대(19~21시)에 〈시사자키 오늘과 내일〉을 내보내면서 독자적으로 시사프로그램의 활성화에 기여했다.

한편 이들 시사정보프로그램의 청취율을 보면 다른 프로그램에 비해 그다지 높은 편은 아니다. 다만 MBC AM의 〈시선집중 손석희입니다〉는 5%대의 비교적 높은 청취율을 기록하고 있으나, 이는 예외적인 경우이다. 최근 청취율을 기준으로 할 때 대다수 시사프로그램은 0.5% 이하의 청취율에 머무르는 수준이다(한국언론재단, 2003).

---

6) 시사프로그램의 등장을 통한 라디오 저널리즘의 부활을 민주화 진행과의 연관 속에서 평가하는 견해도 있다(한국언론재단, 2003: 26).

5) 지역라디오 편성

라디오의 지역프로그램 편성은 자체제작보다는 중앙에서 내보내는 프로그램을 중계하는 경향이 심한 편이다. 이를 개선하기 위해 KBS는 1995년 각 지역 총국단위로 편성자율권을 확대하는 정책을 추진하고 있으나 그 실효성에 대해서는 미지수이다. 2002년도 10월을 기준으로 로컬편성 비율을 살펴보면 부산총국이 9%로 약간 높은 편에 속하고, 대전이 6%로 낮은 편인데, 다른 지역총국도 모두 이와 비슷한 한 자리숫자에 머물러 있다. 이는 AM 및 FM채널에 걸쳐 비슷한 경향으로, 텔레비전보다는 약 두 배 정도 높은 수치이나 전반적으로 낮아 대부분의 프로그램을 서울 본사에서 받아 내보내고 있다.

MBC의 경우는 KBS보다 자체제작 비율이 높은 편이다. AM 채널의 경우 부산MBC의 지역편성 비율이 32.2%, 대구 30.7%, 대전 27.4%, 광주 20% 등 대다수 계열사가 20%대를 상회하고 있다. FM채널의 경우도 이와 비슷한 추이를 유지하고 있다. KBS에 비해 높은 로컬편성은 여러 가지 요인이 있지만 조직구조상의 자율성, 자체 경쟁력, 광고수입 의존 등과 관련성이 있다고 추정된다. 그러나 이러한 자체제작 로컬프로그램 편성은 최근 점차 감소하는 추세에 있다. 〈표 6-7〉에서 보는 바와 같이 지난 1990년대 초 40%대에 달했던 로컬프로그램 비율은 10여 년 만인 2000년대 초에는 20%에도 못 미치는 수준으로 급감하고 있다.

기타 채널의 경우도 지역프로그램의 편성비율이 그다지 높은 편은 아니다. CBS의 경우 기독교 부산방송이 27.9%로 가장 높고, 춘천방송이 18.4%로 가장 낮은 것을 비롯하여 다른 지역계열사도 20%대를 유지한다. 종교방송인 불교방송은 로컬편성이 10%선에 불과하다. 지역민영채널의 경우에는 전반적으로 다소 높아 2003년 기준으로 볼 때 부산방송 46.2%, 대구방송 33.1%, 대전방송 32.6% 등을 기록하였다.

<표 6-7> MBC 로컬편성 비율(봄/가을)

	AM 로컬 릴레이		FM 로컬 릴레이	
1991년	37/36	63/64	46/40	54/60
1998년	—	—	37.5	62.5
1999년	22.7	77.3	37.5	62.5
2000년	37.5/22.7	62.5/77.3	37.5/22.7	62.5/77.3
2002년	19.9/19.9	80.1/80.1	—	—

자료: 《문화방송연감》 참조.

4. 방송환경 변화와 편성

1) 라디오환경 변화

향후 라디오영역에 미칠 가장 큰 변화 중의 하나는 디지털방송(DAB: *Digital Audio Broadcasting*)의 실시이다. 기존의 아날로그 라디오와는 달리 디지털방식은 오디오신호를 디지털방식으로 변조하여 지상파에서 무지향성 수신안테나를 통해 각종 라디오 수신기에 제공하는 방식으로 지상파 DAB, 위성 DAB 및 중단파 대역 DAB가 이에 속한다(정신일, 2002).

이미 지난 1995년부터 유럽을 중심으로 본방송이 개시되었고, 2000년대에는 미국 등 다른 국가에서도 방송을 시작하여 본격적 디지털 라디오시대가 전개되고 있다. 이와 관련 최근 미국에서는 위성라디오산업이 급성장하고 있는데, 이는 디지털방식으로 송출하고 위성수신기를 이용하여 백여 개 라디오채널을 수신할 수 있는 시스템이다. 1992

년 설립된 'XM 위성라디오'는 2004년 가입자 수가 전년보다 약 네 배나 증가한 140만에 달한다. 1997년 설립된 '시리우스'도 2003년에는 가입자수가 3만 명 수준이었으나, 2004년에는 26만 명으로 급증하는 추세이다(《조선일보》, 2004년 1월 26일).

한편 소규모 지역공동체를 가시청권으로 하는 소출력 라디오의 등장도 미래 라디오환경에 중요한 변화를 수반할 것으로 예상된다. 주무부서인 방송위원회는 이미 2004년 후반 시범방송을 실시할 계획을 수립하는 등 곧 상용화에 돌입할 예정이다. 그럴 경우 각 지역을 단위로 하는 지역밀착형 방송, 혹은 공동체의 커뮤니케이션 채널로 많은 각광을 받을 것으로 보인다(박스기사 참조).

이처럼 라디오매체의 내적 환경은 디지털기술에 기반한 다채널 및 멀티미디어시대의 전개, 그리고 소출력 라디오의 활성화가 향후 편성

소출력 라디오는 기존 라디오와 동일한 주파수대역을 사용하지만 송신출력을 크게 제한하여 반경 1km에서 10km 혹은 수십km를 가시청권으로 하는 방송을 의미한다. 이 중에서 출력을 1W 정도로 하여 반경 수km 내에 전송하는 안내방송(Minj-FM)이 있는가 하면, 이보다 큰 규모로 이루어지는 지역방송(Community Broadcasting)으로 구분된다. 전자는 흔히 경기장, 관광지 등에서 정보를 서비스하는 방송에 해당되고, 후자는 지역사회, 학교, 장애인 등 소규모 공동체나 사회적 소수자들이 운영주체로 참여할 수 있다. 특히 소출력의 공동체 라디오는 비영리로 운영되어 기존 고출력 라디오와 차별화될 것으로 예상된다. 또 제작과 이용이 용이하여 잠재적 청취자가 직접 참여하는 모델이 상용화될 것으로 기대된다.

이미 미국, 일본, 호주, 영국 등 외국에서는 오래 전부터 다양한 프로그램의 방송이 실시되고 있다. 우리나라의 경우 아직 관련법규가 마련되지 않아 상용화에는 장애가 있지만 분당, 일산 등 수도권 신도시와 서울 신촌, 전남 광주, 나주 등을 중심으로 소출력 라디오방송이 등장할 것으로 예상된다. 따라서 소출력 라디오는 차후 지방자치단체와 공공단체를 중심으로 시민저널리즘의 핵심적 실현장으로 기대된다. 그러나 비영리 특성상 재원을 확보하여 독립적 운영이 가능토록 하는 방안의 강구가 앞으로 성패를 가늠하게 될 가장 큰 과제에 속한다.

에 중요하게 작용할 것으로 보인다. 이와는 달리 라디오매체의 외적 환경변화도 중요한 변수이다. 이미 텔레비전과는 달리 옥외매체로 자리잡은 라디오는 카오디오시대에 더욱 인기를 끌 것으로 보인다. 게다가 앞으로 주 5일제 근무시대가 본격화되면 잠재적 카오디오 청취자는 더욱 증가할 것으로 보여 이들을 대상으로 한 경쟁이 더욱 심화될 것으로 예상된다. 주 5일제 정착은 또한 프로그램 편성전략을 주중과 주말로 이원화시키는 계기가 되며, 특히 주말프로그램을 어떻게 편성해야 할 것인가가 경쟁에서 매우 중요한 요인이 되었다. 라디오채널 특성상 퍼스낼리티가 절대적인 점을 고려할 때 주말프로그램에서는 MC 섭외문제가 성공의 주요 관건 중의 하나가 될 것으로 보인다.

2) 미래의 편성전략

이상과 같은 내외적 라디오 방송환경의 변화가 수반할 결과는 무엇보다도 수백 개 채널간에 이루어질 경쟁의 심화라고 할 수 있다. 따라서 시장논리에 의해 생존의 기로에 놓이는 채널이 등장하는 것을 비롯하여 이전과는 전혀 상이한 상황이 전개될 가능성이 높다. 따라서 다채널이 공존하는 시대의 편성특성 중의 하나는 무엇보다도 다원주의 지향이다. 이는 우선 프로그램 내용상으로 전문화 및 특성화를 추구하는 것을 의미한다. 이는 오래 전부터 강조된 점이지만 논의수준에 머물렀으나, 차후에는 채널의 생존문제와 연결되어 더욱 구체화될 것으로 예측된다. 규모상으로는 그동안 획일적 중앙의존도를 탈피하고 지역성을 강화하는 채널전략이 등장할 것으로 예상된다. 아울러 다수의 소규모 채널이 새로이 등장하여 다양한 프로그램을 내보내기도 할 것이다.

이 중에서 특히 그동안 많은 전문가들이 지적한 전문화전략은 미래의 전략으로 실효를 거둘 조건이 성숙해졌다고 할 수 있다. 이와 관련 기존에는 라디오채널 수가 한정되어 있어 진정한 포맷편성은 국내현실

에서는 적용되기 힘들고, 방송사 의지만으로 이루어질 수 있는 것도
아니었다는 평가가 제기되기도 했다(MBC 내부자료, 1990).[7]

　다른 한편 아예 라디오를 타 매체와 차별화시키는 편성전략도 요구
된다. 특히 뉴미디어 채널, 디지털화 등으로 수백 개 이상의 채널이
동시에 가능해진 텔레비전매체나 인터넷매체는 라디오의 위상에 밀접
한 영향력을 미친다. 따라서 라디오가 독자적 위상을 견지하기 위해서
는 타 매체와의 경쟁에서 상대적 우위를 점하는 분야를 집중적으로 개
발하거나 차별화하는 다각적 방안이 필요하다.[8]

3) 기타 활성화 방안

　그리고 차후 다채널시대의 라디오매체를 활성화시키는 방안 중의
하나로 라디오 수신료를 별도로 징수하는 방안도 고려해 볼 만하다.
기존 방송수신료 중 라디오와 텔레비전으로 나누어 징수하거나 기존
수신료 중 라디오부문에 적정비율을 지원토록 할 경우 공영라디오 채
널의 활성화에 크게 기여할 것으로 예상된다. 이미 공영방송이 정착된
유럽국가에서는 라디오를 텔레비전과 구분하여 별도로 수신료를 부과
하기도 했는데, 이것이 수준 높은 유럽 라디오방송의 발전과 밀접하게
관련된다고 생각된다.

---

7) 한 라디오 편성전문가는 전문화의 또 다른 전제조건으로 청취층의 다양화
　를 제시했는데, 현재 우리나라 라디오시장은 이 조건에 부합되지 못한다
　고 평가하였다. 즉, 청취층의 다양화 차원에서 전문화에 필수적인 마니아
　층이 얇아 특성화 및 전문화에 장애가 된다고 지적하였다.
8) 편성방향에 대해 강준만은 라디오 편성방향의 가이드라인에 대한 견해를
　신축성, 신속성, 정보성, 현실성, 결합성, 국제성, 진보성, 실험성, 참여
　성, 지역성 등 열 가지 개념으로 제시하기도 했다(강준만, 1991: 38~49).

234

■ 연습문제

1. 타 매체와 차별적인 라디오 기능은 무엇이라고 보는가?
2. 라디오 저널리즘의 부활이 갖는 의미는 무엇이라고 생각하는가?
3. 디지털시대에 라디오의 위상은 어떻게 변할 것으로 보는가?

■ 참고문헌

강대인 (1978), "TV시대의 라디오 편성의 제 문제,"《신문과 방송》 2월호.
_____ (1993), "라디오 편성," 한국방송학회 (편),《방송편성론》, 나남출판.
_____ (1995), "라디오방송의 활성화 및 발전방안,"《방송문화》 12월호.
강대인·김우룡·홍기선 (1990),《방송제작론》, 나남출판.
강대인·김영임·한진만 (2000),《방송편성론》, 한국방송대학교 출판부.
강준만 (1991), "라디오의 특성과 가능성," 문화방송 라디오국,《라디오방송
　　　제작론》, pp. 25~54.
김별님 (2003), "공영라디오방송과 민영라디오방송 편성 비교연구: 다양성과
　　　질을 기준으로," 서울대학교 석사학위논문.
김영욱 (1998),〈라디오방송저널리즘의 현황과 가능성〉, 한국방송개발원.
김영준 (1996), "라디오공개장의 기능에 관한 연구,"《방송시대》 10호, pp.
　　　144~207.
방송위원회 (1996),〈라디오편성위원회보고서〉.
_____ (2003),〈방송산업실태조사보고서〉.
_____ (2003),《제 1기 방송위원회백서》.
서울대학교 언론정보연구소 (2001),〈2000년 국민생활시간조사〉.
_____ (1996),〈1995년 국민생활시간조사〉.
이건세 (1991), "라디오방송의 실제," 문화방송 라디오국,《라디오방송 제작
　　　론》, pp. 55~98.
이호준·도준호 (1997), "라디오청취자들의 청취행태와 만족도,"《방송연
　　　구》, 방송위원회, pp. 268~298.

MBC 내부자료(1990), 〈1990년대 MBC라디오 활로모색과 편성을 위한 보고서〉.

정신일(2002), "지상파 디지털 라디오방송의 실시현황 및 전망,"《방송문화》1월호.

KBS(2004), 〈2003년 KBS연차보고서〉.

한국갤럽(2004), 〈2004년 상반기 라디오 청취성향조사〉.

한국방송개발원(1994), 〈방송환경변화와 라디오의 대응〉.

한국방송협회(1997), 《한국방송70년사》.

한국언론재단(2003), 〈라디오시사프로그램연구〉.

한진만(1998), "라디오채널의 특성화에 관한 연구,"《방송연구》여름호, pp. 166~207.

《신문방송연감》

《KBS연감》

《문화방송연감》

제 7 장
케이블 TV와 위성방송의 편성

김 유 정

1. 케이블 TV와 위성방송 편성의 기본적 논의

케이블TV는 1940년 산간지방과 난시청지역에서 지상파방송의 중계역할을 담당하면서 시작되었다. 공시청 안테나TV(*community antenna television*)로 불렸던 초기의 케이블TV는 난시청지역 해소기능에 충실한 나머지 지상파를 재송신하는 역할에 머물러 있어 자체적 프로그램 제공이 불가능했기 때문에 프로그램 편성이 언급되지 않았다. 그 이유는 중계유선처럼 공시청 안테나TV는 전송받은 프로그램을 재전송하는 제한적 역할만 수행하므로 편성의 의미가 없기 때문이다.

이런 연유로 비록 케이블TV가 방송서비스 매체로 출발했지만, 초기에는 프로그램 편성에 대한 논의가 없었다. 그 이후 1960년 중반부터 케이블TV가 독립된 방송사업자로 전환되어 독자적으로 제공하는 채널 수가 점차 증가하는 등 프로그램 제공매체로서의 기반을 다져나감에 따라 비로소 편성에 관심을 갖게 되었다. 반면에 케이블TV에 비해 뒤늦게 출발한 위성방송은 초기부터 재송신 역할이 아닌 다채널 방송 서비스를 제공했기 때문에 현재와 같은 편성의 개념이 적용되었다.

우리나라 케이블TV는 1995년 1월 시험방송을 개시하고 3월부터 본방송을 실시하였다. 위성방송은 2001년 12월에 시범방송을 실시한 뒤 2002년 3월부터 서비스를 제공하고 있다. 두 방송 모두 뉴미디어적 서비스라는 이미지를 내세웠지만 기존의 지상파방송과 경쟁하여 가입자를 확보해야 하는 어려움을 초기뿐만 아니라 현재도 갖고 있다. 따라서 케이블TV와 위성방송은 최대한으로 이용자들의 관심을 포착하고 만족도를 높여 가입률과 채널선택률을 높이는 동시에 사업자가 최대한의 이윤을 획득할 수 있도록 하는 것이 궁극적 목표이며, 이를 위해 지상파와의 차별성을 강조하는 데 주력한다. 이러한 점을 반영한 것이 바로 케이블TV와 위성방송의 편성전략이다.

이렇듯 케이블TV와 위성방송이 지상파의 경쟁매체로 부각되면서 편성의 의미가 중요시되었다. 특히 스포츠, 영화, 뉴스 등에서 기존 지상파와의 차별화되는 프로그램을 제공하여 내용의 다양성과 선택의 폭을 증대시킨다는 점에서 경쟁력을 갖는다. 그러므로 이러한 점들을 편성에서 반영하고자 한다. 왜냐하면 방송사업자들은 프로그램을 편성하여 이용자들에게 공급하고, 이용자들은 편성에 의해 제공되는 프로그램에 따라 방송서비스를 평가하고 이해하기 때문이다. 결국 가입과 이용으로 이어지는 케이블TV와 위성방송에 대한 평가와 만족은 편성전략에 준해 제공되는 프로그램에 대한 노출의 결과이다.

1) 케이블 TV와 위성방송의 특성 부각과 편성

케이블 TV와 위성방송 편성에서 우선 고려되어야 할 사항은 케이블 TV와 위성방송의 특성을 부각시키는 것이다. 이를 위해 이용자 표적화에 따른 채널의 특성화 내지 전문화 및 지역독점사업에 따른 지역매체적 특성을 최대로 이용하는 전략도 필수적이다. 또한 케이블 TV와 위성방송 편성의 궁극적 목표는 산업의 경영수지 개선 및 강화에 있다고 할 수 있다. 이와 관련하여 수익을 올릴 수 있고 고정적이며 장기적인 가입자를 유지하려는 노력들이 편성에 반영된다.

(1) 채널용량의 증대에 따른 다채널 운영

케이블 TV와 위성방송의 가장 중요한 장점은 채널용량이 풍부하다는 것이다. 풍부한 채널용량은 전파의 희소성이라는 제약 때문에 일정한 채널만을 허용할 수밖에 없는 지상파와는 비교할 수 없을 정도로 많은 채널 수를 가능케 한다(McKenna, 1974). 10개 안팎의 지상파채널과 백 개 이상까지 확보할 수 있는 케이블 TV와 위성방송 채널 간의 용량차이는 곧 프로그램 제공능력의 차이를 의미하며, 이는 프로그램 제공의 다양성과 직결된다.

채널용량의 증가로 채널을 좀더 세분화할 수 있기 때문에 다양한 채널수용이 가능하고, 그 결과 프로그램 공급의 다양성은 증가된다. 물론 증가된 채널용량이 반드시 다양한 프로그램 편성을 보장하지 않아 채널의 증가와 내용의 다양화가 정비례하지 않을 수도 있다(Webster, 1986). 그러나 계속된 케이블 TV와 위성방송의 채널용량 증가로 이용할 수 있는 프로그램이 다양해진 것은 분명한 일이다. 슬로언위원회는 〈케이블에 대하여: 풍요의 텔레비전〉(*On the Cable : The Television of Abundance*)이라는 보고서에서 풍요의 텔레비전인 케이블 TV는 채널의 희소성을 극복하여 '매우 다양한 이용'을 지향했음을 지적했다(Sloan

Commission on Cable Communications, 1971). 따라서 채널의 양적 증대가 질적 다양성을 보장할 수 있다.

(2) 협송에 의한 전문편성 가능

지상파는 자신들의 프로그램을 불특정다수에게 전달해야 하지만, 케이블TV와 위성방송은 특정집단을 겨냥한 프로그램을 전달할 수 있다(Johnson, 1970). 특정계층을 대상으로 특화된 프로그램을 제공한다는 측면에서 케이블TV와 위성방송은 불특정다수를 대상으로 전파를 내보내는 방송(*broadcasting*)이라기보다는 특정 시청자를 대상으로 전문화된 프로그램을 편성하여 제공하는 협송(*narrowcasting*)이 보다 적합하다.

협송은 특정계층을 위한 특화된 프로그램 제공이라는 측면에서 전문편성이라고 일컫는다. 이에 따른 전문화·세분화된 채널운영은 무엇보다도 특화된 다양한 프로그램을 제공하여 시청자로 하여금 자신들의 특정한 욕구와 필요에 따른 채널을 선택하여 원하는 정보를 얻을 수 있게 한다(Straubhaar & LaRose, 1996). 예를 들면, 뉴스나 시사물을 전문적으로 다루는 채널을 비롯하여 학생 등 특정계층의 교육을 전담하는 교육채널, 스포츠나 레저가 주종을 이루는 채널, 드라마나 영화를 중심으로 한 채널, 행정이나 국회 의정활동만을 보여주는 채널 등까지 가능하다(Peck, 1983). 이와 같이 대중적 소구를 내세우지만 실제로는 어느 일정한 범위 내의 수용자들에게만 소구될 수밖에 없는 프로그램 제공이라는 한계성을 가진 지상파에 비해 케이블TV와 위성방송은 다양한 계층(특정 지역, 특정 종교, 어린이, 청소년, 여성 등)의 시청욕구를 해결해 줄 수 있다.

(3) 채널간의 상호보완

케이블TV와 위성방송은 단일채널이 아닌 다수의 채널이 조화를 이룬 집합체적 방송서비스이다(고수자, 1992). 이에 대해 방송법에 "채널은 다양성이 구현되도록 구성, 운용되어야 하며, 특정 분야에 편중되어서는 아니 된다"라고 채널구성과 운영에 관해 규정하고 있다. 이에 따라 케이블TV와 위성방송은 특성화된 채널들을 상호보완적으로 구성·운영하고 있다.

다수의 채널에 의해 운영되는 케이블TV와 위성방송은 하나의 채널로는 시청자들의 다양한 욕구를 채워줄 수 없다. 왜냐하면 시청자가 선호하고 기대하는 프로그램이 지상파처럼 한 채널에서 종합적으로 제공되지 않기 때문이다. 따라서 채널별로 시청자의 상이한 욕구를 충족시켜야 하기 때문에 채널간의 상호보완성이 요구된다(종합유선방송위원회, 1993). 이를 위해 케이블TV와 위성방송은 각기 다른 장르로 특화된 채널들이 균형을 맞춰 구성해야 한다. 어느 한 특정 장르에 치중되지 않고 드라마, 뉴스, 영화 등의 각 장르를 조화있게 적절히 배분하여 구성함으로써 전체 채널이 상호보완하여 프로그램 공급 면에서 가능한 다양한 장르를 제공해야 한다. 그러므로 채널 내 프로그램 편성도 중요하지만 전체 채널에서 제시되는 프로그램간의 균형도 중요하다.

(4) 지역주의의 강화

텔레비전이 지역사회의 발전과 밀접한 관계가 있음에도 불구하고 지상파에서는 지역사회에 집중할 수 없다. 지역사회 발전을 위해 텔레비전의 기여도가 인정되지만 현실적 문제에 부딪쳐 지상파는 일부지역을 제외하고는 지역주민들의 정보창구로서의 역할을 수행하지 못한다. 그러나 출범 초기부터 지역주의가 강조된 케이블TV는 지역사회 발전을 위한 프로그램을 개발하고 제공토록 노력하며, 지역민의 권리

신장과 지역의 정치발전이 숙성되어 지역자치화가 고착되도록 지역을 위한 정보제공에 일조하고자 한다.

이는 다음과 같은 지역채널을 통한 지역밀착형 방송서비스를 통해 가능하다. 첫째, 지역의 각종 문화행사 및 공지사항 전달을 통한 지역밀착형 방송을 실시하여 지역사회의식을 고취시키고 주민들의 지역참여의식을 높인다. 둘째, 방송사용비가 상대적으로 저렴해 실험적 프로그램이 가능하기 때문에 지역사회와 주민의 요구에 부응하는 프로그램을 편성하여 지역 고유의 문화창달에 도움을 줄 수 있다. 셋째, 지역주민간의 쌍방향 네트워크를 통해 지역사회의 정보를 제공하고 지역 내의 각종 서비스업계와 제휴하여 이들과의 직접적 교류가 가능하다. 넷째, 지방의회 진행과정의 중계와 지방선거에 따른 선거방송을 실시함으로써 지방자치에 필요한 통로역할을 수행하여 지방자치제의 정착을 도모할 수 있다. 다섯째, 지역주민의 라이프스타일에 맞는 친근한 방송으로 자리매김할 수 있다.

(5) 방송경영 수지강화와 가입자 확보를 위한 노력 반영

케이블TV와 위성방송은 하나의 방송사업이다. 따라서 케이블TV와 위성방송의 각 채널을 담당하는 프로그램 공급업자들도 이윤극대화를 목표로 하기 때문에 경영적 측면을 무시할 수 없다. 프로그램을 일종의 방송상품으로 간주할 경우, 다른 상품과 마찬가지로 진열, 즉 편성에 따라 상품가치가 달라질 뿐만 아니라 상품의 부가가치도 높일 수 있다. 또한 방송상품은 이중적 전달구조를 갖는다. 일반적 상품은 소비자들에게 판매되고 소비되면, 그 결과로 이윤을 얻을 수 있다. 반면에 방송상품은 일차적으로 생산된 상품인 프로그램을 방송으로 내보내는 수단으로 유통시켜 이윤을 얻지만, 이차적으로는 방송상품이 전달과정의 마지막 단계가 되는 시청자, 즉 케이블TV와 위성방송 가입자들에게 소구되어야 한다. 결국 가입자들에게 효율적으로 소구하기 위해서 편성수단을 동원하게 된다. 결국 케이블TV와 위성방송 편성의 궁극적 목표가 경영수지 개선과 강화에 이바지하도록 하는 것이 당연하다(김유정, 1998).

케이블TV와 위성방송서비스는 가입이라는 선제적 행위를 통해 제공된다. 이런 까닭에 시청자가 원하는 서비스제공을 보다 중요시 여겨 시청자가 만족할 만한 방송공급이 우선적이므로 지상파에 비해 인위적 규제에 통제되기보다는 가입자들의 만족도를 채워줄 수 있는 프로그램 공급이라는 목표를 분명히 한다.

2) 케이블TV와 위성방송의 편성방향

최적의 시간에 최적의 프로그램 공급이라는 기본적 편성원칙이 케이블TV와 위성방송에도 적용된다. 편성이란 방송될 프로그램의 배치 및 순서를 일컫는 말이다. 구체적으로 말하자면, 편성은 프로그램의 유형과 내용에 따라 방송에 나갈 분량과 배치를 결정하고 그 결정에 따라 구성된 프로그램 배열결과이다. 때문에 편성에서는 방송하기 위해 무엇을 언제, 어떻게 배치하느냐가 주핵심이 되므로, 방송시간이라는 틀 속에서 확보한 프로그램 자원을 최대한으로 활용·운용하기 위한 편성의 목적과 방향설정이 필요하다. 왜냐하면 설정된 목적과 방향을 지침 삼아 프로그램을 구성함으로써 무작정 방송시간을 짜맞추기보다는 효율적 편성결과를 강구할 수 있기 때문이다.

케이블TV와 위성방송에서 편성은 첫째, 가능한 많은 가입자들을 확보하며, 둘째, 양질의 프로그램을 균형적으로 제공하며, 셋째, 각 채널의 인지도를 향상시킨다는 목적과 관련된다. 이에 따라 기본적 편성방향이 설정되며, 여기에 첨부하여 지상파와의 경쟁이라는 상황을 감안하여 매체특성을 부각하고자 한다. 매체선택론자들의 주장에 따르면 다매체시대에서는 매체마다 고유한 특성이 부각되고 강조되기 때문에 시청자들은 자신들에게 인지된 각 매체의 특성에 준해 특정매체를 선택한다. 따라서 케이블TV와 위성방송이 자리매김하기 위해서는 고유한 케이블TV와 위성방송의 특성을 강조해야 하므로, 케이블TV와 위성방송 편성은 특성을 부각시키는 방향으로 모색된다. 우선적 편성전략은 채널별의 전문화된 편성이다. 다수의 시청자들을 대상으로 다양한 프로그램을 시간대별로 배치하는 지상파와는 달리 내용별, 대상별로 세분화, 전문화한다. 둘째, 채널간의 상호보완적 편성이다. 케이블TV와 위성방송시스템에는 각기 전문화된 채널들에 의한 다른 내용의 프로그램들이 상호보완되어 전체적으로 종합된 내용의 프로그램을 전달해 준다. 셋째, 순환편성을 실시한다. 같은 프로그램을 여러 차례 시간과 일자를 달리하여 순환시켜 반복해서 보여줌으로써 특정영역에 관심을 갖는 시청자들에게 최대한으로 도달되게 하여 프로그램의 효율성을 증가시킨다. 넷째, 서비스 담당지역과 밀착된 프로그램을 제공하여 시청자들과의 밀착된 상호관계를 형성하며, 이는 지역채널을 활용함으로써 가능하다. 다섯째, 보완적 기능을 할 수 있도록 편성한다. 방송시간 제한에 의한 한정된 프로그램 제공이라는 제약성을 탈피하여 상세하고 현장감 있는 프로그램을 시간에 구애받지 않고 전달해 준다.

일반적으로 프로그램 편성과 시청률, 그리고 광고수주는 사슬적으로 연결되어 있다. 특히 타 채널간의 경쟁이 강조되는 지상파방송에서는 사슬적 연결이 중요하다. 그래서 지상파에서는 시청자들의 재핑식 시청행위를 감소시켜 시청자들을 자신의 채널로 묶어 둘 수 있는 편성전략이 요구된다. 그 결과 지상파 편성에서는 타 채널간의 경쟁을 의식한 편성전략이 다양하게 모색되었다. 그러나 케이블TV와 위성방송에는 지상파처럼 채널 내의 다양하고 뚜렷이 제시될 수 있는 편성전략이 적용되지 않는다. 케이블TV와 위성방송은 지상파보다는 편성문제에서는 부담이 적다. 그 이유는 우선적으로 채널간의 경쟁에서 해방될

〈그림 7-1〉 케이블 TV와 위성방송 편성의 기본방향

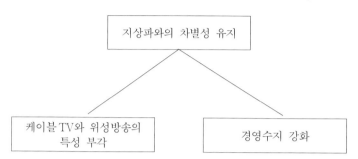

수 있기 때문이다. 각각의 채널들이 특성화되어 있어 겨냥하는 타깃층이 상이하기 때문에 경쟁의 의미가 희석된다(김유정, 1998). 또한 케이블 TV와 위성방송은 시청자들의 라이프스타일에 준해야 하는 규격적 편성에서 자유롭다. 그 외에도 가입자 신청에 의한 방송이라는 측면에서 적용되는 규제완화정책으로 말미암아 규제적 차원에서 엄격성이 많이 배제되어 있다. 이상의 것들이 모두 반영되어 편성방향을 설정하게 된다.

3) 채널간·채널 내 편성

일반적 편성개념인 프로그램의 배치라는 의미는 케이블 TV와 위성방송의 채널에도 그대로 적용된다. 그러나 편성개념을 적용하고 이를 활용하여 전략화하는 데 있어 케이블 TV와 위성방송은 지상파와는 다소 상이하다. 지상파는 채널간의 경쟁을 의식하여 채널 내의 편성에 치중하지만 케이블 TV와 위성방송은 채널간 경쟁 의미보다는 운영에 중점을 둔다. 채널간 운영이라는 편성체계를 갖기 때문에 채널구성이 편성의 의미를 갖는다. 이에 따라 케이블 TV와 위성방송의 편성논의는 채널간, 그리고 채널 내로 구분된다.

246

〈그림 7-2〉 케이블 TV와 위성방송의 편성전략

케이블 TV와 위성방송의 지향점	케이블 TV와 위성방송의 편성전략
• 타 매체와의 차별성 고지 　(특히 지상파) • 케이블 TV와 위성방송의 특성 반영 • 가입자 확보 • 사업자의 경영수지	• 전문편성 • 전일방송 • 지역밀착형 편성(지역채널 운영) • 순환편성

　케이블 TV와 위성방송은 방송사업자[1]로 지정된 시스템운영자(SO: *system operator*)와 채널사용사업자(PP: *program provider*)로 지정된 채널운영자의 편성으로 구분된다. 방송사업자는 이용자들에게 제공되는 채널들을 구성하는 입장에서, 채널사업자는 채널 내에서 프로그램을 제공하는 입장에서 편성의 의미가 적용된다.

　케이블 TV와 위성방송은 방송사업자가 다양한 채널사업자들로부터 프로그램을 공급받아 채널들을 운영한다. 이때 방송사업자들은 전반적 채널구성에 관련하여 총체적 다양성을 준수하기 위해 채널간의 상호보완성을 확인해야 하므로 채널간 편성에 관여하고 결정하는 채널편성권을 갖는다. 채널구성에서 중요시되는 것은 채널간의 상호보완적 프로그램 제공이 고려되어 다양한 채널을 제공하는 것이다(손창용·여현철, 2002). 그래서 채널간 편성에서는 전체적 채널구성이 특정한 내용과 장르에 치중되지 않고 다양한 내용과 대상을 포괄할 수 있는 채널들을 형성하는 것이 무엇보다 중요하다. 따라서 방송사업자는 제공 가능한 수많은 채널들 중에서 특정 채널들을 선택하여 적절한 채널구성을 운영하는 방안을 모색해야 한다. 뿐만 아니라 방송사업자는 접근

---

1) 케이블 TV의 방송사업자는 시스템운영자(SO: *system operator*)로 지칭되며, 위성방송사업자는 플랫폼사업자(*platform operator*)로 지칭된다.

채널(access channel)과 지역채널 운영, 그리고 지상파방송의 의무전송 의무가 주어지므로 이를 채널구성에 반영해야 한다.

반면 채널사업자는 방송사업자에게 제공하는 특정 채널 내에서의 프로그램 공급과 관련하여 담당하는 특정 채널 내의 편성을 맡는다. 예를 들어, 영화채널인 OCN과 뉴스채널인 YTN에서의 편성을 의미한다. 채널 내 편성은 주어진 방송시간 내에서의 프로그램 배치이므로 지상파와 유사한 부분이 많다. 그러나 상대적으로 케이블TV와 위성방송은 편성시간의 제약에서 벗어나므로 지상파와는 차별적으로 적용할 수 있는 채널 내 편성전략은 다음과 같다.

첫째, 테마편성이다. 이 편성방식은 각 채널이 갖는 고유의 특성이나 긍정적 이미지를 부각하는 '간판프로그램'을 편성하는 것으로 바로 전문편성을 의미한다. 둘째, 프로그램간 틈새편성이다. 이는 일종의 채널 프로모션 프로그램으로, 한 프로그램이 끝나고 다음 프로그램이 시작되기 전 5분 이내의 매우 짧은 독립적 프로그램을 편성하거나 홍보하려는 특정 프로그램의 하이라이트 내지 메시지를 삽입하는 편성방식이다. 특정 프로그램에 대한 관심을 유발시키고, 특정 프로그램이 끝난 뒤 다른 채널로의 이탈을 막아 다음에 시작될 프로그램을 자연스럽게 시청하도록 유도할 목적으로 활용한다. 셋째, 마라톤편성이다. 이는 거의 하루종일 또는 며칠에 걸쳐 드라마나 시리즈물과 같은 프로그램 하나를 연속적으로 편성하는 것이다. 이러한 장시간의 마라톤편성은 연휴 때나 외출이 힘든 날씨가 지속되는 경우처럼 TV 시청 시간이 길어질 때 이용된다. 마라톤편성에 이용되는 프로그램은 주로 인기 있었던 TV시리즈물과 드라마, 그리고 영화들이 주종을 이룬다. 넷째, 순환편성이다. 케이블TV와 위성방송에서 순환편성은 프로그램 재방송이라는 단순한 의미가 아니라 한 사람의 수신자라도 더 시청할 수 있게 한다는 의미로 해석된다. 지상파방송에서의 재방송은 주요 프로그램 사이의 빈 시간을 메우기 위한 땜질용 프로그램으로 인식되지만 케이블TV와 위성방송에서는 프로그램을 재방송한다는 단순한 의미보다는 특정 프로그램을 가지고 편성시간별, 요일별, 날짜별로 달리 방영하여 시청자가 편리한 시간대를 선택할 수 있게 하여 한 사람이라도 더 시청할 수 있게 하는 적극적 의미로 해석해야 한다.

2. 케이블TV와 위성방송의 채널구성과 운영

1) 채널 구성

방송법에 의하면 케이블TV와 위성방송사업자가 구성, 운영하는 채널의 다양성을 확보하도록 하여 사업자는 40개 이상의 채널을 구성, 운영해야 하며, 방송위원회가 제시한 방송프로그램 분야를 모두 포함시켜 구성하도록 규정한다. 따라서 채널편성권을 갖는 방송사업자는 이용자들에게 공급할 채널을 결정할 때 이를 준수해야 한다. 그러므로 채널구성에서 방송사업자들은, 첫째, 여러 유형의 채널들이 포함되도록 제고해야 하며, 둘째, 특정 장르 및 내용에 치중하지 않고 다양한 장르와 내용의 프로그램이 제공되도록 하는 것이 중요하다.

케이블TV와 위성방송은 방송서비스이지만 상업적이고 오락적인 채널만으로 채널을 구성하는 것이 아니라 공공채널, 의무전송 채널, 기본서비스 채널, 유료서비스 채널, 접근채널(*public education government channel*: PEG 채널, 임대 채널), 지역채널을 포함해야 한다. 이 중에서 공공채널, 기본서비스 채널, 유료서비스 채널, 지상파 의무전송 채널, 홈쇼핑채널은 채널사업자가 공급하는 채널이다. 방송사업자는 지역채널 및 임대채널을 관리하여 채널을 구성한다.

또한 채널구성의 다양성을 구현하기 위해 특정 분야로의 편중성을 제도적으로 방지하고 있듯이, 다양한 채널이 상호보완적 조화를 이루

〈표 7-1〉 케이블 TV와 위성방송의 방송사업자

구 분	방송사업자
케이블 TV	각 지역을 분할하여 지역당 하나 혹은 두 개의 사업자가 서비스를 하고 있음. 예를 들면, 서울시 강남구의 강남케이블 TV, 관악구의 관악케이블 TV방송과 관악유선방송국, 부산시 부산진구의 중앙케이블 TV방송, 경기도 성남시의 아름방송네트워크, 강원도의 한국케이블 TV 영동방송이 있음.
위성방송	스카이라이프

〈표 7-2〉 케이블 TV와 위성방송에 제공되는 주요 채널들

유 형		채널명
엔터테인먼트	영 화	OCN, 홈CGV, 슈퍼액션, XTM, mbc 무비스, DCN, ABO
	드라마	MBC드라마넷, SBS드라마플러스, KBS SKY DRAMA
	스포츠	SBS스포츠채널, SBS골프채널, J Golf, KBS SKY SPORTS
	음 악	M. net, KMTV
	오 락	Comedy TV: 코믹물
	만 화	AniOne, Tooniverse, 카툰네트워크
	게 임	온게임넷, Qwiny, MBC game
	연 예	ETN 연예정보, YTN STAR
정 보	뉴 스	YTN, MBN
	다 큐	The History Channel, Q Channel, CTN, Discovery Channel
	교 육	대교어린이 TV, JEI 재능방송
	정 보	이벤트 TV, 부동산 TV, 한국경제 TV
라이프	종 교	CBS 기독교방송, PBC, 불교 TV, CTS기독교 TV
	여 성	동아 TV, GTV, 온스타일
	생활/취미	리빙 TV, 바둑 TV, Olive, e 채널
공익채널	국정홍보	KTV, 국회방송
	교 육	OUN
	외국어	Arirang TV

도록 하는 것이 다채널의 케이블TV와 위성방송 채널구성의 기본적 원칙이다. 다양성 유지란 각 채널에서 제공하는 프로그램의 특성과 장르가 고려되어 다양한 영역의 프로그램이 제공될 때 가능하다. 대체로 기본채널에서는 뉴스/정보, 종교, 소수민족, 어린이, 스포츠, 교육, 음악, 문화/예술, 영화/드라마, 건강, 취미/레저, 만화, 일반, 쇼핑 등을 포함한다. 이들 프로그램들이 균형 있게 제공될 때 비로소 다양한 프로그램 제공이라는 취지가 달성되는 것이다.

방송위원회가 채널구성 현황을 분석 조사한 결과, 케이블TV의 분야별 평균비율은 오락 38.7%, 생활 및 정보 13.8%, 스포츠 및 레저 10.8%, 홈쇼핑 9.5%, 공공 6.9%, 교양 6.5%, 종교 6.0%, 교육 5.5%, 보도 3.9% 순으로 나타났다. 위성방송의 기본형 패키지 구성비에서도 오락이 43.5%로 가장 많았고, 스포츠 및 레저 11.3%, 교양 9.7%, 생활 및 정보 8.1%, 교양, 홈쇼핑, 보도, 공공이 각 6.5%, 종교가 4.8% 등으로 조사되었다.

이와 같이 시장논리에 따라 공익적 채널은 소외되고 인기 있는 특정 채널에 의존한 편성이 가중되는 것이 문제점으로 지적된다. 다양한 프로그램의 제공은 수용자들의 정보욕구에 근거를 두어 공익적 개념으로 규정되어 있다. 따라서 각종 정보, 오락, 교양에 대한 이용자들의 진정한 욕구를 보호하기 위한 수신보장의 수단으로 방송위원회는 전문편성 고시의 방안을 제시한 바 있다. 이는 다채널 방송서비스의 채널편성에서의 과도한 상업화현상을 억제하고 다양한 프로그램 제공을 실현하기 위한 방안이다. 그 배경에는 방송사업자들이 채널편성권을 영리추구 위주로 삼고 있어 다채널 방송서비스의 근본취지인 전문성과 다양성의 특성이 퇴색되는 결과를 초래함에 따라 채널편성의 지나친 상업화를 막고자 하는 의도가 자리잡고 있다. 그러나 이는 방송의 자율권을 통제하는 조치여서 논란이 많았다. 그럼에도 불구하고 시장의 힘에 의해 무분별하게 채널이 편성되거나 공익성이 강한 채널들이 시장에서 퇴출되지 않도록 노력할 필요가 있다.

2) 채널서비스 유형

케이블TV와 위성방송의 채널서비스는 기본서비스(*basic service*) 와 유료서비스(*premium service*) 로 구분된다. 기본서비스는 채널사업자가 제공하는 채널을 비롯하여 지상파방송의 의무전송 채널, 공공채널, 위성방송의 중계채널, 방송사업자의 자체제작 지역채널, 공공접근 채널 (PEG 채널), 임대채널(*leased channel*) 을 포함한다. 기본서비스는 가입자들이 기본시청료만 지불하면 추가요금을 받지 않고 시청할 수 있으며 상업광고가 동반편성된다. 기본서비스는 공익적 성격의 프로그램을 제공하는 채널과 상업적 의도를 갖고 서비스하는 채널로 형성된다. 상업적 채널은 케이블TV와 위성방송과 관련하여 거론되는 일반적 채널들이 여기에 속하며, 편성내용 유형에 따라 종합채널, 스포츠, 뉴스/정보, 영화/드라마, 음악, 예술문화, 어린이, 교육, 생활, 종교, 레저 등으로 분류된다.

반면에 상업적 의도와는 무관하면서 채널구성에서 의무적으로 구성되는 채널은 다음과 같다.

① 공공채널: 상업적 이윤을 추구하기 위해 프로그램을 제작하여 제공하는 채널이 아니라 공공성을 강조하는 채널로서 방송대학채널, 외국인을 위한 아리랑채널, KTV가 있다. 공공채널의 주요 편성방향은, ① 정부 주요 시책에 대한 심층보도와 정확한 정보를 전달하고, ② 국회의 의정활동을 중계하며, ③ 공익캠페인 및 공익광고를 통해 국민의식을 개혁하며, ④ 고급 영상문화 창달로 국민정서를 순화시키는 데 있다.
② 의무전송 채널: 의무전송(*must carry*) 규정에 따라 지역 지상파방

송이 그 지역사회에 어려움 없이 시청될 수 있도록 지상파방송을 전송하여 제공하는 채널을 의미한다.

③ 접근채널: 지역사회나 교육기관, 지역 자치정부의 공적 이용을 위해 마련된 채널인 PEG 채널, 개인 또는 각종 단체가 자신들의 견해나 입장들을 알리기 위해 방송사업자의 장비와 시설을 유상으로 이용하는 임대채널이 있다. PEG 채널은 텔레비전의 교육적 기능강화, 지방정부의 대민 홍보서비스의 활성화, 지역사회와의 커뮤니케이션 교류활성화를 위해 도입, 운영되고 있다. 임대채널은 방송사업자가 아닌 임대회사가 관리하는 채널이다. 임대회사가 편성내용까지도 관리하며, 방송의 전체 채널구성과 상호보완적 조치에 접근채널과 임대채널은 적용되지 않는다.

④ 지역채널: 지역채널은 케이블TV가 지역독점사업이므로 지역밀착화를 위한 정보 및 프로그램을 제공하는 채널이다.

유료서비스는 해당 프로그램 서비스를 시청하기 위해 일정액의 추가요금을 부담하여 이용할 수 있으며 HBO와 CINEMAX가 대표적이다. 주로 영화, 성인물, 스포츠와 같이 인기 있고 경쟁력 있는 오락성 프로그램을 제공하며, 이용하는 채널마다 서비스요금을 따로 지불해야 하고 상업적 광고는 배제된다. 따라서 제공되는 프로그램이 기본서비스와는 차별된다. 예를 들어, 영화인 경우 보다 최신의 영화나 심의규정이 좀더 완화된 내용을 제공받을 수 있다.

3) 채널 배치

케이블 TV와 위성방송에서 서비스되는 채널들은 채널번호를 지정받아야 하므로 채널구성에서 채널배치(*channel positioning*)는 중요하다. 지상파의 경우 채널번호가 거의 고정되어 있어 인지된 채널번호로 방송사를 찾아가는 경우도 많다. 이처럼 채널번호는 곧 방송사를 의미하는 만큼 중요하다. 다채널을 구성하는 케이블 TV와 위성방송에서 서비스되는 각 채널들은 방송사업자로부터 특정 채널번호를 배정받는다. 수많은 채널들이 제공되고 있어 이용자들은 채널번호를 모두 기억하기가 쉽지 않다. 그러므로 이용자들의 인지도를 높이기 위해서 특정한 고유의 번호나 낮은 채널번호를 선호한다. 인기 있는 채널들은 고유의 번호를 배정받아 이미 이용자들에게 인지된 상태이거나 낮은 번호대에 배정받아 선택의 가능성이 높다. 반면에 신규채널이나 인기 없는 채널들은 번호선정에서 밀려나 높은 번호대에 배치되거나 번호가 변경되기도 한다. 이럴 경우 시청자 입장에서도 채널번호를 일일이 찾아야 하는 수고를 하게 된다. 갈수록 증대되는 채널용량을 감안하면 채널번호 배정과 관련된 채널배치는 더욱 중요한 업무로 부각될 것이다.

이는 홈쇼핑채널의 배치를 살펴보면 명확하게 파악할 수 있다. 지역의 지상파방송은 기술적 문제가 없는 한 대체로 2~13번 내에서의 원래 번호를 그대로 이용한다. 그러므로 대부분의 채널들이 낮은 채널번호를 선호하지만, 낮은 번호를 배정받기가 어려운 상황임에도 불구하고 방송사업자에게 이익을 챙겨주는 홈쇼핑채널들은 지상파와 인접한 번호, 혹은 비교적 낮은 채널번호에 배정되어 있다. 이처럼 채널배치는 특정 채널을 집중부각하기 위한 방도로 활용될 수 있다.

한편 채널이 갈수록 세분화되고 증가되는 상황을 고려하여 유사 장르별로 블록으로 라인업할 수 있다. 이는 채널 수가 아주 많거나 유사 장르의 채널들이 많을 경우, 시청자들의 선택을 용이하게 하기 위해서 채널번호들을 인접편성하여 블록배치하는 것이다. 예를 들어, 영화와 관련하여 중국영화, 한국영화, 액션영화, 할리우드영화의 채널들이 있으면 영화관련 채널들을 인접하게 배정하는 것이다. 그러나 증가하는 수많은 채널들을 번호를 배정하여 배치하는 것이 쉬운 일은 아니며, 특정한 원칙과 규정이 있는 것도 아니어서 전적으로 방송사업자의 채널구성 전략에 달렸다.

4) 채널 묶음

갈수록 증가하는 채널로 이용자들은 그 많은 채널들을 다 수용할 수 없을 뿐만 아니라 채널수용에 따른 엄청난 요금을 지불할 의사도 없다. 그러므로 절절한 수준에서 가입자가 원하는 지불의사에 맞춘 적절한 채널을 제공하는 방안이 모색되었다.

채널묶음은 방송사업자가 인위적으로 채널을 여러 유형으로 묶어 이용자들에게 제공하는 것을 뜻한다. 공급자 측면에서는 부과요금을 단계적으로 늘려나가는 전략이며, 이용자 입장에서는 다양한 가격에 준하여 원하는 상품을 선택할 수 있다는 장점이 있다. 이처럼 채널묶음을 실시하는 이유는 다음과 같다. 첫째, 너무 많은 채널들을 확보하여 제공하기가 쉽지 않다. 둘째, 이용자 또한 그 많은 채널들을 다 이용할 수 없다. 셋째, 여러 묶음으로 티어링할 경우 가입자들이 여러 개의 옵션을 선택할 수 있어 가입자들이 원하는 만큼 선택하여 이에 준하는 요금을 지불하면서 갖게 되는 지불만족도를 높이는 전략으로 효율적 서비스를 제공할 수 있다. 넷째, 여러 단계의 채널묶음을 제공하고 이 중에서 가장 기본적인 채널묶음을 저렴하게 제공하여 가입비의 부담을 덜어줌으로써 가입자를 보다 많이 확보할 수 있다. 이에 따라 방송사업자들은 제공하는 채널들을 일정한 기준에 의해 여러 유형의 묶음방식 상품판매 단위로 편성한다.

채널묶음은 정확한 원칙이 있는 것이 아니라 지역의 특성, 방송사업자의 편성전략, 방송사업자와 채널사업자 간의 관계, 정부의 정책 등에 따라 차별화된다. 우리나라에서 실행하는 채널운영으로는, ① 국민형 채널 방송서비스: 수신자에게 제공되는 최저수준의 채널묶음, ② 보급형 채널 방송서비스: 국민형 채널에 몇 개의 케이블 TV와 위성방송 채널을 제공하는 상품으로 기본형채널의 가격수준을 상회하지 않는 채널묶음, ③ 선택형 채널 방송서비스: 한 개 채널 또는 채널묶음(몇 개의 채널) 단위로 가격을 결정하여 보급형 채널에 추가하여 공급하는 상품으로 채널별 또는 채널묶음별 수신료를 추가하는 채널, ④ 기본형 채널: 유료채널을 제외한 공급되는 모든 프로그램을 수신할 수 있는 채널묶음으로 구분한다.[2]

여기에 첨부하여 서비스되는 채널들을 임의로 설정하여 제공하는 형태, 알라카트(ala carte) 식으로 원하는 채널을 선택하게 하는 유형, 대상별 및 주제별로 유사한 채널들을 묶는 유형 등이 있다.

5) 지역채널 운영

광역적 서비스에 중점을 두는 위성방송과는 달리 케이블 TV는 동축케이블이나 광섬유를 통해 전송되기 때문에 망 구성에서의 경제성을 고려하여 지역단위로 사업허가권이 부여된다. 이른바 프랜차이즈(franchise) 라고 불리는 지역사회와 관련해 허가권은 지역의 요구에 부응하는 사업자로 선정될 때 부여받는다. 일정지역에서의 독점적 운영권인 지역사업권을 획득함에 따라 서비스지역에 대한 관리와 의무가 주어지

---

2) 현재 실시되는 채널묶음 방식은 방송사업자에 따라 상이하여 통일된 유형을 제공하고 있지 않다. 의무형에서 기본형으로 이어지는 중간에 채널묶음 1, 2, 3(세 가지 유형)을 둘 수 있으며, 전체 채널묶음을 세 개 이상 제공하는 것으로 약관에 규정되어 있다.

고, 이는 지역채널의 운영으로 반영하고 있다.

　따라서 지역채널은, 첫째, 지역의 정보, 지방활동 소개, 지역발전 관련 정보의 제공, 지방행정의 감시·비판을 위한 지역정보 제공, 둘째, 지역주민의 연대감 조성, 지역주민간의 응집력 유도, 지역주민의 사회화, 공동의식 강화를 위한 지역주민의 결속을 위한 프로그램, 셋째, 지방문화의 육성, 전통문화의 발굴과 보존, 지방문화의 활성화, 지역의 정체성 확보, 향토성 계승 및 발전을 위한 지역문화 보존 및 육성을 위한 프로그램, 넷째, 지역주민의 정치사회화, 지자제 정착과 민주화에 기여, 지방정치 활성화를 위한 프로그램, 다섯째, 지역의 여론을 조성하고 선도할 수 있는 프로그램, 여섯째, 지역의 특수이익 증대, 중앙과 지방 간의 통로, 지역주민의 복지향상, 커뮤니티 운동 선도, 오락제공, 투자관심의 지방유도, 주민동원과 조직화(한진만, 1995)와 관련된 프로그램을 편성, 제공해야 한다.

3. 채널 내 편성

1) 전문 편성

(1) 편성 전략

　케이블TV와 위성방송의 특성 중에서 가장 돋보이는 요소는 세분화하고 전문화된 다양한 채널을 시청자들에게 제공한다는 점이다. 한 채널 내에서 시간별로 모든 유형의 프로그램들을 제공하는 종합편성과는 달리 전문편성은 특화된 내용의 프로그램만을 제공한다. 따라서 전문편성은, 첫째, 일부 선호 프로그램에 대한 융통성 있는 편성을 할 수 있다. 영화, 음악, 스포츠와 같이 특정 프로그램을 선호하는 시청자들은 기존 지상파의 백화점식 편성에 불만을 갖고 있었다. 영화는 프라

〈표 7-3〉 채널내용과 대상수용자에 따른 케이블 TV와 위성방송의 편성유형

		주 제	
		특정주제: 전문편성	광범위한 주제: 종합편성
수용자	특정 수용자	특정수용자 × 전문편성	특정수용자 × 종합편성
	전체 수용자	전체수용자 × 전문편성	전체수용자 × 종합편성

임타임이 아닌 밤시간에 주로 편성되어 있으며, 스포츠는 다른 방송편성시간에 맞춰 중계하고, 이것 또한 정규방송에 밀려 중간에 중계가 중지되는 사례가 빈번하다. 종합편성은 어느 특정 프로그램에 치중하지 않고 전체적 안배를 해야 하기 때문에 다양한 계층의 각기 다른 시청동기와 욕구를 채워주는 데는 한계가 있다. 그러나 전문편성은 원하는 특화된 내용의 방송을 언제나 시청할 수 있는 기회를 제공한다. 둘째, 협송실시로 소외계층을 수용할 수 있는 편성을 할 수 있다. 한정된 시간 내에서 다양한 계층을 겨냥해야 하는 지상파는 최선책으로 최대공약수적 편성을 하다보면 모든 계층의 시청자들을 만족시켜 줄 수 없는 것이 당연하다.

결국 방송국의 수익, 광고수입, 시청자들의 열의 및 참여와 연관되는 젊은 도시층이 주대상이 되며, 어린이, 노인, 여성들은 주요 편성대상에서 소외된다. 또한 지상파방송은 공익개념을 추구하는 방송이기 때문에 어느 특정층을 대변하거나 옹호할 수 없을 뿐만 아니라, 어떤 정치나 종교와 같이 이해관계가 얽힌 사안에 대해서는 가장 보편적이고 중립적인 태도를 표방해야 한다. 그러나 케이블 TV와 위성방송은 소수의 특정한 수용자를 대상으로 프로그램을 제공할 수 있어 지상파에서 홀대받는 소외계층과 특정단체를 소구대상으로 수용할 수 있다.

전문편성은 내용별(프로그램 유형별)과 소구대상별로 분류된다(이스

트면, 1993). 내용별로는 영화, 음악, 만화, 드라마, 다큐멘터리, 스포츠, 교육, 바둑, 문화예술, 교통·관광으로, 소구대상별로는 어린이, 여성, 종교집단으로 세분화된다. 전문편성은 제공되는 프로그램의 내용과 겨냥하는 대상층에 따라 네 가지 유형으로 분류된다. 첫째, 특정수용자를 소구대상으로 특화된 내용을 제공하는 전문편성으로 음악채널인 m·net, 경제뉴스 채널인 MBN이 예가 되며, 둘째, 특정수용자를 대상으로 하는 종합편성으로 어린이채널, 여성채널, 종교채널이 여기에 속하며, 셋째, 전체 수용자들을 대상으로 한 특화된 내용을 제공하는 전문편성으로 뉴스채널인 YTN, 영화전문채널인 OCN이 대표적이며, 넷째, 전체 수용자를 대상으로 한 종합편성으로 분류되는데 과거의 현대방송이 여기에 속한다.

(2) 논의 및 고려사항

전문편성을 실시할 때는 두 가지가 고려되어야 한다. 첫째는 전문편성에 따른 필요한 프로그램이 제대로 마련되어야 하며, 둘째는 다양한 대상층이 형성되어야 한다. 다시 말해서 다양한 대상층과 다양한 프로그램 수급이 우선되어야 한다. 케이블TV와 위성방송이 성공한 미국은 다양한 인종에 의한 다양한 문화를 수용하고 있고, 영상산업 발달로 다양한 프로그램을 확보할 수 있다는 점이 크게 작용하였다. 그러나 우리나라는 현실적으로 이런 여건들이 충족될 수 없기 때문에 전문편성 고수가 어려울 수 있다.

또한 특정영역에 관련된 전문채널들이 세분화되어 출현하고 있을 뿐만 아니라 채널의 특성을 고수하지 못한 채 유사한 장르의 프로그램을 편성한 결과 중복편성 문제가 제기될 수 있다. 채널들이 시청자들에게 인기 있는 영화, 드라마 등을 경쟁적으로 편성할 경우 각 채널간 전문영역의 차별성이 침해될 우려가 있다. 영화의 경우, 여성, 종교, 교육, 오락채널 등 거의 전 채널에서 편성할 수 있고, 영화와 드라마,

오락물과 교양물의 구분이 모호하기도 하다. 그러나 여성채널에서 방송되는 영화는 여성문제에 초점을 맞추고 있고, 종교채널에서 방송되는 드라마 또한 종교적 관점에 초점을 맞추고 있기 때문에 엄격히 말해 전문영역의 침범으로 보기는 어렵다는 견해도 있다(홍선화, 1995).

　어쨌든 채널들의 특성화가 혼합식으로 배정될 경우 상호배타성이 결여될 수 있어, 그 결과 채널간의 중복편성이 불가피할 수밖에 없을 것이다. 따라서 분류된 공급분야, 즉 채널의 특성화된 프로그램 제공에 대한 전문편성 지침이 필요하다. 왜냐하면 프로그램 공급분야의 각 채널로 하여금 해당 공급분야의 목적과 일치하는 프로그램을 편성케 함으로써 전문편성 원칙을 준수하도록 유도할 수 있기 때문이다. 그러나 전문편성을 강화할 경우 자칫 독점편성으로 치우칠 우려가 있어 편성의 자율성과 독립성을 저해할 수 있다(오광혁, 1995). 그러므로 제도적 틀로 편성기준을 설정하여 편성의 자율권을 침해하기보다는 채널운영이 전문편성을 합리적으로 이행하는 방도를 모색해야 할 것이다. 전문편성은 해당 공급분야에 적합한 프로그램 편성에 주력하게 하여 채널의 전문성과 채널간의 차별화에 따른 각 채널의 고유한 이미지와 특성을 부각시키는 방안이지, 채널간의 배타성을 강조하는 독점편성을 위탁하는 사항은 아니다(이와 관련된 사항은 주편성·부편성에서 다시 논의될 것이다). 무엇보다 중요한 것은 채널운영자들도 시장원리에 의한 인기성 프로그램 편성에 급급하지 말고 채널의 전문영역을 확고히 준수하는 것이다. 경영난으로 어려움도 있지만 자신의 특화된 프로그램 제공에 충실한 것이 전문편성의 기본적 실행이다.

2) 전문편성에 의한 주편성과 부편성
(상호보완적 운영차원에서의 논의)

(1) 편성 전략

케이블TV와 위성방송의 채널구성과 운용은 다양성이 구현되어야 하므로 채널의 프로그램 공급분야가 지정되어 있다. 방송사의 수익성 위주의 편중된 프로그램 제공은 채널간 상호보완성의 의미를 상실케 하므로 일정한 비율을 책정하여 특화된 프로그램 공급의 편중화와 채널간의 과다한 경쟁을 방지하려는 목적이다. 이런 맥락에서 주편성 및 부편성에 관한 규정이 책정될 수 있다. 각 채널의 허가받은 특화프로그램을 우선적으로 배려하고, 다른 채널과 영역이 중첩되는 내용의 프로그램은 일정한 비율로 제한하여 수익성이 높은 특정 인기프로그램이 편중되는 것을 제한하고자 하는 의도이다. 즉, 중복편성을 방지하려는 노력이 반영된 것이다.

중복편성이란 어느 채널이 다른 채널에서 특성화된 프로그램을 편성함으로써 다른 채널과 같은 장르의 프로그램이 방송되어 전문편성이라는 차원에서 두 채널간에 배타적 독립성이 상실되는 것을 의미한다. 이처럼 특성화된 프로그램을 방영하는 것을 주편성이라 할 때, 다른 채널에서 특성화한 프로그램을 중복편성하는 것이 부편성이 된다. 각 채널들은 특화된 프로그램 위주의 편성보다는 채널선택권을 강화하기 위해 조금이라도 관련되면 인기 있는 프로그램을 편성하려는 경향이 있다. 예를 들어, OCN은 영화채널이기 때문에 영화편성이 주편성이 되며, 만약 드라마나 다큐멘터리를 편성했을 경우, 이는 드라마채널과 중복편성이 되어 부편성으로 분류된다. 또한 여성채널이나 어린이채널에서 이들을 대상으로 하는 영화를 방영했을 경우에 영화채널과 중복편성이 되며, 이 또한 부편성이 된다. 이와 같은 채널간의 상호침해를 방지하고 채널별 특성을 강화하여 전문편성을 정착해 나가기 위

해 주편성이 80% 이상 부편성을 20% 내로 제한하여 주편성과 부편성
간의 조화를 이루도록 유도하고 있다.3)

(2) 논의 및 고려사항

특히 내용에 따라 특성화된 채널에서는 주편성과 부편성의 구분이
뚜렷할 뿐만 아니라 부편성에 가중치를 두지 않는다. 반면에 소구대상
으로 특성화된 채널에서는 주편성과 부편성의 구분이 명확하지 않기
때문에 부편성에 보다 많이 치중케 된다. 예를 들면, 어린이채널은 어
린이를 대상으로 하는 채널이므로 어린이가 주제가 된 프로그램과 어
린이에게 흥미를 주는 프로그램은 영화를 비롯하여 만화, 음악, 다큐
멘터리 등이 있을 수 있으며, 여성채널인 경우에는 여성교양 향상을
위한 프로그램을 편성하고 있기 때문에 영화, 드라마, 음악, 다큐멘터
리 등의 여러 채널과 중복될 수밖에 없어 주편성과 부편성을 분류하기
가 애매모호하다. 또한 종교채널 역시 어느 특정 종교의 참뜻을 전달
한다는 목적하에 이 목적에 편승하는 편성을 하고 있기 때문에 특정
종교와 관련된 모든 장르의 프로그램과 연관될 수 있다.

그러므로 편성의 탄력성을 부여하고 전문편성 원칙이 훼손되지 않
는 한도 내에서 일정비율의 부편성을 지정해 이를 허용하였다(전환성,
1996). 이는 채널별 고유 공급분야 이외의 타 분야 편성을 최대한 배
제함으로써 분야별 중복 프로그램 편성을 방지하여 채널별 프로그램
편성의 전문성과 차별성을 유지하기 위함이다. 그러나 채널의 특성화
에 주력한다 하더라도 부편성을 수치상으로 제한하여 채널간의 프로
그램 편성상의 배타성을 조장하고 상호진입을 제도적으로 규제하게
되면, 타채널간의 배타적 독점편성을 도모하는 것으로 잘못 해석될

3) 방송법시행령(제50조)에서 특화된 주된 방송분야의 프로그램을 80%로
   의무편성할 것을 고시하고 있어, 주편성과 부편성에 대한 비율에 관한 의
   무편성을 지정하였다.

수 있다. 채널마다 특성화된 영역을 설정해 놓고 있는 전문편성이 채 널간의 배타적 운영과 각 채널에서의 독점적 편성을 의미하지는 않는 다. 중복편성이 채널의 전문편성을 실시한 결과라면 어느 한도를 정 해 이를 규제하는 것은 무리인 것 같다. 현재 채널이 차츰 늘어나는 추세를 감안하면 적절히 통제하기가 현실적으로 불가능하다. 계속해 서 미용, 노인, 건강, 역사물, 여행 등의 전문채널과 기존의 특성화 된 채널보다 세분화된 채널들이 생겨날 것이기 때문에 다른 채널들과 의 중복편성은 불가피할 것이다. 따라서 프로그램분야별 제한적 부편 성 허용은 유동적으로 적용될 수밖에 없다. 공급분야의 혼합분류로 분야간, 채널간 중복편성의 완전한 배제는 불가능하며, 프로그램 수 급상황에 따른 편성여건을 감안하더라도 어느 정도의 부편성 인정은 불가피하다.

그러나 채널간의 동질화 현상은 다양성을 저해한다는 점을 고려해 야 한다. 어떤 유형의 프로그램이 시청자들로부터 좋은 반응을 얻게 되면 다른 방송사나 채널에서도 이와 유사하게 프로그램을 모방하는 사례가 생길 수 있다. 그 결과 채널간의 다양화보다는 동질화 현상이 심화될 수 있다(한진만, 1996). 이에 따른 프로그램 내용과 형식의 획 일화와 동시간대 유사 프로그램 편성은 질적 다양성을 저해하고, 그 결과 "볼 것이 없다"라는 불만을 낳을 뿐이다.

3) 순환 편성

(1) 편성 전략

케이블TV와 위성방송 프로그램에서는 순환과 반복편성을 활용한 다. 소구대상 집단의 규모가 작아 단일 프로그램을 한 번 방영하여 얻 을 수 있는 시청자 규모를 극대화하기 위해서는 단일 프로그램을 순 환, 반복하여 제공함으로써 프로그램이 얻을 수 있는 누적 시청자 수를 극대화하기 위한 방안으로 허용되는 것이 순환편성이다.

방송프로그램은 빠르게 소비되고 프로그램 구입에 엄청난 비용이 필요하기 때문에 프로그램 자원을 활용하는 것이 또 하나의 전략이 된다. 따라서 순환편성은 프로그램의 유용성을 최대한으로 확장하기 위해 프로그램을 반복적으로 배치하여 새로운 시청자들에게 프로그램을 재활용하는 편성전략이다(김용호, 1999). 케이블 TV와 위성방송과 같은 다채널방송은 재방송을 하지 않으면 수요를 충족하기 어렵다. 왜냐하면 지상파처럼 다양한 장르를 한정된 채널로 방영하는 것과는 달리 특정화된 장르의 프로그램을 한 채널에서 계속 방영할 경우 재방영을 도입하지 않으면 프로그램 마련이 쉽지 않기 때문이다. 또한 지상파보다 한정된 수용자들을 대상으로 프로그램을 공급하기 때문에 프로그램에 대한 수지를 맞추기 위해 특정 횟수의 반복편성이 불가피하다.

이런 이유로 케이블 TV와 위성방송 프로그램에서는 순환편성을 활용한다. 즉, 시간대와 일자를 달리하여 반복해서 방송함으로써 편성의 효율성을 높이기 위한 방안이다. 이는 프로그램을 재활용하는 차원에서, 제한된 프로그램 자원을 반복편성하여 경비를 절약하는 일종의 경제적 편성전략이기도 하다. 또한 기능적 차원에서는, 전문화된 채널에서 될 수 있는 한 많은 시청자들에게 노출기회를 부여하여 한 프로그램에 대한 소구율을 증대시킬 수 있는 방안이다.

순환편성은 땜질용 프로그램이라고도 불리는 지상파방송의 재방송과는 다른 개념으로 받아들여지고 있다. 케이블 TV와 위성방송에서는 프로그램을 재방송한다는 단순한 의미보다는 시청자의 라이프사이클을 반영한 편성전략으로 한 프로그램을 가지고 편성시간별, 요일별, 날짜별로 달리 방영하여 시청자가 편리한 시간대를 선택할 수 있게 함으로써 한 사람이라도 더 시청할 수 있게 하는 적극적 의미로 해석된다. 다시 말해서, 주시청시간대가 각기 다른 다양한 사회계층들의 생활유형에 맞춰 최대한 밀착된 프로그램들을 다수 편성하기 위한 전략

적 편성이다. 예를 들어, 어떤 시청자들은 오전시간대에 진지한 프로
그램을 선호하고 저녁시간대에 가벼운 오락 프로그램을 선호하지만,
다른 시청자들은 오전시간대에는 오락 프로그램을, 저녁시간대에는
진지한 프로그램을 선호할 수 있고, 각자 시청시간이 상이할 수 있으
므로 이와 같은 상이한 시청형태를 감안한 프로그램 선택이 가능하도
록 하루에 여러 번 동일한 프로그램을 반복해서 제공하는 것이다.

(2) 논의 및 고려사항

초기에 재방률이 60~70%까지 올라가 프로그램의 다양성 문제가
심각하게 대두되었음에도 불구하고 여전히 순환편성 비율은 감소되지
않는 실정이다. 최근에 들어서도 채널마다 다소의 차이는 있지만 순환
편성이 50% 이상을 상회하는 채널이 아직 많다. 특히 심각한 경영난
에 봉착한 채널들과 영화와 드라마를 많이 편성하는 채널들은 순환편
성으로 방송을 지탱한다는 느낌을 줄만큼 순환편성의 비율이 높다.

그러나 순환편성 비율은 주단위로 산출되기 때문에 방영되는 프로그
램의 초방과 재방여부에 따라 측정될 따름일 뿐 재방인 경우, 그 프로
그램이 언제 초방되었으며, 몇 번 방영되었는지 가늠할 수 없다. 또한
순환편성의 수치는 물리적 반복 횟수를 나타내는 수치에 지나지 않기
때문에 시청자들이 실감하는 순환편성과 수치상의 순환편성은 다를 수
있다(한국방송진흥원, 1997). 왜냐하면 지난주에 방영된 프로그램이
거듭 방영되면 시청자들은 순환편성을 쉽게 감지할 수 있지만, 일 년
전에 방영된 프로그램이 해가 지나 방영되면 순환편성이 쉽게 파악되
지 않기 때문이다.

원래 취지에 따른 순환편성은 수용되지만 프로그램 확보에 투자하지
않거나 무분별한 편성전략에 따른 결과라면 이는 고려되어야 한다. 순
환편성에 대한 논의는 다양성과 관련된다. 순환편성의 정도가 높으면
다양성이 저해되며, 순환편성이 낮을 경우 다양성이 보장된다. 따라서

현재와 같이 일정한 기준을 상회하는 순환편성은 다양한 프로그램 제공에 위배된다. 물론 이상적 프로그램 편성이라면 순환편성이 전혀 없는 프로그램 제공이겠지만, 이는 현실적으로 불가능하므로 비율을 낮추는 방안을 모색해야 한다. 그러나 프로그램 순환편성에 대한 외적 규제를 할 수 있는 근거가 없으므로 어떤 수치를 지정할 수 없다. 단지 프로그램 공급자는 양질의 프로그램을 공급할 의무가 있다고만 명시해 놓고 있어, 자율적으로 순환편성을 어느 적정수준으로 유지하는 것이 바람직하다. 사실, 프로그램 공급업자들은 시청대상층과 시청시간대의 과학적 조사에 입각하지 않은 순환편성, 흥미성이 떨어지는 프로그램의 마구잡이식 순환편성, 방송시간의 길이를 고려한 순환편성보다 개별 프로그램 수에 의존한 편성, 특정 프로그램을 평균 이상 많은 횟수의 순환편성으로 순환편성에 대한 상대적 비율을 가중시킨다.

그러므로 순환편성은 효율적 편성기법에 의해 해결되도록 유도해야한다. 첫째, 고시제를 실시할 수 있다. 시청자들에게 일 개월 단위로 몇 번의 순환편성을 하는지 미리 고시함으로써 재방영의 기회를 미리 알려준다. 둘째, 시청자들의 생활리듬을 파악한 시간대활용으로 순환편성이 다른 시간대에 재배치하여 시청기회를 증대시킨다. 셋째, 순환편성을 선별적으로 적용한다. 양질이고 인기 있는 프로그램만 순환편성의 대상으로 하고, 질이 떨어지거나 인기 없는 프로그램은 순환편성 대상에서 제외하거나 편성 횟수를 줄인다. 넷째, 일정한 시간적 간격을 준 장기적 편성체계 틀을 이용한다. 과학적 데이터기준에 따른 재편성의 주기결정을 하거나 시청자들이 순환편성을 쉽게 인지하지 못하게 전체편성표를 분석하여 과학적으로 배치하면 효율적 순환편성을 활용할 수 있을 것이다.

4) 전일 편성

(1) 편성 전략

전일방송전략은, 첫째, 방송시간을 연장하며, 둘째, 지상파와의 경쟁에서 틈새시간을 공략하고, 셋째, 지상파 휴지방송시간을 활용하여 시청자들을 유도하기 위한 편성전략이다. 지상파방송의 난제 중의 하나는 방송시간 관리이다. 전파자원의 한계 속에서 방송시간의 연장은 항상 논란의 대상이 되었을 뿐만 아니라 나라의 경제사정과 관련하여 방송시간에 대한 논의가 항상 뒤따라 지상파 방송시간의 연장은 쉽지 않다. 4) 이에 비해 상대적으로 방송시간에 융통성이 있는 케이블TV와 위성방송은 전일방송을 전략적으로 이용할 수 있다.

전일방송이란 하루 24시간 내내 방송프로그램이 제공되는 것을 뜻한다. 일반적으로 방송시간대는 아침방송, 낮방송, 저녁방송, 심야방송5)으로 구분되어 있다. 우리나라 방송은 전력소비와 관련하여 가시청자 수가 적다고 판단되는 낮시간과 심야시간대의 방송이 제외되었다. 지상파도 전일방송 논의가 있었지만 아직 특별방송이 없는 한 정해진 방송시간을 엄수해야 하는 한계가 있다. 전일방송 실시는 기존의 방송시간에 낮방송과 심야시간대가 연장되는 것이다. 특히 낮시간이 한가한 가정주부나 취학 전 아동, 노인들과 심야시간에 깨어 있는 사람들은 그동안 지상파의 한정된 방송시간에 대해 아쉬워하고 있었다. 그러므로 정오 이후의 오후 시간대와 자정 이후의 심야시간대에 TV 시청을 원하는 사람들을 대상으로 지상파가 부재한 틈새시간을 공략하여 시청자들을 흡수할 수 있도록 전일방송을 실시한다.

---

4) 2005년 12월 1일부터 지상파 낮방송이 허용되어 방송시간이 연장되었다.
5) 방송시간은 오전 5:00~6:00의 조조방송, 오전 6:00~11:00의 아침방송, 오전 11:00~오후 5:00의 낮방송, 오후 5:00~11:00의 저녁방송, 오후 11:00~오전 2:00의 심야방송으로 구분되고 있다.

(2) 논의 및 고려사항

케이블 TV의 개국 초기에, 대부분의 프로그램 공급업체들이 일일방송을 오전 10시 전후에 실시하여 새벽 1시 전후에 종료하여 방송의 휴지시간이 많아, 이는 개국 때의 '24시간 방송'이라는 홍보전략과는 위배된다는 지적이 있었다. 이를 받아들여 1996년 2월부터 전일방송이 실시되었다. 보도채널은 24시간 어느 때나 일어나는 사건을 신속하고 기동성 있게 전달해 주기 위해 전일방송을 적극 활용하고 있다. 홈쇼핑의 경우, 상품광고의 도달률을 높이고 시간에 쫓기는 직장인들과 학생들에게 융통성 있고 보다 많은 상품소개를 전달할 수 있는 기회를 제공하기 위해 확대 실시되고 있다. 또한 영화채널에서는 영화 마니아들이 보고 싶어하는 영화들을 낮시간과 심야에 편성하여 이들의 욕구를 채워줄 수 있다. 음악, 바둑, 스포츠채널과 같은 취미와 관련된 채널은 이 방면에 관심이 많은 시청자들에게 자신들의 라이프스타일에 맞는 시간을 택할 수 있는 기회를 증대할 수 있어 전일방송을 활용한다. 그러나 다른 채널은 전일방송의 필요성이 절실하지 않으며, 특히 인지도나 인기가 없는 채널인 경우 전일방송이라는 모험을 원치 않는다(김용호, 1999).

일단 방송시간 연장에 따른 늘어난 시간에 대한 프로그램 편성전략이 고려되어야 한다. 첫째, 전일방송 실시로 확장된 시간을 편성할 수 있는 프로그램 확보가 우선되어야 한다. 전일방송 실시에 따른 방송시간 증가는 곧 프로그램 구입의 증가를 의미하기 때문에 프로그램 확보력이 고려되어야 한다. 둘째, 기존에 분류된 시간대가 재조정되어야 한다. 휴지시간대였던 새벽 1시부터 오전 10시까지의 시간을 포함한 새로운 시간대를 조정해야 한다. 예를 들면, 06:00~10:00 - 아침시간, 18:00~22:00 - 가족시청시간, 00:00~06:00 - 심야시간으로 재조정하던지, 또는 영화채널에서는 심야전용시간을 설정할 수 있다. 셋째, 방송대상자에 관한 분석으로 낮시간대와 심야시간대의 예상시청자와 예상시청률을 분석하여 적절한 전일방송 편성을 도모해야 한다. 이들 시간대에 시청자들을 유인할 수 있는 프로그램 제공이 무엇보다 중요하다. 아직 우리나라는 심야시간대의 문화가 완전하게 형성되어 있지 않기 때문에 특히 심야시간대의 시청자를 어느 정도 확보할 수 있느냐가 문제시된다. 그러나 영화, 음악, 뉴스와 같이 심야시간대에 시청자들을 확보할 수 있는 채널들은 전일방송을 통해 더욱 활용할 수 있을 것이다.

5) 지역밀착형 편성

(1) 편성 전략

지역채널은 1970년대 초기에 미국의 몇몇 케이블 TV 사업자들이 자신들의 서비스구역 내에 지역프로그램을 전달하기 위해 지역채널을 통해 자체 제작한 프로그램을 전달함으로써 시작되었다(Shak, 1990). 이에 따라 지역채널은 케이블 TV를 지역밀착형으로서의 이미지를 부각시켜 지역주민들의 정보욕구를 충족시켜 주기 위해 운영되고 있다. 최근에 들어 지역선거의 유세가 미디어선거로 전환되면서 지역채널의 중요성이 다시 부각되었다.

1972년 FCC는 지역주의(*localism*)의 원칙에 따라 각 방송사업자들은 프랜차이즈를 받은 지역사회에 지역프로그램을 제공해야 한다고 발표함으로써 소규모 시스템을 제외한 모든 방송사업자들은 이 규정을 준수한다(김우룡, 1991). 우리나라에서도 법·제도적으로 케이블 TV 사업자들의 지역채널 운영을 명문화하고 있다. 방송법에 "종합유선방송 사업자들이 자체적으로 제작한 지역정보 및 방송안내 프로그램 등을 전송하는 지역채널을 운영할 수 있다"라고 되어 있다. 또한 동 법에 의하면 "지역채널은 SO 서비스구역 내의 지역 생활정보 프로그램, 지방자치단체의 정책홍보안내 프로그램, 방송프로그램 안내, 그리고 지역사회발전 및 지역주민 편의를 위한 방송프로그램을 방영할 수 있다"고 명시하고 있다. 이는 지역채널의 운영방침과 방향에 관한 규정으로서, 현재 실행되는 지역채널은 이를 준수하여 지역밀착적 역할을 수행하기 위해 지역정보 전달에 치중하고 있다.

(2) 논의 및 고려사항

현재 운영되는 지역채널들의 1일 평균 방송시간은 미약하다. 그나마 재방률이 높아 제구실을 하지 못하고 있다. 1주일 동안 방영되는 지역채널의 프로그램 수나 유형 면에서도 큰 발전이 없고 많은 부분을 홍보프로그램과 방송순서와 프로그램을 소개하는 안내프로그램으로 채우는 경우도 많다. 전체 지역채널 중에서 가장 많이 편성된 프로그램 유형은 생활정보 프로그램이며, 그 다음이 지역소식과 시·구정소식이다. 지역소식을 포함한 정보관련 프로그램이 주류를 이루고 있다는 점은 지역채널의 주요 기능인 지역관련 정보제공에 주력하고 있음을 간파할 수 있다.

케이블 TV가 지역밀착형이라는 속성을 강조하여 지역사회에 기여하고 지역주민에게 친밀하게 접근할 수 있는 편성이 기본적 원칙이지만, 인기나 시청자들의 관심과는 무관한 채널이기 때문에 자칫 소홀하면 시청자들의 관심 밖으로 밀려나므로 시청자들의 관심을 살 수 있는 프로그램 개발과 편성에 주력해야 한다. 그러므로 지역채널 편성의 시급한 과제는 우선적으로 열악한 제작환경에 따른 빈곤한 프로그램 수급의 극복일 것이다.

뿐만 아니라 지역주민들이 지역채널을 얼마나 관심을 갖고 이용하는가도 중요한 문제이다. 중앙적 주제에 의해 주도된 프로그램에 익숙한 시청자들이 지역프로그램에 얼마나 흥미를 가질 수 있을지는 의문이다. 특히 우리나라처럼 중앙과 지방 간의 차별성이 거의 존재하지 않거나 지역주민들조차 중앙과 차별되는 프로그램이나 정보를 원치 않는 상황에서는 지역채널의 운영이 어렵다(김유정, 1996). 그러나 앞으로 지역사회 중심의 정보사회가 구축되고 향후 케이블TV는 쌍방향의 서비스가 강화된 방송서비스로 전환되기 때문에 지역채널의 중요성과 필요성은 재삼 인식되어야 한다.

■ 연습문제

1. 케이블TV와 위성방송 편성에서 중요시 여기는 요인은 무엇인가?
2. 케이블TV와 위성방송은 채널용량이 많아 가입자의 만족도를 높이기 위해 도입하는 채널묶음 방식은 무엇인가?
3. 케이블TV와 위성방송의 특성화된 편성전략으로 부각되는 편성전략은 무엇인가?
4. 채널간 편성과 채널 내 편성의 차이점은 무엇인가?

■ 참고문헌

고수자 (1992), "유선TV의 프로그램 편성과 개발방향,"《방송연구》 34,
　　pp. 45~74.

김용호 (1999), 〈방송편성평가 제도화에 관한 연구〉, 종합유선방송위원회.

김우룡 (1991),《케이블TV와 위성방송원론》, 나남출판.

김유정 (1996), 〈케이블TV와 위성방송 지역채널의 프로그램 편성분석〉, 종
　　합유선방송위원회.

_____ (1998), "케이블TV와 위성방송의 편성전략에 관한 논의,"《방송연
　　구》 겨울호, pp. 182~208.

손창용 · 여현철 (2002),《한국케이블TV와 위성방송산업론》, 커뮤니케이션
　　북스.

오광혁 (1995), "케이블TV와 위성방송의 전문편성에 관한 연구," 중앙대학교
　　석사학위논문.

전환성 역 (1993),《TV · 케이블 편성론》, 나남출판.

_____ (1996), "한국 케이블 텔레비전 프로그램 효율적 편성전략에 관한 연
　　구,"《언론문화연구》, 서강대학교 언론문화연구소.

종합유선방송위원회 (1993), 〈종합유선방송의 채널구성과 운영〉.

한국방송진흥원 (1997), 〈케이블텔레비전의 효율적인 편성방안연구〉.

한진만 (1995),《한국 텔레비전방송연구》, 나남출판.

_____ (1996), "위성방송의 편성과 제작방향,"《방송연구》 43, pp. 270~285.

홍선화 (1995), "애매한 채널성격이 갖는 한계,"《방송과 시청자》 10월호,
　　pp. 88~90.

Johnson, N. (1970), "The Implications of Anti-Trust Policy for Televi-
　　sion Programming Content," *Osgoode Hall Law Journal*, August:
　　11~63.

McKenna, J. (1974), *Cable Television and the Future*, Berkeley: Quan-
　　tum Communications.

Peck, D. (1983), *Programming The Cable Television Channels: The Promise
　　of Diversity*, Unpublished Dissertation of Columbia University.

Shak, M. (1990), *Diversity of Programming in United States Cable*

Television: Factorsin the Failure of Early Expectations, 1965~1982, Unpublished Dissertation of New York University.

Sloan Commission on Cable Communications (1971), *On the Cable: The Television of Abundance,* New York: McGraw Hill.

Straubhaar, J., & LaRose, R. (1996), *Communications Media in the Information Society,* Wordsworth Publishing Com.

Webster, J. G. (1986), "Audience Behavior in the New Media Environment," *Journal of Communication* 36: 77~91.

제 8 장
인터넷 방송의 편성전략

김 은 미

이 장에서는 새로운 방송프로그램 유통매체인 인터넷을 통하여 편성할 때 염두에 두어야 할 원칙들은 어떤 것이 있나 알아보고자 한다. 일반적으로 시간의 축에 따라 구성되는 편성전략을 시간의 축이 무의미한 인터넷매체에 적용시킬 때 어떠한 점들을 유의해야 하는지를 중심으로 전통적 방송과의 차이점에 관해서 주로 논의한다. 인터넷에서는 끊임없이 새로운 종류의 서비스가 등장하고 있어, 이 모든 것을 아우르는 규정이나 유형화가 거의 불가능하지만 타깃수용자의 매체이용 행태를 기반으로 어떤 콘텐츠를 선택하고 어떻게 함께 배열할 것인지가 편성전략의 기본적 과제라는 점에서 기존매체의 편성과 유사점을 상당히 발견하고 적용할 수 있다. 따라서 이 장에서는 다양한 개별적 서비스에 관한 상술보다는 가장 기본적이고 공통적인 특징들을 중점으로 인터넷 편성전략을 소개하고자 한다.

1. 인터넷 방송이란

1) 기본 개념

인터넷 방송의 개념은 아직 보편적으로 소통되는 용어라고 하기는 어렵다. 때로는 온라인 미디어, 멀티미디어, 인터랙티브 미디어, 스트리밍 미디어 등 다양한 개념으로도 불리기도 한다. 그러나 이들 개념은 각각 서로 조금씩 다른 측면에 초점을 두기 때문에 이들이 모두 동일한 것을 지칭한다고 할 수도 없다. 예컨대 온라인 미디어란 이용자 혹은 콘텐츠들이 항상 서로 연결되어 있다는 특징에 중점을 둔 개념이고, 인터랙티브 미디어란 이용자와 콘텐츠 혹은 미디어가 서로 정보를 상호교환할 수 있는 기제가 있다는 점에 중점을 둔 개념이다.

인터넷 방송이라 하면 다른 매체에 비해 인터넷이 가지고 있는 여러 가지 특징을 두루 가지고 있을 수도 있고, 또한 이들 여러 가지 특징 중에서 한두 가지만 가지고 있을 수도 있다. 단지 인터넷을 통해 동영상 서비스를 할 수도 있고, 여기에 좀더 선택의 폭을 넓힌다든지 커뮤니티 서비스를 더할 수도 있다. 특정 서비스를 제공하는 사람의 의도나 목적에 따라 각각의 서비스를 상당히 다르게 구성할 수도 있기 때문에 인터넷 방송을 한마디로 정의하기는 어려우며 개별사례에 따라 조금씩 다른 특징을 가지고 있을 수도 있다. 하지만 바로 이 점, 즉 인터넷망을 기반으로 전달되지만 서로 다른 매체적 특징들로 구성될 수 있다는 유연성 자체가 인터넷 방송이 전통적 방송과는 달리 차별화될 수 있는 장점이다.

일반적으로 인터넷 방송이란 주로 텍스트형식의 정보를 전달하던 인터넷이 진화하여 동영상을 포함하여 정보를 전달하게 된 것을 지칭한다. 일대일, 혹은 일 대 다 나 다 내 다 형식의 커뮤니케이션이 가능한 인터넷망을 통해서 동영상을 전달한다는 점에서 통신방송 융합의 대표

적 초기주자로 일컫는다. 인터넷망을 통해 전송한다는 점(전송방식),
동영상 방송프로그램이 주요 서비스 콘텐츠가 된다는 점(주요 콘텐
츠), 그리고 일반방송과 같이 정보제공과 엔터테인먼트에 대한 수요를
기반으로 한다는 점(서비스의 목표) 등이 인터넷 방송을 구성하는 공통
적 개념이다.

전통적 방송의 정의를 통해 본다면 인터넷 방송을 과연 방송이라고
할 수 있느냐에 의문을 가질 수도 있다. 동시에 다수의 대중에게 콘텐
츠가 전달되지 않기 때문이다. 그러나 동영상을 서비스하는 것은 이미
인터넷상에서 이루어지는 다양한 서비스 중 아주 중요한 일부를 구성
하게 되었으며, 특히 기존 방송사의 인터넷 콘텐츠와 다시보기 서비스
(VOD)는 실제 방문자 수를 기준으로 보아도 중추적 서비스가 되었다.
그리고 앞으로도 그 중요성은 점차로 커질 것이라고 전망된다.

국제 인터넷 방송협회(International Webcasting Association)는 웹캐
스팅을 "인터넷을 통하여 수용자에게 라이브나 녹음된 오디오나 비디
오를 전송하는 것"이라고 간략하게 정의한다. 이는 OECD가 내리고
있는 광의의 정의 중에서 두 번째 유형에 속하는 것으로서 '스트리밍
미디어' 부분만을 지칭하고 있다. 또한 인터넷 방송 관련 기사를 많이
다루는 *Online* 지에서도 웹캐스팅을 스트리밍 기술을 통하여 인터넷상
에서 오디오, 비디오, 애니메이션, 텍스트 등 각종 정보를 전달하는
것으로서 푸시, 유니캐스팅, 멀티캐스팅 등의 방법을 포함한다고 정
의한다. 또한 한국인터넷 방송협회에서도 웹캐스팅을 인터넷을 통하여
멀티미디어 콘텐츠를 서비스하는 것이라 규정하고 있어 여기서도 주로
인터넷 스트리밍 미디어를 중심으로 살펴보고자 한다. 외국의 사례를
참고할 때 한 가지 주의할 점은 우리나라의 경우 '인터넷 방송'이라 하
면 주로 영상서비스를 떠올리지만 해외의 경우에는 주로 인터넷 라디
오, 즉 스트리밍을 통한 오디오 서비스가 영상서비스보다 우위에 있다
는 것이다.

- 인터넷 방송의 정의

- 웹캐스팅(*Webcasting*) 혹은 넷캐스팅(*Netcasting*)이란 인터넷을 통해 제
공되는 기존 미디어의 기능을 모두 포함한다(OECD, 1997). 여기서
OECD는 인쇄매체, 전자매체(음성, 영상), 그리고 통신서비스를 포함한
개념으로서 웹캐스팅을 다음의 두 가지 서비스군으로 다시 분류한다.
  (가) 텍스트와 그래픽 위주의 서비스: 미국의 'Pointcast'가 대표적 사례
  로서 흔히 '푸시'(*push*) 서비스라 불린다. 웹캐스팅이라는 용어가 협
  의로 사용될 때 흔히 이것을 지칭한다.
  (나) 오디오 및 비디오 서비스: 스트리밍 미디어(*streaming media*)라고
  통칭하며, 바로 이 분야가 동영상 또는 오디오를 포함한 서비스로
  서 웹캐스팅이라고 할 때 일반적 설명이 된다.
- "인터넷 방송은 방송 콘텐츠를 동영상 압축 데이터로 만들어 인터넷을 통
하여 전달하는 새로운 개념의 방송으로, 디지털 동영상이 파일로 서버에
저장되어 있다가 시청자의 요구에 따라 실시간으로 스트리밍될 수 있어
온 디맨드(*on demand*) 방송이 가능하다. 또한 시공을 넘어 인터넷이 연결
되는 곳이라면 세계 어느 곳에서든 동시에 생중계가 가능하다. 결국 인터
넷 방송은 인터넷을 통한 영상, 음향정보를 방송형태로 제공하는 정보통신
서비스라고 말할 수 있다"(김이기, 2002).
- "인터넷을 통해 정보이용자가 시청하거나 혹은 쌍방향으로 다양한 정보를
원하는 대로 이용가능하도록 실시간(*real time*)으로 — 이용자의 정보이용
장치에 저장되지 않는 방식으로 — 영상과 음향, 부호, 문자정보를 제공하
는 것을 말한다"(박선영 2000; 김이기 2002에서 재인용).
- "인터넷 방송은 텍스트, 그림, 오디오, 동영상 등을 멀티미디어 콘텐츠로
가공, 압축하여 인터넷을 통해 이용자의 요구가 있을 때마다 실시간으로
전송하는 쌍방향 서비스를 말한다. 즉, 인터넷 방송은 기존의 공중파방송
이 제공하는, 미리 정해진 시간에 프로그램이 방송되어 시청자들이 정규
방송시간에 맞추어야만 시청할 수 있는 일반적인 일방향 방송이 아닌 언
제 어디서나 원하는 방송을 시청할 수 있는 주문형식의 새로운 쌍방향의
상호 개방적인 방송개념이다"(은혜정, 2003).
- "정보제공자와 수신자 간의 쌍방향성이 보장되는 상황에서 공중에 의한 수
신, 청취, 시청을 목적으로 인터넷을 통해서 디지털정보를 보내는 것이
다. 즉, 디지털정보를 시·청취가 가능하도록 인터넷을 통해서 보내는 것
을 말한다. 이것은 송신자와 수신자 간의 상호작용을 기반으로 한다"(Miles,
1998).

인터넷 방송은 하나의 웹사이트가 하나의 방송국 역할을 하기 때문에 숫자의 파악에는 어려움이 있고, 그 규모나 수준의 측면에서 편차가 크다. IMF를 겪으면서 인터넷 방송도 주춤하였다. 그러나 정부의 벤처지원책과 정보통신산업의 잠재력에 대한 기대감에 힘입어 2001년 초에는 인터넷 방송국이 천 개 이상으로 늘어나기에 이르렀다(초성운, 2001). 그러나 수익구조의 불안정성으로 국내 인터넷 방송국 수는 감소추세를 보이고 있으며, 2002년에는 865개, 2003년 6월 말 기준으로 773개로 줄었다(은혜정, 2003). 한편 한국전자통신연구원에 따르면 국내 인터넷방송의 이용자 수는 2003년을 기준으로 대략 5백만 명에 이른다.

2) 인터넷 방송의 의미와 쟁점

인터넷과 방송이 얼마나 조화롭게 융합될 수 있는지에 관해서 논의는 지속되고 있다. 혹자는 인터넷(혹은 컴퓨터)과 방송은 기본적으로 합쳐지기 어려운 아주 다른 종류의 서비스임을 지적하기도 했다(Owen, 1999). 가장 근본적인 차이점으로 지적되었던 것 중의 하나가 수용자가 두 서비스를 이용하는 행위패턴이 아주 다르다는 점이었다. 컴퓨터는 수용자들이 앞으로 기울여서 소비하는 매체(lean-forward media)이고, 텔레비전은 뒤로 기울인 자세로 소비하는 매체(lean-back media)이기 때문에 이 두 매체를 통해 충족시키고자 하는 욕구는 전혀 서로 다른 것이라는 점을 지적한 것이다. 이 지적은 나름대로 근거를 가지고 있으며, 앞으로 방송통신 융합매체로서 인터넷 방송의 발전 정도와 한계에 대해 앞으로도 지속적으로 논의가 전개될 것으로 보인다.

인터넷 방송은 통신과 방송의 융합이 구체적으로 현실화되어 나타난 대표적 초기사례로서 그 의미가 부각되기도 한다. 현재 인터넷상에서는 다양한 형태의 동영상, 혹은 오디오 서비스들을 어렵지 않게 찾아

볼 수 있으며, 연령대가 젊은 수용자층을 중심으로 인터넷 방송은 그들의 가장 주요 이용매체가 될 정도로 급속하게 이용률이 증가되고 있다. 근래에는 개인의 블로그를 통해 이야기와 음악을 엮어내면서 나름대로의 고정이용자(고정 팬)를 가지고 있는 경우도 볼 수 있다(《중앙일보》, 2005년 6월 15일).

앞서 언급한 바와 같이 매체로서, 즉 콘텐츠를 담아 전달하는 기제로서의 인터넷은 전통적 방송과는 매우 다르다. 따라서 인터넷 방송의 편성을 논의하기 위해서는 현재 우리가 파악할 수 있는 인터넷 방송의 매체적 속성을 먼저 검토해 볼 필요가 있다. 인터넷 방송의 속성을 파악한다는 것은 '현재 이 책이 씌어지는 시점'이라는 조건을 달 수밖에 없다. 현재 진화하는 매체의 특징에 대해서 논한다는 것은 마치 움직이는 과녁에 대고 화살을 쏘는 것이나 마찬가지이기 때문이다.

이제까지 '매체'를 말할 때는 매개체와 그를 통해 전달되는 콘텐츠의 내용을 함께 지칭하였다. 신문은 텍스트로 표현된 뉴스가 실리고, 방송은 전파를 통해 동영상으로 처리된 엔터테인먼트 목적의 콘텐츠가 실린다. 그러나 인터넷은 이와는 조금 다르게 독자적으로 고유의 콘텐츠의 영역을 갖고 있는 미디어라기보다는 가용한 모든 콘텐츠를 디지털화하여 서비스하는 일종의 플랫폼의 개념으로 이해해야 한다. 방송, 영화, 신문 등을 떠올리면 그들만의 고유한 콘텐츠를 생각할 수 있지만 이와는 달리 인터넷은 1차적 콘텐츠 제작원의 역할이 중심이라기보다는 기존의 콘텐츠를 새로운 방식으로 서비스하는 기술이 중심이 되고 있다. 이는 기존매체를 대체하는 인터넷 방송보다는 기존매체와 상호보완적으로 이용하는 대상으로 접근해야 한다는 것을 말한다.

3) 인터넷 방송의 분류

인터넷상에서 콘텐츠 제공을 주기능으로 하는 사업자를 분류하는 기준 중의 하나는 전통적 매체구분에 따르는 것이다. 이러한 기준에 따라 인터넷 방송, 인터넷 라디오, 인터넷 신문(잡지 포함), 인터넷 영화 등으로 구분한다. 그러나 이러한 서비스들이 대부분 하나의 사이트를 통하여 복합적으로 이루어지는 경우가 많고, 대부분 어떠한 서비스라도 동영상 서비스를 포함하는 경우가 많기 때문에 그다지 유용한 구분법은 아니다.

또 하나의 일반적 구분법은 기존 미디어사업자(방송사, 영화사, 음반사)냐 인터넷 신규사업자냐에 따른 분류이다. 기존 미디어사업자의 인터넷 진출에 비교해서 신규사업자일 때는 독립 인터넷 방송이라는 용어를 쓴다. 이러한 구분은 주로 기존의 미디어 서비스의 연장이냐, 아니면 네티즌만을 타깃으로 한 서비스냐에 따른 구분법이라고도 할 수 있으나, 독립 인터넷 방송국이라는 유목하에 서로 다른 목적을 가진 사업자들은 모두 포함할 가능성이 있다.

인터넷 방송이라는 영상서비스를 제공하면서도 어디에 주안점을 두고 있느냐에 따라 미디어사업, 액세스사업, 그리고 전자상거래사업으로 다시 나눌 수 있다. 이는 인터넷 방송의 궁극적 목적이 무엇인가에 따라 상당히 다른 본질을 가질 수 있음을 의미한다. 더불어 순수 표현행위로서 혹은 취미로서 인터넷 방송국을 운영하는 것도 비록 사업은 아니지만 인터넷 방송에 포함되어야 한다. 그러나 점차 복잡한 제휴합병 관계로 독립방송국이냐 기존 사업자냐의 구분도 시간이 흐를수록 변화할 것이다. 미국의 경우 독립적으로 시작한 인터넷 사업자들이 거대 미디어기업에 인수·합병되는 경우가 많다.

다음은 몇몇 독립 인터넷 방송국의 사례이다.

회사명	Nine4U
특징	• 전문음악인, 아마추어 DJ 등이 함께 하는 음악전문 채널 • 사업을 확장하여 현재는 방송서비스인 '아시아뮤직넷'과 전자지불서비스인 '마이페이넷'을 동시에 운영하고 있다.
서비스 내용	• '아시아뮤직넷'에서는 그 이름과 같이 중국, 일본 등 아시아 지역의 음악정보 제공 • 음악은 물론이고 '아뮤방송국'이라 하여 DJ들이 운영하는 방송을 들을 수 있으며, 그 밖에 영화, 운세, 쇼핑서비스까지 함께 제공
A/V 요소	• 영화를 제외하면 대부분 A 요소가 많음
Interactivity 정도	• 음악의 선정에서 DJ들이 대부분 선곡하지만 이용자들의 신청곡도 받음. 각 DJ들에게는 DJ게시판이 있어 이용자간의 대화가 쉽게 되어 있고 '사연보내기'가 가능함 • 마이라디오 코너에서 이용자들이 직접 DJ가 되어 방송할 수 있음
주소	http://www.nine4u.com, http://www.asiamusic.net

회사명	Christian TV
특징	• 회원 교회중심의 설교방송, 라디오 선교방송 • 해외(주로 LA의 이민교회) 교회와 국내교회가 함께 참여 • 갖가지 다른 테마로 총 여섯 개의 채널 구성
서비스 내용	• 매주 회원교회들의 주일 대예배를 설교방송을 통해 방송 • 찬양프로그램에서는 국내외 성가대들의 찬양이 수록됨 • 라디오방송에서는 1650 AM을 인터넷으로 매일 방송 • 신문에서는 크리스천 헤럴드를 소개
A/V 요소	• A, V 모두
Interactivity 정도	• 회원교회들의 참여 정도는 높지만 개인들의 참여통로는 많지 않음
주소	http://www.chtv.org

회사명	(주) 라이브투닷컴
특 징	• 우리나라의 주요 행사들과 최근에는 교육에 이르기까지 인터넷 생중계를 전문으로 하고 있음 • 제16대 대통령취임식 생중계 등 각종 세미나, 국제포럼, 박람회, 기념행사 등을 다채널, 다국어로 인터넷을 통해 제공
서비스 내용	• '오늘의 뉴스', '증권정보', '영화/비디오', '지도서비스', '사전', '취업정보' 등 부가정보서비스를 하고 있지만 대부분 '다음'과 '엠파스' 등의 포털에 의존하고 있음 • 사이버 및 원격교육용 콘텐츠 제작, 제작대행과 국제회의 및 포럼, 세미나, 사업설명회 등을 인터넷상에서 라이브 또는 VOD 생방송을 제공
A/V 요소	• A, V 모두
Interactivity 정도	• 기업이나 단체에서 의뢰하면 제공하는 콘텐츠를 볼 수 있음. 개인별로는 생중계와 VOD로 시청할 수 있으나 대화가 용이하지 않음
주 소	http://www.liveto.com

회사명	NGTV
특 징	• 광고제작시 NG 장면을 주로 제공하여 광고만으로는 알 수 없는 정보를 제공함 • 본광고 역시 제공하며 연예정보나 패션정보를 함께 제공
서비스 내용	• CF와 NG를 장르별, 최신 CF/NG로 제공 • 광고촬영시 에피소드, CF 패러디, 스타 인터뷰, 영화/뮤비정보를 제공
A/V 요소	• A, V 모두
Interactivity 정도	• '랭크특급'이라 하여 이용자들이 CF순위를 매길 수 있도록 함 • 다른 인터넷 방송국보다 게시판이 활성화되어 이용자들이 참여할 수 있는 게시판을 세 가지로 운영 • 각각의 CF나 NG장면 밑에는 댓글을 달 수 있는 '나도 한마디' 공간이 마련되어 있음
주 소	http://www.ngtv.net

회사명	인라이브
특징	• 누구나 라디오 DJ처럼 인터넷을 통해 방송할 수 있는 서비스를 제공할 수 있는 개인방송 사이트 • 최근에는 음원 스트리밍 서비스, 음악 콘텐츠, 모바일 서비스 등을 제공하여 뮤직 포털사이트의 성격도 지님
서비스 내용	• '음악듣기' 서비스는 세대별, 장르별 음악검색이 가능하고 '인라이브 전문방송', '특집방송'이라 하여 사이트에서 제공하는 방송을 들을 수 있게 함 • '방송하기' 서비스가 있어 원하는 사람은 자신이 직접 방송할 수 있음 • 그 밖에 네티즌 광장, CJ 광장, 채팅, 아바타, 방송랭킹과 같은 서비스 제공
A/V 요소	• 대부분 A 요소
Interactivity 정도	• '방송랭킹'에 랭킹 등록을 할 수 있도록 되어 있으며, 네티즌 광장이나 채팅서비스에서는 회원간의 의사소통을 할 수 있는 다양한 공간이 마련되어 있다. 또한 'CJ광장'에서는 CJ가 되고픈 회원들이 각 방송에 신청하면 CJ가 되어 방송할 수 있는 기회가 주어진다.
주소	http://www.inlive.co.kr

2. 매체로서의 인터넷과 콘텐츠

1) 인터넷의 매체적 특징

영상콘텐츠를 서비스할 때 인터넷이 다른 미디어에 비하여 상대적으로 우위에 있는 특징은 다음과 같다.

(1) 경제성

전파의 희소성이 없고, 진입장벽이 매우 낮다. 인터넷 콘텐츠사업에 참가하고자 하는 사람이면 초기 투자비의 큰 부담 없이도 얼마든지 시장에 진입할 수 있다.[1] 거의 무제한에 가까운 콘텐츠의 다양성이 보장되며, 기존의 미디어를 통하여 기술적, 경제적, 사회적 이유에서 제공될 수 없었던 콘텐츠들도 등장이 가능하다.

(2) 수용자의 선택성

원하는 시간에 원하는 정보를 본다는 시간적 선택성(selectivity)과 본인의 취향에 맞는 것만 선택적으로 접근하기가 더 용이할 것이라는 취향에 따른 선택성이 모두 증대된다. 이러한 장점을 살린다면 어떠한 기준으로건 군집화된 수용자(segmented audience)의 공통적 취향에 맞추어 콘텐츠를 선택하여 묶음하여 주는 편성의 기능이 더 중요해질 것이라고 예측할 수 있다. 더불어 이용자의 편의성을 높이는 기술의 수요도 증가할 것이다. 수용자의 선택성 증가는 기술적으로 망 용량의

---

1) 이 점은 얼마만한 규모의 수용자를 대상으로 하느냐에 따라 상당한 차이를 보이며, 인터넷상의 경쟁이 심해지면서 수용자의 주목도를 대상으로 한 경쟁이 함께 치열해지면 특정 인터넷 방송서비스에 대한 인지(awareness)를 확보하는 데 드는 비용도 증가할 것이라고 예측할 수 있다. 적은 비용으로 누구나 방송사업을 할 수 있다는 점은 인터넷 방송의 속성을 설명하는 데 기본적으로 틀리다고 할 수는 없으나 그 현실성에서는 재고가 필요하다.

증가뿐만 아니라 단말기 또는 서버의 저장(*storage*) 기능도 개선되어야 완벽하게 구현될 수 있다.

(3) 실시간 방송(*real-time*)

내용의 변화가 필요할 시 수정(*update*)이 수시로 가능하다. 이러한 점에서 뉴스매체로는 탁월한 장점을 갖고 있다고 할 수 있다.

(4) 커뮤니티의 제공

인터넷상에서는 일방적 콘텐츠의 소비와 동시에 소집단 구성원끼리의 쌍방향 통신이 가능하다. 다 대 다의 네트워크 커뮤니케이션 기능을 제공하기 때문이다. 수용자의 직접참여와 수용자들끼리의 만남은 전통적 방송에서는 불가능하지 않았지만 상당히 비용이 들어가는 행위일 수밖에 없었다. 유사한 콘텐츠를 반복적으로 소비하는 취향집단으로서 커뮤니티의 존재는 그 자체로 별도의 콘텐츠가 되기도 한다.

(5) 지불구조의 다양화와 광고주의 변화

인터넷에서 제공되는 영상서비스는 콘텐츠 제공자의 사업모델과 콘텐츠의 유형에 따라서 다양한 지불구조를 가질 수 있다. 지불구조의 다양성은 수익기반의 다양성을 의미한다. 현재 일부 지상파방송의 인기 콘텐츠는 이미 유료서비스가 정착이 되어 있으며, 앞으로도 유료, 무료(광고)뿐만 아니라 다양한 묶음판매(*bundle*) 등의 가능성이 열려 있다.

우선 광고 중에서도 대중을 타깃으로 한 광고보다는 소집단을 대상으로 한 광고, 그리고 DB 마케팅 차원을 결합한 광고기제가 각광받고 있으며, 인터넷상의 다양한 광고기법과 노출측정의 방법들이 속속 개발되고 있다. 거의 무한대로 타기팅이 가능하다는 면에서 인터넷은 광고매체로서는 확실한 차별성을 갖는다.

이밖에도 회원제 유료서비스의 형태로 운영하면서 콘텐츠 패키지를
제공하는 방법도 있고, PPV방식으로 개별 콘텐츠 단위로 가격을 책정
하는 유료서비스의 방법도 있다. 또한 콘텐츠 자체는 무료로 제공하면
서 관련된 전자상거래(쇼핑서비스)를 통하여 수입을 올리는 방법도 있
다. 수입원의 종류에 따라서 인터넷 방송이 제공하는 기제나 콘텐츠의
유형이 영향을 받는다.

(6) 콘텐츠의 다차원적 서비스

같은 콘텐츠를 시간의 차이를 두고 다른 매체를 통해서 유통시키는
창구화는 일반적으로 영상산업을 이용하는 데 아주 중요한 개념 중의
하나이다. 그런데 인터넷은 디지털화된 콘텐츠를 이보다 더 다양하게
활용할 수 있게끔 한다. 동일한 콘텐츠를 이용자의 선호나 필요에 따
라 다양한 형태로 제공할 수 있다. 예컨대 드라마와 함께 그 드라마에
관계된 스크립트나 명장면 모음, 개발단계의 시나리오 등 다양한 것을
함께 혹은 개별적으로 제공하여 새로운 수요를 창출할 수 있다.

이러한 특징들을 고려할 때 '인터넷 방송'은 단순한 방송의 연장으로
보기에는 아주 혁신적인 특징을 지니고 있어 앞으로의 진화방향을 면
밀히 추적할 필요가 있다.

2) 정보기술의 진화와 인터넷 콘텐츠

정보기술의 발달은 미디어산업을 포함한 정보통신산업뿐만 아니라
사람들간의 혹은 집단간의 커뮤니케이션 구조와 양식에 영향을 주게
되어 보다 심층적인 사회구조적 변화를 가속화시키고 있다. 정보와 오
락을 제작하고 전송하며 수용하는 전 단계에 걸친 변화를 가져오고 있
는 기술발전의 요체는 디지털신호로의 전환이다. 모든 오락과 정보가
디지털 신호로 처리되기 시작하면서 디지털 정보의 원조인 컴퓨터를

통하여 점점 더 많은 삶의 영역이 처리되고 있다. 방송과 통신을 융합하는 매개체로서 또한 그 융합을 구현하는 기술로서 가장 화려한 주목을 받고 있는 매체가 인터넷이다. 인터넷 사용자의 수는 전 세계적으로 폭발적으로 증가하고 있다. 인터넷상에서 현재 실행되는 홈뱅킹, 홈쇼핑, 교육, 게임, 종합 엔터테인먼트 등의 서비스들은 대부분 이미 오래 전부터 케이블TV를 비롯하여 새로운 미디어기술이 등장할 때마다 거론되었다.

이미 인터넷 방송, 인터넷 영화라는 이름들이 일반인들에게도 낯설지 않을 정도로 인터넷을 통해 많은 영상콘텐츠들이 제공되고 있으며, 초고속 인터넷접속의 확산과 더불어 많은 사업자들이 새로운 미디어의 출현을 준비하고 있다. 미국 최대의 인터넷 접속서비스 사업자인 아메리카온라인(AOL)의 스티브 케이스 회장이 인터넷상에서 구현되는 공동체에 주목, 커뮤니티를 다지는 쪽으로 사업을 추진했다면, 마이크로소프트사의 빌 게이츠는 인터넷을 기본적으로 엔터테인먼트의 도구로 보고 네트워크사업을 추진하고 있다고 한다. 여기에 국제 미디어재벌 루퍼트 머독도 다각도로 인터넷 텔레비전 시장에 진출하고 있는 등 인터넷을 통한 영상 및 각종 엔터테인먼트 서비스는 한층 더 가속도를 내 발전할 전망이다.

인터넷망의 전송속도와 정보처리 기술이 발전됨에 따라서 디지털 콘텐츠의 유형이 변하고 있으며, 점차 동영상이나 엔터테인먼트 요소가 가미된 서비스들이 더욱더 많이 등장할 것이라고 할 수 있다. 아래의 〈그림 8-1〉은 기술의 진화에 따라 디지털 콘텐츠의 유형이 어떻게 변화하고 있는지 요약하여 보여준다.

인터넷 영상서비스 이용에 가장 큰 기술적 관건은 망의 전송속도에 있다. 인터넷사업자들이 추구하는 것이 미디어사업이든, 액세스(access)사업이든, 전자상거래 그 자체이든 '엔터테인먼트' 요소는 어디에든 포함이 될 수밖에 없고, 이것은 인터넷 이용자의 저변이 확대되면

될수록 더욱 중요해 질 것이다. 엔터테인먼트가 다양한 유형의 콘텐츠 중의 하나로 존재하기보다는 모든 정보가 엔터테인먼트적 요소를 포함하게 될 것이라고 예상되며(Wolf, 1999), 방송영상물은 엔터테인먼트를 말할 때 빼놓을 수 없을 정도로 중요한 요소이다.

〈그림 8-1〉 인터넷 속도와 정보처리 기술발전에 따른 디지털 콘텐츠 유형

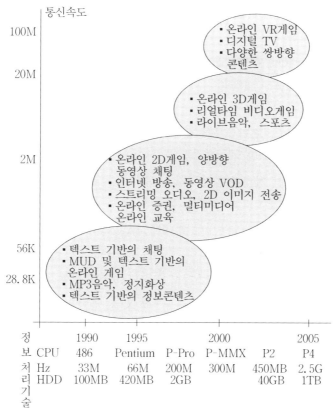

자료: 권남훈 외(2002), 〈인터넷 인프라의 진화와 인터넷 방송의 출현과 진화〉, 정보통신정책연구원, p. 97.

3) 인터넷을 통한 영상서비스

인터넷을 통한 영상서비스는 보다 다양한 커뮤니케이션 활동을 아우르는 보다 종합적인 웹서비스를 지향한다. 한 예로 동영상을 데이터나 전자상거래와 동반한다든지, 드라마와 게임을 혼합하여 즐긴다든지, 스포츠경기를 보며 같은 팀을 응원하는 사람들끼리 채팅을 한다든지 하는 아주 새로운 경험을 제공할 수 있다. 이러한 새로운 유형의 서비스는 이미 상업적으로도 많이 이루어졌다. 혹자는 인터넷 방송을 굳이 기존의 산업에 포함시킨다면 방송사업이라기보다는 인터넷사업으로 유형화하는 것이 더 합당하다고 주장한다. 그러나 아직 고정적으로 이것이 방송에 가깝다든지 일반 인터넷사업에 가깝다든지 전망하기는 이르며, 이것은 개별적 서비스의 구현방식에 따라 달라질 수 있다.

물론 현재로서 인터넷 영상서비스는 모든 면에서 유아기에 가깝다고 할 수 있다. 관련기술부터 모든 영역이 유동적이고 표준이라 할 만한 것이 없으며, 사업자 및 기술의 진입과 퇴출이 빈번하다. 빠른 기술혁신에 힘입어 하루하루 변화하고 있다. 현재의 기술상태로 이용자의 대부분이 안정적으로 수용할 수 있는 것은 주로 텍스트 정보와 그래픽 콘텐츠이지만 초고속망의 확대에 따라 음성이나 영상콘텐츠들의 이용률도 빠르게 증가하고 있다. 망의 용량(즉, 속도)에 따라 동영상서비스가 급속도로 확장되고 있다. 동영상이 위주가 되는 서비스가 더 확산되고 발전할 것인가, 그리고 어떠한 양식으로 진화할 것인가를 예측하기 위해서는 앞서 언급한 전송망의 안정성과 진화, 보급률뿐만 아니라 다음과 같은 조건들에 대한 검토가 필요하다.

우선 사회심리학적 수준에서 이용자의 미디어 수용행위이다. 수동적 영상오락의 소비와 능동적 컴퓨터 이용양식이 어떻게 공존, 발전할 것인가에 관한 불확실성이다.

두 번째는 어떤 수익모델에 기반한 미디어가 될 것인가의 문제이

다. 기존의 영화나 방송이 대중을 대상으로 발달하였고, 특히 방송의
경우 한꺼번에 많은 소비자에게 광고를 전달할 수 있다는 점에서 광고
매체로서의 장점이 수익모델의 기반이 되었다. 사람들의 주목을 끌
만한 품질의 동영상을 제작하는 데 드는 비용이 크게 감소하지 않는
한 소수를 대상으로 한 서비스는 광고만으로는 수익을 창출하기 어려
울 것이다. 따라서 커뮤니티 서비스라든지 전자상거래와 결합한 서비
스 등과의 조합을 통해 새로운 가치를 만들어내는 등 보다 다양한 수
익창구와의 결합이 필요하다. 그러나 이러한 시도가 방송내용이 갖는
소구력에 영향을 미치지 않을까 하는 점이 또 하나의 문제로 제기된
다. 이는 인터넷 방송뿐만 아니라 인터넷 관련사업자들 대부분의 고민
이기도 하다.

3. 인터넷 방송 수용자

1) 인터넷 이용시간

인터넷 방송의 수용자를 이해하기 위해서는 일단 수용자들의 기본적
매체접촉 습관을 알고 어떤 특징적 행태를 보이는지 분석하고 관찰할
필요가 있다. 일단 인터넷을 정기적으로 이용하는 사람이라면 누구든
지 잠재적으로 인터넷 방송의 수용자라고 할 수 있다. 우리나라의 15
세 이상 성인 중에서 남자는 71.2%, 여성은 61.1%가 인터넷 이용자
이고, 15~20세 미만은 전체의 97%, 50세 이상도 22.2%나 된다(이
광훈, 2004).
한국인터넷정보센터(KRNIC)의 2003년도 하반기 조사[2]에 따르면

---

[2] KRNIC(2003), 〈2003년 하반기 정보화실태조사 최종보고서〉(http://isis.
nic.or.kr에서 다운 받음).

만 6세 이상 인구 중 65.5%(2,922만 명)가 월평균 1회 이상 인터넷을 이용하고 있으며, 이들의 평균 이용시간은 주당 12.5시간이며, 10시간 이상 이용자의 비율이 49.6%에 달한다. 인터넷의 주이용 용도는 '자료정보검색'(72.8%)이었고, 그 다음으로 '게임'(52.5%), '이메일' (51.3%) 순이다. 오디오나 비디오의 이용은 아직까지 전체 통계에서 크게 잡히지는 않으나 다른 나라와 비교할 때 한국 인터넷 이용자의 오디오나 비디오 이용은 크게 높은 편이며, 초고속 인터넷망 보급률의 확대와 함께 빠른 속도로 증가하고 있다. 문제는 이러한 잠재적 수용자들이 어떠한 경로로 인터넷 방송을 경험하게 되며, 이들이 어떻게 정기적 수용자 군으로 계발되는가 하는 점이다.

2) 인터넷 방송의 이용패턴

한 조사에 따르면(초성운, 2001) 인터넷 방송 이용자들이 1회에 인터넷 방송을 이용하는 시간은 평균 64분으로 조사되었다. 평균적으로 하루 1~2시간 정도 이용하는 경우가 가장 일반적이라고 할 수 있다. 텔레비전의 일일 평균 이용량이 3시간 내외인 것을 고려할 때 인터넷 방송 이용자의 전체 규모는 적지만 평균 이용시간은 그리 작지 않음을 알 수 있다.

각종 조사에서 나타난 인터넷 방송의 주된 이용목적은 연예, 오락 등 흥밋거리를 찾기 위함이고, 그 다음으로는 보다 더 구체적으로 음악이나 영화 등의 콘텐츠에 접근하기 위해서이다. 전반적 이용동기에서는 기존 방송의 이용동기와 크게 다르지 않다. 연예오락 등의 재미를 추구하기 위해서 인터넷 방송을 접속하는 것은 습관적으로 무료함을 달래거나 시간을 보내기 위해서 텔레비전을 시청하는 의례적 매체이용 유형과 유사함을 보여준다. 그러나 인터넷 방송의 이용동기는 연령층이나 성별에 따라 차이가 있다. 우선 음악이나 동영상을 즐기는 연령층은 10대와 20대에 국한되어 있어 현재로서는 이들이 주요 타깃이 될 수밖에 없다.

이용시간대의 측면에서도 인터넷 방송의 이용은 기존의 방송과는 다르다. 지금까지 알려진 바로는 주로 점심시간대인 정오에서부터 오후 1시까지가 이용이 높고, 다시 저녁 10시대부터 자정을 전후한 시간의 이용률이 높다. 이는 수용자들의 일상생활 패턴과 밀접히 연관되어 있으며, 전체적 인터넷 이용시간의 분포와 동일하다. 아직까지는 텔레비전과는 보완적 이용패턴을 갖고 있으며, 점심시간과 심야시간이 인터넷 방송의 프라임타임임을 알 수 있다. 편성기획자라면 보다 더 구체적으로는 시간대에 따라서 어떠한 유형의 콘텐츠들이 이용되는지 조사할 필요가 있을 것이다.

현재 가장 이용률이 높은 동영상 콘텐츠는 지상파방송의 다시보기 (VOD) 서비스이다. 이른바 '마니아' 집단을 중심으로 인터넷을 통한 활동이 활발해지면서 다시보기 기능과 인터넷을 활용한 드라마 홍보 등은 제작에서 이미 중요한 한 요소가 되었다. 다시보기 서비스는 현재 방송사에 따라서 유료 혹은 무료로 제공되는데, 제작진이 제공하는 관련 콘텐츠나 시청자들끼리 서로 상호작용하는 게시판과 더불어 상당히 방문자의 숫자가 많은 인터넷 콘텐츠이다. 이를 통해 시청자들은 인기 드라마의 시간에 맞추어 귀가시간을 맞출 필요 없이 자신의 개인 일정에 맞추어 드라마를 즐길 수 있게 되었다. 또 한꺼번에 여러 회분의 드라마를 몰아서 시청한다든지 자신이 좋아하는 방영분들을 모아 개인 라이브러리를 구축하고 반복시청하는 등 이전에 볼 수 없었던 시청행태를 보인다.

인터넷 방송이 독립된 매체로서 독자적 영역을 구축하고 발전시키기 위해서 필요한 조건은 과연 인터넷 방송이 수익성 있는 사업으로서 계속 유지되면서 만족도가 높은 콘텐츠 및 서비스를 지속시킬 수 있는가 하는 점이다. 일부 지상파방송의 인기드라마 다시보기 서비스의 경우

〈그림 8-2〉지상파방송사의 드라마 다시보기 화면사례

는 유료체제로의 전환이 이루어졌다. 이 역시 초기에는 이용자들의 심한 저항이 문제가 되었으나 콘텐츠의 경쟁력으로 유료제가 정착하면서 자연스럽게 해결되었다. 현재 광고매체로서 인터넷의 잠재력에 관해 다양한 실험이 지속되고 있지만 여전히 인터넷 사용자들은 유료서비스에 대한 강한 거부감을 갖고 있다. 심리적 장애요소는 극복하기 힘든 것인 만큼 독특한 서비스와 만족도를 유지시킬 수 있는 차별화가 인터넷 방송 성공의 관건이다.

한 조사에 따르면 인터넷 이용자 중에 유료콘텐츠를 이용한 경험이 있는 사람은 20. 1%에 불과한 것으로 나타났다(이광훈, 2004). 같은 조사에 따르면 음악이나 생활정보 등의 콘텐츠는 전반적 이용률은 높으나 유료로 접촉하는 비율은 낮고, 게임, 교육, 책·만화 등은 이용률에 비해 수용자가 비용을 직접 지불하고 이용하는 경우가 많은 것으로 나타났다.

앞서 언급한 바와 같이 인터넷은 주로 자료정보의 검색과 게임, 이메일 등 통신의 용도로 많이 사용하는데, 이러한 목적으로 인터넷에 접촉한 사람들을 어떻게 인터넷 방송의 이용자로 전환시킬 수 있겠는가 하는 문제와 인터넷 방송의 이용자들의 만족도를 유지, 제고하기 위해서 다른 매체와는 달리 인터넷이 제공할 수 있는 독특한 매체적 장점을 어떻게 결합할 것인가의 문제가 앞으로 인터넷 방송의 변화와 발전을 가늠하는 가장 중요한 차원이 될 것이다.

4. 인터넷 방송의 편성전략

일반적 방송의 편성과 인터넷 방송의 가장 큰 차이점이라고 볼 수 있는 것은 시간개념이다. 협의의 편성은 시간의 흐름에 따라 방송프로그램을 배열하는 것을 지칭한다. 그런데 인터넷에서는 (생방송을 제외하고는) 시간의 개념에 따라 구성된 콘텐츠를 그 일정에 맞추어 수용자가 접촉하기보다는 시간의 제약으로부터 벗어나서 자유롭게 콘텐츠를 접촉하게 된다. 그렇기 때문에 인터넷 방송은 편성기획이 따로 필요 없다고 생각할 수도 있다. 그러나 이것은 편성개념 속의 극히 일부분(scheduling)만을 생각한 성급한 결론이다. 경쟁이 거의 무한대로 존재하는 인터넷상에서 방송서비스를 하기 위해서는 철저한 타깃수용자의 규정과 분석을 통해서 콘텐츠를 선택해서 배치하고, 부가서비스를 함께 계획하는 기획력이 가일층 중요할 수밖에 없다.

1) 편성의 목표

인터넷 방송은 각 서비스 주체에 따라 서로 다른 목표를 가질 수 있으므로 편성전략을 수립할 때 우선 생각해야 할 것은 어떠한 점을 주목표로 삼는가 하는 점이다. 인터넷 방송은 그 주체나 서비스구현 방식, 혹은 수익모델에 따라서 다양한 목표를 가지며 목표가 다를 때에는 편성전략이 총체적으로 다를 수밖에 없다.

294

예컨대 다음과 같은 목표를 생각할 수 있다.

- 방문자의 규모: 인터넷 방송 사이트 자체로 방문하는 사람들의 수가 많아지는 것이 목표이다.
- 충성도의 형성: 방문자의 규모보다는 반복방문자를 증가시킨다.
- 특정 콘텐츠의 시청률 제고: 제공하는 다양한 콘텐츠 중 일부의 시청률(즉, 방문자 수 혹은 페이지 뷰 등)을 높인다.
- 방송 콘텐츠 외의 주변서비스의 활성화: 채팅이나 커뮤니티, 혹은 전자상거래를 활성화시키고자 한다.
- 조직(기업) 이미지 향상: 방송 콘텐츠를 주요 콘텐츠로 삼아 조직의 이미지를 제고한다.

이와 같이 인터넷 방송의 활용분야에 따라 그 목적은 다양하다. 음악이나 영화, 드라마나 뉴스 등 전통적 방송콘텐츠를 인터넷을 통해 제공하는 것뿐만 아니라 기업이 광고나 조직 내 교육용도로 활용할 수도 있고 전자상거래를 목적으로 할 수도 있다. 목적을 명확히 규정하고 이해해야 다음 단계로 타깃수용자의 특징을 명확히 할 수 있고, 그들에게 무엇을 어떻게 제공할 것인지 기획할 수 있다.

2) 콘텐츠의 선택과 개발

어떠한 매체라도 항상 같은 콘텐츠만을 제공한다면 살아남기 어렵다. 인터넷 방송도 마찬가지로 각자의 목표와 타깃에 맞는 새로운 콘텐츠가 끊임없이 제공되어야 한다. 콘텐츠를 발굴하고 새로이 기획하는 일은 편성기획자가 맡아야 하는 중요한 임무이다.

오프라인에서 방송이나 잡지 등 매체를 운영하는 조직이라면 이러한 매체의 콘텐츠들이 어느 정도는 그대로 온라인에서 사용된다. 그 밖에 다양한 공지사항이나 뉴스들이 함께 선택된다. 그리고 채팅방이나 커

> **▪ 인터넷 방송의 개편**
>
> 이은미와 이동훈(2000)의 조사에 따르면 당시 한국의 인터넷 방송국 중 약
> 절반 정도가 정기적 개편을 실시하고 있다. 정기적 편성을 하는 인터넷 방송
> 국들의 편성주기는 대략 1주일 단위인 경우가 절반 이상을 차지했다. 인터넷
> 방송의 경우 전체 콘텐츠를 모두 개편할 필요가 없으므로 어떤 콘텐츠를 바
> 꾸고 어떤 것을 남길 것인지도 편성기획자가 판단해야 할 몫이다.

뮤니티 등의 공간도 여타의 콘텐츠와 조화되도록 기획되어야 한다.

지상파방송 편성의 경우 하루를 여러 시간대로 분류하는 것(day-parting)은 타깃수용자를 구별하기 위함이듯이 인터넷 방송에서 가장 중요한 것은 타깃의 특징을 파악하여 그 수요를 지속적으로 추적하는 것이다. 이들의 라이프스타일 변화에서부터 콘텐츠의 선호도, 인터넷 이용의 익숙도, 매체이용 패턴 등 다양한 측면을 고려하여 온라인 메뉴를 구성할 필요가 있다.

그리고 이러한 분석에 따라서 항상 어느 정도의 '콘텐츠 저장고'(content inventory)를 유지할 필요가 있다. 기존의 방송과는 달리 개편시기가 정기적으로 정해져 있고, 어느 정도 시간간격이 있는 것이 아니라 자유롭게 콘텐츠의 교체와 수정이 가능하기 때문에 그만큼 수용자의 변화에 따라 기민하게 움직일 수 있도록 상시 어느 정도의 저장고를 유지할 필요가 있다. 인터넷 방송의 목적과 타깃수용자의 특징에 따라 필요한 콘텐츠의 수요에 대한 분석이 이루어지고, 이에 따라 유형별로 어떠한 콘텐츠를 제공할 수 있는지 지속적으로 개발해야 한다.

기존 방송에 비하여 인터넷상에서는 훨씬 더 다양하고 많은 콘텐츠가 활용이 가능하기는 하지만 저작권과 관련한 법과 제도가 빠른 속도로 변화하고 있으므로 이에 저촉되지 않으면서 풍부한 자료가 확보되도록 노력해야 한다. 특히 방송에 사용된 음악에 대한 사용료나 보상

금 문제를 적절히 처리해야 하며 사진의 처리도 주의를 요한다.

3) 상호작용의 기획과 디자인

인터넷 방송에서 목적과 타깃의 수요에 부합하는 내용의 선택은 물론 중요하다. 또한 인터넷 방송은 기존의 방송매체에 비해 보다 더 적극적인 수용자의 참여행동을 경험하게 되므로 내용의 선택 못지않게 수용자가 인터넷상에서 어떠한 상호작용을 하게끔 기획되었는지가 인터넷 방송 수용의 총체적 경험에 큰 영향을 미친다.

일반적으로 웹 환경을 디자인하는 전문가들의 영역이 여기에서 필요하다. 크게는 사용성(*usability*)을 어떻게 향상시킬 것이냐의 문제를 비롯하여 수용자에게 얼마나 선택의 폭을 줄 것인가, 어떤 상호작용을 하게끔 할 것인가, 어떤 네비게이션을 가능하게 할 것인가 등의 차원에서 노력과 고민이 필요한 부분이다. 기존 방송의 편성에서는 특별히 고려되지 않았던 부분이다.

인터넷 방송을 편성하기 위해서는 타깃이용자의 내용에 대한 선호도를 이해하는 데서 그치지 않고 이들 이용자들이 인터넷 공간에서 어떻게 움직이는지에 대해서도 이해하고 있어야 한다. 기존 방송에서 수용자의 흐름(*audience flow*)은 시간의 흐름에 따라 채널 내에서 어떤 수용자가 얼마나 남아서 다음 프로그램으로 연결되는가 하는 1차원적 차원이라면 인터넷 방송에서 수용자의 흐름은 시간에 따라서 뿐만 아니라 인터넷 공간에서 하이퍼텍스트를 매개로 다차원적으로 이루어진다. 해당 인터넷 방송사이트로 어떻게 찾아오는가, 사이트 내에서는 어떠한 경로로 이동하는가 등을 지속적으로 관찰해야 한다. 이러한 객관적 자료를 통해서 유용성을 증가시켜 인터넷 방송 사이트에 머무는 시간을 증가시키고(시청률 증가에 해당함) 만족도와 충성도를 증가시킬 수 있다.

더불어 디자인 차원에서 각 콘텐츠 요소들을 어떻게 배치시킬 것인

■ 사용성(*Usability*) 이란?

시스템을 본래의 설계목적에 따라 효율성 있게 사용할 수 있는 정도를 지칭하는 개념이다. 사용성이 높을수록 사용하기 편리하고 융통성이 높다. 예를 들면, 휴대폰 번호 키에 한글 자음과 모음을 배열하는 데 있어 방법을 달리하면 더 문장을 만들기 편리해지고 이런 경우 유용성이 더 높아졌다고 말한다. 인터넷 방송의 경우에 사용성을 증가시키기 위해서는 일반적으로 이용자에게 익숙하거나 사용자가 쉽게 예측할 수 있는 방법으로 콘텐츠에 접근할 수 있어야 한다. 인터넷 방송에 익숙하지 않은 이용자라면 기존 방송과 유사한 방식으로 편성표방식의 메뉴를 구성하는 것도 하나의 방법이 될 수 있으며, 유사한 기능은 동일한 방식으로 쉽게 익숙해지도록 디자인하고 지나치게 많은 선택 옵션을 주지 않도록 한다.

크리스토프와 사트란(Kristof & Satran, 1995)에 따르면 이용자에게 어떠한 핵심 가치를 주고자 하느냐에 따라서 사이트를 기획할 때 중점을 두어야 할 사항은 다음과 같다. 이는 일반적으로 인터넷 사이트를 기획할 때 모두 적용되는 원칙이며 인터넷 방송도 이에 포함된다.

이용자의 충족	주안점
학습(*Learn*)	명료함, 직접적 간결함, 반복 보상체계 정보를 잘게 쪼개서 제시함
재미	다양성, 의외성, 새로움, 위트, 유머, 사용할 때마다 예측할 수 없는 변화를 발견하게 함
이해(*Understand*)	개념을 설명(일러스트레이션, 동영상, 그래프, 차트, 시뮬레이션 등을 동원)
체험	인터랙티비티, 이용자가 스스로 움직임을 제어, 현실감 있는 영상과 오디오
행동이나 구매	특징이나 장점이 명확히 설명됨, 정보를 얻을 수 있는 다양한 통로를 제시, 편리한 주문기능 등
답을 구함	참고서적류의 체계, 신속한 접근성, 검색의 용이성

가는 그 공간적 배열이 (기존 방송에서의) 시간적 배열에 대체되는 요소로서 중요해진다. 특정한 콘텐츠를 추구해서가 아니라 그냥 들러서 훑어보았을(browsing) 때 무언가 이용자의 흥미를 끌게끔 디자인이 되었는지? 하이퍼텍스트로의 연결구조를 얼마나 깊게 할 것인가? 초기 화면에 얼마나 많은 요소를 배치하는 것이 좋은가? 어떤 요소를 눈에 가장 잘 띄는 상단에 위치시킬 것인가? 콘텐츠의 요소를 내용 주제별로 구분할 것인가? 혹은 오디오냐 비디오냐 신호에 따라서 구분할 것인가? 등의 문제에 대해서도 기획이 이루어져야 한다. 이는 내용을 어떻게 조합하여 전달하는 것이 효율적이고 목적달성에 부합하는가 하는 맥락에서 인터넷 방송의 기획자들이 관심을 가져야 하는 주제이다.

더불어 레이아웃, 디자인, 색깔, 폰트 등 기본 디자인 콘셉트에서 통일감이 있어야 하고, 오프라인 미디어의 인터넷 방송의 경우 관련 미디어간에 통일감이 있어야 한다.

4) 채널인지도의 확보와 홍보

전통적으로 방송을 지배하던 근본원리는 방송서비스의 기반인 전파가 희소하다는 점이었다. 인터넷 방송은 그러한 전파의 희소성 제약에서 어느 정도는 자유롭다. 누구나 기술적 차원에서 방송서비스를 실행할 수 있다는 점이 두드러진 특징이다.

그러나 과연 얼마나 많은 인터넷 방송서비스가 대중에게 인지도를 확보할 것인가를 생각해 볼 때 여전히 소수의 몇몇 인터넷 방송서비스만이 알려지고 활용된다는 점에서는 본질적으로 달라지지 않음을 알 수 있다. 희소성이 완화된다는 것은 장점이지만 동시에 그만큼 수용자들에게 특정 인터넷 방송에 대해 알리기는 쉽지 않다. 그럼에도 불구하고 일단 인터넷 방송을 한다면 가능한 한 많은 사람에게 알려져야 한다는 조건에는 변함이 없다. 물론 자신의 표현이 인터넷 방송을 하는 유일한 목적인 경우를 제외하고는 이러한 조건이 충족되어야 한다. 이렇듯 인지도의 확보와 홍보의 중요성은 지상파방송에 비해 인터넷 방송이 훨씬 중요하다고도 할 수 있다.

따라서 편성기획자는 어떻게 이용자들이 처음 특정 인터넷 방송을 알게 되는가와 어떠한 경로를 통해 특정 인터넷 방송사이트를 찾아서 들어오게 되는가의 문제에 관심을 갖고 관찰할 필요가 있다. 그래서 채널인지도를 확보하고 상승시키는 것이 인터넷 방송의 성공을 위해 가장 우선적인 관건이 된다. 우선 그 존재를 알고 있어야 방문하게 되고, 방문하여 긍정적 경험이 지속적으로 축적되어야 충성도를 형성하게 되기 때문이다. 참고로 초성운(2001)의 조사에 따르면 인터넷 방송을 알게 되는 경로 중 가장 많은 것은 "인터넷 사용중 우연히 발견하게 되었다"이고, 그 다음이 텔레비전의 광고나 기사를 통해서 접한 것과 주변인의 추천이다.

충성도를 높이기 위해서는 지속적 흥미유발과 만족도 경영을 통해 반복해서 찾게끔 하는 것이 중요하다. 이를 위해서는 일차적으로 타깃 수용자의 수요에 맞는 콘텐츠를 지속적으로 공급할 뿐만 아니라 보조적으로는 습관의 형성을 위해서 북마크(혹은 즐겨찾기) 등의 매체적 특징을 활용하고 포털과의 연계, 다른 방문율이 높은 사이트와의 링크 등 상호작용적 기제를 지속적으로 활용할 필요가 있다.

5. 인터넷 방송의 전망과 편성

한국인터넷방송협회에 따르면 국내의 인터넷 방송으로는 1995년 KBS와 YTN이 스트리밍 서비스를 개시한 것을 시초로 삼을 수 있다. MBC의 경우 1995년부터 웹페이지를 개설, 금주의 인기가요를 스트리밍하기 시작하였고, KBS는 1996년부터 제1라디오를, 10월에는 1TV 전 프로그램을, 12월에는 2FM을 인터넷 생방송하였으며, 1997년 3월부터는 아홉 개의 국제언어로 인터넷 방송을 실시하였다. 1997년 7월 M2Station(지금은 없어짐)이라는 독립 인터넷 방송국이 시작되었으며, 1998년 6월 PC통신사인 유니텔에서 인터넷 방송을 시작하였다. 현재 블로그형 개인방송을 포함하면 그 숫자는 수백 개를 훨씬 넘을 것으로 추정할 수 있다.

물론 수용자가 이들 모두를 골고루 사용하지는 않는다. 오히려 인터넷 방송 이용자들은 극히 소수의 인터넷 방송국을 이용하는 것으로 밝혀졌다(초성운, 2001). 그 중에서도 이용자들은 KBS, MBC, SBS 등 기존 방송사의 인터넷 방송을 이용하는 경우가 절대적 비중을 차지한다. 그 다음으로는 m.net, KMTV와 같은 케이블TV 방송국의 인터넷 방송국을 이용하는 경우가 많으며(특히 음악감상을 위해서) 포털 또는 허브사이트 방송국의 이용비율이 그 뒤를 따르고 있다.

인터넷 방송은 현재의 단계에서는 기존의 방송이나 극장 등의 동영상매체를 대체할 수준의 발전속도를 가지고 있지는 않다. 수많은 인터넷 방송 중에서도 주로 지상파방송사의 인터넷 사이트가 드라마 다시보기 기능들을 위주로 사용되는 것으로 보아 이용자들은 새로운 것을 추구하기보다는 기존의 방송을 보다 더 다른 차원에서 연장하여 사용하기 위해서 보완적으로 인터넷 방송을 사용하는 경우가 더 많다. 또한 인터넷을 통한 영화관람의 경우도 극장을 통한 영화관람을 대체한

다기보다는 영화를 좋아하는 사람들이 다양한 채널을 통해 욕구를 충
족시키고 있다고 보인다. 다만 음악소비의 경우 MP3 파일 불법 다운
로드를 통한 소비가 가시적으로 음반판매를 대체하는 것으로 우려되는
상황이다.

결국 현재시점에서 예측가능한 발전전망은 인터넷형 서비스와 기존
방송형 서비스의 다양한 조합이 이루어질 것이라는 것이다. 인터넷 방
송의 전망은 전송매체의 용량과 보급률 등의 추이와 밀접한 관련을 갖
고 있다. 앞서 보았듯이 전송매체의 발달 정도에 따라 어떠한 콘텐츠
가 제공될 수 있는가를 규정하기 때문이다. 채널사용사업자가 기존의
방송형 서비스뿐만 아니라 다양한 인터넷형 서비스를 조합하여 사업을
실행하고자 하는 경우 전송매체가 얼마나 준비되어 있는가는 필수적
요건이다. 동시에 역으로 전송매체의 진화와 진화를 위한 투자는 그것
을 통해 유통되는 콘텐츠가 얼마나 수요를 창출하는가와 맞물려 있는
닭과 달걀의 관계와 같다고 할 수 있다.

미국의 경우 채널사용사업자들은 상호작용성에 기반을 둔 신규서비
스들을 활발히 실험, 개발하고 있다. 한 예로 영화채널 '스타즈!'
(STARZ!)는 리얼네트웍스(RealNetworks)와 협력하여 한 달 정액제로
스타즈!의 영화를 무제한으로 인터넷을 통해서 볼 수 있는 신규서비스
를 시작하였다. 한 달에 약 만 3천 원 정도를 지불하면 초고속 인터넷
을 통해 스트리밍된 스타즈! 채널의 방송형서비스를 볼 수 있을 뿐 아
니라 무제한으로 이들 영화를 감상할 수도 있다. 스타즈!는 방송형서
비스를 근간으로 하여 인터넷형 서비스까지 전송매체에 무관하게 스타
즈!의 타깃수용자에게 다양한 접근방법과 서비스를 제공한다고 볼 수
있다.

독립형 인터넷 방송의 경우에는 사업적 측면에서 활성화되어 있는
방송을 찾기는 쉽지 않고, 블로그 등을 이용해서 개인의 표현욕구를
충족시키는 차원에서 대중을 염두에 둔 오디오(혹은 비디오) 방송 콘텐

츠가 활성화되는 추세이다. 이러한 인터넷 방송은 아직은 지속성이나 사업성과는 거리가 멀다. 애플사의 MP3 플레이어인 아이팟(iPOD)을 통해 방송콘텐츠를 다운받아 사용한다는 뜻으로 개인방송을 '팟캐스팅' (*podcasting*)이라 지칭하는 사람들도 있는데, 이들은 음악방송을 위주로 하지만 책을 소개하고 읽어주거나 토크쇼 형식으로 스포츠 프로그램을 만드는 등 다양한 시도가 이루어지고 있다(《중앙일보》, 2005년 6월 15일).

인터넷상의 콘텐츠 제공업자 중 다양한 콘텐츠를 모으고 정리해 이용자가 원하는 콘텐츠에 접속할 수 있도록 교량역할을 하는 사업자가 점차 부상할 것이라고 전망된다. 일종의 포털 혹은 허브사이트[3]의 기능을 하는 서비스는 독립 인터넷 방송국의 향후 전망과도 밀접한 관련을 가지고 있다고 볼 수 있다. 이들은 오디오 및 비디오파일들을 편리하게 검색할 수 있는 검색엔진을 갖추고 있으며, 마치 지상파방송 네트워크들처럼 콘텐츠를 구입, 조합, 배치하여 수용자에게 전달하는 전방위역할을 한다.

기존의 방송을 통하여 제공되는 것과 차별되는 인터넷만의 독특한 콘텐츠는 주로 쌍방향성을 살린 콘텐츠, 시청자의 참여와 상호작용을 수반하는 것 등 인터넷 고유의 매체적 특징을 살리는 방향으로 발달하고 있으며, 기존의 대중매체에 비하여 새로운 인력을 많이 사용한다는 점에서도 차별화된다. 그러나 동시에 인터넷이 대중화할수록 대중을 위한 영상콘텐츠를 만들어야 한다는 목소리도 높다.

인터넷 방송은 다양한 매체의 발달과 진화에 따라 서로 다른 방식으로 콘텐츠가 가공되어서 전달됨을 보여준다. 완전히 다른 매체라기보다는 기존의 콘텐츠가 변화된 방법으로 전달되는 것이다. 타깃의 수요를 평가하여 적절한 방법으로 콘텐츠를 조합, 배치하고 홍보하여 이용

---

3) 미국에서는 콘텐츠를 집적하는 사업이라는 의미로 'contents aggregator'라고 부르기도 한다.

자가 지속적으로 찾아오도록 하는 편성기획의 작업은 여전히 중요하지만 새로운 매체의 새로운 특징을 잘 활용하는 방향으로 운용되어야 할 것이다.

■ 연습문제

1. 기존의 지상파와 케이블 방송사 중 하나를 골라 이들의 인터넷 사이트의 내용과 상호작용 기제를 분석해 보자. 어떤 점이 가장 부족하고, 어떤 점이 가장 강점인지 논의해 보자. 또 어떤 새로운 콘텐츠를 추가할 수 있는지 그 이유와 함께 제시해 보자.

2. 최근 빠르게 발전하는 각종 디지털 모바일 기기(MP3 플레이어어나 개인용 멀티미디어 플레이어)들이 더욱 확산된다면 '인터넷 방송'의 정의는 어떻게 내려져야 할까? 또 이들 기기와 인터넷 방송이 접목되기 위해서는 어떠한 변화가 이루어져야 할까? 함께 논의해 보자.

3. 시간개념이 없어진 인터넷에서 수용자의 흐름(*audience flow*)에 대한 통제는 어떠한 방식으로 이루어질 수 있을까? 과연 수용자들은 모두 아주 적극적으로 자신에게 필요한 콘텐츠를 알고 추구하는 방식으로 영상콘텐츠를 소비할 것인가?

■ 참고문헌

권남훈 외(2002), 〈콘텐츠의 산업화에 따른 시장변화 및 발전전략 연구〉,
  정보통신정책연구원.
김이기(2002), 《최신 인터넷 방송의 이해: 기술에서 정책까지, 인터넷 방송
  에 필요한 모든 것》, 커뮤니케이션 북스.
은혜정(2003), 〈방송과 인터넷의 조우: 지상파 3사의 인터넷 사이트 분석〉,
  한국방송영상산업진흥원.
이광훈(2004), 〈인터넷 미디어 이용실태 분석〉, KISDI 이슈 리포트, 정보
  통신정책연구원.
이은미・이동훈(2000), "인터넷 방송 콘텐츠 연구,"《방송연구》여름호,
  pp. 299~330.
《중앙일보》(2005. 6. 15), "글은 지겨워 말로 하련다."
초성운(2001), 《인터넷 방송의 이해》, 나남출판.

Kristof, R. & Satran, A. (1995), *Interactivity by Design: Creating and
  Communicating with New Media*, Mount View, CA: Adobe Press.
Miles, P. & Sakai, D. (1998), *Internet Age Broadcaster: Broadcasting,
  Marketing and Business Models on the Net*, Washington D. C.:
  National Association of Broadcasters.
OECD(1997), *Webcasting and Convergence: Policy Implications*, OECD/
  GD(1997) 221.
Owen, B. M. (1999), *The Internet Challenge to Television. Cambridge*,
  MA: Harvard University Press.
Wolf, M. (1999), *The Entertainment Economy: How Megamedia Forces are
  Transforming Our Lives*, NY: Times Books.

부록 1: 국내 지상파방송사의 인터넷 활용사례

아래 자료는 이기현(2000), 김수정(2003), 은혜정(2003)의 자료를 바탕으로 재구성되었다. 인터넷 방송을 개괄적으로 살피기 위해서는 서비스의 주요 내용과 주력 콘텐츠, 그리고 매체적 특징을 살린 상호 작용적 내용이 어느 정도 포함되어 활용되고 있는지 관찰해 보는 것이 좋다. 아래 제시한 지상파방송뿐만 아니라 다양한 케이블 채널들은 인터넷을 어떻게 활용하고 있는지, 그리고 기존 오프라인 매체가 아닌 순수 독립 인터넷 방송의 경우 유사한 차원에서 어떤 차별성을 발견할 수 있는지도 연구해 보자.

방송사	KBS
서비스 개시일	▪ 2000. 4. 28
자본금 및 지분율	▪ 140억/KBS 36%, 한국통신 36%
인력현황	▪ 방송제작 30명, 사업부 24명
서비스 내용	▪ 초기화면에는 크게 방송, 문화, 모임, 종합의 범주로 나뉘어 콘텐츠가 구성되어 있다. ▪ 온라인 TV 박물관에는 1970년대부터 현재에 이르기까지 방영된 모든 드라마에 대한 정보와 5분 감상 코너를 비롯해 PD 인터뷰를 담은 동영상을 제공한다. ▪ e씨네마에서는 방영되었던 영화들의 정보와 동호회 모임이나 네티즌 영화평 등의 시청자가 참여할 수 있는 공간을 제공하고, 인디영화의 경우 동영상 보기가 지원되고 있다.
Interactivity 정도	▪ 이용자들이 각 프로그램마다 있는 '시청자 게시판'에서 그 프로그램에 대한 의견을 교환한다. 또한 '시청자위원회'의 열린 게시판을 통한 의견교환이 가능하고, '시청자상담실'에 개설되어 있는 게시판을 통해 시청자의 질문에 대한 제작진의 답변을 제공하고 있다.
유료서비스	▪ 프로그램 고속 다시보기(저속은 아직 무료), 모바일 서비스, 아바타
특화 콘텐츠	—
주소	http://www.kbs.co.kr, http://www.crezio.com

방송사	MBC
서비스 개시일	• 2000. 3. 11
자본금 및 지분율	• 100억/전액 MBC 출자
인력현황	• 방송제작 21명, 사업부 외 21명
서비스 내용	• 초기화면에는 크게 TV, 라디오, 아이엠뉴스, 스포츠, 프리미엄, 커뮤니티, 생활정보, 엔터테인먼트, 쇼핑, 그리고 가이드의 범주로 나뉘어 콘텐츠가 구성되어 있다. • 젊은 세대를 겨냥한 온라인 영화관, 쇼핑, 공연예매서비스를 제공 • 프리미엄에는 무료이용권과 스페셜 VOD, 종영프로그램, 하나 더 TV를 이용할 수 있다. • 커뮤니티에는 클럽, 게시판, 디카마니아, 글로벌넷, 아이템샵, 마이박스, 채팅 등의 서비스를 제공
Interactivity 정도	• 이용자들이 각 프로그램마다 있는 '시청자 게시판'에서 그 프로그램에 대한 의견을 교환한다. 또한 첫 페이지에 있는 '시청자 센터'에 개설된 'MBC에 바란다' 코너에는 전반적 방송프로그램에 대한 질의응답이 가능하다.
유료서비스	• 각종 프로그램 O. S. T, VOD 제작판매 • 아바타 아이템 구매 • 프로그램 다시보기, 대본보기 • 방송교육, 영어교육 서비스 • 신용정보 서비스 • 모바일 서비스 • 만화, 애니메이션, 게임
특화 콘텐츠	• MBC 게임(구 겜비씨, mbcgame.intizen.com), MBC ESPN(스포츠 전문채널, mbcespn.com), MBC movies (영화전문채널, mbcmovies.com)
주소	http://www.imbc.com

방송사	SBS
서비스 개시일	• 2000. 4. 1
자본금 및 지분율	• 30억/전액 SBS 출자
인력현황	• 방송제작 27명
서비스 내용	• 초기화면에는 크게 방송, 엔터테인먼트, 라이프, 커뮤니티, 727멤버십, 쇼핑, 모바일의 범주로 나뉘어 콘텐츠가 구성되어 있다. 2001년 지상파방송사 웹사이트 비교분석(김재영, 2001)에서 디자인, 인터페이스, 콘텐츠의 모든 측면에서 압도적으로 전문가와 이용자에게서 가장 높은 점수를 받았다(김수정, 2003에서 재인용). • TV 프로그램은 물론 라디오, 영화, 애니메이션의 인기순위 5위까지를 확인할 수 있다. • 사이트에서 제공하는 유료콘텐츠와 각종 이벤트 혜택이 주어지는 727멤버십에서는 프로그램 다시보기와 영화, SMS 문자 보내기, 그리고 동호회 등이 있다. • 모바일에서는 모바일 TV와 모바일 라디오, 뮤직, 메시지, 포토, 게임 등의 콘텐츠를 제공하고 있다.
Interactivity 정도	• 이용자들이 각 프로그램마다 있는 '시청자 게시판'에서 그 프로그램에 대한 의견을 교환한다. 프로그램 장르별로 '딴지걸기' 코너가 마련되어 있어 해당 장르의 프로그램 전반에 대한 평가의 글이 교환되고 있다.
유료서비스	• 아바타 꾸미기 • 프로그램 다시보기/대본보기 • 영화보기 • 만화/애니메이션 • 영어관련 정보 • 수능교육방송 • 인물정보 • 모바일 서비스
특화 콘텐츠	• SBS 美(뷰티, 전문 마케팅 에이전시, sbsme. sbs. co. kr), SBS 골프채널(sbsgolf. com)
주소	http://www. sbs. co. kr

부록 2 : 미국의 인터넷 방송관련 사이트

아래의 표는 이스트만과 퍼거슨(Eastman & Ferguson, 2002)의 저
서에 소개된 미국의 영상콘텐츠 관련사이트들이다.

공급자	웹 주소(URL)
ACTV	www. actv. com
America Online	www. aol. com
Broadcom	www. broadcom. com
CableSoft	www. cablesoft. com
Excite@home	www. excite. com
Future TV	www. futuretv. com
ICTV	www. ictv. com
Intertainer	www. intertainer. com
Liberty Digital	www. libertmedia. com
Meta TV	www. metatv. com
Metabyte Networks	www. mbtv. com
NDS	www. nds. com
Net for All	www. iecommerce. net
NTN Communication	www. ntn. com
Peach Networks	www. peach-networks. com
Source Media/ Interactive Channel	www. sourcemedia. com
Transcast International	www. transcast. net
Tribune Media Service	www. tribune. com
TV Guide Interactive	www. tvguideinc. com
TVN Entertainment	www. tvn. com
Twin Entertainment	www. twinentertainment. com
WorldGate Communication	www. wgate. com
ZapMedia	www. zapmedia. com

제 9 장

모바일 방송의 편성전략

임 정 수

1. 모바일 방송의 등장과 현황

1) 모바일 방송의 등장

최근 새로운 방송콘텐츠 플랫폼이 등장하면서 방송환경의 급속한 변화가 예고되고 있다. 그 중에서도 모바일 방송(이동방송)은 가장 특징적이며, 향후 방송환경 변화의 핵이 될 것이다. 모바일 방송의 도입으로 방송은 반드시 고정된 TV 단말기를 통해서 시청할 수 있다는 생각이 점차 사라지고 있다. 또한 방송사도 시청자가 집에 머물기를 기대할 수 없게 되었다. 왜냐하면, 시청자들은 집 밖에서 TV 시청을 할 수 있으며, 인기 프로그램의 시청을 위해 집으로 돌아오지 않을 수 있기 때문이다.

이동형 방송은 휴대전화 멀티미디어 서비스, 위성 DMB, 지상파 DMB, Wibro 등이 대표적인데, 현재 우리나라에는 위성 DMB가

2005년 8월부터 상용화되었고, 지상파 DMB는 2005년 12월부터 본
방송을 시작했다.

WiBro(*wireless broadband Internet*)는 KT와 SK 등 기존의 이동통신
사들이 2006년 상용화를 목표로 준비중에 있고, MMS(멀티미디어 메
시지 서비스), LBS(위치기반 서비스), 게임, 영상서비스 등을 비즈니
스 모델로 고려하고 있다. 참고로 Wibro는 휴대전화처럼 이동하면서
초고속 인터넷을 이용할 수 있는 무선 광대역 인터넷기술이다. 이 기
술은 CDMA망에서 구현되는 멀티미디어 동영상기술의 요금이 엄청나
게 높고, CDMA의 기술을 가진 미국의 Qualcomm사에 라이선스를
지불해야 하는 상황을 극복하기 위해서 정보통신부와 국내 이동통신기
업들이 주도적으로 기술을 개발하여 세계적 데이터통신 표준으로 만들
기 위해 시작한 프로젝트이다.

또 하나 간과할 수 없는 것은 이동통신사가 제공하는 모바일 멀티미
디어 서비스인 EV-DO 서비스로, SKT의 준이나 KTF의 핌(Fimm)이
여기에 해당한다. 이 서비스를 통해서 음악, 게임, 방송물을 포함한
동영상 서비스가 가능하고, 지상파방송과 위성방송의 실시간 중계가
가능하여 유사방송의 한 형태로 주목받고 있다. EV-DO 서비스는 위
성 DMB의 도입으로 직접적 경쟁에 직면하였다. 또한 이동통신사는
벨소리, 배경그림 등의 다운로드 기능을 포함하는 무선인터넷 서비스
인 SKT의 Nate와 KTF의 magicN 등을 제공하고 있다.

모바일 방송의 편성을 처음으로 다루는 이번 장은 이미 상용화된 모
바일 방송〔위성 DMB, 지상파 DMB, EV-DO 서비스(Fimm, June)〕을
중심으로 서비스의 전반적 개요, 수용자 시청행동 패턴, 편성전략, 프
로그램 개발전략 등을 살펴보겠다.

2) 위성 DMB의 개요

우리나라가 도입한 위성 DMB는 세계최초로 방송과 통신의 융합에 의한 휴대전화 겸용서비스라는 점에서 높이 평가할 만하다. 위성 DMB의 가장 큰 특징은 텔레비전 모니터를 통해서 고정된 장소에서 시청하던 방송을 이동수신할 수 있게 되었다는 점이다. 또한 휴대전화 단말기와 겸용기기에서 수신할 수 있게 되어, 방송과 통신이 하나의 단말기에서 가능해졌다. 이동수신이 주된 이용방법이기 때문에 모니터 크기의 한계로 작은 모니터로 시청하게 되어, 가정용 텔레비전 단말기의 대형화 추세와는 대조를 이룬다. 이러한 위성 DMB의 특징은 단순히 기술적 특징으로 그치지 않고, 시청자들의 시청행태를 바꾸게 되고, 선호하는 프로그램의 종류에도 영향을 미치게 되며, 그에 부합하여 프로그램을 공급하는 콘텐츠 공급시장에도 큰 지각변동이 예상된다. 이러한 환경의 변화로 방송편성에서도 기존의 방송편성과는 근본적으로 다른 방식의 접근이 요구된다.

(1) 위성 DMB의 시스템

위성 DMB 방송센터(TU미디어)는 채널을 구성하는 비디오와 오디오 PP들로부터 받은 신호를 위성 DMB 전용 통신위성을 통해서 가입자의 단말기에 신호를 보냄으로써 위성 DMB 수신이 가능하다. 전화겸용 단말기, 위성 DMB 전용단말기, 차량용 단말기, DMB 수신가능한 PC 등 여러 가지 형태의 단말기를 통해서 가능한데, 휴대전화 겸용단말기를 이용한 수신이 주를 이룰 전망이다. 도심 음영지역에서는 추가로 설치된 음영지역 중계기(*gap filler*)를 통해 휴대용 단말기로 수신할 수 있다.

(2) 채널 구성

SK주도로 2005년 5월 TU미디어의 위성 DMB는 비디오 채널 일곱 개와 오디오 채널 20개 등으로 유료서비스를 시작했다. 자체채널인 채널블루(ch7)를 비롯해 뮤직(mnet · ch8), 뉴스(YTN · ch12), 영화(홈 CGV · ch13), 스포츠(MBC-ESPN/SBS DMB 스포츠 · ch14), 드라마 (MB C드라마넷/SBS DMB드라마 · ch15), 게임채널(온게임넷 · ch17) 이 있다. 오디오채널에는 EM미디어, 뮤직시어터미디어, 와미디어, 디지털스카이넷, 시그앤디앰비, 윈글리쉬교육방송, 북채널, 중앙 EMT, 예당 E & I 등이 있다. 이후 같은 해 7월에는 EBS(ch5)가 비디오채널에 추가되었고, 다수의 오디오채널도 추가되었다. TU미디어 측은 향후 비디오 14개, 오디오 24개, 데이터방송 40여 개까지 늘린다는 계획을 밝히고 있다.

채널구성에서 가장 논란이 되는 것은 위성 DMB에서의 지상파 재송신 문제이다. 위성 DMB를 도입하기로 한 이래 지상파 재송신 문제는 계속 논란이 되다가 2005년 4월 19일에 허용하기로 결정되었다. 여기에서 문제는 끝나지 않고, 지상파방송사는 위성 DMB에 대한 프로그램 공급을 보류하기로 결정함으로써, 사실상 TU미디어는 지상파방송 채널을 공급할 수 없게 되었다. TU미디어는 위성 DMB의 조기정착과 지상파 DMB와의 공정경쟁을 위해서는 지상파 재송신이 반드시 필요하다고 판단하고 있다. 우리나라의 케이블TV와 위성방송 등 뉴미디어 도입에서 드러난 지상파방송 프로그램에 대한 높은 의존도를 위성 DMB 사업을 통해서도 확인할 수 있었다.

(3) 서비스 유형

"내 손안의 TV"라는 DMB의 홍보용 슬로건이 말해주듯이, 위성 DMB가 제공하는 서비스는 기존의 방송이 제공하던 서비스와는 분명한 차별화를 보이고 있다. 가장 큰 특징은 이동중 비디오서비스와 시청중 전화통화 등이 있고, 풍부한 오디오채널과 데이터서비스를 제공할 수 있다. 특히, 이동시간이 많은 도시생활에서 이동중 방송수신과 정보검색 등을 할 수 있다는 것은 위성 DMB 서비스의 큰 이점이다.

(4) 수익 모델

위성 DMB의 수익모델은 수신료를 주된 기반으로 하고, 광고와 유료서비스 등이 수입원이 된다. 기본적으로는 위성방송에서처럼 위탁 대리점을 통해서 가입자를 모집하고 모집관리 수수료를 지불하며, 가입자에게는 가입비와 수신료를 받는다. 프로그램을 공급하는 PP에게는 수신료를 분배하고, 자체채널에 대한 콘텐츠 공급업체에게는 프로그램 구입비 혹은 제작비를 지급한다. 2005년 현재, 가입비는 2만 원이고, 월 1만 3천 원의 수신료를 시청자들에게 부과하고 있다. 광고수익은 기본적으로 가입자 수에 기초하는데, 아직은 초기단계로 가입자 수가 미미하므로 광고수익의 비중은 거의 무시할 정도이다.

위성 DMB 사업자인 TU미디어는 2005년 5월 1일 본방송을 개시한 지 2개월 22일 만인 7월 22일을 기준으로 휴대전화 겸용 9만 3천 4백명, 차량용 6천 6백 명이 가입해 전체 가입자 수가 10만 명을 넘어섰고, 같은 해 9월에는 20만 명을 넘었다고 밝혔다. 지상파 DMB의 도입 등의 변수가 2006년에는 작용하므로 위성 DMB의 채택률은 아직 낙관적으로만 보기는 이르다.

3) 지상파 DMB의 개요

(1) 지상파 DMB의 시스템

위성 DMB가 TU미디어 독점시장인데 비해, 지상파 DMB는 복수의 플랫폼사업자를 선정하고, 각 플랫폼사업자별로 채널을 선정하는 방식을 취하고 있다. 지상파 DMB는 2005년 3월 KBS, MBC, SBS, KMMB, YTN DMB, 한국 DMB 등 여섯 개 사업자로 방송위원회에서 선정되었다. 2006년 12월 지상파 DMB는 수도권을 중심으로 서비스를 시작하게 되었고, 단계적으로 지역서비스를 실시할 계획이다.

지상파 DMB 방송센터에서 비디오, 오디오, 데이터 채널들의 신호를 지상파로 이용자들의 단말기로 보내면, 이용자들은 지상파 TV를 이용하듯이 별다른 가입절차 없이 지상파 DMB용 단말기만 있으면 수신할 수 있다.

지상파 DMB특별위원회는 지하철 등 '음영지역'에서 시청할 수 있는 중계망을 구축하기 위해 '망식별장치'(NIS)를 도입키로 결정했으나, 정통부는 NIS가 표준으로 인정받은 기술이 아니기 때문에 한국정보통신기술협회(TTA)의 표준화작업이 선행돼야 한다고 맞섰다. 또 중소단말기 제조업체들도 새로운 방식을 위해서는 신규투자를 해야 하기 때문에 반발하고 있다. 기술표준 확정이 늦춰진다면 음영지역 해소를 위한 중계망 구축은 물론 단말기 출시와 유통일정도 연기될 수밖에 없어 본방송이 시작되었더라도 반쪽짜리로 전락할 우려가 있었다.

지상에서도 2005년 말 현재, 관악산 송신소, 남산 송신소, 용문산 송신소에서만 전파를 내보내고 있고 지상의 난시청해소를 위한 중계기인 '갭필러'(Gap filler)와 'DMBR' 설치는 2006년에 예정되어 있다. 특히, 지상파 DMB는 방송권역이 현재 수도권에만 한정된 상황인데 음영지역도 해소되지 않는다면 당분간은 수신권역이 제한적일 수밖에 없다. 또한 지상파 DMB가 본서비스를 실시하고 한동안 위성 DMB사업을 하는 SKT가 지상파 DMB용 단말기를 공급하지 않아 서비스 이용에 제약이 가해지기도 했다. 디지털미디어 시대의 매체간 치열한 경쟁을 보여주는 단적인 증거이다.

(2) 채널 구성

MBC DMB는 MBC를 포함한 세 개 사업자가 다섯 개의 채널을 운영한다. 채널은 크게 비디오채널 한 개, 오디오채널 세 개, 데이터채널 한 개로 나눌 수 있으며, 이 중 라디오채널 두 개를 매일경제 TV와 아리랑 TV가 임대하여 각각 하나씩 사용한다. MBC TV에서는 보도, 교양, 오락 장르의 프로그램이 방송되며, MBC라디오는 뉴스와 음악, 토크 프로그램, MBC데이터는 정보 및 부가서비스 등으로 구성된다. MBN라디오는 시사, 경제, 교양부문에 중점을 둔 전문채널이며, 아리랑 라디오는 영어전용 라디오채널이다. 〈표 9-1〉은 MBC DMB를, 〈표 9-2〉는 SBS DMB의 채널구성과 채널용량, 구성장르 및 장르를 정리한 것이다. 이를 보면 비디오채널이 차지하는 채널용량은 오디오채널의 4배 정도나 된다. 즉, 오디오채널과 데이터방송 채널의 수는 비디오채널이 몇 개인가에 달려 있다.

SBS DMB는 모두 일곱 개의 채널로 구성되어 있다. 채널유형에는 비디오채널 한 개, 라디오채널 세 개, 데이터채널 세 개가 있으며, 이 중 SBS가 각 유형의 채널을 하나씩 사용한다. TBS와 KFM(경기방송)이 각각 한 개의 라디오채널을 사용하며, 데이터채널은 한겨레신문사와 LG텔레콤이 한 개씩 맡고 있다. SBS DMB는 TBS와 KFM을 통해 생활밀착형 정보와 교통정보를 제공하여 지역성을 구현하고, 한겨레신문 채널에서 다양한 시사정보와 인포에듀테인먼트(문화, 교육, 정보)를 제공하겠다는 계획이다. 또한 LG텔레콤의 기술과 노하우를 바탕으로 한 양방향 서비스의 실현을 기대하고 있다.

<표 9-1> MBC DMB 구성 및 내용

구 분	채 널	채널 수	채널 용량	구성내용 및 장르
비디오	MBC TV	1	548Kbps	보도, 교양, 오락
오디오	MBC 라디오	1	128Kbps	뉴스, 음악, 토크
	MBN 라디오	1	128Kbps	시사, 경제, 교양
	아리랑 라디오	1	128Kbps	영어전용 라디오
데이터	MBC 데이터	1	220Kbps	정보 및 부가서비스

<표 9-2> SBS DMB 구성 및 내용

구 분	채널(운영기관)	채널 수	채널 용량	주요 특징
TV 채널	SBS TV	1	548Kbps	연동형 데이터 기능
라디오 채널	SBS TV	1	128Kbps	비주얼 라디오방송 기능
	TBS	1	128Kbps	
	KFM	1	128Kbps	
데이터 채널	한겨레신문	1	98Kbps	시사정보, 인포에듀테인먼트
	LG 텔레콤	1	98Kbps	양방향 데이터 구현
	SBS	1	32Kbps	신기술, 뉴서비스

⑶ 서비스 유형

가정용, 휴대용, 차량단말기를 통해서 지상파 DMB 서비스를 받을 수 있고, 라디오, TV, 데이터방송 서비스를 받을 수 있다. 수용자 입장에서 본 지상파 DMB의 장점은 현재 무료로 제공되어 단말기만 구입하면 바로 이용할 수 있다는 점과 지상파 TV방송을 이동중에 시청할 수 있다는 점이다. 이러한 장점은 위성 DMB의 시장선점에 대응할 수 있는 강력한 이점으로 작용할 것으로 전망되고 있다.

⑷ 수익 모델

현재 지상파 DMB는 무료서비스로 광고에 전적으로 의존하여 서비스를 제공하는 것으로 결정되었다. 무료서비스는 위성 DMB와의 경쟁에서 지상파 DMB에 유리하게 작용할 것으로 전망된다. 지상파 DMB의 유료화 문제는 여전히 중요한 이슈인데, 위성 DMB 입장에서 볼 때 지상파 DMB의 유료화는 공정경쟁을 위한 출발이 될 것이고, 지상파 DMB로서는 초기 가입자 확보의 유리한 위치를 점유하기 위해 무료를 선호한다. 그러나 지상파 DMB의 광고의존형 수익모델은 취약하여, 어떤 형태로든 유료화되지 않고는 재정적 어려움이 발생할 가능성이 있다.

당분간 지상파 DMB는 서울 수도권에서만 이용이 가능한데, 지역에서 수신이 가능하기 위해서는 지상파디지털화가 완성되어야 할 것이다. 전국화가 늦어지게 되면 광고수익에서 불리해지고, 전국을 커버하고 있는 위성 DMB가 일단 지역에 확산되고 나면 지상파 DMB가 지역에서 시장진입하는 데에 어려움이 따를 수 있다. 휴대전화 겸용 DMB단말기가 많이 이용된다고 보면, 기존의 위성 DMB 겸용 휴대전화를 가진 이용자들이 지상파 DMB로 전환하기 위해서는 고가의 지상파 DMB 겸용 휴대전화를 구입해야 하기 때문에 위성 DMB의 시장선점효과는 상당한 기간동안 있을 것으로 보인다.

〈그림 9-1〉 휴대전화 인터넷 서비스

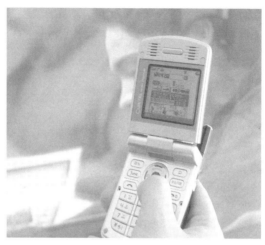

그러나 지상파 DMB는 무료인데다가 지상파 콘텐츠를 활용할 수 있
어서 지상파방송사와의 재송신 갈등을 빚고 있는 위성 DMB에 비해
수용자를 유인하기에 유리하여, 경쟁이 어떤 방향으로 전개될지는 지
켜봐야 할 것이다(임정수, 2006).

4) EV-DO 서비스

(1) FIMM/JUNE 서비스 개요

Fimm, June에서는 현재 실시간 TV시청, 동영상 감상, 영상전화,
통신기능, 음성/데이터/동영상 등의 멀티미디어 송수신서비스를 하고
있다. 즉, June과 Fimm에서도 실시간 TV를 볼 수 있는데, SK텔레콤
의 준(June)은 KBS 1, KBS 2, MBC, SBS, YTN 등 여덟 개 TV채
널을 실시간으로 재송신하고 있으며, KTF의 '핌'서비스를 통해 위성방
송인 스카이라이프의 39개 채널을 실시간으로 방송하고 있다. June과

Fimm은 2003년부터 서비스를 시작하여, 2005년 4월 현재 각각 716
만 명, 362만 명의 가입자를 기록했다. 2006년에는 LG텔레콤도
EV-DO사업에 뛰어들 예정이다(《파이낸셜 뉴스》, 2005년 5월 13일).

(2) 채널구성 및 서비스 유형

Fimm과 June의 서비스 내용들이 2005년 9월 기준으로 제시되어 있
다. 이들 서비스는 음악, 영화, 방송콘텐츠, 이종격투기, 메이저리그
등의 스포츠 콘텐츠, 게임, 성인물 등을 제공하고 있고, 특히 Fimm은
스카이라이프의 서비스를 특징으로 한다(sktelecom. com, kttel. net 참
고). 각 서비스는 〈표 9-3〉에서와 같이 아홉 개의 채널로 구성되어 있
다. 여러 가지 디지털방송 플랫폼의 도입은 EV-DO 서비스의 가치가
상대적으로 떨어지고 있음을 부인하기 어렵게 한다. 그러나 DMB 서
비스는 아직 전환비용이 많이 들고, Wibro, BCN 등 다른 디지털 플
랫폼들은 아직 상용화가 되지 않은 상태여서 한동안 EV-DO 서비스는
휴대전화 이용자들에게 유용한 서비스를 제공할 것으로 보인다.
EV-DO 서비스의 동영상 질을 높이고, 이 서비스만이 제공할 수 있는
콘텐츠를 확보하는 것이 무엇보다 필요하다.

(3) 수익 모델

EV-DO 서비스의 수입원은 전적으로 이용자들이 지불하는 이용요
금이다. 콘텐츠 이용에 대해서는 이용건당 지불하는 방식이 일반적이
고, 이용시간에 따라 데이터 이용료 등이 부과된다. 준의 경우 지난
2005년 4월부터 월 2만 6천 원의 무제한 요금제를 실시하고, KTF의
경우도 2005년 3월부터 9월까지 데이터요금과 정보이용료를 포함한 2
만 4천 원의 월정액 무제한 요금제도(Fimm240)를 실시하는 등의 방법
으로 DMB에 대응하고 있다. DMB의 도입과 확대는 EV-DO 서비스
의 수입에 적잖은 영향을 줄 것으로 보인다.

<표 9-3> Fimm과 June의 채널구성

Fimm(9개)	June(9개)
ch 1. 스카이라이프	ch 1. June 프리미엄
폰을 이용하여 스카이라이프 방송을 볼 수 있는 채널로 각종 영화, 음악, 게임, 뉴스, 성인방송 등으로 구성되어 있다.	June에서 방영되는 인기 콘텐츠를 모아 놓은 채널이다.
ch 2. 음악채널	ch 2. Free Zone
뮤직비디오 감상 및 음악을 청취할 수 있는 채널로 Live 채널을 비롯하여 다양한 장르의 뮤직비디오와 앨범을 감상할 수 있다.	June에서 방영되는 무료 콘텐츠를 감상할 수 있는 채널이다.
ch 3. TV채널	ch 3. 뮤직
실시간으로 TV방송을 볼 수 있는 채널로, 드라마와 앙코르 드라마, 연예오락, 뉴스 등의 프로그램이 방송된다.	최신가요를 비롯하여 뮤직비디오, 콘서트, 가수별·장르별 가요 등을 볼 수 있는 채널이다.
ch 4. 영화채널	ch 4. TV
최신영화 및 인기비디오 등의 동영상 클립채널로 인터뷰 내용, 최신영화 가이드, 예고편, 모바일 극장 등의 프로그램으로 구성되어 있다.	실시간 TV를 볼 수 있는 채널로, 드라마와 연예오락, 케이블TV 프로그램 등을 시청할 수 있다.
ch 5. 폰 꾸미기	ch 5. 영화/애니
동영상 콘텐츠를 휴대폰의 배경화면이나 벨소리로 쓸 수 있는 채널로, 이와 더불어 시사회·경품이벤트 등도 함께 진행된다.	최신영화와 예고편 상영 및 예매가 가능한 채널로, 코믹/드라마/액션 등의 장르별 애니매이션이 함께 방영된다.
ch 6. 애니/게임 채널	ch 6. 스포츠/연예
만화, 게임 등을 볼 수 있는 채널로 애니매이션과 게임 및 스타리그 등이 방영된다.	프로야구와 매이저리그, 골프, 격투기 등의 스포츠 생중계와 뉴스를 볼 수 있는 채널이다. 또한 연예뉴스나 공개 프로포즈와 같은 연예프로그램이 방영된다.
ch 7. 스포츠	ch 7. 게임
스포츠 전문채널로 메이저리그에서 이종격투기에 이르는 각종 스포츠를 볼 수 있는 채널이다.	게임 전문채널로 게임리그 및 June 게임 대작, 라스베가스 등의 게임을 즐길 수 있는 채널이다.
ch 8. MBOX	ch 8. 폰 꾸미기
ch 9. 성인채널	ch 9. 성인

2. DMB 수용자 행동의 특성

1) 이용 시간대

DMB의 수용자 행동의 특성은 DMB의 이동성이라는 기술적 특성으로부터 찾아볼 수 있다. 이용시간대를 중심으로 보면, 수용자들이 이동중인 시간대, 즉 텔레비전을 시청할 수 없는 시간대 중 업무에 매달리지 않는 시간대가 DMB의 주시청시간대가 될 수 있겠다. 예를 들면, 직장에서의 점심시간과 출퇴근시간 등이 여기에 해당한다. 또한 지상파방송의 비프라임타임대도 주요 시간대의 하나가 될 수 있는데, 주로 밤 11시 이후 시간대. 주이용 시간대를 보면, DMB의 이용은 출퇴근길 차안, 점심시간대나 한밤중 주된 청취시간대를 형성하는 라디오 이용패턴을 닮았다. 특히, DMB 오디오채널은 라디오 청취패턴과 이용시간대 면에서 크게 다를 이유가 없다. DMB 비디오채널은 출퇴근길 복잡한 버스나 전철 안에서 이용하기에는 불편한 점이 있고, 운전중에 시청하기에도 적절치 않아서 오히려 점심시간대가 출퇴근시간대보다 더 중요한 시간대를 형성한다고 봐야 한다. DMB 비디오채널의 시간대별 이용패턴을 보여주는 〈그림 9-2〉는 이를 입증하고 있다. 근무하지 않는 주말에는 출퇴근 시간대가 주시청시간대를 형성하지 않으며, 점심시간대도 주중에 비해서는 다소 덜 집중적인 이용이 이루어지고 있음을 알 수 있다. 물론 이 자료는 DMB의 초기 이용자들의 이용패턴을 보여주는 것이므로 이용자들이 DMB의 활용도를 넓히거나 변화시킨다면, 향후에는 다른 패턴을 보일 가능성도 완전히 배제하지는 못한다.

322

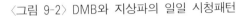

〈그림 9-2〉DMB와 지상파의 일일 시청패턴

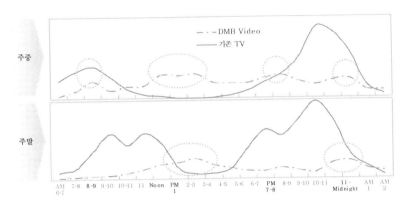

자료: 홍성규(2005), "위성 DMB 사업추진계획 및 현황,"〈2005 봄철 한국언론학회 기획세션 발제문〉.

2) 수용자 선호

위성 DMB 프로그램에 대한 수용자의 선호가 전통적 방송에서 보여준 수용자의 선호와 일치하지는 않는다. 위성 DMB의 수용자는 기존의 시청과는 몇 가지 다른 상황에 처한다. 첫째, 단말기의 크기가 2.2～7인치로 매우 작아서 화면 속의 세밀한 부분들에 신경을 쓸 수 없게되었다. 둘째, 단말기의 크기가 작고 이동시청이 많아짐에 따라 시각적 피로감이 커서 장시간 시청이 어렵다. 현재 DMB 시청자들이DMB 시청에 따른 불편으로 많이 호소하는 부분이다. 셋째, 텔레비전 시청처럼 모여서 같이 하나의 단말기로 시청하는 것은 아니지만,인터넷처럼 완전히 개인적으로 이용하는 것은 아닐 수도 있다. 몇몇사람들끼리 모여서(점심시간 직후 휴게실에서 직장동료들과 혹은 전철에서 옆자리의 친구들과) 각자의 휴대전화 단말기를 통해서 같은 채널을시청하면서 공동시청의 즐거움을 가질 수도 있다. 넷째, 다른 일을 하면서 시청하기가 어렵다. 이런 달라진 시청여건을 생각하면서 위성 DMB 수용자들이 어떤 프로그램을 선호할지 파악해야 한다.

　대학생집단을 대상으로 한 DMB 콘텐츠 이용의사에 대한 한 연구에서 보면, 음악, 뉴스 및 교통정보, 영화, 지상파 재송신, 게임, 애니메이션, 자체제공채널, 성인콘텐츠 순으로 나타났다(김영주·이화진, 2005). 현재 휴대전화의 부가서비스 이용 정도는 DMB 이용의 패턴을 보여줄 하나의 단서가 될 수 있는데, 같은 연구에서 문자메시지, 사진찍기, 벨소리/컬러링, MP3 음악, 게임 등의 순으로 나타났고, JUNE /Fimm과 같은 동영상 서비스는 매우 낮게 나타났다. 매체 이용초기의 제한된 조건에서의 조사결과에 불과하지만, 음악과 정보에 비해 동영상에 대한 선호가 낮다는 점은 주의 깊게 보아야 한다. DMB 자체가 유럽에서 DAB라는 디지털 오디오방송 형태로 시작했고, 이동시에 라디오나 MP3 이용에 대한 수용자들의 선호를 감안한다면 비디오채널의 전망이 반드시 장밋빛은 아닐 수 있다는 우려도 생긴다.

3) 채널 레퍼토리 형성

　채널의 수가 더욱 늘어나 수백 이상에 달하면, 텔레비전 가이드를 이용한다고 하더라도 매주 시청자 개인이 가장 선호하는 프로그램의 시청계획을 세우거나 예약녹화 계획을 세우기가 여간 번거롭지 않다. 수용자들은 이러한 미디어 환경에서 최소한의 시간과 노력을 들여서 보다 경제적인 방법으로 채널을 선택하려고 하는데, 이와 관련하여 중요한 수용자 행위패턴의 하나로 제시된 것이 채널 레퍼토리(*channel repertoire*)이다(임정수, 2003; Yim, 2003; 2005). 다채널의 수용자들은 모든 채널을 무작위로 골고루 이용하는 것이 아니라, 몇 개의 자주 이용하는 채널군(즉, 채널 레퍼토리)을 형성하는 이용패턴을 갖는다. 채널 레퍼토리는 수용자간의 합의에 의해 이루어지는 것이 아닌 순전

히 개인적 차원에서 형성되고 있지만, 각 개인의 레퍼토리에 포함된
채널들의 일치도는 매우 높아서 특정 채널들에 수용자들이 집중하는
집단적 차원의 수용자 행동으로 이어지고 있다(임정수, 2003). 다채널
융합방송매체에서 수용자들은 기존 방송이나 인터넷 이용에서 보인 채
널 레퍼토리를 형성하게 될 것이고, 소수의 채널들에 대한 집중적 이
용이 일어날 것으로 예상해 볼 수 있다.

3. 편성전략의 수립

현재 상용화된 위성DMB의 편성전략을 중심으로 크게 채널편성과
프로그램 편성으로 나누어 살펴보겠다. 위성DMB의 편성전략을 살펴
봄으로써 본격적 모바일 방송의 편성전략에 대한 이해를 높이고, 향후
등장할 다른 유료 모바일 방송서비스의 편성을 예측해보고자 한다.

1) 채널 편성

TU미디어의 비디오 채널편성은 교육, 음악, 뉴스, 영화, 스포츠,
드라마, 게임, 그리고 종합엔터테인먼트 자체편성채널인 채널블루로
구성되어 있다. 채널블루를 제외하면, 현재 나머지 채널들은 영역의
중복 없이 구성되어 있다. 그러나 향후 14개까지 채널을 추가한다면
여섯 개 정도의 채널이 추가되는 것인데, 모든 채널을 중복장르 없이
전문 채널화시키는 일은 매우 중요하다.
각 채널(PP)의 입장에서 보면, 유사장르의 채널이 추가되면 경쟁이
불가피하고, 시청자와 수익을 나눠 갖게 되는 어려움이 있다. 채널의
수가 무제한으로 제공될 수 있는 여건이 아닌 위성DMB에서 플랫폼
사업자인 TU도 유사한 장르에서 채널들이 경쟁을 치르는 것보다는 새

로운 수용자를 확보할 수 있는 새로운 장르의 채널을 유치하는 것이 유리하다. 그러나 새로운 장르가 일정수준 이상의 시청자를 확보하지 못하게 되면, 인기장르에서 복수채널을 편성하는 것보다 반드시 유리하다고 보기도 어렵다. 따라서 위성 DMB 비디오채널에서는 케이블이나 위성방송에서만큼 비인기 장르에서 채널이 전문적으로 차별화되기는 쉽지 않을 것이다. 영화의 경우에는 최신영화, 고전영화, 공포영화 등으로 전문화하더라도 시청자를 골고루 확보할 수 있는데 반해, 연예오락 장르는 복수의 채널을 두면 차별화보다는 경쟁을 치르면서 시청자를 분산시킬 가능성이 높다.

TU미디어의 오디오채널 편성을 보면, 채널의 성격을 크게 세 개 유형으로 구분하여, 2005년 11월 기준, DJ가 진행하는 DJ존은 네 개 채널로 구성되어 있고, 다양한 콘텐츠를 제공하는 버라이어티존도 네 개 채널로, 음악만으로 구성되는 논스톱존은 22개 채널로 편성되어 있다.

2) 프로그램 편성

(1) DMB 편성전략에서 경쟁채널의 의미

방송편성전략은 시청자 확보를 극대화하고, 경쟁채널보다 우위를 차지하기 위한 프로그램 배치전략이다. 한 채널의 편성전략을 수립하기 위해서는 경쟁채널을 설정하는 것이 중요하다. 그러나 다채널 방송환경에서 다른 분야의 채널들과 경쟁관계를 모두 고려하면서 프로그램 편성전략을 수립하기는 어렵고, 예측성이 낮아 실효성도 거두기 어렵다. 더군다나 현재, TU미디어에서는 한 영역에 복수의 채널을 배정하지는 않았기 때문에 위성 DMB 내의 채널간 경쟁이 치열하지는 않다. 위성 DMB와 지상파방송, 케이블방송, 위성방송 간의 경쟁관계는 어떻게 이해해야 하는가?

앞서 설명한 〈그림 9-2〉에서 보았듯이 지상파TV는 위성 DMB와는 다른 주시청시간대를 형성하고 있어서, 시간대별 경쟁이 심각하지는 않아 보인다. 그렇다고 이 같은 그래프를 두고 지상파TV와 DMB가 전혀 경쟁관계가 아니라고 말하는 것은 정확한 해석이 아니다. 새로운 매체와 기존의 매체가 선택의 매순간에 경쟁하지는 않는다고 하더라도, 새로운 매체의 이용가능성과 실제이용은 기존 매체에 대한 의존도를 줄임으로써 장기적으로 봐서는 경쟁관계를 가지게 된다. 인터넷 주이용시간대가 TV 시청 주시간대나 신문독서 시간대와 일치하지는 않지만, 인터넷의 일상화 이후 TV 시청과 신문독서 시간이 감소하는 것도 같은 맥락이다. 케이블TV와 위성방송과의 관계도 고려해 볼 수 있지만, 마찬가지로 장기적 경쟁관계를 전제할 수는 있지만 시간대별 경쟁의 분석을 편성에 반영하기는 어렵다. 채널의 수가 늘어날수록 특정 채널의 편성이 경쟁관계에 미치는 영향은 상대적으로 줄어들기 때문이다.

그렇다면 결국 프로그램 편성전략은 수용자들의 이용패턴과 선호를 가장 중요한 요소로 고려해서 수립될 수밖에 없다. 타 채널이나 타 방송매체들의 편성전략에서의 변화에는 여전히 주목해야 하지만, 경쟁 채널의 모든 변화에 일일이 대응할 수 없는 다채널 경쟁에서는 (앞서 살펴보았던) 수용자들의 이용패턴과 선호에 관심을 기울이는 것이 더 안정적인 결과를 가져올 수 있고, 예측이 가능한 전략이 될 것이다.

(2) 기본 전략

위성 DMB의 편성은 기본적으로 띠편성(*stripping / horizontal programming*)에 기초한다. 띠편성은 주중의 동일한 시간대에는 동일한 타이틀의 프로그램을 편성하는 기법으로 초기 라디오시대부터 즐겨 사용한 편성기법이다. 띠편성은 현재도 라디오 프로그램 편성에서 지배적으로 사용되고, 채널의 수가 늘어날수록 수용자들이 기억하기 쉬워서 이 전략이 많이 채택된다. 케이블TV나 위성방송에서도 띠편성은 흔히 발견되는 기본적 편성기법이다. 띠편성이 가져다주는 안정적 수용자 확보, 일일 프로그램을 제작할 수 있을 정도의 상대적으로 낮은 예산 프로그램 중심의 편성 등이 위성 DMB 채널들에서 띠편성을 가능하게 한 이유들이다.

〈표 9-4〉는 2005년 7월 4일에서 9일까지 위성 DMB의 드라마 채널 CH15의 주간편성표로, 각 시간대별로 줄띠편성이 되어 있는 것을 볼 수 있다. 아침 6시에 방영되는 〈은실이〉, 오전 7시대의 〈시트콤 순풍 산부인과〉와 〈자꾸만 보고싶네〉, 8시에 방영되는 〈여왕의 조건〉, 오전 11시대에 편성되어 있는 〈자꾸만 보고싶네〉가 줄띠편성의 예이다. 오전 5시와 9시의 〈파도〉와 〈퀸〉, 오전 8시대의 〈나쁜 여자들〉, 〈순수의 시대〉 또한 부분적으로 줄띠편성의 형태를 띠고 있어, 일요일을 제외한 6일 동안 대부분 줄띠편성으로 드라마가 방영되고 있음을 알 수 있다.

장기판 편성도 군데군데 눈에 띤다. 오전 10시의 편성을 그 예로 보면, 월요일 〈귀엽거나 미치거나〉, 화요일·수요일 〈온리유〉, 목요일·금요일 〈패션 70s〉, 토요일 〈돌아온 싱글〉을 방영하여, 동일시간대에 다른 유형의 프로그램을 이틀 내지는 하루단위로 편성하고 있다.

(3) 재방송

재방송은 제작비용을 줄이고 초방에서 시청하지 못한 시청자들에게 시청기회를 제공하기 위한 것이지만, 재방송의 횟수가 늘어남에 따라 시청자들을 유인하는 힘은 떨어지게 되어, 재방송을 통한 제작비용 감소효과를 상쇄시킨다. 따라서 경쟁채널의 수나 프로그램의 인기도 등을 고려하여 적정한 재방송 횟수의 수준을 유지해야 한다.

위성 DMB에서는 독특한 재방송전략을 사용한다. 많은 프로그램들이 1일 2~3회 정도 재방송이 편성되어 있지만, 하루중에 같은 에피소드를 재방송하는 것이 아니라 다른 에피소드를 편성하고 있어, 재방송

〈표 9-4〉 드라마 채널인 CH15의 주간편성표 (2005년 7월 4일 주간)

	MON 07/04	TUE 07/05	WED 07/06	THU 07/07	FRI 07/08	SAT 07/09
05:00	파도(70회)	파도(71회)	파도(72회)	퀸(1회)	퀸(2회)	퀸(3회)
06:00	은실이 (63회)	은실이 (64회)	은실이 (65회)	은실이 (66회)	은실이 (67회)	은실이 (68회)
07:00	시트콤 순풍 산부인과 (66회) 자꾸만 보고싶네 (66회)	시트콤 순풍 산부인과 (67회) 자꾸만 보고싶네 (67회)	시트콤 순풍 산부인과 (68회) 자꾸만 보고싶네 (68회)	시트콤 순풍 산부인과 (69회) 자꾸만 보고싶네 (69회)	시트콤 순풍 산부인과 (70회) 자꾸만 보고싶네 (70회)	시트콤 순풍 산부인과 (71회) 자꾸만 보고싶네 (71회)
08:00	나쁜 여자들 (14회) 여왕의 조건(47회)	나쁜 여자들 (15회) 여왕의 조건(48회)	나쁜 여자들 (16회) 여왕의 조건(49회)	순수의 시대(1회) 여왕의 조건(50회)	순수의 시대(2회) 여왕의 조건(51회)	순수의 시대(3회) 여왕의 조건(52회)
09:00	파도(71회)	파도(72회)	퀸(1회)	퀸(2회)	퀸(3회)	퀸(4회)
10:00	귀엽거나 미치거나 (17회)	온리유 (9회)	온리유 (10회)	패션 70s (13회)~	패션 70s (14회)	돌아온 싱글
11:00	자꾸만 보고싶네 (67회)	자꾸만 보고싶네 (68회)	자꾸만 보고싶네 (69회)	자꾸만 보고싶네 (70회)	자꾸만 보고싶네 (71회)	자꾸만 보고싶네 (72회)

〈표 9-5〉 음악채널인 m.Net(CH8)의 주간편성표 (2005년 7월 4일 주간 일부)

	MON 07/04	TUE 07/05	WED 07/06	THU 07/07	FRI 07/08	SAT 07/09
05:00	씽씽가요 (700회)	씽씽가요 (701회)	씽씽가요 (702회)	씽씽가요 (703회)	씽씽가요 (704회)	씽씽가요 (705회)
09:00	특집 M! COUNT DOWN(43회 부산특집)	씽씽가요 (1,433회)	씽씽가요 (1,434회)	씽씽가요 (1,435회)	씽씽가요 (1,436회)	씽씽가요 (1,437회)
12:00	m. net 와이드 연예뉴스 (575회)	m. net 와이드 연예뉴스 (576회)	m. net 와이드 연예뉴스 (577회)	m. net 와이드 연예뉴스 (578회)	m. net 와이드 연예뉴스 (579회)	m. net 와이드 연예뉴스 (580회)
16:00 17:00	씽씽가요 (16회) m. net 와이드 연예뉴스 (582회)	씽씽가요 (17회) m. net 와이드 연예뉴스 (583회)	씽씽가요 (18회) m. net 와이드 연예뉴스 (584회)	씽씽가요 (19회) m. net 와이드 연예뉴스 (585회)	씽씽가요 (20회) m. net 와이드 연예뉴스 (586회)	배틀신화 (11회) m. net 와이드 연예뉴스 (587회)
00:00	m. net 와이드 연예뉴스 (576회)	m. net 와이드 연예뉴스 (577회)	m. net 와이드 연예뉴스 (578회)	m. net 와이드 연예뉴스 (579회)	m. net 와이드 연예뉴스 (580회)	

은 월별 혹은 분기별로 이루어진다. 〈표 9-5〉는 2005년 7월 4일에서 9일까지의 위성 DMB의 음악채널 CH8의 주간편성표로, 이 채널의 주된 m. net 프로그램이 주간에 걸쳐 재방송되고 있음을 보여준다. 〈씽 씽가요〉 편성의 경우, 아침 5시대에는 700회부터, 오전 9시에는 1,433회부터(7월 4일 제외), 오후 4시에는 16회부터(7월 9일 제외) 각각 재방송되고 있다. m. net 와이드 연예뉴스 또한 12시대에는 575회부터, 오후 5시에는 582회부터, 자정에는 576회부터 방영하는 방식으로 재방송하고 있다.

(4) 자체채널 종합편성

〈표 9-6〉은 위성 DMB의 자체편성채널인 ch. BLUE 주간편성표의 일부분을 옮긴 것으로, 2005년 7월 11일에서 15일까지 프라임타임대의 편성표이다. 오전 출근시간대를 살펴보면 오전 8시대를 제외하고 장기판 편성전략을 사용하는 것을 알 수 있다. 특히, 오전 시간대에는 대체적으로 한 프로그램을 두 편 연속으로 방영하며, 같은 프로그램을 다른 요일에 재편성한다. 오전 8시에서 9시는 최근 ch. BLUE의 MLB 중계와 관련한 프로그램을 띠편성하는데, 이는 중계시간(LIVE 또는 녹화중계)에 맞추어 오전 11시까지 이어진다.

점심시간대 오후 2시에는, 〈다짜고짜 테스트 쇼〉의 띠편성을 가운데 두고 앞뒤 프로그램은 장기판 편성을 보이고 있다. 7월 12일 화요일의 경우에는 수·목 시트콤의 저녁방송 전에 전회를 재방영한다.

저녁시간대 오후 6시대에는 생방송 연예뉴스 〈What's up〉이 방영되며, 오후 8시에는 월화드라마 〈포켓 드라마〉, 수목 시트콤 〈시트콤 얍〉과 〈영화야 놀자〉, 〈패션 다이어리〉, 〈무서운 아이들〉, 〈스타 블로그〉가 각각 방영된다. 이 같은 형태는 지상파 TV의 저녁시간대 8~9시대의 뉴스와 오락·정보프로그램, 10시대의 월화·수목 드라마 편성과 거의 비슷한 형태임을 알 수 있다.

〈표 9-6〉 채널블루의 주간편성표 (2005년 7월 11일 주간)

	월 07/11	화 07/12	수 07/13	목 07/14	금 07/15
19:00	리플러들의 수다 미션 노래방 다짜고짜테스 트쇼	리플러들의 수다(52회) 미션 노래방 (22회) 다짜고짜테스 트쇼(51회)	코미디카운트 다운(11회) 리플러들의 수다(53회) 다짜고짜테스 트쇼(52회)	리플러들의 수다(54회) 춤추는대상식 선(12회) 다짜고짜테스 트쇼(53회)	코미디카운트 다운(12회) 리플러들의 수다(55회) 다짜고짜테스 트쇼(54회)
20:00	영화야 놀자 무빙카툰 폰카릴레이 포켓 드라마	무빙카툰 (52회) 폰카릴레이 (52회) 포켓드라마 (20회) (택시 2부) 패션다이어리 (4회)	무빙카툰 (53회) 폰카릴레이 (53회) 무서운아이들 (3회) 시트콤 얍 (5회)	무빙카툰 (54회) 폰카릴레이 (54회) 스타블로그 (4회) 시트콤 얍 (6회)	영화야 놀자(34회) 폰카릴레이 (55회) 개그랭크뷰디 오(5회)
23:00	연예뉴스스타 패션다이어리	영화야 놀자(4회) 연예뉴스스타 (52회)	연예뉴스스타 (53회) 시트콤 얍 (5회)	연예뉴스스타 (54회) 시트콤 얍 (6회)	연예뉴스스타 (55회) 스타블로그 (4회)
00:00	미션 노래방 (21회) 헝거(7회)	헝거(8회) 개그랭크뷰디 오(4회)	헝거(9회) 시티헌터 (3회)	대한민국 미남미녀 (11회) 헝거(10회)	코미디 카운트다운 (12회) 헝거(11회) (클래리몽드)
01:00	생방송 What's up (50회) 시티헌터	생방송 What's up (51회) 약간 위험한 방송(11회)	코미디 카운트 다운 (11회) 생방송 What's up (52회)	춤추는 대상식선 (12회) 생방송 What's up (53회)	생방송 What's up (54회) 약간 위험한 방송(11회)

332

<표 9-6> 계속

	월 07/11	화 07/12	수 07/13	목 07/14	금 07/15
11:00		MLB 하이라이트	메이저리그 -박찬호 선발 텍사스 : 시애틀	메이저리그 -박찬호 선발 보스턴 : 텍사스	메이저리그 -박찬호 선발 텍사스: 오클랜드/ 최희섭 출전 샌프란시스코 : LA 다저스
12:00	메이저리그 -박찬호 선발 (TEX : HOU) (35회)	메이저리그 -올스타 퓨처스게임			
13:00					
14:00	영화야 놀자 약간 위험한 방송(10회) 다짜고짜테스 트쇼	시트콤 얍 (3, 4회)	코미디카운트 다운(11회) 다짜고짜테스 트쇼(51회) 패션다이어리 (4회)	다짜고짜테스 트쇼(52회) 무서운아이들 (3회) 시티헌터 (3회)	무빙카툰 (종합) (4회) 스타블로그 (4회) 다짜고짜테스 트쇼(53회)
17:00	맛있는 유혹 다짜고짜테스 트쇼 다짜고짜테스 트쇼 블루카펫	무빙카툰 (50회) 무빙카툰 (51회) 블루카펫 (25회)	영화야 놀자 (30회) 영화야 놀자 (31회) 블루카펫 (26회)	맛있는 유혹(30회) 리플러들의 수다(52회) 리플러들의 수다(53회) 블루카펫 (27회)	맛있는 유혹(28회) 사운드홀릭 (31회) 사운드홀릭 (32회) 블루카펫 (28회)
18:00	What's up	생방송 What's up (51회)	생방송 What's up (52회)	생방송 What's up (53회)	생방송 What's up (54회)

〈표 9-6〉 계속

	월 07/11	화 07/12	수 07/13	목 07/14	금 07/15
05:00	개그랭크뷰디 오 패션다이어리	무빙카툰 (50회) 무빙카툰 (51회) 시티헌터 (3회)	영화야 놀자 (33회) 코미디카운트 다운(10회)	맛있는 유혹 (31회) 리플러들의 수다(52회) 리플러들의 수다(53회) 시트콤 얍 (5회)	맛있는 유혹 (28회) 사운드홀릭 (29회) 사운드홀릭 (30회) 시트콤 얍 (6회)
06:00	약간 위험한 방송 폰카 릴레이	와락 스테이션 (10회) 맞짱 무림지존 (21회)	무빙카툰 (51회) 무빙카툰 (52회) 대한민국 미남미녀 (10회)	영화야 놀자(31회) 영화야 놀자(32회) 러브 스테이션 (10회)	포켓 드라마 (19회) (택시 1부) 포켓 드라마 (20회) (택시 2부) 시티헌터 (3회)
07:00	미션 노래방 와락 스테이션	사운드홀릭 (29회) 사운드홀릭 (30회) 춤추는대상식 선(11회)	포켓 드라마 (19회) (택시 1부) 포켓 드라마 (20회) (택시 2부) 개그랭크뷰디 오(4회)	코미디카운트 다운(11회) 개그랭크뷰디 오(4회)	약간 위험한 방송(11회) 무서운아이들 (3회)
08:00	영화야 놀자 영화야 놀자 MLB 하이라이트 (7회)	MLB 올스타 특집 올스타 액션	MLB 올스타 특집 올스타 액션	메이저리그 -김병현 선발 LA다저스 : 콜로라도	메이저리그 -뉴욕양키스 : 보스턴
09:00	메이저리그- 세인트루이스: 센프란시스코 (58회)	메이저리그 -올스타 홈런더비	메이저리그 - 제 67회 올스타게임		

주: 주시청시간대와 그 주변 시간대를 중심으로.

334

〈표 9-7〉 CH07(ch.blue) 시청자 참여프로그램

서브장르	프로그램	내용	참여형태
blue live	대한민국 미남미녀	오프라인과 온라인에서 6명의 남녀들이 2회에 걸쳐서 서바이벌 게임을 하여 승자를 가려내는 게임프로그램.	시청자투표 시청자 게스트
	약간 위험한 방송	매주 프로그램 홈페이지 게시판에 올라온 시청자들의 궁금증이나, 평상시 해보고 싶었으나 실행에 옮기지 못했던 다양한 욕구들을 대행해 주는 프로그램.	프로그램 소재 선정
	여섯시&채널 블루	2시간 생방송으로 진행되는 DMB 섹션 매거진 프로그램으로 '트렌드', '뉴 인포메이션', '신세대 휴머니즘', '스타 엔터테인먼트', '컬처' 등 요일별로 차별화된 아이템을 매개로 한다. 진행자와 시청자가 방송중에 SMS를 통해 의견을 교환하는 등 DMB의 주요 특징인 상호작용적 요소를 강화한 프로그램.	문자 전송
	와락 스테이션	생방송 시스템을 갖춘 스튜디오를 대학생에게 빌려주어, 전국의 남녀 대학생들이 와락스테이션의 TU PD가 되어 보는 프로그램. 휴대폰 카메라, 디지털 카메라를 이용해 영상물을 직접 제작·소개할 수 있다.	영상물 제작
entertainment	스타 블로그	스타 블로그를 통해 스타를 핸드폰으로 직접 만나볼 수 있으며, 문자와 동영상 전송을 통해 실시간 참여가 가능한 이동식 연예오락 프로그램.	문자, 동영상 실시간 전송
trend	무서운 아이들	10대 아이들이 찍은 10대 아이들의 꾸밈없는 모습을 그대로 담은 프로그램.	시청자 게스트
	사운드 홀릭	음악을 듣는 동시에 보고 즐기며 함께 참여하자는 취지로, 참여하는 음악문화공간인 홍대앞 클럽과 뮤지션들을 소재로 한 프로그램.	시청자 게스트

자료: 임정수(2005). "유료융합매체서비스의 공익성에 관한 쟁점", 한국언론학회·KT주최 세미나 발제문.

채널블루에 편성되어 있는 프로그램들의 특징을 다음 몇 가지로 정리할 수 있다.

첫째, 채널블루의 인터넷 홈페이지에서 프로그램의 장르를 분류해 놓고는 있지만, 많은 경우에 명확한 경계를 나누기가 어렵다. 현재 제작되는 약 30개의 프로그램은 MLB 특별편성을 제외하고는 대부분 오락·연예·토크 프로그램에 치중되어 있다.

둘째, 미디어의 이동성을 고려하여 자체 프로그램의 길이가 짧고, 재방영 횟수가 상대적으로 많다. 대체적으로 띠편성을 이루고 있고 장기판 편성도 자주 나타난다.

셋째, 이동전화를 통한 시청자들의 참여나, 프로그램 전체가 시청자에 의해 만들어지는 프로그램이 두드러진다. 예를 들면, 〈폰카릴레이〉, 〈스타 블로그〉, 〈대한민국 미남미녀〉, 〈무서운 아이들〉 등이 있다(〈표 9-7〉 참고).

넷째, 소재에서 지상파 TV에 비해 파격적인 포맷의 프로그램을 찾아볼 수 있다. 예를 들면, 다음과 같은 프로그램들이 있다. 〈약간 위험한 방송〉은 MC도 없고, 설명도 없고, 소재도 가리지 않는다. 매주 프로그램 홈페이지 게시판에 올라온 TU회원의 궁금증이나, 평상시 해보고 싶었으나 실행에 옮기지 못했던 다양한 욕구들을 대행하는 욕구대행 프로그램이다. 〈블루 카펫〉은 온라인 영화제 출품작들을 비롯한 픽션, 다큐, 실험, 애니메이션, 미디어아트 등 다양한 장르의 우수한 디지털 콘텐츠를 소개하는 모바일 시사회 프로그램이다.

(5) 시청자 참여프로그램의 확대

모바일 방송에서 특징적인 프로그램 전략 중 하나는 시청자 참여의 확대이다. 이용자들이 이동중에 세상에서 일어나는 일을 현장에서 목격할 가능성이 높고, 이동전화와 융합된 단말기를 사용하므로 즉각적으로 전송할 수 있으며, 전화를 통해 커뮤니케이션할 수 있는 장점을

336

살린 전략이다. 또한 시청자 참여의 확대는 이용자들의 프로그램에 대한 관심을 높이기 위한 방안으로 볼 수 있다.

〈표 9-7〉과 〈표 9 8〉은 위성 DMB의 자체채널인 채널 7과 뮤직채널 채널 8에서 제공하는 시청자 참여형태의 프로그램에서 시청자 참여형태를 정리한 것이다. 이런 종류의 프로그램들을 보면, 상호작용적이고 이동성이 강한 매체특성을 이용한 시청자 참여는 주로 오락적 목적으로 도입되었고, 프로그램의 소재고갈을 해결하는 방안으로 활용되고 있다. 시청자 참여는 새로운 매체에서 일반화되는 하나의 장르로 자리잡았지만, 새로운 매체가 시민의 의견표출과 공론장의 차원에까지 이르렀다는 증거는 찾기 어렵다. 물론 위성 DMB는 모바일 방송의

〈표 9-8〉 CH08(뮤직채널) 시청자 참여프로그램

프로그램	내 용	참여형태
hello 쳇	인기 스타들과 함께 그들의 미니 홈피를 방문해 보고, SMS 문자를 통해 시청자와 스타가 실시간 대화를 나누는 시청자 참여 토크쇼.	실시간 문자전송
격돌 뮤비 서바이벌 -생방 Request	시청자가 듣고 싶은 곡을 매일 투표해서 순위대로 뮤직비디오를 방송해 주는 프로그램. 실시간 투표를 통한 살아있는 리퀘스트 프로그램.	시청자 투표
배틀신화	"신화"와 함께 하는 오디션 프로그램. 가수를 꿈꾸는 청소년들에게 오디션의 기회를 부여해 스타 등용문의 기회를 선사.	시청자 게스트
씽씽가요	시청자가 TV를 보면서 함께 노래를 따라 부를 수 있는 논스톱 뮤직비디오 쇼.	시청자 게스트
음악시 신청동 27번지	신청곡으로 오후를 활기차게 해주는 프로그램.	

자료: 임정수(2005), 앞의 발제문.

하나에 불과하지만, 향후에 등장할 유료 모바일 방송서비스들이 이와 유사한 방향을 취할 것으로 예상할 수 있다.

3) 콘텐츠 수급

(1) 콘텐츠 부족문제와 그 원인

새로운 방송플랫폼이 등장할 때마다 제기된 문제들 중의 하나는 콘텐츠의 부족이다. 콘텐츠의 부족 자체에 대해서 우리나라 방송시장에서 국내 콘텐츠가 절대적으로 부족하다는 입장과 콘텐츠 자체가 부족한 것이 아니라 다만 유통되지 않고 있다는 입장이 있다. 두 입장 모두 일면의 진실을 담고 있다. 방송콘텐츠가 절대적으로 부족하다는 입장은 지상파 중심으로 우리나라의 방송시장이 오랫동안 유지된 결과, 제작인프라가 취약하여 상품성 높은 양질의 프로그램이 시장에 많지 않다는 것이다. 유통부족의 입장은 지상파방송이 거의 모든 프로그램에 대한 저작권을 보유함에 따라, 시장에서의 수요에 시의적절하게 공급되지 못하고 사장시킨다는 것이다. 두 주장 모두 지상파방송사가 콘텐츠 제작과 유통시장을 수직통합적으로 운영한 폐해에 대해 지적한다.

콘텐츠 부족의 또 다른 원인은 유료방송의 늦은 출발이다. 유료채널이 1990년대 중반부터 시작되어 콘텐츠가 제공될 수 있는 플랫폼이 부족했고, 당연한 결과로 독립제작사의 성공가능성도 인정받지 못하여 활성화되지 못했다. 지상파방송에서 외주정책이 시작한 것이 1991년이므로, 1990년대 중반 이전에 독립제작사가 사업적으로 성공하는 것은 불가능했다. 유료방송이 정착한 이후에도 사실상 지상파방송사가 유료방송시장을 주도함에 따라, 방송용 콘텐츠 제작과 유통시장은 개선의 가능성 정도만 가진 채 여전히 경직되어 있다.

모바일 방송의 콘텐츠 활성화는 지상파 콘텐츠 이외의 모바일 콘텐츠의 개발 없이는 성공을 기약하기 어렵다. DMB 등의 모바일 방송은 자체채널 육성, PP 지원사업, 방송영상산업 지원 및 육성 등을 통해 모바일 콘텐츠의 안정적 확보를 도모해야 한다.

(2) 디지털 콘텐츠의 공급

모바일 방송의 콘텐츠 공급은 모바일 방송용으로 새로 제작하거나 기존 방송물의 재가공을 통해서 이루어진다. 기존 방송물이라 함은 케이블 PP사들이 제작한 프로그램과 지상파 방송물을 포함한다. 위성 DMB의 경우는 현재 지상파방송사가 프로그램을 공급하지 않고 있지만, 그렇게 되면 지상파방송 프로그램에 의존도가 높아지게 될 것이다. 향후 다른 모바일 방송에서도 상황은 유사할 것으로 전망된다.

방송시장에 콘텐츠 부족에 대한 이야기들이 나오는 가운데 모바일 서비스와 게임산업의 성장은 지속적으로 이루어져 현재 모바일 콘텐츠의 중요한 공급원이 되었다. 디지털콘텐츠 제작은 2001년 1조 9백억 원 규모이며, 2002년 2조 5천 2백억 원 규모, 2003년 3조 4천 3백억 원 규모에 이른다. 제작 및 서비스업체의 수는 2001년 877개에서 2003년 1,854개에 이른다. 여기에는 게임, 디지털영상(영화, 위성방송, 모바일 방송 등), 애니메이션, 웹 정보콘텐츠, e-learning, 디지털음악(벨소리, 스트리밍, 다운로드, 통화연결음 등), 전자출판, 디지털 캐릭터 등이 포함된다(한국소프트웨어진흥원, 2004).

지상파방송사 입장에서 모바일 방송은 또 하나의 후속시장으로만 볼 수도 있지만, 모바일 방송은 이용자들이 원하는 특유의 프로그램 포맷을 개발하고 있어, 이를 두고 지상파방송사의 후속시장으로만 인식하는 것은 방송통신 인프라의 헛된 연소를 초래하며, 산업의 경쟁력을 약화시키고 존재의미를 퇴색시킨다. 모바일 방송은 지상파방송과는 다른 이용패턴을 가진 시청자를 직면하게 되고, 다른 기술적 속성을 지닌 단말기를 통해서 전송하므로 지상파방송사의 후속시장 그 이상의 기능을 해야만 생존이 가능하다. 사업초기에 새로운 방송은 지상파방송의 프로그램에 상당히 의존할 수밖에 없지만, 점차 고유의 장르와 포맷을 개발하여 지상파 의존도를 낮추는 것이 바람직하다. 위성 DMB에 지상파방송사가 프로그램의 공급을 거부하는 것이 단기적으로 가입자수의 확보에 불리하게 작용하지만, 장기적으로 모바일용 프로그램의 개발과 자생력을 키워 긍정적 영향을 줄 수도 있다. 그렇지만 이는 다만 장기적 계획을 세울 수 있을 정도의 기업안정을 위한 최소한의 가입자 확보가 된다는 것을 전제로 할 때의 일이다.

■ 연습문제

1. 〈그림 9-2〉에서 주말의 시청패턴을 보면, 오후 1시에서 오후 4시 사이에 그래프의 봉우리를 형성하고 있다. 이 시간대에 시청률이 높아지는 이유와 그에 따른 편성전략을 논의해 보자.
2. 〈그림 9-1〉에서 주중의 시청패턴을 보면, 낮시간대에 위성 DMB의 시청률이 높은데, 지상파 TV의 낮방송 실시로 어떤 변화가 기대되는지 논의해 보자.
3. 〈표 9-7〉을 참고하면서, 위성 DMB에서 시청자 참여는 어떤 방향으로 전개되어야 할지 논의해 보자.
4. 위성 DMB에서의 재방송은 지상파방송, 케이블 TV 편성에서의 재방송과 비교할 때 어떤 패턴을 보이는가?

■ 참고문헌

김영주·이화진(2005), "모바일콘텐츠의 채택요인과 잠재적 이용자 특성," 《방송과 커뮤니케이션》 6권 1호, pp. 168~203.

임정수(2003), "인터넷 이용패턴에 대한 연구: 채널 레퍼토리 형성과 수용자 집중 현상을 중심으로," 《한국언론학보》 47권 2호, pp. 282~305.

_____(2005), "유료융합매체서비스의 공익성에 관한 쟁점," 한국언론학회·KT 주최 세미나 발제문.

_____(2006), 《영상미디어산업의 이해》, 서울: 한울아카데미.

한국소프트웨어진흥원(2004), 〈2003년도 국내 디지털콘텐츠산업 시장조사 보고서(2월)〉.

홍성규(2005), "위성 DMB 사업추진계획 및 현황," 2005 봄철 한국언론학회 기획세션 발제문.

Yim, J. (2003), "Audience Concentration in the Media: Cross-media Comparisons and the Introduction of the Uncertainty Measure," *Communication Monographs* 70(2): 114~128.

_____(2005), "Web Repertoires and Audience Concentration," Presented in the Mass Communication & Society Division, AEJMC Convention(San Antonio, 8. 10~8. 13).

http://www.kttel.net
http://www.sktelecom.com
http://www.tu4u.com
《파이낸셜 뉴스》, 2005년 5월 13일자.

제 3 부
편성규제 및 활용

제 10 장

편성과 규제

남 궁 협

방송편성은 단순히 방송프로그램이라는 상품을 전략적으로 배열하는 데 그치는 것이 아니라 사회적 차원에서 방송의 공익성과 방송의 자유를 적극적으로 구현하는 부분이다. 그러다 보니 편성규제를 둘러싸고 방송의 사회적 책임과 표현의 자유 간에 갈등이 첨예하게 발생하기도 한다. 하지만 정도의 차이는 있을지언정 세계 어느 나라도 방송편성에 대한 규제는 있게 마련인데, 그 이유는 방송전파의 공공성이라는 측면과 방송의 사회적 영향력이라는 두 가지 요인이 크게 작용하기 때문이다. 최근에 MBC-TV의 생방송으로 진행되는 〈음악캠프〉라는 프로그램에서 출연가수가 공연도중 성기를 노출함으로써 크게 사회적 물의를 일으켜 급기야는 방송위원회의 심의에서 중징계를 받고 해당 프로그램이 폐지되는 일이 있었다. 이처럼 방송프로그램은 동시에 수많은 사람들에게 전달되기 때문에 자칫 프로그램 내용이 반사회적일 때 그 여파는 엄청나다. 따라서 신문과는 달리 방송에 대해서는 엄격한 규제를 당연한 것으로 받아들인다. 특히 오늘날과 같이 산업적으로

344

나 정치사회적으로 방송영상 매체가 인쇄매체를 압도하는 상황에서는 방송영상에 대한 사회적 통제를 강화하는 동시에 그것을 통한 사회적 가치를 적극적으로 실현하려는 이중적 요구가 방송에 제기되고 있다. 방송편성에 대한 규제는 바로 그러한 이중적 요구를 담기 위한 제도적 노력이라고 할 수 있다.

구체적으로 방송편성에 대한 규제가 정당화되는 부분은 시장에서의 방송사간 경쟁이 제공되는 프로그램의 다양성과 질적 수준을 보장해 주지 못한다는 사실에 있다. 예를 들면, 현재 우리 안방에는 기존의 공중파방송뿐만 아니라 케이블TV와 위성방송 등 수십 개의 새로운 방송채널들이 제공되고 있다. 하지만 시청자들이 즐겨보는 채널은 10개 미만에 그치고 있어 나머지 채널들은 방송시장에서 밀려날 수밖에 없다. 이렇듯 방송의 시장경쟁이 양적으로는 다양한 채널을 제공하는 것처럼 보이지만 질적으로는 오히려 다양성을 더욱 위축시키고 프로그램의 질도 떨어지게 한다. 그런 점에서 다른 서비스와 달리 방송시장에서의 경쟁이 서비스의 가격은 낮출 수 있어도 서비스의 질을 제고하지 못한다는 사실은 분명하다. 그러므로 방송에 대한 시장 및 경제규제만 가지고 방송프로그램의 질을 보장할 수는 없다. 그렇기 때문에 방송에 대한 사회적 규제, 즉 편성과 프로그램에 대한 규제가 가해지는 것이다.

그렇지만 이러한 편성에 대한 규제는 방송의 자유와 관련해 대단히 민감한 문제이므로 분명한 법적 합리성과 근거에 바탕을 두고 이루어지지 않으면 안 된다. 그런 점에서 우리나라의 방송편성에 대한 규제 근거는 헌법을 비롯하여 방송법과 방송법 시행령에 명시되어 있다. 이 장에서는 우리나라 방송법에 규정된 편성규제에 초점을 맞추어 그 내용을 자세히 살펴보도록 하겠다.

1. 편성규제의 의미와 규제근거

1) 편성규제의 의미

방송편성에 대한 규제는 방송프로그램 내용과 배열에 대한 규제를 의미한다. 방송편성이 넓게는 프로그램의 기획에서부터 제작, 판매, 구매에 이르기까지 방송의 전 과정을 포괄하는 것이지만, 좁게는 프로그램의 내용과 형식, 그리고 시간을 결정하는 행위이기 때문에 편성에 대한 규제는 가장 직접적으로 프로그램 내용과 배치에 대한 규제를 가리킨다고 할 수 있다. 여기서 내용에 대한 규제는 사회적 가치와 규범을 따르는 것에 주안점이 있다고 한다면, 배치에 대한 규제는 프로그램 내용의 다양성을 확보하여 민주사회의 다원성을 확보하는 데 목적이 있다. 따라서 편성에 대한 규제는 프로그램 내용이 사회적으로 바람직한지 아니면 그렇지 않은지 판단해서 제재를 가하는 내용규제가 있고, 또한 방송프로그램의 유형을 분류하여 가능한 모든 유형의 프로그램들이 골고루 시청자들에게 제공될 수 있도록 제한된 시간 내에서 다양한 프로그램들이 배치되도록 하는 편성비율 규제가 있다.

먼저 내용규제의 경우에는 다시 사전심의와 사후심의, 그리고 사회적 규제로 나누는데, 사전심의는 방송국 자체적으로 만든 윤리강령과 같은 심의기준에 의거해서 자율적으로 규제를 실시하는 것이며, 사후심의는 법정기관인 방송위원회에 의해 이루어진다. 또한 사회적 규제는 시청자들이 방송 프로그램을 모니터 및 감시활동을 통해서 프로그램의 내용에 대해 적극적으로 의견을 개진하고 문제를 제기하는 순수한 민간활동을 말한다. 한편 프로그램 배치에 대한 규제, 즉 프로그램 방송비율에 대한 규제는 특정시간대(프라임타임 등) 혹은 일정한 기간 동안(하루, 일주일, 일 년 등) 특정한 장르의 프로그램 방송비율을 정해서 지키도록 하는 것을 말한다.

<표 10-1> 각국의 방송내용 규제형태

규제주체	한국	미국	영국	일본
법정기관	방송위원회	FCC	Ofcom	전파관리심의회
방송사	방송사 심의실	방송사 심의실 및 방송협회 등	BBC 심의실	고사실, 방송프로그램향상협의회
수용자	시청자위원회 및 시민단체의 모니터	모니터 감시활동 면허위협 활동	구조개편 운동 내용정화 캠페인	NHK 시청자회의 일본 시청자연맹

2) 편성규제의 근거

방송편성의 규제근거는 앞에서 언급한 바와 같이 전파의 희소성과 매체의 영향력 두 가지를 들 수 있다. 먼저 방송사는 희소자원인 전파의 공적 수탁자(*public trustee*)이기 때문에 영리적 목적보다는 공익적 가치실현을 우선적 목표로 삼아야 할 의무가 있다. 편성에서도 이러한 공익적 가치를 실현할 수 있어야 하며, 이를 위해 편성의 자율성이 일정부분 제한될 수 있다. 두 번째로 방송은 동시에 많은 사람들에게 전달되며, 또한 다른 매체와 달리 영상을 통해 메시지가 전달되기 때문에 더 생생하고 영향력이 크다. 이러한 영향력을 감안할 때 방송은 공익적 편성을 통해서 사회의 다원적 가치를 반영하고 시청자의 권익을 보호해야 할 의무가 있다.

그러나 이러한 논리들은 방송환경의 변화와 더불어 일부 설득력이 떨어지고 있다. 다매체·다채널화의 전개로 전파의 희소성을 이유로 방송에 대한 규제논리를 펴기가 더 이상 힘들게 되었다는 점이다. 따라서 요즘은 편성과 같은 방송내용에 대한 규제보다는 시장규제가 더 중요하게 대두되고 있다. 즉, 시장에서의 독점방지 내지는 공정경쟁을 통한 공익성 실현차원에서 규제정책이 마련될 필요가 대두되고 있다. 매체의 영향력 차원에서도 방송채널 수가 많아지고 인터넷 등 방송을 대체할 수 있는 새로운 매체가 확산됨에 따라서 과거와는 다른 의미가 부여될 필요가 제기되기도 한다.

현행 우리나라 방송법에 명시되어 있는 방송편성의 자유와 규제에 대한 조항을 개관해보기로 하자. 방송편성의 자유와 독립이라는 방송사 고유의 권한은 방송법상에도 분명히 명시되어 있다. 방송법 제 4조에 따르면 방송편성의 자유와 독립이 보장되며, 법률에 의하지 않고는 어떠한 규제나 간섭도 할 수 없도록 되어 있다.[1] 이와 관련해서 우리 법원에서도 "… 제도적 자유로 이해되는 방송의 자유 내지 편성권의 주체는 전파법상 허가를 받고 방송을 행하는 방송국을 경영하는 방송법인이고, 방송법인이 이러한 방송의 자유를 행사하는 과정에서 특히 프로그램 편성과 제작을 위한 제 권한은 … 방송법인의 기관이 담당한다"[2]고 판시했다. 여기서 방송자유의 실천은 방송주체가 그 편성의 방향과 내용에 대해서 외부로부터 어떠한 간섭도 받지 않고 독자적으로 프로그램 제작에 참여할 수 있는가 하는 것이 중요한 관건이 된다. 그래서 방송프로그램 제작 이전부터 규제나 압력이 행사된다면 이는 방송자유에 대한 중대한 침해가 될 수 있다.

그러나 방송법에는 동시에 시청자의 권익보호(제 3조)[3], 방송의 공적 책임(제 5조)[4], 방송의 공정성과 공익성(제 6조)[5] 등과 관련한 법

---

1) 방송법 제 4조(방송편성의 자유와 독립) : ① 방송편성의 자유와 독립은 보장된다. ② 누구든지 방송편성에 관하여 이 법 또는 다른 법률에 의하지 아니하고는 어떠한 규제나 간섭도 할 수 없다.
2) 서울고법 1994. 9. 27. 선고 92나35848 판결.
3) 제 3조(시청자의 권익보호) : 방송사업자는 시청자가 방송프로그램의 기획·편성 또는 제작에 관한 의사결정에 참여할 수 있도록 하여야 하고, 방송의 결과가 시청자의 이익에 합치하도록 하여야 한다.

조항들이 있어서, 방송사가 이러한 의무를 수행할 수 있도록 하기 위해서 편성의 자율성을 일부 제한할 수 있도록 되어 있다. 결국 방송사의 편성행위를 규제하는 궁극적 목적은 공익추구라 할 수 있으며, 이는 다시 시청자 권익보호, 다양성, 영상산업의 균형발전 등 다양한 하위개념으로 나뉜다. 현재의 다양한 형태의 편성규제들은 결국 이러한 목적을 실현하기 위한 수단이라고 볼 수 있다.

---

4) 제5조(방송의 공적 책임): ① 방송은 인간의 존엄과 가치 및 민주적 기본 질서를 존중하여야 한다. ② 방송은 국민의 화합과 조화로운 국가의 발전 및 민주적 여론형성에 이바지하여야 하며, 지역간·세대간·계층간·성별 간의 갈등을 조장하여서는 아니 된다. ③ 방송은 타인의 명예를 훼손하거나 권리를 침해하여서는 아니 된다. ④ 방송은 범죄 및 부도덕한 행위나 사행심을 조장하여서는 아니 된다. ⑤ 방송은 건전한 가정생활과 아동 및 청소년의 선도에 나쁜 영향을 끼치는 음란·퇴폐 또는 폭력을 조장하여서는 아니 된다.

5) 제6조(방송의 공정성과 공익성): ① 방송에 의한 보도는 공정하고 객관적 이어야 한다. ② 방송은 성별·연령·직업·종교·신념·계층·지역·인종 등을 이유로 방송편성에 차별을 두어서는 아니 된다. 다만, 종교의 선교에 관한 전문편성을 행하는 방송사업자가 그 방송분야의 범위 안에서 방송을 하는 경우에는 그러하지 아니하다. ③ 방송은 국민의 윤리적·정서적 감정을 존중하여야 하며, 국민의 기본권 옹호 및 국제친선의 증진에 이바지하여야 한다. ④ 방송은 국민의 알권리와 표현의 자유를 보호·신장하여야 한다. ⑤ 방송은 상대적으로 소수이거나 이익추구의 실현에 불리한 집단이나 계층의 이익을 충실하게 반영하도록 노력하여야 한다. ⑥ 방송은 지역사회의 균형 있는 발전과 민족문화의 창달에 이바지하여야 한다. ⑦ 방송은 사회교육기능을 신장하고, 유익한 생활정보를 확산·보급하며, 국민의 문화생활의 질적 향상에 이바지하여야 한다. ⑧ 방송은 표준말의 보급에 이바지하여야 하며 언어순화에 힘써야 한다. ⑨ 방송은 정부 또는 특정 집단의 정책 등을 공표함에 있어 의견이 다른 집단에게 균등한 기회가 제공되도록 노력하여야 하고, 또한 각 정치적 이해 당사자에 관한 방송 프로그램을 편성함에서도 균형성이 유지되도록 하여야 한다.

2. 방송법상의 규제

1) 방송프로그램의 의무편성비율 고시제도의 도입배경

의무편성 비율제도는 1991년부터 도입되어 세부비율이 고시되었다. 시행초기에는 '프로그램 유형별 편성비율', '외국방송 프로그램 편성허용 비율', 그리고 독립제작사를 육성하기 위해 '외주제작 편성비율'을 고시하였다. 이어서 2000년 3월에 개정된 현행 방송법에서는 이외에도 '국내제작 영화·애니메이션·대중음악 편성비율', '다른 한 방송사업자의 편성비율', '비상업적 공익광고 편성비율' 등을 의무화하였다. 그리고 구체적 편성비율은 정책목표 및 방송환경 등을 고려하여 대통령령이 정하는 범위 내에서 방송위원회가 고시하도록 되어 있다.

우선 '유형별 편성비율'은 종합편성을 하는 방송사업자에게 부과하는 것으로서 방송프로그램의 유형을 크게 보도, 교육, 오락으로 나누고 각각의 유형에 따라 일정한 편성비율을 부과하는 것을 말한다. 이처럼 프로그램의 유형을 나누어 방송비율을 고시하는 목적은 종합편성을 하는 방송사업자가 방송의 공정성과 다양성 등을 확보하는 데 있다고 할 수 있다. '다른 한 방송사업자의 제작물 편성비율'은 지역민영방송의 자체편성 비율을 높임으로써 지역생활·문화매체로서의 역할을 다하도록 하기 위한 목적으로 도입되었다. 다시 말해 지역민영방송이 SBS 프로그램의 단순 중계방식을 지양하고, 지역매체로서 위상을 정립한다는 데 그 의의가 있다고 볼 수 있다.

다음으로 '국내제작 영화·애니메이션·대중음악 편성비율'은 우리 문화의 정체성을 확보하고 국내 영상산업을 보호하기 위해 국내제작물을 일정비율 이상 편성하도록 한 것이다. 또한 미국, 일본 등에 의존도가 높은 국내 영상문화를 개선하고 다양한 국제문화를 수용하기 위해 특정국가의 제작물을 일정비율 이상 편성하는 것을 금지하고 있다.

'외주제작 프로그램 편성비율'은 일정비율 이상의 프로그램을 방송사가 직접 제작하지 않고 외부의 독립제작사에게 제작하도록 하여 이 외주제작물을 주시청시간대에 의무적으로 편성하도록 한 제도이다. 이는 지상파방송사의 독과점적 지위유지에 따른 방송영상산업의 불균형을 해소하고, 다매체·다채널환경에서 방송콘텐츠 확보에 차질이 없도록 독립제작사 등을 육성하여 방송영상산업 기반을 구축하기 위한 조치라고 볼 수 있다. 한편 '비상업적 공익광고 편성비율'은 국민의 교양과 문화수준 향상에 이바지하고 새로운 공동체 질서를 확립하는 등 방송광고의 공공성과 공익성을 제고하기 위한 조치로 도입되었다.

2) 방송프로그램 유형별 편성기준

방송법에서는 방송프로그램의 유형을 보도, 오락, 교양으로 나누고 각 유형별로 방송비율을 규정한다. 방송법 제69조 3항과 4항6), 그리고 방송법 시행령 제50조에서 방송프로그램의 유형을 크게 세 가지로 분류하고 그에 따른 편성비율을 규정한다. 여기서 '보도에 관한 방송프로그램'이라 함은 정치·경제·사회·문화 등 모든 분야의 시사에 관한 속보 또는 해설을 목적으로 하는 방송프로그램을, '교양에 관한 방송프로그램'이라 함은 국민의 교양향상 및 교육을 목적으로 하는 방송프로그램과 어린이·청소년의 교육을 목적으로 하는 방송프로그램

---

6) 방송법 제69조 … ③ 종합편성을 행하는 방송사업자는 방송프로그램의 편성에서 대통령령이 정하는 기준에 따라 보도·교양 및 오락에 관한 방송프로그램을 포함하여야 하고, 그 방송프로그램 상호간에 조화를 이루도록 편성하여야 한다. 이 경우 대통령령이 정하는 주시청시간대(이하 "주시청시간대"라 한다)에는 특정 방송분야의 방송프로그램이 편중되어서는 아니된다. ④ 전문편성을 행하는 방송사업자는 허가를 받거나 승인을 얻거나 등록을 한 주된 방송분야가 충분히 반영될 수 있도록 대통령령이 정하는 기준에 따라 방송프로그램을 편성하여야 한다. …

을, 그리고 '오락에 관한 방송프로그램'이라 함은 국민정서의 함양과 여가생활의 다양화를 목적으로 하는 방송프로그램을 말한다(방송법 시행령 제50조 2항).

특히 이처럼 프로그램 유형간 조화를 이루도록 요구받는 방송사업자는 종합편성을 하는 방송사업자들이다. 따라서 이 규정은 현재의 KBS, MBC, SBS 등 지상파를 통해 텔레비전방송과 라디오방송을 하는 방송사에 해당된다. 현행 방송법 시행령 제50조에 따르면, 매월 전체 방송시간 중 보도방송의 경우 100분의 10 이상을, 교양방송은 100분의 30 이상을, 그리고 오락방송은 100분의 50 이하로 규정하고 있다. 여기서 오락방송의 경우 다른 유형과 달리 50% 이하라는 최대 기준을 제시한 것은 방송이 지나치게 상업적 경쟁에 치중하면서 오락 프로그램에 대한 편중현상을 막기 위한 의지의 표현이라 할 수 있다.

한편 케이블TV나 위성방송의 경우처럼 채널별로 전문적 프로그램을 방송하는 전문편성 방송사업자의 경우에는 전문적 방송의 성격을 분명히 하기 위해서 해당 프로그램의 편성비율을 충족시키도록 규정하고 있다. 방송법 제69조 4항과 방송법 시행령 제50조 4항에서 이에 대해 규정하고 있다. 매월 전체 텔레비전방송 프로그램 또는 라디오방송 프로그램 방송시간 중에서 지상파 방송사업자는 당해 채널의 100분의 60 이상을, 종합유선 방송사업자 및 위성방송사업자는 100분의 70 이상을, 방송채널 사용사업자는 100분의 80 이상을, 그리고 데이터방송채널의 경우에는 100분의 60 이상을 각각 편성하도록 규정하였다.

하지만 프로그램 유형별 편성비율은 그동안 규제당국과 방송사 간에 끊임없는 논란의 대상이기도 하다. 그것은 프로그램의 분류유형에 대한 입장 차이에서 비롯된다. 최근 프로그램 제작장비의 첨단화와 제작기법의 다양화, 그리고 장르를 뛰어넘는 제작형식과 복합 구성요소들로 유형별 구분이 애매하고 난해해지는 면이 없지 않다는 데 문제가 있다. 이를테면 전형적 교양 프로그램에 흥미를 배가시키기 위해 오락

〈표 10-2〉 방송사업자별 프로그램 편성비율

구 분	매월 전체 방송시간 중 편성비율
종합편성 방송사업자	▪ 보도방송: 10/100 이상 ▪ 교양방송: 30/100 이상 ▪ 오락방송: 50/100 이하
전문편성 방송사업자	▪ 지상파방송사업자: 60/100 이상 ▪ 위성방송사업자: 70/100 이상 ▪ 방송채널사용사업자: 80/100 이상 ▪ 데이터방송채널사업자: 60/100 이상

적 요소를 삽입하는 경우라든가, 반대로 오락 프로그램에 교훈적이고 교육적인 메시지를 담는 경우 세 가지 유형 중에서 어디에 포함시켜야 할지 애매할 수가 있다.

3) 국내제작 방송프로그램 편성비율

우리나라의 문화정체성을 확립하고 국내제작 방송프로그램 및 영상 산업을 보호하고 육성하기 위한 목적으로 '국내제작 방송프로그램 편성비율'을 고시하고 있다.

(1) 전체 국내제작 방송프로그램 편성비율

방송법 제71조(국내 방송프로그램의 편성) 1항은 "방송사업자는 당해 채널의 전체 프로그램 중 국내에서 제작된 방송프로그램을 대통령령이 정하는 바에 따라 일정한 비율 이상 편성하여야 한다"라고 되어 있으며, 방송법 시행령 제57조(국내제작 방송프로그램의 편성)에서는 "… 1. 지상파방송사업: 매월 전체 방송시간의 100분의 80 …"으로 규정되어 있다. 따라서 지상파방송사업자의 경우는 전체 방송프로그램 중 국내제작 방송프로그램 편성비율을 매월 전체 방송시간의 80% 이상을 편성하도록 되어 있다.

하지만 실제로 지상파방송 3사의 국내제작 방송프로그램의 편성비율은 2000년 이후 90%를 상회했기 때문에 사실상 이 규정은 법적 실효성이 있다고 보기는 어렵다. 오히려 문제가 되는 것은 국내제작 프로그램의 기준이 모호하다는 데 있다. 특히 문제가 되는 것은 방송시장이 개방되고 영상산업이 대형화되면서 국가간 공동제작이 활성화되는 국제 공동제작 프로그램이라고 할 수 있다. 국제 공동제작이라 함은 공동출자(co-financing)로부터 완전공동제작(full co-production)까지 포함하는 개념으로 국경을 초월해서 텔레비전 영상제작물이 시청될 수 있도록 하는 공동의 노력과 한 나라 이상의 국민들이 하나 또는 그 이상의 일(제작비 조달, 원고작성, 프리 프로덕션 등)에 연관되어 있는 공동의 노력을 수반하는 것을 말한다. 이러한 여러 유형 혹은 수준의 국제 공동제작 프로그램을 어느 기준으로 국내 프로그램으로 판정하느냐 하는 것은 중요한 부분이다.

(2) 국내제작 영화의 편성비율

방송법 제 71조 2항은 "방송사업자는 연간 방송되는 영화, 애니메이션 및 대중음악 중 국내에서 제작된 영화, 애니메이션 및 대중음악을 대통령령이 정하는 바에 따라 일정한 비율 이상 편성하여야 한다"라고 규정하였다. 또한 방송법 시행령 제 57조 2항에는 "… 전체 영화방송시간의 100분의 20 이상 100분의 40 이하 …"라고 규정하였다.

이 규정 역시 주요 지상파방송사들이 비교적 준수하는 것으로 나타났다. 이 규정이 개정된 2000년 이후 방송 3사는 국내제작 영화편성비율이 모두 25%를 넘는다. 하지만 이러한 영화편성의 문제는 연말이나 명절 등에 집중 편성되거나 혹은 심야시간대에 졸속 편성하는 등

당초의 규제목표와는 다소 거리가 있다는 점이다.

(3) 국내제작 애니메이션 편성비율

방송법 제71조 2항 및 방송법 시행령 제57조 2항은 "나. 애니메이션: 전체 애니메이션 방송시간 100분의 30 이상 100분의 50 이하의 범위 안에서 방송위원회가 고시하는 비율 이상을 편성"하도록 규정하였다. "다만, 종교, 교육전문 편성사업자는 40% 이내에서 방송위원회가 고시하는 비율 이상 편성하여야 한다"라고 되어 있다. 여기에 근거해 방송위원회는 2000년에 KBS와 MBC는 100분의 40 이상, 나머지 지상파방송사업자는 100분의 35 이상으로 고시했다가, 2001년에는 KBS와 MBC 100분의 45, 나머지 지상파방송사업자는 100분의 40 이상으로 상향하였다. 또한 2002년에는 나머지 지상파방송사업자의 비율을 100분의 40으로 하향 고시하였다.

이러한 기준에 근거해 주요 방송사들의 국내제작 애니메이션 편성비율을 보면, 대체로 기준비율을 지키는 것으로 나타났다. 이를테면, 2003년의 경우 KBS가 45.0%, MBC가 54.7%, SBS가 42.3%를 나타냈다. 하지만 이러한 편성비율 증가가 반드시 국내제작 애니메이션의 전체 방송량이 늘어난 것을 의미하는 것은 아니다. 2003년에 MBC가 가장 높은 편성비율을 보였지만 실제 방송시간량을 보면 126시간을 방영한 KBS나 116시간을 방영한 SBS에 훨씬 못 미치는 63시간에 불과했다. 그래서 국내제작 애니메이션에 대한 의무편성 비율규정이 전체 애니메이션 방송시간 중 일정한 비율을 국내 애니메이션으로 편성하는 상대적 의무방영제로 변질되었다는 지적도 있다. 또한 방송된 애니메이션 프로그램조차도 이미 방송된 프로그램을 재방송하는 경우가 적지 않은 것도 문제점으로 지적되었다.

(4) 국내제작 대중음악 편성비율

국내제작 대중음악에 대한 규정은 방송법 제 71조 2항의 "다. 대중음악: 전체 대중음악 방송시간의 100분의 50 이상 100분의 70 이하"로 규정되어 있다. 하지만 국내제작 대중음악 시장은 전체 음반매출량의 70% 이상을 차지하는데다가 대부분 방송사들도 거의 100%에 가까울 정도로 국내제작 대중음악을 편성하는 실정이어서 규제의 실효성에 의문이 제기되었다.

4) 특정국가 제작물 편성비율

특정국가 제작물에 대한 규정은 방송법 제 71조 3항과 4항에 "방송사업자는 국제문화 수용의 다양성을 보장하기 위하여 외국에서 수입한 영화, 애니메이션 및 대중음악 중 한 국가에서 제작한 영화, 애니메이션 및 대중음악이 대통령령이 정하는 바에 따라 일정한 비율 이상을 초과하지 아니하도록 편성하여야 한다"라고 규정되어 있다. 또한 "제 1항 내지 제 3항의 규정에 의한 방송프로그램의 편성비율은 방송매체와 방송분야별 특성 등을 고려하여 차등을 둘 수 있다"라고 하였다. 이에 따라 동 법 시행령 제 57조 3항에 "방송사업자는 법 제 71조 3항의 규정에 의해 외국에서 수입한 영화, 애니메이션 및 대중음악 중 한 개 국가에서 제작된 영화, 애니메이션 및 대중음악을 분야별로 월간 방송시간의 100분의 60 이내에서 방송위원회가 고시하는 비율을 초과하지 아니하도록 편성하여야 한다"라고 규정하고 있다.

이 규정은 미국과 일본 등 특정국가의 영상물에 대한 과도한 의존현상을 지양하고 다양한 국제문화를 수용하기 위해 2001년 편성비율 고시에서 처음 명시되어 2002년 1월부터 시행했다. 우선 영화는 이 규정적용으로 영화제작국의 다양성이 증대하는 것으로 나타났다. 실제로 2002년 규제실시 이후 KBS는 미국영화 비율이 87.4%에서 58.8%로 줄어들었고, MBC는 100%에서 53.3%로 반감하였다. 그렇지만 분산된 영화국에도 불구하고 내용적으로는 유럽은 대부분 프랑스 영화이고 아시아는 주로 홍콩영화들로서 당초에 의도했던 다양성을 충분히 달성했다고는 보기 어려워 보인다.

5) 외주제작 방송프로그램의 편성

프로그램 외주제작제가 도입된 배경에는 국내 방송영상산업을 활성화하기 위한 목적이 자리잡았다. 방송은 기획과 편성, 제작, 송출이 분화되는 것이 추세임에도 불구하고 지상파방송사들은 이 세 부분을 수직적으로 독점하고 있어 제작원 다원화에 걸림돌로 작용하고 있다. 이러한 제작기능의 지상파방송 집중화는 방송영상산업 저변확대와 독립제작사 육성을 저해하기 때문이다. 따라서 다채널시대 방송프로그램 수급의 원활화와 독립제작사의 질적 제고, 프로그램의 대외경쟁력 강화를 위해 1991년부터 의무외주비율을 고시했다.

그러다가 2000년 개정된 방송법에서는 이러한 외주제작 방송프로그램 편성에 대한 법적 근거를 마련하게 된 것이다. 방송법 제72조 1항에 "방송사업자는 당해 채널의 전체 방송프로그램 중 국내에서 당해 방송사업자가 제작한 방송프로그램(이하 "외주제작 방송프로그램"이라 한다)을 대통령령이 정하는 바에 따라 일정한 비율 이상 편성하여야 한다"라고 규정하였다. 또한 동 법 시행령 제58조 1항에 "지상파방송사업자는 법 제72조 1항의 규정에 의하여 국내에서 당해 방송사업자가 아닌 자가 제작한 방송프로그램(영화를 제외하며, 이하 "외주제작 방송프로그램"이라 한다)을 매월 전체 방송시간의 100분의 40 이내에서 방송위원회가 고지하는 비율 이상 편성하여야 한다"라고 규정하였다.

이에 따라 2001년 5월 특수관계자를 제외한 외주비율 24%, 특수관계자 포함 29% 이상에서 매년 봄가을 개편시 2%씩 증가시켜 현재는

35% 비율이 적용되고 있다. 이러한 규정에 따라 현재 방송 3사의 외주제작비율은 기준을 넘는 것으로 조사되었다. 그런데 이러한 외주제작 프로그램 편성규제는 전체 비율 이외에도 두 가지 비율규제가 다시 적용된다.

(1) 특수관계자 외주

방송법 제72조 2항에 "방송사업자는 제1항의 규정에 의한 외주제작 방송프로그램을 편성함에 있어 특수관계자가 제작한 방송프로그램을 대통령령이 정하는 바에 따라 일정한 비율 이상을 초과하지 아니하도록 편성하여야 한다"라고 하고 있다. 이에 따라 동 법 시행령 제58조 2항에 "지상파방송사업자는 법 제72조 2항의 규정에 의하여 전체 외주제작 방송프로그램의 100분의 30의 범위 안에서 방송위원회가 고시하는 비율을 초과하여 방송사업자의 특수관계자가 제작한 방송프로그램을 편성하여서는 안 된다"라고 규정되어 있다.

이는 지상파방송사들이 자회사나 계열사를 통해 편법 외주제작비율을 채우는 것을 예방하기 위해 만들어진 규정으로 2001년 18%에서 현재는 25%로 되어 있다. 그러나 방송사업자들은 이 규정을 과도한 규정으로 간주하고 외주제작 프로그램 내에서의 비율로 조정해 줄 것을 요구하였다.

(2) 주시청시간대 외주

방송법 제72조 3항에 "종합편성을 행하는 방송사업자는 외주제작 방송프로그램을 주시청시간대에 대통령령이 정하는 바에 따라 일정한 비율 이상 편성하여야 한다"라고 규정하고 있다. 또한 동 법 시행령 제58조 3항에 "종합편성을 행하는 방송사업자는 법 제72조 3항의 규정에 의하여 외주제작 방송프로그램을 매월 주시청시간대 방송시간의 100분의 15 이내에서 방송위원회가 고시하는 비율 이상 편성하여야

한다"라고 규정되어 있다. 이에 따라 방송위원회는 지상파방송 3사의
의무비율을 6%에서 단계별로 올려 현재는 10%로 되어 있다.

하지만 여전히 외주제작 프로그램의 편성비율을 둘러싸고 논쟁이
뜨겁다. 이 규정이 도입됨으로써 지상파 3사에 의한 독점적 제작시장
구조가 조금씩 개방되는 것으로 나타났는데, 특히 독립제작사의 수가
250여 개나 될 정도로 제작시장이 활성화된 점과 드라마 등 특정장르
에서는 외주 프로그램의 실질적 성과가 나타나기도 한다. 그러나 이러
한 외형적 성과에도 불구하고 방송 3사의 시장지배력 약화가 두드러지
게 나타나지는 않다는 것이다. 실제로 외주제작 프로그램의 편성비율
이 KBS 28%, MBC와 SBS는 33%이나 외주제작비는 TV제작비의
10% 내외에 불과한 점이 단적인 예라고 할 수 있다. 또한 재방송, 코
너물, 더빙연출 등 외주제작물의 자의적 해석으로 실제 외주제작물의
신규제작은 미약한 점도 문제이다.

(3) 외국의 외주정책

먼저 미국은 현재 지상파방송 프로그램 중 70% 이상이 독립제작사
나 자회사를 통해 제작되는 등 독립제작산업이 활성화되어 있다. 하지
만 1990년대 중반까지만 해도 네트워크 방송사의 과도한 시장집중을
방지하고 독립제작산업을 육성하기 위한 규제정책을 시행했지만 현재
는 방송과 통신의 융합현상이 가속화되어 네트워크 방송사의 영향력이
점점 줄어들고 있는 점을 감안하여 규제를 모두 폐지했다. 과거에 실
시되었던 대표적 규제정책으로는 '주시청시간대 접근규칙'(PTAR:
Prime Time Access Rule)과 '신디케이션 규제법'(*Syndication Rule*: 일명
Fin-Syn Rule)이 그것이다. PTAR은 네트워크 방송사의 시장지배력을
약화시키기 위한 방안으로 상위 50대 시장 내의 네트워크 계열 방송국
은 주시청시간대(오후 7시~밤 11시)에 네트워크의 오락 프로그램 편
성을 4시간 중 3시간 이내로 제한하는 규제정책이었다. 또한 Fin-Syn

Rule은 네트워크 방송사의 신디케이션 소유가 독립제작사의 성장을 제한한다고 판단하여 1971년 제정되었던 규제법으로서, 이 법은 네트워크 방송사가 국내시장에서 프로그램 신디케이션을 금지하고, 외주제작물에 대해서는 해외에서도 신디케이션을 불허하였다.

영국은 편성쿼터를 엄격하고 세밀하게 규정하여 규제의 실효성을 한층 높이도록 하였다. 공영방송인 BBC와 상업방송 모두에게 전체 방송시간 중 25%를 독립제작물로 할당하도록 규정하였다. 이를테면 장르별, 편성시간대별, 제작비용 대비 세부항목별 25%의 배분을 준수토록 하고 있다는 점이다. 또한 BBC에 대해서는 독립제작사가 제작한 프로그램에 대해서는 5년 동안 두 번의 국내방송권만 갖고, 그 이후의 모든 권리는 독립제작사에게 양도하도록 의무화하였다. 프랑스도 네트워크 방송사의 자체제작 비율을 엄격하게 제한하고 외주제작물을 방송하도록 한다. 공영방송인 France 2는 50%, France 3은 70%, 상업방송인 TF 1은 50% 이내의 자체제작이 허용되고 나머지는 외주제작물로 충당하도록 하였다. 또한 프랑스는 방송시간량뿐만 아니라 매출액의 일정액을 독립제작물에 투자하는 제작비 쿼터정책을 실시하기도 한다.

6) 다른 한 방송사업자 제작편성 비율

다른 한 방송사업자의 제작물 편성비율에 관한 법적 근거는 방송법 제 69조 5항에 "한국방송공사 및 특별법에 의한 방송사업자, 방송문화진흥회법에 의한 방송문화진흥회가 출자한 방송사업자 및 그 방송사업자가 출자한 방송사업자를 제외한 지상파방송사업자는 다른 한 방송사업자의 제작물을 대통령령이 정하는 비율 이상 편성하여서는 아니 된다"라고 규정하고 있고, 또한 동 법 시행령 제 50조 5항 "지상파방송사업자가 다른 한 방송사업자의 제작물을 편성할 수 있는 비율은 매월 전체 방송시간의 100분의 50 내지 100분의 85의 범위 안에서 당해 지상파 방송사업자의 경영상태 및 방송프로그램 수급여건 등을 고려하여 방송위원회가 고시하는 비율로 한다"라고 명시하였다.

이처럼 다른 한 방송사가 제작한 프로그램에 대한 편성비율을 제한하게 된 취지는 SBS와 지역민방의 출현과 함께 지역방송이 서울에 있는 중앙방송사들에 종속되어 지역문화와 여론이 약화되는 것을 방지하기 위함이었다. 지역방송 프로그램의 공급원을 다양화함으로써 지역 시청자들에게 다양한 프로그램에 대한 접근기회를 제공하고 지역방송의 정체성을 확립함으로써 궁극적으로는 균형 있는 방송의 발전을 이룩하기 위한 목적이 있다. 그러나 이런 취지가 무색하게 실제로는 지역민방들이 SBS 프로그램을 단순 중계하는 것을 더욱 선호한다. 여기에는 구조적 문제점들이 복합적으로 작용하고 있다. 무엇보다도 지역방송이 프로그램을 자체제작할수록 수익보다는 비용이 더 늘어나 경영이 악화되는 기현상이 벌어지고 있다는 점이다. 여기에는 지역방송 프로그램에 대한 시청률이 낮은 데다가 지역경제가 낙후한 관계로 광고시장이 취약해 광고수익을 발생시킬 수 없기 때문이다. 게다가 지역 시청자들은 서울 중앙방송사들의 프로그램 포맷에 익숙해 있어 지역프로그램보다는 중앙의 프로그램을 더 선호하는 것도 지역방송이 자체제작을 꺼리게 하는 요인으로 작용한다.

한편 외국의 지역방송 편성정책을 살펴보면, 먼저 미국의 경우에는 지역방송과 관련하여 별도의 의무편성 규제조항이 없다. 하지만 대체로 지역방송사의 자체제작 편성률이 약 10% 미만인 것으로 알려져 있다. 또한 독일의 경우, 방송규제를 담당하는 방송국가협정은 일반적으로 방송프로그램의 편성비율에 대해서는 방송사의 자율에 맡겼다. 오히려 독일의 경우에는 여론과 정보의 독점을 우려해 보도 프로그램의 경우 민영방송이 전체 방송시간 중 10% 이상을 방송하지 못하게 하고, 시청자의 합리적 판단에 영향을 미칠 수 있는 정보, 교육, 문화

프로그램에 대해서도 프라임타임대의 경우 민영방송사의 자체제작보다 외주제작 비율을 더 높이 책정하였다. 한편 일본의 경우에도 별도의 편성규정을 두어 지역방송 프로그램에 대한 규제를 하지 않는다.

7) 비상업적 공익광고 편성비율

방송법에서는 방송이 상업주의에 물드는 것을 예방하기 위하여 상업적 광고와 비상업적 광고의 비율을 정하였다. 즉, 방송법 제73조 ①호에 "방송사업자 및 전광판 방송사업자는 공공의 이익을 증진시킬 목적으로 제작된 비상업적 공익광고를 대통령령이 정하는 비율 이상

〈표 10-3〉 지역민방의 자체 편성비율 (%)

방송국 명	2001	2002	2003
대전방송	23. 1	28. 5	30. 3
청주방송	21. 1	25. 3	26. 8
대구방송	23. 0	29. 4	30. 0
부산방송	30. 2	33. 5	32. 5
울산방송	22. 6	26. 4	27. 5
광주방송	21. 5	29. 4	30. 8
전주방송	20. 8	25. 0	29. 2
제주방송	—	21. 2	21. 5
강원민방	—	17. 9	20. 3

편성하여야 한다"라고 규정하였다. 또한 동 법 시행령 제59조에 "방송
사업자 및 전광판방송사업자는 법 제73조 4항의 규정에 의하여 비상
업적 공익광고를 다음 각호에서 정하는 비율 이상 편성하여야 한다.
1. 방송사업자: 매주 전체 방송광고시간의 100분의 1 이내에서 방송
위원회가 고시하는 비율"이라고 규정하였다.

여기에 근거해 방송위원회는 방송사의 비상업적 공익광고 비율을
2000년에 0.15%로, 2001년 이후에는 0.16%로 고시하였다. 전체적
으로 지상파방송 3사는 이 광고비율을 초과하여 방송하는 것으로 나타
났다. 방송위원회가 2005년도에는 지상파 텔레비전 방송사업자에게는
채널별로 매월 전체 방송시간의 0.2% 이상을, 그리고 지상파 텔레비
전방송사업자를 제외한 다른 사업자들에게는 채널별로 매월 전체 방송
시간의 0.1% 이상으로 고시하였다.

8) 시청자 평가 및 참여프로그램

방송법 제89조에는 "종합편성 또는 보도전문편성을 행하는 방송사
업자는 당해 방송사업자의 방송운영과 방송프로그램에 관한 시청자의
의견을 수렴하여 주당 60분 이상을 편성하여야 한다"라고 규정하였다.
또 제2항에서는 "시청자 평가프로그램에는 시청자위원회가 선임하는
1인의 시청자평가원이 직접 출연하여 의견을 진술"할 수 있도록 하고,
제3항에서는 "방송위원회는 시청자평가원의 원활한 업무수행을 위하
여 기금에서 경비를 지원할 수 있도록" 되어 있다.

한편 방송법 제69조 6항에 "한국방송공사는 대통령령이 정하는 바
에 의하여 시청자가 직접 제작한 시청자 참여프로그램을 편성하여야
한다"라고 규정해 시청자 주권강화를 위한 시청자 참여프로그램을 의
무화하고 있다. 특히 동 법 시행령 제51조 1항에 "한국방송공사는 매
월 100분 이상 직접 제작한 시청자 참여프로그램을 편성하여야 한다"

라고 규정하였다. 또한 제 70조에서는 종합유선 방송사업자 및 위성방송사업자는 위원회규칙이 정하는 바에 의하여 시청자가 자체제작한 방송프로그램의 방송을 요청하는 경우에 특별한 사유가 없는 한 이를 지역채널 또는 공공채널을 통하여 방송하도록 명시하였다.

이에 따른 운영방식은 크게 세 가지로 구분해 볼 수 있다.

첫째, 프로그램 단위의 편성방식으로서 시청자제작 프로그램을 일정비율 방송편성에 반영하는 방법이며, 이는 방송법 제 69조에 의한 KBS 시청자 참여프로그램이 이에 해당한다.

둘째, 시청자의 방송요청을 수용하는 방식으로서 시청자가 자체제작한 방송프로그램의 방송을 요청하는 경우 이를 수용하도록 한 방법이다. 방송법 제 70조에서 종합유선 및 위성방송사업자에게 이 의무를 부과하였다.

셋째, 채널단위로 편성하는 방식으로서 방송사업자에게 액세스채널을 의무화하도록 규정하는 방법이다. 독일과 미국의 경우 케이블방송사업자가 시행하고 있으며, 우리나라의 경우 방송채널 사용사업자인 RTV(시민방송)가 이와 유사한 성격이라고 할 수 있다.

3. 방송심의제도

1) 방송위원회에 의한 방송심의

현재 방송내용을 전혀 규제하지 않는 나라는 지구상에 없다. 1980년대 중반 이후 미국을 중심으로 규제완화, 탈규제가 널리 확산되었지만 지상파방송에 대한 사회적 요구와 의무는 크게 달라졌다고 보기 어렵다. 오히려 지나친 상업주의의 진전으로 프로그램 등급제, 경제적 제재와 같은 새로운 방식의 심의규제가 등장하기도 했다. 한국의 방송내용 심의제도는 40년 이상의 역사 속에서 정착되었다. 1987년 방송법 제정과 1990년의 개정, 2000년의 통합방송법 제정은 방송에 대한 합리적 심의규제를 정착시키기 위한 사회적 노력이었다고 볼 수도 있다. 따라서 현 방송법 제32조(방송의 공정성 및 공공성 심의)에는 방송위원회가 방송된 내용의 공정성과 공공성, 공적 책임의 준수 여부를 심의·의결할 수 있도록 하고 있다. 이에 방송위원회는 방송법 제34조(심의위원회)에 의거하여 '심의위원회'를 구성하고 제33조(심의규정)에 따라 제정된 '방송심의에 관한 규정'을 적용하고 있다.

각 심의위원회는 사회 각계를 대표하는 6인의 위원과 1인의 위원장으로 구성되어 있으며, 정기회의(주 1회)와 임시회의(심의위원장이 필요하다고 인정하거나, 심의위원회 재적위원 3분의 1 이상이 요구할 경우

〈표 10-4〉 심의위원회별 담당직무

심의위원회	담당직무
보도교양 제1심의위원회	지상파방송의 방송내용 중 보도·교양부문을 위주로 한 방송프로그램에 대한 심의
보도교양 제2심의위원회	지상파방송 이외의 방송내용 중 보도·교양부문을 위주로 한 방송프로그램에 대한 심의
연예오락 제1심의위원회	지상파방송의 방송내용 중 연예·오락부문을 위주로 한 방송프로그램에 대한 심의
연예오락 제2심의위원회	지상파방송 이외의 방송내용 중 연예·오락부문을 위주로 한 방송프로그램에 대한 심의
상품판매방송심의위원회	방송광고 및 상품판매방송 프로그램에 대한 심의
특별심의위원회	방송가요, 방송언어 등 특별히 독립되어 심의할 필요성이 있는 분야에 대한 심의

심의위원장이 소집)를 개최한다. 재적위원 과반수 출석과 출석위원의 과반수 찬성으로 의결하고 가부동수인 경우에는 심의위원장이 결정권을 가진다.

하지만 다채널시대가 열림에 따라 방송위원회에서 심의해야 할 프로그램은 기하급수적으로 늘어났다. 56개의 텔레비전 채널과 20여 곳의 라디오 채널을 상시적으로 모니터하여 규제를 위해 심의한다는 것은 쉬운 일이 아니다. 심의절차를 보면, 방송위원회는 수도권과 각 지역에서 방송모니터 요원들이 1차적으로 심의하여 올리는 보고서를 대상으로 소관부서에서 검토하고 조정한 후 방송심의위원회에 안건으로 상정하는 시스템이다. 각 심의위원회는 안건으로 상정된 것을 놓고 토론을 벌인 후에 징계여부를 결정하고, 최종결정을 방송위원회에 의뢰하는 방식이다. 이런 방송위원회의 방송심의 과정에서는 공적 규제의 가치와 제작자의 표현의 자유가 충돌하기도 하고, 방송심의위원의 판단이 일반국민의 정서와 불일치하는 현상이 나타나기도 한다. 이러한 충돌과 불일치를 최소화하기 위해서는 방송심의가 제작자의 표현의 자유를 가급적 보호하고, 방송에 대한 국민정서의 변화를 체계적으로 반영하려는 노력을 기울여야 한다.

또한 방송위원회는 방송법 제35조(시청자불만처리위원회) 규정에 따라 '시청자불만처리에 관한 규칙'을 제정하여 시청자의 불만사항을 처리하고 있다. 시청자의 불만이 제기되면 소관부서에서는 이를 시청자불만처리위원회에 상정하고, 불만처리위원회는 경미한 사항은 직접 처리하고 법정제재 사항은 방송위원회에 상정하는 구조이다. 시청자불만처리위원회에서 처리하는 내용은 방송내용 및 편성에 관한 사항뿐만 아니라 각 사업자의 시청자관련 서비스에 관한 사항, 수신료를 비롯한 약관 및 수신설비에 관한 사항, 방송기술 및 난시청에 관한 사항, 기타 시청자의 권익보호와 관련된 사항 등 다양하다. 이러한 사항들 중 심의와 직접 맞물려 있는 것이 방송내용 및 편성에 관한 사항이다.

(1) 방송프로그램 등급제

지난 방송프로그램 등급제는 미국 등에서 이미 실시하던 프로그램
등급제를 우리 상황에 맞게 수정하여 적용한 것이다. 2000년 방송법
에 새로 등장한 방송내용에 대한 간접적 규제제도이다. 방송프로그램
등급제는 폭력적이거나 선정적인 프로그램에의 노출이 어린이와 청소
년의 정서발달에 막대한 영향을 미칠 수 있다는 우려에서 출발하였다.
즉, 폭력적이거나 선정적인 프로그램에 과다노출될 경우 텔레비전을
통해 제시되는 폭력기법을 모방할 수 있고, 심리적으로 자제력을 잃어

〈그림 10-1〉 방송프로그램 사후심의 절차

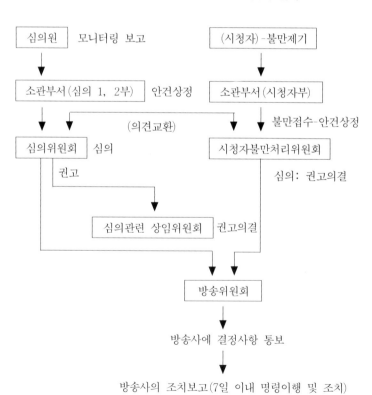

쉽게 폭력을 행사할 수 있으며, 폭력이 가져오는 반사회적 결과에 무관심해지기 쉽다는 것이다. 따라서 방송프로그램 등급제는 어린이와 청소년에 유해한 영향을 미칠 수 있는 내용(폭력성・선정성・언어사용 정도)을 기준으로 프로그램의 등급을 분류하고 일정한 기호로 텔레비전 화면에 표시하여 어린이와 청소년의 텔레비전 시청지도에 활용하자는 취지로 도입된 제도이다.

방송위원회는 방송법 제33조 3항 및 4항의 규정에 따라 방송사업자와 시청자단체 등의 의견을 수렴하여 '방송프로그램의 등급분류 및 표시 등에 관한 규칙'을 제정해 운영하고 있다. 즉, 방송프로그램의 폭력성 및 선정성, 언어사용 등의 유해 정도, 시청자의 연령 등을 감안하여 프로그램의 등급을 분류하고 이를 방송중에 표시하도록 하였다. 이는 프로그램에 대한 정보를 방송 전에 미리 시청자들에게 전달하여, 어린이와 청소년의 TV시청 지도에 활용하기 위한 것으로 어린이와 청소년 스스로의 선택적 TV시청 혹은 보호자의 TV시청 지도를 통해 폭력적 혹은 선정적 방송프로그램으로부터의 악영향을 최소화하기 위한 것이라고 할 수 있다.

등급표시 대상 프로그램은 국내외의 모든 영화, 드라마, 뮤직비디어, 애니메이션이 해당되며, 등급분류기준은 "모든 연령 시청가", "7세 이상 시청가", "12세 이상 시청가", "19세 이상 시청가" 등 4단계로 규정되어 구분되며, 방송사업자가 "15세 이상 시청가" 등급을 추가로 선택할 수 있도록 하였다. 등급표시는 동그란 원형기호에 기준연령을 화면 우측상단에 표시하되 해당 방송프로그램 시작과 동시에 30초 이상, 방송중에는 매 10분마다 30초 이상 표시해야 하며 예고방송도 해당된다. 그러나 현재의 등급제는 프로그램의 폭력성・선정성・언어사용 정도 등의 내용등급에 관한 구체적 정보는 표시되지 않고, 최종결정된 연령등급만 표시된다는 측면에서 아직은 초보단계에 불과하며, 내용등급제의 조속한 도입에 대한 심도 있는 논의 및 작업이 앞당겨져야 한다는 지적이 많다.

(2) 방송평가제

우리나라 방송법은 방송사업자 개념을 도입해 일정 기간 안에 재허가를 받아야 하도록 규정하고 있다. 객관적이고 제도적인 평가체제 없이는 이러한 재허가 시스템이 자의적이고 주관적인 판단에 의존할 우려가 있다. 따라서 방송이 정치적, 사회적 영향력으로부터 독립해 공익적, 공공적으로 운영되기 위해서는 체계적 방송평가제도가 선결조건이 된다. 그런 점에서 심의제도나 등급제가 가지는 단발성 규제의 한계를 보완하기 위해 지난 2000년 방송법에서 새로 도입한 제도가 방송사업 재허가와 관련한 방송사종합평가제도라고 할 수 있다. 방송평가는 방송법 제31조(방송평가위원회)[7]에 근거하여 방송위원회가 방송사업자의 방송프로그램 내용 및 편성과 운영 등에 관하여 종합적으로 평가하도록 하는 법정행정 행위이다. 방송평가의 결과는 동 법 제17조 3항 1호[8]에 의거하여 방송사업자의 재허가 및 방송채널사용사업자의 재승인시 방송평가 결과를 심사에 반영한다. 또한 방송평가 업무를 효율적으로 수행하기 위해 방송법 제31조 2항에서는 방송평가위원회를 둘 수 있도록 규정하였다. 현재 방송평가위원회는 위원장을 포함하여 9인으로 구성되어 있으며, 지상파방송사업자뿐만 아니라 케이블

---

7) 제31조(방송평가위원회): ① 위원회는 방송사업자의 방송프로그램 내용 및 편성과 운영 등에 관하여 종합적으로 평가할 수 있다. ② 위원회는 제1항의 평가업무를 효율적으로 수행하기 위하여 방송평가위원회를 둘 수 있다. ③ 방송평가위원회 위원은 위원장이 위원회의 동의를 얻어 위촉하며, 구성과 운영에 관하여 필요한 사항은 위원회규칙으로 정한다.

8) ③ 방송위원회가 제1항 및 제2항의 규정에 의하여 재허가 추천 또는 재승인을 할 때에는 제10조 1항 각호 및 다음 각호의 사항을 심사하고 그 결과를 공표하여야 한다.
   1. 방송위원회의 방송평가.

TV사업자, 위성방송사업자에 대해서도 방송프로그램 내용 및 편성과 운영에 대하여 종합평가하고 있다.

2) 방송사의 자체심의

2000년 통합방송법은 독립 규제기구로서 방송위원회의 위상확립과 권한강화를 강조하는 것이 분명하지만 다른 한편으로 방송사의 내적 자율규제도 강조하였다. 궁극적으로 방송사업자의 자율규제를 강화함으로써 방송위원회에 의한 타율규제를 줄여나가기 위한 고려라고 할 수 있다.

각 방송사에서 자체 심의실을 두기 시작한 것은 사실 1963년 방송법 제정 이후이다. 하지만 당시에도 방송사 대표들로 구성된 '방송윤리위원회'가 활발하게 활동하고 있었기 때문에 별반 구속력 있는 역할을 하지 못했다. 그러다가 1973년 방송법이 개정되면서 각 방송사의 사전심의는 법적 구속을 강하게 받게 되었다. 1973년 방송법에서 자체 사전심의 결과를 매월 문화공보부장관에게 보고하도록 의무화하였기 때문이다. 이후 모든 지상파방송사들은 방송사 내부에 자체적으로 심의실(부)을 두고 보도를 제외한 모든 프로그램을 방송하기 전에 자율적으로 심의하게 되었다.

현재 지상파방송사의 심의실 운영현황을 살펴보면, 먼저 KBS의 경우 사장 직속으로 심의평가실을 두었다. 또한 이와 관련하여 심의지적 평정회와 방송언어심의위원회, 가요심의위원회, 방송출연규제위원회 등 네 개의 심의회의체를 운영하고 있으며, 심의관련 내부규정으로 '방송프로그램 심의규정'과 '심의지적평의회 운영방침'이 있다. MBC의 경우 내부의 심의부는 직제상 홍보심의국 산하에 있으며, 국・부장급 심의위원인 6인, 차장 2인의 행정팀과 편집팀이 있으며 외부에 모니터 팀을 운영하고 있다. 가요심의위원회와 영화심의위원 등 두 개의 심의

회의체를 운영하고 있다. 자체 프로그램 심의와 관련한 내부규정으로
는 '방송심의 규정'과 '방송가요심의 내규''TV영화심의 내규'가 있다.
또한 SBS의 경우 심의팀은 기획본부에 소속되어 있으며, 팀장을 포함
하여 총 22명으로 구성되어 있다. 이 중 심의위원은 12명이며 전문심
의위원, 시청자 상담원 등이 있다. 주요 업무는 방송프로그램 사전·
사후심의, 시청자 불만처리, 모니터요원 관리, 가요 및 뮤직비디오 심
의, 시청자 상담 등이다. 심의와 관련하여 출연규제위원회와 방송사
고대책위원회도 운영한다.

심의업무는 사전심의와 사후심의로 나누어 볼 수 있다. 사전심의는
방송할 원고나 소재 또는 제작 완료된 방송을 대상으로 프로그램을 심
사하여 방송적부를 판정하거나 내용의 수정을 요구하는 방식으로 진행
한다. 사후심의 업무는 실제 방송되는 내용이나 상태를 모니터하여 프
로그램을 평가하고 제반 심의기준에 저촉되는지를 심사 후 일일 방송
심의보고서를 작성하는 순으로 진행한다.

3) 외국의 방송심의제도

(1) 미국

전형적 상업방송제도를 채택하는 미국은 1980년대 이후 규제완화가
이루어졌지만 여전히 방송내용에 대한 다원적 규제장치를 유지하고 있
다. 허가, 재허가와 관련한 법적 규제는 주로 연방통신위원회(FCC)
에서 담당하고, 일상적인 윤리적 측면의 규제는 방송사업자들이 자발
적으로 실시한다. 이런 규제시스템 속에서 시민단체, 의회, 사법부,
백악관 등은 각기 다른 이해관계를 가지고 상호견제를 유지한다.

먼저 방송관련 정책과 규제를 담당하는 FCC는 방송프로그램 내용
에 대한 검열이나 심의권은 없으나, 방송프로그램 등급제와 방송국 재
허가에 중대한 영향을 끼치는 방송평가제를 통해 종합적 심의권한을

행사한다. 물론 FCC는 애초에 프로그램 편성에 대한 다양한 규칙과 지침이 있었으나 1980년대 레이건 행정부 출범 이후 규제완화 정책에 따라 폐지되었다.

미국은 보다 완화된 재허가 평가와 함께 1997년 클린턴 행정부 이후 프로그램 등급제를 실시하고 있다. 영화등급제와 유사한 프로그램 등급제는 텔레비전 폭력물과 음란물로부터 어린이와 청소년을 보호하기 위해 도입된 것으로 방송사가 자발적으로 등급체계를 정하고 운영한다. 프로그램 등급제는 기본적으로 어린이와 청소년을 보호하기 위한 것으로 방송사업자는 방송프로그램의 폭력성, 선정성, 언어사용 등의 유해성 및 시청연령을 감안하여 방송프로그램의 등급을 분류 표시해야 하며, 그 규칙이 정하는 기준과 표시방법을 준수해야 한다. FCC는 프로그램 등급제의 실효성을 위해 TV수상기에 폭력칩(V-Chip)의 장착을 의무화하고 방송프로그램에 부여된 등급의 적정성을 심사하는 기구를 운용한다.

또한 미국의 방송사들은 자체 자율심의제도를 두어 가능한 한 FCC의 영향력에서 벗어나 자율적으로 콘텐츠를 만들려고 한다. 미국의 자율적 방송사업자 조직인 미국방송협회(NAB)는 각 방송사마다 운영하는 자율규제를 독려하는 동시에 자체 '윤리강령'을 두고 있다. NAB 자체 윤리강령은 방송내용의 예술적 자유를 보장함과 동시에 아동프로그램 내용에 대한 책임을 중시한다.

(2) 일 본

일본의 방송시스템은 우리나라처럼 공민영혼합 이원체제이다. NHK라는 대표적 공영방송사와 민영 상업방송사들로 이루어져 있다. 방송심의와 관련한 방송법의 핵심조항은 방송법 제3조가 담고 있다. 방송법 제3조 1항은 방송프로그램은 법률로 정하는 권한에 의하지 않고는 어떤 자로부터도 간섭받거나 규율되지 않는다는 편성의 자유를 인정하는 반면, 제3조 2항은 방송사업자가 방송프로그램을 편집함에 있어, ① 공안 및 선량한 풍속을 유지, ② 정치적 공평, ③ 왜곡보도 지양, ④ 대립적 의견에 대한 다각적인 논점제공 등을 준수하도록 하고 있다. 또한 동 법 제3조 3항과 4항은 방송사가 프로그램 편집기준을 제정, 운용하고 프로그램 심의회를 설치할 것을 의무화하고 있다. 이에 따라 방송사업자는 프로그램 기준 및 편집에 관한 기본계획을 정해 이를 토대로 방송되는 프로그램이 적절한지 방송프로그램 심의기관에 자문하도록 하고 있다. 일본은 법률로 규정된 외부의 강제적 프로그램 심의조항은 존재하지 않는다.

일본 방송프로그램 심의회를 통한 자율심의는 문제점이 지적된 이후에 진행되는 사후심의 시스템이다. 방송프로그램 심의회는 보통 학계의 대표가 위원장을 맡고 법조계, 문화계, 방송계를 대표하는 10명 내외의 위원으로 구성된다. 심의회는 각 방송사별로 매월 열리거나 격월제로 개최된다. 또한 방송프로그램 심의회에서 논의된 내용은 옴부즈맨 프로그램 또는 홈페이지를 통해 공개되도록 방송법시행령에 의무화되어 있다. 또한 일본은 방송사 내 자율규제기구 외에 2003년 7월에 설립된 '방송프로그램 윤리증진위원회'(BPO: *Broadcasting Ethics and Program Improvement Organization*)를 통해서도 심의를 수행한다. 이 위원회는 NHK와 민간방송연맹이 설립한 '방송과 인권 등 권리에 관한 위원회', '청소년과 방송에 관한 위원회', '방송프로그램위원회'의 세 개 부문을 통합해 발족한 자율규제를 위한 제3자기관이다. 이 위원회는 방송내용과 관련한 권력의 부당한 개입을 미연에 방지하고 객관적 방송평가 및 프로그램 심의를 실시하는 것이라고 할 수 있다.

(3) 영국

영국은 방송과 통신의 융합시대에 적극적으로 대응하기 위해 2003년 방송법개정을 통해 통합규제기구인 Ofcom(*Office of Communication*)을 발족시켰다. 현재 Ofcom은 텔레비전, 라디오, 텔레커뮤니케이션, 무선커뮤니케이션 서비스 등 영국의 모든 커뮤니케이션 산업활동을 규율하는 독립 규제기구이다. 이 기구가 지향하는 가치는 규제완화를 통해 소비자 이익을 극대화하고 공정한 경쟁을 유도하고자 하는데 있다. 결국 Ofcom의 기본철학은 시장발전과 소비자 보호라는 두 가지 측면이 서로 모순적인 것이 아니라 정부의 현명한 비전과 역할 속에서 더불어 이루어질 수 있다고 보는 것이다.

Ofcom이 발족하기 이전까지는 영국 방송프로그램 심의과정은 라디오국(RA), 방송기준위원회(BSC), 독립텔레비전위원회(ITC) 등에 분산되어 있었다. 이와 별개로 영국의 대표적 공영방송사인 BBC의 규제기관인 BBC 경영위원회 시스템이 존재했다. 방송심의의 가장 핵심적인 부분이라 할 수 있는 BSC에서의 심의는 상업방송 외에 BBC도 심의대상으로 포함하는 포괄적 심의기구였다. 통합규제기구인 Ofcom은 바로 이 심의기구들을 통합시킨 단일기구이다.

방송심의와 관련한 Ofcom의 가장 중요한 위원회는 '내용물위원회'이다. 이 위원회는 텔레비전과 라디오의 품질과 윤리기준을 규제하는 주요 포럼으로 기능한다. 따라서 이 위원회는 Ofcom 최고의사결정단위인 상임위원회가 내용물에 관한 주요 결정을 내리는 데 조언과 권고를 할 수 있고, 기타 범위에서 내용물 관련결정을 내릴 권한이 있다. Ofcom의 내용물위원회는 상임위원회가 선임하는 13명의 위원으로 구성되며 Ofcom 상임위원회의 부위원장이 운영책임을 맡는다. 위원들 대다수는 반 상근으로 방송분야에서 폭넓은 경험을 가진 전문가들은 물론 일정한 수의 비전문가도 참여하도록 되어 있다. 네 개의 민족 및 광역대표성을 위해 잉글랜드, 스코틀랜드, 웨일즈, 북아일랜드로부터 각 1인씩 네 명의 위원이 참여한다. 따라서 Ofcom 상임위원회와 내용물위원회는 프로그램 심의과정에 서로 밀접하게 결합해서 각 방송사들의 프로그램 및 프로그램 불만처리 과정을 모니터링하고 Ofcom에 접수된 이의제기 사항을 처리한다.

한편 공영방송사인 BBC에 대한 규제는 BBC 경영위원회가 담당하고 있으며, BBC의 방송프로그램에 대한 심의도 경영위원회 산하의 프로그램 불만처리위원회가 담당한다. 현재 BBC의 프로그램 심의구조는 크게 두 단계로 이루어지고 있다. 1단계는 BBC 방송사 내부에서 이루어지는 시청자 불만처리 시스템이다. 이것을 담당하는 곳이 '프로그램 불만처리반'(PCU: *The Programme Complaints Unit*)인데, BBC 프로그램에 대한 불만이 제기될 경우 접수된 이의사항을 철저하게 조사해 해당문제가 더 큰 문제로 발전하는 것을 미연에 방지하는 역할을 수행한다. 이 단계에서 심의기준으로 삼는 중요한 가이드라인으로 '공정성과 정확성'(*fairness and accuracy*) 문제와 '품위와 윤리'(*taste and standards*) 문제가 그것이다. 두 번째 단계는 BBC 경영위원회 내부에 설치된 '프로그램 불만처리위원회'(GPCC: *The Governor's Programme Complaints Committee*)를 통한 프로그램 심의활동이다. 이 위원회는 BBC 경영위원 중 5인으로 구성되며, 전체 경영위원회가 불만처리 사안에 관한 전권을 위임한다. 이 위원회는 두 가지 역할을 수행한다. 첫째는 BBC에서 행해지는 불만처리 과정에 대한 일상적 감독기능이다. 두 번째는 더욱 핵심적인 부문으로 프로그램에 대한 심각한 이의제기 사항에 대해 PCU 혹은 BBC의 각 부서 국장들이 내린 결정과 행동에 불복하여 상소가 있을 경우 그것을 검토한다.

■ 연습문제

1. 방송의 자유를 제약하는 편성의 규제근거는 무엇인가?
2. 국내제작 방송프로그램의 편성비율에 관한 규제정책들에는 어떤 것들이 있는가?
3. 외주제작 방송프로그램의 편성규제제도의 도입배경과 내용에 대해 설명하라.
4. 지역방송의 역할을 강화하기 위한 편성규제정책은 무엇인가?
5. 방송위원회가 운영하고 있는 방송프로그램 등급제와 방송평가제에 대해서 설명하라.

■ 참고문헌

방송위원회(2001), 〈다매체·다채널시대 편성정책 연구〉, 방송위원회 정책연구보고서
_____(2002), 〈2002년 방송편성정책연구위원회 종합보고서〉.
임종수(2005), "해외 방송 심의제도의 현황과 함의," 한국방송협회 주최 '2005 제 1차 방송현안 토론회' 발제문
최영묵(1998), 《방송 공익성에 관한 연구: 방송 공익성과 심의제도》, 커뮤니케이션북스.
_____(2005), "방송심의제도 쟁점과 개선방향," 한국방송협회 주최 '2005 제 1차 방송현안토론회' 발제문.
한진만(1995), 《한국 텔레비전방송 연구》, 나남출판.
한진만·박천일 외(2000), 《방송론》, 커뮤니케이션북스.
홍기선 외(1998), 《현대방송의 이해》, 나남출판.

제 11 장

편성과 마케팅

주 영 호

1. 시청환경 변화와 편성개념의 확장

방송시장은 방송사가 자신의 생산품인 프로그램을 이용하여 시청자를 확보하기 위해 개별 방송사가 경쟁하는 시장이다. 따라서 방송사가 시장에 대응하기 위해 프로그램의 방송시간을 배열하는 편성은 기본적으로 최소비용으로 최대의 효과(최적시간에 최적의 프로그램을 배치하는 것)를 얻기 위해 다양한 전술을 이용하였다(Eastman & Ferguson, 2006). 단기적으로 시청자의 시청프로그램 관성이라는 특성을 극대화하기 위한 '시청자 흐름통제'(control of audience) 기법을 이용하여 시청자를 확보하고, 장기적으로 해당 시간대나 프로그램에 시청자의 '시청습관을 형성'(habit formation)하여 보다 안정적으로 시청자를 확보하는 방법이 주로 이용되었다. 이러한 편성전략은 시청행위가 능동적 행위가 아니라 수동적 행위일 것이라는 가정에 기반한다.

그러나 '다매체·다채널'로 대변되는 방송환경 변화는 기본적으로

378

방송채널의 급격한 증가를 가져왔으며, 그에 따라 방송시장의 경쟁이 심화되어 안정적 시청자 확보가 더욱 어려워졌다. 즉, 케이블TV, 위성방송 등 폭증한 방송채널은 시청자에게 보다 많은 시청선택권(*available program option*)을 제공하였고, 1980년경부터 일반화된 일명 '리모컨'(RCDs: *Remote Control Devices*)은 시청자의 채널변경을 보다 손쉽게 하여 편성전략의 근간이던 '시청자 흐름통제'는 더욱 어려워졌다(Eastman, Newton, Riggs & Neal-Lunsford, 1997). 이러한 상황은 미국의 경우 1997년 이후 네트워크 텔레비전의 점유율이 50% 이하로 떨어지는 이른바 '시청률의 엔트로피' 현상으로 나타났다. 우리나라의 경우 2000년 종합유선방송과 중계유선방송의 겸업허용, 2002년 위성방송이 출범하면서 시청자들이 접근할 수 있는 채널의 수가 크게 늘어났지만 아직까지 보편화되지 못하여 지상파방송사의 시청률이 높게 나타나고 있으나 점차 다양한 채널로 시청자가 분산되는 현상을 보이고 있다.

더욱이 1995년부터 급격하게 보급된 인터넷은 텔레비전이 주도적 역할을 하던 오락·정보서비스를 잠식하면서 시청자의 텔레비전 시청행위에 커다란 변화를 가져왔다(Eastman & Newton, 1998). 이러한 현상은 인터넷 보급률 세계 1위인 우리나라에서도 비슷한 경향을 보이고 있다. 또한 2004년 하반기부터 도입된 '주 5일근무제'로 여가시간의 확대와 새로운 여가문화의 확장으로 텔레비전 시청은 이전과는 다른 양상을 보이고 있다. 이는 〈그림 11-1〉에서 확인해 볼 수 있는데, 제일기획(2004)의 연간소비자조사보고(ACR: *Annual Consumer Research*)에 의하면 2000년부터 텔레비전을 하루 4시간 이상 시청하는 중시청자(*heavy viewer*)의 비율은 점차 감소하는 반면, 하루 4시간 이하 시청하는 경시청자(*light viewer*)는 매년 증가하는 것을 볼 수 있다.

방송시장의 경쟁고조와 함께 프로그램의 구입 또는 제작비용의 증가로 방송사는 이전보다 체계적이고 고도화된 편성전략을 실행하여 치

〈그림 11-1〉 텔레비전 이용형태의 변화

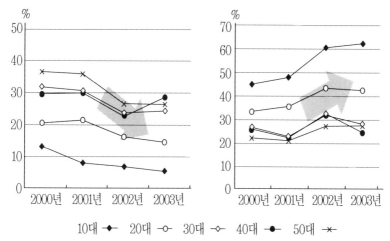

10대 ◆ 20대 ◦ 30대 ◇ 40대 ● 50대 ✳

자료: 제일기획(2004), ACR.

열해진 경쟁상황을 극복하고자 하였다. 이러한 시장변화에 따라 시장에 대한 방송사의 전략적 행위인 편성 역시 그 개념의 변화가 논의되기 시작했다. 논의중 가장 두드러진 두 가지 분야는 종전까지 편성영역의 환경적 요인으로 간주되었던 프로그램 프로모션(시청자에게 프로그램 정보를 알리는 것)과 프로그램을 이용한 다양한 이윤창출(창구효과의 극대화) 부문의 중요성이 부각되면서 보다 전략적이고 체계적인 접근을 위해 이를 편성개념에 포함하자는 것이다. 이 장에서는 이러한 변화에 대한 논의를 받아들여 단순한 시간대 배열로서의 편성개념에서 시장성과를 극대화하기 위한 방송프로그램 상품의 마케팅 관점으로 그 개념을 확장하여 살펴본다.

2. 다채널시대의 프로그램 알리기 : 방송프로그램 프로모션

방송프로그램 프로모션은 프로그램에 대한 것을 자사의 채널을 통해서 또는 다른 매체(신문·잡지·인터넷 등)를 미리 알려주는 것을 말한다. 특히 프로그램 프로모션은 방송프로그램이 처음 방영될 경우나 방송프로그램이 중단되고 난 후 재시작하는 경우 등 시청자에게 프로그램 정보를 제공하는 기능을 통하여 시청자를 획득하는 데 효과가 높다. 이에 대해 웹스터(Webster, 1986)는 시청자가 특정시점에서 시청자가 선택할 수 있는 프로그램을 인지하는 것을 시청자의 인지라고 설명하면서, 이것이 시청자의 프로그램 선택에 영향을 미치는 요인으로 제시하고 있다. 그러나 시청자 인지에 대한 연구는 그동안 등한시되었지만 새로운 기술을 이용한 매체의 등장으로 그 중요성이 높아질 것이라고 주장하였다.

최근 케이블방송, 위성방송, 위성 DMB, 지상파 DMB, IPTV 등 신규매체의 등장에 따라 시청자가 접근가능한 채널 수가 무한대로 폭증하면서 시청자의 선택성은 증가하였다. 그러나 선택성의 증가로 시청자의 시청행위는 더욱 선택적으로 변화되었고, 시청자들의 관심은 다양한 채널로 분산되었다. 따라서 이전과 같이 제한적 방송프로그램에 자연히 노출되던 시청자를 대상으로 '최대시청자'를 확보하는 기존 편성전략은 이러한 시청행태의 변화를 반영하여 변화하게 되었다.

시청형태의 변화에 따른 편성전략의 고려요인으로 새로이 등장한 것이 프로그램의 내용이나 방영시간을 알리는 것이었다. 이는 다양한 채널을 접하는 시청자들에게 채널에서 방영되는 프로그램을 알려, 시청자의 관심을 고조시켜 시청자를 보다 많이 확보하고자 하는 방송사의 노력에서 시작되었다. 이를 방송프로그램 시청을 촉진한다는 의미에서 프로그램 프로모션(*program promotion*) 또는 프로그램 프로모스(*program promos*)라 부른다. 프로그램 프로모션의 효과가 차츰 검증되면서 프로그램에 대한 프로모션은 편성의 주요 요소로 인식되고 있다.

프로그램의 방영정보를 제공하는 프로그램 프로모션은 시청자들에게 새로이 시작하는 프로그램의 관심을 고조시키고, 재시작하는 프로그램의 정보를 제공함으로써 최대한의 시청자를 획득하도록 돕는 역할을 함은 물론, 방영되는 프로그램에 대한 관심을 고조시키고 그에 대한 친밀도를 높이는 역할을 한다. 또한 프로그램 프로모션의 중요성은 방송프로그램의 상품적 특성에 의해서도 설명이 가능한데, 방송프로그램은 높은 부가가치를 파생하는 상품이지만 정확한 수요를 파악하기 어려운 특성을 가지고 있다. 따라서 프로그램을 제작, 공급하는 입장에서는 투자에 따른 위협이 상존하는 위험자산의 특성을 띤다(장용호, 1997). 이에 프로그램 공급자는 프로그램 제작에 따른 위험부담을 감소시키기 위한 일련의 프로모션 전략을 취하게 된다는 것이다. 더욱이 매체 및 채널의 경쟁이 심화되어 그에 따른 위험부담이 증가한다면 위험을 상쇄하기 위한 프로그램 프로모션의 중요성은 더욱 증가하게 되었다.

결국 방송시장의 경쟁이 심화되고 안정적 시청자확보가 어려울수록 방송사는 프로그램 프로모션을 통해 자사에서 방송되는 프로그램의 인지도(awareness)와 시청자의 기대가치를 높여 잠재적 시청자군을 증가시킴으로써 프로그램의 시청률을 극대화할 것이라는 기대를 가지게 되며, 프로그램 프로모션에 많은 투자와 관심을 가지게 된다. 미국에서는 이미 1980년 FCC의 케이블 TV에 대한 규제완화 조치로 치열해진 시장상황을 극복하기 위해 방송사의 프로그램 프로모션의 중요성이 인식되었다(Eastman & Klein, 1991).

이에 대해 이스트만과 퍼거슨(Eastman & Ferguson, 2006)은 어떤 프로그램을 방영할 것인가를 다루는 '프로그램 기획과 선택', 어떤 시간대에 방영할 것인가를 실현하는 '프로그램 편성'과 함께 편성의 중요한 요인으로 프로그램 프로모션을 다루고 있다. 제 5장의 〈그림 5-1〉

에서 보는 바와 같이 프로그램의 시청자 규모를 예측하는 데 10% 정도의 공헌을 한다고 주장한다.

프로그램의 정보를 알려주는 프로그램 프로모션의 전통적 방법으로 프로그램 가이드를 이용하는 방법이 있다. 이 방식은 방송프로그램 프로모션이 일반화되지 않았던 시기에 방송프로그램의 내용과 정보를 제공하는 방식에서 시작하여 현재도 이용되는 방법이다.

1) 인쇄물로 된 프로그램 가이드

인쇄물을 이용하는 프로그램 가이드에는 첫 번째, 단일채널 가이드는 주로 유료채널에 대한 프그램 가이드(HBO, 디즈니채널에서 제공하는 프로그램 가이드나 Nostalgia Monthly 등), 두 번째, 포괄적 다채널 가이드로 텔레비전 프로그램 정보를 다루는 *Cableview, Premium Channels, Cablewatch*와 같은 잡지가 있다. 마지막으로 주문을 받아 만드는 가이드로 널리 알려지지 않은 시스템들의 방송내용을 보여주는 개별적 안내책자를 말하는데, 제작비가 비싸서 가입자들이 그 비용을 부담한다고 한다. 우리나라에서도 각 지상파방송사와 케이블·위성방송 프로그램 공급자(PP: *Program Provider*)에서는 사외보의 형태로 방송프로그램 정보를 제공한다.

2) 전자식 가이드

인쇄물 가이드의 보완기능을 담당하는 경향이 많은 전자식 가이드(EPG: *Electronic Program Guide*) 채널은 대부분 시스템의 경우 최소의 그래픽자료를 사용하면서 문자와 숫자포맷 화면에 나타나도록 한다. 일부 시스템은 제한적 전자포맷을 택하고 있는데, 텍스트 뉴스채널의 맨 앞부분에 중요한 영화제목을 제시하기도 한다. 우리나라에서는 위성방송인 Skylife가 운용하고 있으며, 디지털 케이블방송, 최근 등장한 위성 DMB가 전자가이드 서비스를 하고 있다.

3) 비디오 가이드 채널

곧 방영될 프로그램에 대한 비디오 소개물과 주요 채널들이 방영하는 프로그램 내용들을 동영상으로 제공한다. 모든 시스템을 한꺼번에 소개하기보다는 케이블 제휴국들이 전국적 프로그램 내용으로부터 그들의 시스템에 적용할 수 있는 프로그램 자료를 '뽑아 볼 수 있도록' 해준다. 판촉이나 영화의 예고편이 스크린 상단에 나타나고 아래쪽에 영화목록을 소개하는 텍스트가 나타나도록 해준다.

이후 방송 프로모션이 일반화되면서 시청자 인지에 영향을 미치는 프로그램 프로모션은 프로그램을 판매하고자 행하는 일련의 행위들을 의미하는 것으로 방송뿐만 아니라 신문, 잡지 등의 인쇄매체와 행사 등을 통해 이루어진다. 가장 기본적인 방법은 자사 채널을 이용하여 프로그램의 예고(promos)[1]를 제작하여 방영하는 것으로 특정 프로그램 시청행위를 촉진시키기 위해 개별적으로 제작한 프로그램으로 보통 1분 가량의 분량으로 프로그램의 주요 장면, 방송날짜와 시간, 그리고 채널이름을 함께 편집해서 사용한다. 프로그램 예고는 방송예정 프로그램을 미리 홍보하여 시청자들이 본 프로그램을 시청하도록 유인하기 위한 것으로 널리 이용되고 있다(Eastman & Newton, 1998; 정진민, 2001; Walker & Eastman, 2003). 신문, 잡지 등의 인쇄매체를 이용하는 경우는 신문기사를 이용하는 것으로 텔레비전 가이드 면에 당일

---

1) 광의의 예고에는 일반적 예고프로그램 외에 다음 프로그램을 소개하는 프로그램 고지스폿(spot), 방송사명 고지와 동시에 송출되는 프로그램명 및 신간 홍보스폿, 정규프로그램 방송시 화면하단에 자막을 이용해 방송내용 및 시간을 홍보하는 흘림자막 등을 포함한다(윤선영, 2000).

의 줄거리가 소개되는 하이라이트 기사와 앞으로 방송될 프로그램에 대한 소개, 방송평, 제작 뒷이야기, 등장인물 인터뷰 등 특별한 기삿거리를 제공하는 특집기사가 있다(윤선영, 2000). 행사를 이용한 프로그램 프로모션에는 프로그램 제목공모, 시청소감 공모, 그리고 프로그램 내에서 퀴즈나 이벤트를 이용하는 경우 등 다양한 방법이 이용되고 있다. 최근에는 인터넷 홈페이지를 이용하여 프로그램의 기획의도, 대본, 시청자 의견, 프로그램 다시보기 등을 활용하는 경우도 일반화되고 있다(김동주, 2003).

이상에서 살펴본 전통적 방법은 매체의 발달에 의해 보다 발전된 모습을 보여준다. 특히 PVR(*Personal Video Recorder*) 서비스를 하는 미국 Tivo사의 프로그램 가이드 서비스는 주목해 볼 만하다. PVR은 현재 시청가능한 프로그램을 검색하여 볼 수 있고, 시청 이전에 프로그램 예고편을 시청할 수 있으며, 프로그램을 녹화하는 기능까지 포함하고 있어 시청자의 프로그램에 대한 다양한 욕구를 실현해 줄 것으로 기대된다.

또한 인터넷을 이용하여 프로그램의 내용을 전달하는 방법이 있는데, 방송사의 홈페이지를 통하여 프로그램의 내용뿐만 아니라 프로그램 제작과 관련한 다양한 소식을 전해주는 데 이용된다. 이러한 서비스는 시청자로 하여금 프로그램에 보다 많은 관심과 애정을 가지게 한다는 점에서 각광받고 있다. 최근에는 프로그램을 의인화하여 블로그나 미니 홈페이지 등을 이용하기도 한다. 일례로 MBC의 〈영웅시대〉는 화장품, 식료품 등이 마케팅에 적극 활용하는 미니 홈페이지를 활용하여 프로그램 정보와 시청소감 등을 받아 프로그램 제작에 적극 활용하고 있다. 이는 젊은층에게 소구하기 어려운 시대극에 대한 정보를 보다 효율적으로 전달하기 위해 만들어진 것으로 보인다.

인터넷을 이용한 프로그램 프로모션은 단순히 프로그램 정보에만 머무르지 않고 지난 방송시청 후 네티즌끼리 서로 시청소감을 교환하고,

드라마 전개방향에 대해 의견을 개진하며, 프로그램에 대한 정보를 수집할 수 있도록 하였다. 이러한 과정을 통해 시청자는 방송프로그램에 대한 경험이 다음 방송시간까지 유지되는 데 도움을 주어 프로그램 시청에 영향을 미친다고 한다(김동주, 2003). 이러한 프로그램에 대한 적극적 경험은 프로그램에 대한 호감도를 높이고 나아가 충성도 높은 시청자를 형성하는 역할을 하기도 한다. 우리나라의 경우 몇몇 프로그램의 편성시간대 변경이 네티즌의 반대로 무산된 경우나 프로그램이 방영중 또는 종영 후에도 보다 많은 정보를 수집하기 위해 방송사의 프로그램 홈페이지 이외에 커뮤니티를 구성하는 경우에서 흔히 볼 수 있다.

프로그램 프로모션은 앞서 언급한 것처럼 지금까지 편성의 핵심적 영역이라기보다는 편성에 영향을 미치는 요인으로 간주되었다. 그러나 채널의 팽창과 시청자의 능동적 참여가 가능해진 상황에서 프로그램 프로모션 부분이 프로그램의 성공에 필수적 요인으로 인식되고 있다.

방송프로그램을 수신할 수 있는 다양한 매체가 공존하는 가운데 방송만을 이용한 프로그램 프로모션은 한정된 시간을 이용해야 하는 제약으로 프로그램에 대한 정보를 시청자에게 충실히 제공하기 어렵다. 따라서 보다 적극적인 프로그램 프로모션을 위해서는 방송매체를 이용하는 것보다 이종매체를 이용하는 이른바 크로스 프로모션(cross-promotion)이 보다 적극적인 프로그램 프로모션 방안이 될 것으로 보인다(주영호·황성연, 2005; Eastman & Ferguson, 2006).

그러나 이종매체를 이용한 프로모션이 프로그램 시청에 영향을 미치는가에 대해서는 아직까지 많은 연구와 분석이 필요하다. 하지만 방송실무에서는 이미 신문을 이용한 프로그램 홍보가 일반화되어 있으며, 복수채널 운영이 허용되는 복수채널 사용사업자(MPP)의 경우, 같은 계열의 채널에서 방영하는 프로그램에 대한 프로모션을 상호진행하는 교차채널(cross-channel) 프로모션도 이미 일반화되어 있다.

3. 방송프로그램의 다양한 수익창출 : 창구효과

방송프로그램은 영상으로 이루어져 있다는 점에서 여러 가지 다양한 분야에 걸쳐 활용이 가능한 '원소스 멀티유즈'(one-source-multi use)의 특성을 가진다. 다시 말하면 방송프로그램은 한 번 방영했다고 해서 그 효용이 다하는 것이 아니라 순차적으로 다양한 시장에서 팔릴 수 있는 특성을 가지고 있으며, 이러한 특성을 창구효과(window effect)라고 부른다. 그런데 문제는 방송프로그램이 방영되면 될수록 그 효용이 점차 감소함으로 시장(매체)마다 가격을 달리하여야 하는데 이를 창구화(windowing)라고 한다(Owen & Wildman, 1992).

우리가 접하는 방송에서 프로그램의 창구화를 손쉽게 찾아볼 수 있는데, 예를 들면 지상파채널에서 방영된 프로그램을 주말시간대에 재방송한다든지, 케이블이나 위성채널에서 방영한다든지, 인터넷 사이트를 통해 동영상으로 서비스한다든지 하는 것이다. 뿐만 아니라 드라마에서 사용된 소품이나 의상이 잘 팔린다던가, 프로그램에서 사용한 음악이 큰 인기를 얻는 경우 등을 보면 방송프로그램과 연관된 시장은 다음의 〈그림 11-2〉와 같이 확장하여 생각해 볼 수 있다. 방송프로그램의 연관시장은 방송프로그램을 그대로 사용하여 차별화된 매체에 판매하는 1차 연관시장, 프로그램의 내용을 이용하여 다른 사업분야로 확장시키는 2차 연관시장, 그리고 방송프로그램을 다른 나라에 판매하는 3차 연관시장으로 구분할 수 있다.

방송프로그램 연관시장의 중요성이 증대된 것은 방송산업의 사업다각화 경향과 연관이 깊다. 즉, 지금까지 방송사의 주요 수입원은 광고료와 수신료(공영방송의 경우)로 구성되어 있었다. 매체기술의 발달로 방송사가 참여할 수 있는 사업기회(케이블, 위성, 인터넷 등의 매체산업)가 많아졌고, 영화 등 영상콘텐츠의 창구효과에 대한 중요성이 인식되면서 방송프로그램을 이용한 다양한 수익기회(방송이 아닌 다른 산

〈그림 11-2〉 방송프로그램의 창구효과 단계

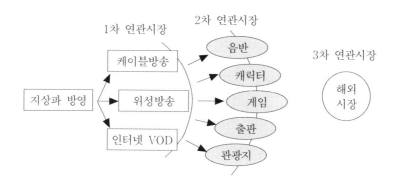

업과 연계)가 발견되면서 방송사의 수입원 다각화 측면에서 매우 중요하게 인식되기 시작했다. 결국 이전까지 방송산업이 프로그램만 송출하면 일정수준의 수입이 보장되었지만, 시장경쟁의 심화로 일정수준의 수입보장이 불확실해져, 프로그램을 이용한 다양한 사업기회를 통하여 보다 다원적인 수익구조를 형성하여 광고시장의 변동에 대한 수입의 유동성을 높이려는 의도에서이다.

창구효과를 고려한 프로그램 편성전략의 기본적 전략은 창구화가 의미하는 매체별 가격차별화 전략을 어떻게 구성할 것이며, 이를 극대화하기 위해 프로그램의 기획단계에서부터 치밀한 계획수립이 필요하다. 일례로 미국의 마사 스튜어트 옴니미디어(Martha Stewart Omnimedia)는 텔레비전 프로그램을 기반으로 라디오, 인터넷, 출판, 라이센싱 사업을 다각도로 펼치고 있다. CBS에서 1993년부터 방영된 〈Martha Stewart Living〉은 여덟 가지 분야(인테리어, 정원, 공예, 가구, 손님접대, 결혼, 육아, 살림)를 다루는 프로그램으로 미국 가정의 88%가 시청하였고, 에미상을 6회 수상할 만큼 인기 있는 프로그램이었다. 프로그램의 인기를 바탕으로 다양한 수익을 창출하였는데, 프로그램의 여덟 개 분야 중 음식관련 부분만을 집중소개하는 푸드채널의 〈From Martha's Kitchen〉, 시청자가 발견한 살림지혜를 다루는 CBS의 〈This Morning〉 등으로 프로그램을 세분화하였다. 또한 프로그램에 대한 질문들에 대한 답변을 제공하는 〈AskMartha〉라는 프로그램과 칼럼을 라디오와 신문에 제공하여, 수입을 재고할 뿐만 아니라 프로그램의 충성도를 재고하였다. 또한 마사 스튜어트 옴니미디어는 프로그램과 관련한 다양한 2차 연관시장으로의 진출을 시도하여 프로그램에서 다룬 내용을 보다 자세히 소개할 뿐만 아니라 다음 방송분에 대한 내용을 전달하는 잡지 *Martha Stewart Living*을 창간하였고, 프로그램 내용 중 결혼분야에 대한 정보를 다루는 *Stewart Wedding*, 육아정보를 다루는 *Stewart Baby* 등을 창간하여 큰 인기를 얻었다. 특히, 1998년부터 프로그램의 여덟 개 분야 중 중요한 부분을 집중적으로 다루는 *Martha Stewart Spacial Issue*를 총 34권 발간하여, 천만 부 이상의 판매고를 올리기도 하였다.

뿐만 아니라 이들을 인터넷을 이용하여 기존의 방송되는 프로그램에 대한 정보를 제공하고 커뮤니티를 운영하는 것뿐만 아니라 다양한 라이센싱 사업을 통하여 새로운 수익을 창출하였다. 특히 핵심 프로그램이 생활정보에 관한 프로그램이니 만큼 생활용품, 인테리어 제품, 꽃꽂이 제품 등 다양한 제품생산자와 연계하여 제품을 생산하고, 생산된 제품을 'Martha Stewart Signature'라는 이름으로 판매한다.

국내의 경우 1차 연관시장에 대한 창구효과를 활용하는 경우는 생각보다 높지 못하다. 이는 지상파방송 프로그램이 주로 지상파의 자회사로 판매되기 때문이다. 2차 연관시장은 종전에는 프로그램에서 사용된 음악을 CD로 제작하여 판매하는 경우가 대부분이었으나 최근에는 게임, 서적, 촬영장을 관광지로 이용하는 방안, 프로그램의 등장인물을 이용한 캐릭터사업 등 다양한 분야로 확장되었다.

3차 연관시장인 해외판매는 방송프로그램을 전혀 새로운 시장에 판

〈그림 11-3〉 관련게임과 연계성을 높인 〈장길산〉의 홈페이지

매하는 것이기 때문에 많은 어려움이 있다. 특히, 제작한 국가의 신념과 가치를 포괄하는 프로그램의 특성상 언어와 문화의 문제는 해외판매를 어렵게 하는 요소로, 이를 문화적 할인(*cultural discount*)이라고 한다. 해외시장에 프로그램을 판매하기 위해서는 세계적 관점에서 프로그램을 기획·제작할 필요가 있다. 해외판매를 고려한 프로그램 제작시 고려해 할 사항 중 가장 문제시되던 것이 바로 M&E(*Music & Effect*)의 분리제작인데, M&E란 프로그램의 음향부분에서 배우의 음성과 음악 및 효과음을 서로 다른 트랙에 저장하는 것을 말한다. 이러한 M&E 제작은 해외판매시 배우들의 음성을 판매국의 성우로 대치할 때를 고려하여 제작하는 것이다.

우리나라의 경우 2001년까지는 방송프로그램을 해외에 판매하는 것보다 수입하는 것이 월등히 많았으나, 동남아 등 우리 프로그램의 판매시장이 개발되면서 해외 프로그램 판매가 급증하였다. 특히, 중국을 중심으로 사회적 현상으로까지 대두된 '한류'(韓流)에 힘입어 우리나라 방송프로그램 해외판매는 크게 늘었다.

〈그림 11-4〉 우리나라 방송콘텐츠의 연도별 수출입 현황

(단위: 만 달러)

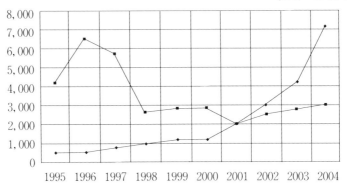

주: 수출액은 해외교포방송 및 비디오 판매실적 포함.
자료: 문화관광부(2005), "방송프로그램 수출입 현황."

한류는 1990년대 후반부터 중국을 위시하여 대만, 홍콩, 베트남 등 아시아지역의 청소년층을 중심으로 드라마, 영화, 가요 등 한국 대중문화에 대한 관심과 선호도가 증가하고 유행하는 사회·문화적 현상을 총칭하는 것으로, 특히 방송프로그램 해외판매의 저변이 확산되는 현상으로 볼 수 있다. 한편 한류는 아시아지역에서 일고 있는 국경 없는 문화생산 및 유통현상으로 미국 등 서구중심의 가치관과 문화로 이루어진 기존의 문화적 취향에 맞서 아시아인들의 문화정체성을 인식하고 확인하는 현상으로 볼 수 있다.

아시아지역을 중심으로 불고 있는 한류의 원인은 한국산 문화상품이 아시아지역을 중심으로 '지리적 근접성'과 '문화적 유사성'으로 문화적 할인율이 낮고, 우리나라 방송프로그램이 경쟁력을 확보한다는 점, 마지막으로 미국 등 서구문화에 식상해하는 시청자취향의 변화추이 등이 복합적으로 작용한 결과라고 볼 수 있다.

따라서 한국관련 대중문화가 유행하는 문화적 현상에서 우리 방송

〈그림 11-5〉한류의 인기 콘텐츠

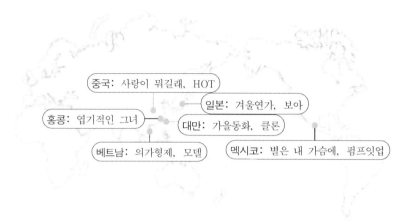

자료: 고정민(2005.11), "한류지속화를 위한 방안," 삼성경제연구소 이슈페이퍼, p. 7.

〈그림 11-6〉한류의 확대경로 및 효과

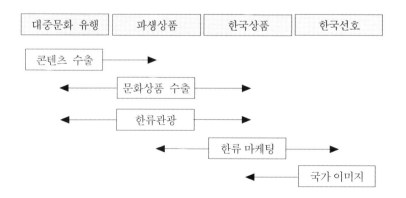

자료: 고정민(2005.11), "한류지속화를 위한 방안," 삼성경제연구소 이슈페이퍼, p. 20.

프로그램을 지속적으로 판매하고, 그에 따라 다양한 파생상품에 대한 수요도 증가하는 효과를 가져왔다. 뿐만 아니라 프로그램 촬영지에 대한 관광과 한국제품에 대한 구매증가 및 우리나라 국가브랜드 가치향상에도 크게 기여하고 있다.

■ 연습문제

1. 프로그램 프로모션의 사례를 주위에서 찾아보자.
2. 효과적이고 새로운 프로그램 프로모션의 방법을 생각해 보자.
3. 방송프로그램이 연관시장으로 확대되기 위해 기획·제작단계에서 필요한 것에는 무엇이 있는지 생각해 보자.
4. 우리나라에서 방송된 외국프로그램 중 문화적 할인으로 외국과 달리 실패한 프로그램에는 어떤 것이 있는지 조사해 보자.

■ 참고문헌

김동주(2003), "방송프로그램의 인터넷 활용방안에 대한 연구," 《방송문화연구》 15(1), pp. 223~250.

안창현(2003. 4), "방송시장 개방과 각국의 움직임," 《해외방송정보》.

윤선영(2000), "방송 프로모션으로서 프로그램 홍보의 효과 연구," 서강대학교 언론대학원 석사학위논문.

장용호(1997), "프로그램구성의 profile모형," 《한국언론학보》 9, pp. 5~44.

정지민(2001), "매체유형에 따른 TV 프로그램 프로모션 효과에 관한 연구," 연세대학교 언론홍보대학원 석사학위논문.

주영호·황성연(2005), "텔레비전 프로그램의 크로스 프로모션 효과에 관한 연구," 〈한국방송학회 봄철 학술대회 자료집〉, pp. 1~14.

Eastman, S. T. & Ferguson, D. A. (2006). *Broadcasting/Cable/Web Programming-Strategies and Practices*(7th ed), Thomson Wadseorth, CA: Belmont.

Eastman, S. T. & Newton, G. D. (1998), "The Impact of Structural Salience within On-Air Promotion," *Journal of Broadcasting & Electronic Media* 42(1): 50~79.

Eastman, S. T., & Klein, R. A. (1991), *Strategies in Broadcasts and Cable Promotion*, Prospector Heights, IL:Waveland.

Eastman, S. T., & Newton, G. D. (1998), "The Impact of Structural Salience within On-air Promotion," *Journal of Broadcasting & Electronic Media* 42(1): 50~79.

Eastman, S. T., Newton, G. D., Riggs, K. A., & Neal-Lunsford, J. (1997), "Accelerating the Flow: A Transition Effect in Programming Theory?" *Journal of Broadcasting & Electronic Media* 41: 305~323.

Owen, B. M. & Wildman, S. S. (1992), *Video Economics*, 최양수 역(2004), 《영상경제학》, 나남출판.

Walker J. R., & Eastman, S. T. (2003), "On-air Promotion Effectiveness for Programs of Different Genres, Familiarity, and Audience

Demographics," *Journal of Broadcasting & Electronic Media* 47 (4) : 618~637.

Webster, J. (1986), "Audience Behavior in the New Media Environ-ment," *Journal of Communication* 36 (1) : 77~91.

www. TIVO. com

제 12 장

편성효과의 사례*

심 미 선

이 장은 지상파 텔레비전 방송사를 중심으로 나타났던 편성효과 사
례를 제시하고 있다. 여기서는 그동안 프로그램 배열을 통해 시청률이
상승함으로써 성공했다는 평가를 받거나 또는 시간대 선정을 잘못함으
로써 시청률 면에서 실패했다고 평가되는 사례들을 제시하고자 한다.
이러한 사례분석의 유용성은 이론적으로만 이해했던 편성의 역할 및

---

* 이 글의 내용은 필자가 시청률 전문조사기관인 MSK(ACN의 전신) 자료분
  석팀장으로 있으면서 경험했던 편성의 효과와 2000년부터 2002년까지
  MBC 편성기획부에 근무하면서 확인할 수 있었던 사례를 중심으로 기술하
  였다. 그 외 KBS와 SBS 자료는 각 채널의 개편자료와 관련자 인터뷰를 통
  해 확인한 내용이다. 시청률자료는 TNS 시청률을 주로 인용하였으나 TNS
  는 1999년 후반기부터 시청률자료를 산출한 관계로 1992년부터 1999년까지
  는 ACN 자료를, 2000년부터 2004년까지는 TNS 자료를 주로 인용하였다.
  대부분 연간시청률보고서를 이용하였으나, 최근 자료가 필요할 경우에는
  직접 의뢰하였다. 자료를 제공해 주신 TNS관련자께 이 자리를 빌어 감사하
  다는 말을 전한다.

396

중요성을 현실적으로 이해할 수 있도록 해준다는 데 있다. 그러면 구체적으로 편성의 효과[1]가 어떻게 드러나는지 국내 지상파방송사를 중심으로 살펴보도록 하겠다.

1. 기획을 통한 편성효과

기획을 통한 편성전략이란 프로그램이 방영되는 중간에 이야기의 흐름을 바꾸어버리는 경우를 말한다. 프로그램의 기획방향을 바꾸는 경우는 시청률이 낮은 프로그램이 장기물인 경우에 불가피하게 이루어진다. 50부작 이상 장기물로 편성되어 있어 조기종영할 경우 후속 프로그램이 준비되어 있지 않고, 시간대도 프라임타임대라서 방송사의 입장에서는 시청률 하락을 그대로 방치할 수 없는 경우 프로그램 기획의 수정을 고려한다.

프로그램의 기획방향을 바꿔 시청률이 상승한 예가 바로 MBC 일일연속극 〈온달왕자〉[2]이다. KBS의 일일극 〈우리가 남인가요〉가 30% 이상의 높은 시청률을 보이고 있을 때 온달왕자는 첫 방송을 시작했다. 경쟁사 프로그램이 강세일 때 맞편성된 프로그램에서, 그것도 드라마 장르에서 높은 시청률을 기대하기란 힘들다. 온달왕자도 바로 그런 경우이다. 거기다 〈온달왕자〉는 줄거리가 너무 파격적이었다. 비상식적 내용, 비현실적 줄거리로 시청자로부터 많은 비난을 받기도 했

---

1) 여기서 말하는 편성의 효과란 여러 가지 다양한 전략을 통해 시청률이 상승했거나 하락한 경우에 초점을 둔 개념이다. 즉, 편성의 효과는 다양한 측면에서 논의될 수 있는데, 여기서는 주로 시청률에 의한 효과에만 초점을 맞춘다.

2) 〈온달왕자〉(MBC)와 〈우리가 남인가요〉(KBS 1)는 모두 일일연속극으로 월요일부터 금요일까지 저녁 8시 30분부터 9시까지 방영된다.

다. 그래서 방영 초부터 〈온달왕자〉는 시청률뿐만 아니라 내용 면에서도 최악의 상황을 맞았던 것이다. 프로그램 내용이 파격적이다 보니 시청자의 비난이 빗발쳐 방영되고 얼마 지나지 않아 조기종영 이야기까지 나왔다. 조기종영이 설득력을 얻을 때 시청률이 조금씩 오르기 시작했다. 시청률 상승의 동인을 제공한 것은 바로 프로그램의 내용을 갈등해소, 가족애 부각 등으로 바꾸면서부터였다. 갈등제공자였던 아버지의 죽음이 가족간의 화해를 가져왔고, 그렇게 집안의 문제가 해결되는 방향으로 줄거리가 바뀌면서 〈온달왕자〉는 경쟁프로그램인 〈우리가 남인가요〉를 앞지르기 시작했다.

　　MBC 월화드라마 〈아줌마〉도 초기 기획했던 프로그램의 방향을 바꿔 성공한 예이다. 〈아줌마〉는 50부작으로 기획되었고, 처음부터 사회적 반향을 불러일으킬 것으로 기대되었다. 그런데 첫 방영부터 시청률이 저조했고, 시간이 갈수록 더 떨어지는 추세를 보였다. 일반 미니시리즈처럼 16부작으로 기획되었다면 2달 정도만 버티면 되기 때문에 별 문제가 없지만, 이 경우는 50부작으로 기획되었고, 후속드라마도 마련돼 있지 않았기 때문에 조기종영은 생각조차 할 수 없는 처지였다. 그렇다고 6개월 동안 프라임타임대 프로그램 시청률을 포기할 수도 없는 처지였다. 그래서 묘안을 짜낸 것이 바로 PD교체를 통해 프로그램의 전체적 기획방향을 바꾸는 것이었다. 당시 일요 아침드라마를 제작하던 안판석 PD를 〈아줌마〉의 메인 PD로 옮기고, 안판석 PD는 작가와 협의하여 〈아줌마〉의 전체적 방향을 바꿔버렸다. 어느 날 푼수끼 있는 아줌마는 모든 문제에 현명하게 대처하는 아줌마, 경제적인 면에서는 마이더스의 손을 가진 능력 있는 아줌마로 변신했다. 이런 매력적인 아줌마 캐릭터에 시청자가 관심을 가지면서 시청률에서도 성공을 거두었고, 사회적 반향까지 불러일으키는 드라마로 기억되고 있다.

　　오락 프로그램의 경우에도 기획을 통해 프로그램의 변화를 꾀하려는 시도가 빈번히 이루어지고 있다. 프로그램의 전체적 방향은 바뀌었는

398

데, 프로그램명은 그대로 유지하는 경우가 바로 그런 예이다. 이러한 전략을 사용하는 주된 이유는 다채널시대 프로그램의 홍수 속에서 시청자의 머릿속에 특정 프로그램의 이름, 즉 브랜드를 각인시키기가 점점 더 어려워지기 때문이다. 따라서 프로그램에 시청자의 관심이 다소 떨어진다고 해서 그 프로그램을 교체하기보다는 프로그램명은 그대로 유지한 채 프로그램의 내용만 바꾸는 것이다. 가령 〈일요일 일요일 밤에〉는 일요일 저녁시간대 MBC의 간판 프로그램이다. 이 프로그램은 계속 코너별 내용을 바꿔가면서 시대의 흐름에 맞춰가고 있는데, 이러한 전략의 기저에는 프로그램명이라는 기존의 브랜드효과는 그대로 유지한 채 수시로 변화하는 시청자의 기호에 맞추겠다는 전략이 담겨있다. KBS도 이런 전략에서는 앞서가는데, KBS에서 방영하는 대부분의 장수 프로그램이 시기적으로 시청자의 취향에 따라 포맷은 바뀌었어도 프로그램 이름은 그대로 유지했는데, 이런 프로그램 시청률이 경쟁이 치열한 다채널시대에 많이 상승했다는 것은 바로 이러한 전략의 효과를 보여주는 것이다. 대표적 프로그램으로 〈아침마당〉을 들 수 있다.

또 최근에는 프로그램 이름은 그대로 둔 채 프로그램의 포맷만을 바꾸는 사례가 매거진 스타일 프로그램에서 종종 나타나고 있다. 이 역시 기획을 통한 편성효과를 기대한 편성전략으로 볼 수 있는데, 이렇게 프로그램 이름은 그대로 둔 채 포맷만 바꾸는 이유는 다채널시대 프로그램의 홍수 속에서 시청자의 머릿속에 특정 프로그램의 이름, 즉 브랜드를 각인시키기가 점점 더 어려워지기 때문이다. 그리고 프로그램의 이름을 기억한다는 것 자체가 곧 그 프로그램의 시청가능성을 높여 주기 때문이다. 따라서 프로그램에 시청자의 관심이 다소 떨어진다고 해서 그 프로그램을 교체하기보다는 프로그램명은 그대로 유지한 채 프로그램 내용만 바꿈으로써 프로그램에 대한 인지도는 그대로 유지할 수 있는 전략을 택하게 되는 것이다.

이렇게 최근 들어 MBC의 〈온달왕자〉나 〈아줌마〉 처럼 프로그램의 기획방향을 수정해 가며 시청자에게 소구할 수 있는 프로그램으로 만들어 가는 것도 편성의 한 영역으로 들어오고 있다. 또 〈일요일 일요일 밤에〉나 〈아침마당〉처럼 프로그램 이름은 그대로 둔 채 프로그램의 포맷만 바꿈으로써 프로그램 이름이 갖는 브랜딩 효과를 유지하는 것도 경쟁이 치열해진 상황에서 방송사가 채택할 수 있는 편성전략의 하나라고 할 수 있다.

2. 틈새시장을 겨냥한 편성효과

틈새시장을 겨냥한 편성효과 사례연구는 프로그램별로 차별화된 시청층을 대상으로 프로그램을 방영해 성공하는 사례에 초점을 두었다. 경쟁방송사에서 아무리 강력한 프로그램을 방영하더라도 목표시청층을 달리하면 시청자를 확보하는 데는 큰 어려움이 없기 때문이다.

▪ 브랜딩효과란?

브랜딩효과란 상품의 이미지가 갖는 효과라고 할 수 있다. 주로 마케팅분야에서 사용된 개념인데, 최근 채널간 경쟁이 심화되면서 다채널 방송환경에도 이 개념을 적용해 프로그램 선택행위를 설명하려는 시도가 이어지고 있다. 브랜딩효과는 브랜드 자산의 결과로 나타나는데, 소비자의 입장에서 간략히 정의하면 브랜드화된 상품에 기꺼이 돈을 지불하려는 심리적 판단이라고 말할 수 있다. 즉, 브랜드가 없었을 때보다 브랜드가 있음으로 해서 선호도가 높아지는 것이 바로 브랜딩효과이다. 가령 두 개의 채널에서 동시에 새 드라마를 방영한다고 했을 때 시청자들은 평소 이미지가 좋았던 채널을 선택하는데, 바로 이러한 행위를 브랜딩 효과라고 할 수 있다. 또 심심해서 텔레비전을 켠다고 했을 때 우선적으로 찾게 되는 채널이 바로 브랜딩효과가 큰 채널이라고 할 수 있다.

이러한 편성전략은 기존의 보완편성[3]의 취지를 살린 것으로, 보완편성과 다른 점이 있다면 장르를 차별시킨 것이 아니라 동일한 장르라도 주시청층을 차별화시켰다는 점이다. 예를 들면, 경쟁방송사에서 40~50대를 겨냥해 사극을 방영한다면 사극을 선호하지 않는 시청층을 대상으로 현대물을 편성하는 것이 바로 그것이다. 일반적으로 경쟁방송사 프로그램이 강력할 때 동일한 장르의 동일한 시청층을 겨냥해 프로그램을 편성하면 성공가능성이 희박하기 때문이다.

또 편성담당자들은 드라마를 중복편성함에서도 시청자를 차별화시키는 새로운 전략을 모색하게 되었다. 1994년 1월 지상파방송 3사의 월화드라마가 바로 그 예이다. MBC는 10대를 겨냥해 〈마지막 승부〉를 방송하고, KBS 2는 40~50대를 주시청층으로 〈장녹수〉를, SBS는 30대를 목표시청자로 〈결혼〉을 방영해 시청률 면에서 모두 성공하는 사례를 남겼다. 당시는 한 방송사의 프로그램 시청률이 높으면 경쟁방송사의 프로그램 시청률은 낮아지는 것이 일반적인데, 이 경우에는 방송 3사가 각기 다른 시청층을 확보하고, 시청자에게도 프로그램 선택의 폭을 넓혀주었다는 점에서 성공적 편성으로 기억된다.

그러나 실제 편성에서는 틈새시장을 고려하지 못해 시청률 면에서 실패한 경우를 종종 볼 수 있다. MBC가 SBS 〈여인천하〉에 동일 장르인 사극 〈홍국영〉과 〈상도〉를 맞대응 편성한 것이 바로 그것이다. 일반적으로 사극 시청층은 현대물에 비해 그 폭이 좁은 것으로 알려져 있다. 이런 상황에서 SBS의 〈여인천하〉가 사극으로서 시청률이 높게

3) 보완편성이란 실력편성이 불가능한 경우에 사용하는 편성전략으로 경쟁방송사의 프로그램과 전혀 다른 유형의 프로그램을 편성하는 전략이다. 보완편성은 동일한 유형의 프로그램으로 경쟁할 경우 가시청자의 수가 충분하지 않아 각 방송사에서 끌어들일 수 있는 시청자 규모가 적거나 경쟁사 프로그램의 인기가 너무 높아 같은 프로그램 유형으로 경쟁하는 것이 바람직하지 않을 때, 그리고 시청자 구성이 이질적이어서 다른 프로그램 유형에 대한 선호도가 높을 때 효과적이다(홍기선 외, 2000: 321).

올라간 상황에서 신설 프로그램이 기존의 프로그램을 앞지르고 높은
시청률을 올리기란 거의 불가능하다. 또 사극은 대부분 장기물로 편성
되고 제작비도 현대물에 비해 2배 이상 많이 들기 때문에 시청률이 낮
을 경우 시청률 압박이 큰 것도 사실이다. 따라서 경쟁사가 사극으로
많은 시청자를 끌어들인 상황에서 사극으로 맞대응 편성하기보다는 사
극을 싫어하는 시청자를 대상으로 현대물로 틈새시장을 공략하는 것이
바람직하다.

　MBC가 〈상도〉를 〈여인천하〉에 맞대응시킨 데에는 나름대로의 이
유가 있다. 〈상도〉는 MBC가 많은 제작비를 들여 심혈을 기울여 만든
드라마이고, 연출자 및 작가도 이미 그 전의 인기드라마 〈허준〉을 통
해 연출력과 이야기 구성능력을 인정받았기 때문이다. 이렇게 좋은 조
건하에서도 〈상도〉는 예상했던 대로 부진을 면치 못했다. 또 사극이
방영되면 당연히 따라 붙게 되는 장년층 확보에도 실패했다. 사극을
선호하는 시청층은 이미 〈여인천하〉의 주시청층으로 자리매김했기 때
문이다. 〈상도〉와 〈여인천하〉의 시청층을 분석해 놓은 〈표 12-1〉은
이를 잘 보여준다. 〈상도〉는 20~30대의 젊은층에서 시청률이 높게
나온 데 반해, 〈여인천하〉는 30대 이상에서 시청률이 높게 나왔다.
일반적으로 사극을 선호하는 시청층은 40대 이상인데 〈상도〉는 이 사
극 시청층을 끌어들이는 데도 실패했다.

　MBC의 〈상도〉가 틈새시장 겨냥에 실패한 경우라면 MBC 일일연
속극 〈결혼의 법칙〉은 틈새시장을 겨냥해 성공한 예이다. 〈결혼의 법
칙〉의 경쟁프로그램은 〈우리가 남인가요〉(KBS 1)이다. 〈우리가 남인
가요〉는 〈결혼의 법칙〉이 방영될 당시 이미 안정적인 고정시청자를
확보해 놓은 상태이다. 상황적으로만 보면 〈우리가 남인가요〉(KBS 1)
가 〈결혼의 법칙〉 시청률을 많이 앞서야 하는데, 두 프로그램은 시청
률 면에서 큰 차이를 보이지 않았다. 그 이유는 이 두 프로그램이 서
로 다른 시청층을 겨냥해 프로그램을 기획했기 때문이다. 〈결혼의 법

⟨표 12-1⟩ ⟨상도⟩(MBC)와 ⟨여인천하⟩(SBS)의 시청자 특성

(분석기간: 2001년 10월 15일부터 21일까지)

시청자 특성 \ 프로그램		⟨상도⟩(MBC)	⟨여인천하⟩(SBS)
남 자	20세 미만	4. 9 (29. 5)	7. 7 (47. 0)
	20대	2. 8 (15. 0)	10. 3 (55. 2)
	30대	9. 9 (26. 4)	16. 5 (43. 5)
	40대	7. 1 (22. 2)	17. 3 (53. 1)
	50세 이상	4. 6 (10. 6)	25. 3 (58. 6)
여 자	20세 미만	2. 6 (17. 2)	8. 9 (60. 1)
	20대	8. 9 (23. 8)	23. 3 (62. 4)
	30대	12. 3 (23. 9)	27. 4 (53. 2)
	40대	8. 1 (16. 2)	29. 7 (59. 4)
	50세 이상	6. 0 (11. 2)	34. 0 (63. 4)
교 육 수 준	초·중·고·대생	3. 6 (21. 5)	8. 6 (52. 3)
	중졸 이하	4. 9 (11. 0)	26. 4 (59. 1)
	고졸	9. 4 (20. 8)	26. 3 (58. 1)
	대졸 이상	8. 1 (21. 2)	20. 5 (53. 3)

주: ( ) 안은 시청점유율임.

자료: TNS Korea.

칙〉은 30대 이하의 상대적으로 젊은층에서 선호되었던 반면, 〈우리가
남인가요〉는 40대 이상의 중·장년층에서 인기가 있었다. 이러한 사
실로 미루어 볼 때, 이 두 프로그램은 서로 소구하는 시청층이 달라
박빙의 경쟁이 가능했던 것으로 판단된다. 즉, 동일한 일일드라마로
경쟁하면서도 소구하는 시청층을 달리함으로써 방송사는 시청률 면에
서의 손실을 최소화할 수 있었고, 시청자의 입장에서는 선택의 여지가

〈표 12-2〉〈결혼의 법칙〉(MBC)과 〈우리가 남인가요〉(KBS 1)의
시청자 특성

(분석기간: 2002년 3월 1일부터 31일까지)

시청자 특성	프로그램	〈결혼의 법칙〉(MBC)	〈우리가 남인가요〉(KBS1)
남 자	20세 미만	4.9(31.9)	2.4(15.7)
	20대	4.0(29.6)	2.7(19.6)
	30대	6.2(22.9)	7.0(25.6)
	40대	5.7(26.6)	6.6(29.7)
	50세 이상	6.5(14.6)	26.2(58.4)
여 자	20세 미만	8.8(43.4)	5.0(24.8)
	20대	15.1(50.5)	7.3(24.0)
	30대	15.2(42.2)	9.1(24.9)
	40대	11.3(27.7)	20.2(48.2)
	50세 이상	18.0(31.6)	30.3(52.6)

주: ( ) 안은 시청점유율임.
자료: TNS Korea.

있었던 것이다.

3. 시간대 변경을 통한 편성효과

프로그램의 시간대를 변경하는 것도 중요한 편성전략의 하나이다. 정책적으로 특정시간대에 방영해야 하는 일부 프로그램(예: 매체비평 등)을 제외하고는 방송이 나가는 시간대의 시청자 특성에 맞게 시간대를 점검하는데, 시청자 특성과 프로그램 성격이 맞지 않으면 시간대 변경을 고려하게 된다. 그러나 시간대를 변경해 특정 프로그램의 시청자가 늘어나면 성공적이라고 할 수 있으나, 시청자가 감소한다면 실패했다고 볼 수 있다.

프로그램에서 시간대가 얼마나 중요한지를 맨 처음 보여준 사례가 바로 〈그것이 알고 싶다〉(SBS)이다. 〈그것이 알고 싶다〉가 맨 처음 방영되었을 당시 프로그램 시간대는 일요일 밤 11시대였다. 이 프로그램은 방영되자마자 다큐멘터리 프로그램으로서는 놀라울 정도로 높은 시청률을 보여 장안의 화제가 되었고, SBS의 상업적 이미지를 제고시키는 데도 기여하였다. 이렇게 시청률이 높아지자, 프로그램과 관련한 시청자의 요구도 많아졌는데, 그 중 하나가 일요일 너무 늦은 시간대에 방영되었기 때문에 주시청층이라고 할 수 있는 30~40대 직장인이 이 프로그램을 마음 편히 보기 어렵다는 것이었다. SBS는 이런 시청자의 요구를 수용하여 〈그것이 알고 싶다〉의 방영시간대를 토요일 초저녁시간대로 옮겼다. SBS가 〈그것이 알고 싶다〉의 방영시간대를 옮긴 것은 비단 시청자들의 요구 때문만은 아닌 것으로 보인다. 이보다는 일요일 밤 11시대가 갖는 시청률상의 한계로 해석하는 것이 더 설득력이 있어 보인다. 지금은 심야시간대의 평균시청량이 프라임타임대만큼 높지만, 그 당시만 해도 밤 11시대는 주변시간대였다. 이 시

〈그림 12-1〉〈그것이 알고싶다〉(SBS)

간대는 텔레비전을 보는 시청자가 많지 않아 점유율이 아무리 높아도 시청률이 따라 높아지지는 않는다는 한계가 있다. 즉, 〈그것이 알고 싶다〉의 점유율이 50%를 웃돈다 하더라도 동 시간대 텔레비전을 시청하는 시청자 규모가 크지 않기 때문에 일정수준 이상의 시청률을 기대하기는 어렵다는 것이다. 결국 〈그것이 알고 싶다〉에 큰 기대를 걸었던 SBS로서는 더 많은 시청자를 확보하기 위해 시간대를 옮길 수밖에 없었다. 그러나 시간대 변경과 함께 〈그것이 알고 싶다〉는 시청자를 잃어버렸다. 그 이유는 〈그것이 알고 싶다〉의 주시청층과 새로 옮긴 시간대의 시청층이 잘 맞지 않았기 때문이다. 〈그것이 알고 싶다〉의 주시청층은 30대 이상의 직장남성인데, 새로 옮긴 시간대는 이들의 시청이 어려운 시간대이기 때문이다. 편성에서 〈그것이 알고 싶다〉가 보여준 교훈은 프로그램의 시간대를 정하는 것이 프로그램의 성패와 얼마나 밀접한 관련이 있는가 하는 점이다.

한편 시간대를 변경해 시청자 확보에 성공한 사례로 MBC의 〈전파견문록〉을 들 수 있다. 〈전파견문록〉은 2001년 가을개편 때 방영시간을 토요일 밤 10시 15분에서 월요일 저녁 7시 20분대로 옮겼다. 〈전파견문록〉은 패널에 나온 어른들이 아이가 특정주제에 대해 생각하는

바를 어른이 스무고개 형식으로 물어보면서 아이가 생각하는 바를 알
아맞히는 포맷의 프로그램이다. 시간대를 변경하기 전에도 〈전파견문
록〉의 시청률은 나쁘지 않았으나, 편성담당자들이 생각하기에 프로그
램의 성격상 주말 밤시간대보다는 평일 저녁시간대가 더 시청자 친화
적이라는 판단하에 개편과 함께 시간대 변경을 단행했다. 그러나 편성
에서 잘 나가는 프로그램의 시간대를 변경하는 경우는 드물다. 그래서
〈전파견문록〉의 경우 프로그램의 시간대 변경을 두고 프로그램 제작
국과 약간의 반발이 있었다고 한다. 그러나 시간대를 변경한 이후 〈전
파견문록〉의 시청률과 점유율은 모두 상승했다. 시간대를 변경하기
전 13.8%이었던 〈전파견문록〉 시청률은 시간대를 변경한 이후 18.1%
로 상승했고, 점유율도 22%에서 36%로 약 1.6배 상승했다. 또 남·
여 모두 30대 이하 시청층이 늘어나는 성과를 보였다.

〈표 12-3〉 〈전파견문록〉(MBC)의 시간대 변경 전·후 시청률 비교

	가구 시청률	여자					남자				
		20세~	20대	30대	40대	50세+	20세~	20대	30대	40대	50세+
변경전	13.8 (22.2)	6.0 (29.0)	8.0 (27.8)	9.7 (22.8)	11.8 (27.1)	6.0 (14.0)	6.1 (29.9)	3.1 (17.0)	7.7 (20.7)	11.4 (26.3)	4.1 (11.9)
변경후	18.1 (36.4)	8.3 (48.8)	9.6 (47.9)	10.6 (44.3)	11.7 (46.9)	7.3 (17.5)	7.9 (44.3)	6.5 (55.6)	8.4 (45.6)	2.5 (27.2)	3.3 (11.0)

주: 1) ( ) 안은 시청점유율임.
    2) 분석기간은 '변경 전'의 경우 2001년 5월 한 달 토요일 22:15~23:10분을
       기준으로, '변경 후'는 2002년 5월 한 달 월요일 19:20~20:15분을 기준으
       로 분석한 것임.
자료: TNS Korea.

KBS 1의 〈인간극장〉도 시간대 변경으로 경쟁력을 회복한 경우이
다. 〈인간극장〉은 2001년 가을개편4)과 함께 방영시간대를 평일
(월~금) 저녁 8시 50분에서 평일 저녁 7시대로 옮기고, 채널을 KBS
2에서 KBS 1로 옮겼다. 그 결과 경쟁력이 크게 증가했는데, KBS 2에
서 평일 저녁 8시 50분에 방영되었을 때는 평균시청률이 6.5%에 불과
했으나(2001년 10월 8일부터 21일까지 2주 기준) 채널을 KBS 1로 옮겨
평일 저녁 7시대에 방영하면서 시청률이 12.4%5)로 2배 가까이 증가
했다. 시간대를 바꾸기 전 〈인간극장〉은 〈KBS뉴스 9〉, 〈MBC뉴스데
스크〉, SBS의 일일연속극 〈이 부부가 사는 법〉과 경쟁했다. 〈KBS뉴
스 9〉, 〈MBC뉴스데스크〉, 〈인간극장〉은 소구하는 시청층이 비슷해
동일한 시청자를 공유할 수밖에 없었다. 그런데 2001년 가을개편과 함
께 저녁 7시대로 시간대를 옮기면서 〈인간극장〉은 KBS 2의 〈뉴스 7〉,
MBC의 〈뉴 논스톱〉, SBS의 〈엔포 다큐, 휴먼TV〉와 경쟁하게 되었
다. 〈인간극장〉과 〈뉴스 7〉이 소구하는 시청층은 서로 비슷하나, 동
시간대 MBC나 SBS 오락 프로그램의 주시청층과는 그 성향이 달라
〈인간극장〉이 주시청층을 확보하는 데에는 큰 어려움이 없었을 것으
로 판단된다. 〈인간극장〉의 경우 현재 방영하는 프로그램 시간대가 가
장 적절한 시간대라고 단언할 수는 없으나, 〈인간극장〉의 예는 시간대
변경으로 프로그램의 경쟁력을 회복한 좋은 사례라고 할 수 있다.

〈인간극장〉과 함께 KBS 1의 〈도전 골든벨〉도 시간대 변경 이후 경
쟁력을 회복한 경우이다. 〈도전 골든벨〉은 2001년 가을개편 때 KBS 2
에서 KBS 1로 채널이동과 함께 시간대를 금요일 저녁 6시 30분에서
일요일 저녁 7시 10분대로 옮겼다. 개편 이후 〈도전 골든벨〉 시청률
은 상승하기 시작했다. 〈도전 골든벨〉은 국내 고등학교를 방문해 퀴

---

4) 2001년 KBS 가을개편은 10월 22일에 단행함.
5) 분석시기는 2001년 11월 5일부터 12월 9일까지 5주임.

〈그림 12-2〉〈도전 골든벨〉(KBS 1)

즈를 통해 골든벨 수상자를 발굴하는 프로그램이다. 50개 문제를 모두
푼 학생만이 골든벨의 영예를 누릴 수 있다. 이렇게 고등학생을 대상
으로 하기 때문에 이 프로그램의 주시청층은 바로 고등학생이 된다.
그런데 한때 이 프로그램은 고등학생이라면 거의 시청할 수 없는 금요
일 저녁 6시 30분에 방영되었다. 주시청층이 없는 시간대에 방영된 관
계로 시청률은 6%대로 아주 저조했다. 그러다 방영시간대를 일요일
저녁 7시 10분으로 옮기면서 시청률이 10%를 훌쩍 넘어섰다. 일요일
저녁 7시대는 일요일에 학원을 가는 학생이라도 집에서 저녁을 먹을
시간이다. 즉, 평범한 고등학생이라면 누구나 시청할 수 있는 시간대
인 것이다. 고등학생을 대상으로 한 프로그램이 고등학생이 시청할 수
있는 시간대를 찾아 많은 고등학생 시청층을 확보할 수 있었다. 그러
나 〈도전 골든벨〉의 시청률 상승은 목표시청자인 고등학생이 시청할
수 있는 시간대에 방영되었기 때문이라는 이유 외에도 〈도전 골든벨〉
이 동 시간대 경쟁방송사의 프로그램과는 차별화되기 때문이라는 데서
도 그 이유를 찾을 수 있다. 〈도전 골든벨〉이 시간대를 옮긴 일요일
저녁 7시대에는 KBS 2, MBC, SBS에서 모두 버라이어티 오락물을

방영한다. KBS 2에서는 〈일요일은 즐거워〉, MBC에서는 〈일요일 일
요일 밤에〉, SBS에서는 〈초특급 일요일 만세〉를 방영한다. 따라서
버라이어티 오락물을 시청하지 않는 시청자가 선택할 수 있는 프로그
램은 KBS 1의 〈도전 골든벨〉밖에 없다. 현재 〈도전 골든벨〉은 KBS
의 간판 퀴즈프로그램으로 자리잡았다.

　〈그것이 알고싶다〉가 시간대를 변경해 시청률이 하락한 경우라면,
〈전파견문록〉, 〈인간극장〉, 〈도전 골든벨〉은 시간대 변경을 통해 시
청률이 상승한 예이다. 시간대 변경을 통해 시청률이 상승했건 아니면
하락했건 이러한 사례는 프로그램이 어떤 시간대에 방영되느냐가 프로
그램의 성패에 지대한 영향을 미친다는 것을 말해준다는 점에서 의미
가 있다.

4. 공격적 편성효과

　공격적 편성이란 경쟁방송사가 이미 확보해 놓은 시간대에 동일 시
청자를 대상으로 같은 유형의 프로그램을 맞붙여 놓는 정면도전 전략
이다. 즉, 한 방송사의 특정 프로그램이 인기 있을 경우 경쟁방송사도
이와 유사한 프로그램을 편성함으로써 동일한 시청자를 놓고 경쟁하는
것을 말한다. 공격적 편성은 일반적으로 상대 방송사의 시청자를 빼앗
으려는 의도에서 출발한다(홍기선 외, 2000: 320). 이러한 공격적 편
성은 실패할 경우 해당 방송사에는 치명적이기 때문에 성공가능성이
높은 프로그램으로 승부해야 한다.

　시청률 조사가 실시되면서 편성의 효과를 직접 측정할 수 있었던 시
기에 가장 기억에 남는 공격적 편성의 예로는 〈모래시계〉 대 〈까레이
스키〉를 잊을 수 없다. 개국 이후 낮은 시청률로 고민에 빠졌던 SBS
는 1995년 SBS의 창사특집급 〈모래시계〉를 제작하기에 이른다. 당시

MBC도 창사특집급 〈까레이스키〉를 준비했는데, 〈까레이스키〉는 그 동안 MBC가 제작했던 프로그램 중에서 제작비를 가장 많이 투자한 프로그램이었다. 방영 초부터 〈모래시계〉와 〈까레이스키〉의 대결은 많은 관심을 불러일으켰는데, 그 이유는 당시 MBC는 어떤 드라마를 방영해도 시청률이 최소 30% 이상은 나오는 가장 경쟁력 있는 채널이었다. 이런 경쟁력 있는 채널에서 많은 제작비까지 투자하며 심혈을 기울여 만든 프로그램에 신설방송사의 프로그램을 맞대응시킨다는 것은 당시로서는 상상조차 할 수 없는 일이었기 때문이다. 그런데 SBS는 〈모래시계〉를 〈까레이스키〉에 맞대응 편성하되 기존의 월~화 또는 수~목의 주 2회의 정형화된 편성패턴에서 벗어나 월~화~수~목의 주 4회로 파격편성함으로써 〈모래시계〉를 '귀가시계'로 바꿔놓았다. 〈까레이스키〉도 당시 상당히 우수하다는 평가를 받았으나 수요일과 목요일에 〈모래시계〉를 본 시청자는 드라마의 흐름을 놓치지 않기 위해 월요일과 화요일에도 계속 〈모래시계〉를 보았던 것이다. 당시만 해도 지금처럼 인터넷을 통해 지난 프로그램을 다시 보는 일이 수월하지는 않았다. 방송시간에 해당 프로그램을 보지 못할 경우 다시 볼 수 있는 유일한 방법은 재방송을 이용하거나 아니면 녹화를 해서 보아야 하는데, 이런 번거로움을 없애려면 제시간에 귀가해서 프로그램을 시청하는 수밖에 없었다. 그래서 〈모래시계〉에 붙여진 이름은 '귀가시계'였다. 너무 인기가 많은 나머지 시청자들은 〈모래시계〉를 보기 전에 귀가를 서둘렀다는 의미에서 나온 말이다. 결국 이 파격적 편성은 동시간대 MBC가 야심작으로 내놓은 창사특집극 〈까레이스키〉를 제치고 〈모래시계〉를 우위에 올려놓았으며, 이는 당시 드라마에서 MBC에 밀리던 신생방송국 SBS의 이미지를 높여주는 계기가 되었다.

최근에 공격적 편성으로 성공을 거둔 예로 〈신비한 TV서프라이즈〉를 들 수 있다. 일요일 오전 11시에 MBC에서 방영하는 〈신비한 TV 서프라이즈〉는 일요일 오전 11시대 선두의 자리를 지키고 있는 SBS의

〈좋은 친구들〉을 겨냥해 기획, 제작된 프로그램이다. 〈신비한 TV 서프라이즈〉가 방영되기 전 MBC는 이 시간대에 MBC의 간판 프로그램인 드라마 〈전원일기〉를 편성했다. 그런데 이 시간대에 드라마 〈전원일기〉가 오락물에 시청자를 빼앗기자 〈전원일기〉를 일요일 아침 9시대로 옮기고, 대신 SBS의 〈좋은 친구들〉과 같은 오락물을 편성했는데, 이것이 바로 〈신비한 TV 서프라이즈〉이다. 〈신비한 TV 서프라이즈〉는 일요일 오전 11시대에 편성되어 동 시간대에 선두를 달리고 있던 상대방송사 프로그램의 시청자를 빼앗아 오는 데 성공했고, 현재까지 동 시간대 시청률 1위를 달리고 있다. 〈표 12-4〉는 〈신비한 TV 서프라이즈〉가 방영되기 전후 시청자 흐름의 변화를 잘 보여준다.

〈신비한 TV 서프라이즈〉가 방영되기 전만해도 '20대 미만'의 시청층에서 50%가 넘는 시청자가 〈좋은 친구들〉을 시청했으나, 〈신비한 TV 서프라이즈〉가 방영된 이후에는 3분의 1 수준으로 떨어졌고, 대신 MBC의 〈신비한 TV 서프라이즈〉로 젊은 시청층이 몰려갔다. 이렇게 MBC와 SBS 프로그램에는 〈신비한 TV 서프라이즈〉 방영 전후 시청자 구성에 상당한 변화가 엿보이는 반면, KBS 1과 KBS 2 프로그램에는 별다른 변화가 없었다. KBS 1은 〈신비한 TV 서프라이즈〉가 방영된 이후 시청률 및 점유율이 2~3% 포인트씩 상승했고, KBS 2는 시청률 및 점유율 모두 약 1% 포인트씩 하락했다. 이러한 사실은 〈신비한 TV 서프라이즈〉 편성이 다른 장르를 편성한 KBS 1과 KBS 2에는 영향을 주지 못하고, 경쟁장르인 SBS의 〈좋은 친구들〉에만 영향을 미쳤음을 미루어 짐작할 수 있게 한다.

〈그림 12-3〉〈신비한 TV 서프라이즈〉(MBC)

〈표 12-4〉〈신비한 TV 서프라이즈〉(MBC) 편성 전후 시청률 비교

		〈신비한 TV 서프라이즈〉 편성 전 2002년 3월 일요일 오전 11~12시대					〈신비한 TV 서프라이즈〉 편성 후 2002년 9월 일요일 오전 11~12시대				
		HUT.	KBS 1	KBS 2	MBC	SBS	HUT.	KBS 1	KBS 2	MBC	SBS
가구 시청률		50.2	7.9(16)	6.2(12)	9.7(19)	17.1(34)	48.4	9.3(19)	5.5(11)	16.0(33)	10.1(21)
여 자	20대-	18.8	1.0(6)	1.5(8)	3.2(17)	10.7(57)	20.4	1.0(5)	0.9(4)	9.4(46)	6.1(30)
	20대	28.8	1.4(5)	4.8(17)	5.9(20)	9.4(33)	22.9	1.5(7)	2.7(12)	10.0(44)	4.4(19)
	30대	28.1	2.3(8)	3.2(11)	6.9(25)	11.1(39)	26.5	2.3(9)	2.8(11)	11.2(42)	5.7(22)
	40대	29.6	4.6(16)	2.3(8)	7.2(24)	11.4(38)	28.1	4.3(15)	3.7(13)	8.3(30)	7.4(26)
	50대+	30.7	10.0(33)	2.1(7)	7.5(24)	5.4(18)	35.7	14.1(39)	3.7(10)	6.9(19)	4.6(13)
남 자	20대-	17.0	1.5(9)	1.7(10)	1.1(7)	9.0(53)	19.8	0.8(4.2)	1.4(7)	7.2(36)	7.1(36)
	20대	9.3	0.4(4)	1.6(17)	0.7(8)	4.7(51)	9.2	1.2(13)	1.4(15)	3.8(41)	2.1(23)
	30대	27.1	4.3(16)	4.3(16)	4.4(16)	11.8(44)	24.3	3.1(13)	4.5(19)	9.0(37)	4.9(20)
	40대	24.0	5.8(24)	2.8(12)	3.8(16)	5.9(25)	23.8	5.2(22)	3.7(15)	5.2(22)	5.5(23)
	50대+	24.8	8.9(36)	2.8(11)	4.9(20)	3.6(14)	27.6	11.6(42)	2.3(8)	5.2(19)	2.8(10)

주: ( ) 안은 시청점유율임.
자료: TNS Korea.

5. 인접효과를 고려한 편성효과

인접효과란 기존의 인기 있는 프로그램 사이에 새로운 프로그램을 끼워넣어 인기 있는 앞, 뒤 프로그램의 인기를 이용해 시청률을 높여 보고자 하는 시도이다. 그리고 실제로 인접효과를 고려한 편성전략은 새로운 프로그램의 인지도를 높이고, 이를 바탕으로 시청률을 끌어올리는 데 기여한 것으로 평가된다. 이 때문에 많은 지상파방송사에서는 인접효과를 고려한 편성전략을 활용한다.

티지와 크소비크(Tiedge & Ksobiech, 1988)는 인접효과를 밝히기 위해 23년간의 시청률자료를 이용하여 샌드위치된 프로그램에 인접 프로그램 점유율이 미치는 영향을 분석하였다. 분석결과, 인접 프로그램 점유율이 높은 경우 가운데 위치한 프로그램 점유율이 더 높게 나왔으며, 후속 프로그램보다는 선행 프로그램의 점유율이 중간 프로그램에 더 영향을 미치는 것으로 밝혀졌다. 즉, 선행 프로그램의 높은 시청률은 후속 프로그램 시청률에 긍정적 영향을 미치나, 선행 프로그램의 낮은 시청률은 후속 프로그램 시청률에 부정적 영향을 미치는 것으로 나타났다. 이는 인기 있는 프로그램 사이에 끼여 있는 신설 프로그램은 앞 프로그램의 영향을 받아 어느 정도 시청자를 확보할 수 있었으나, 중간에 끼여 있는 신설 프로그램의 낮은 인기도는 후속 프로그램에 부정적 영향을 미쳐 프로그램간 시청자의 흐름을 단절시킨다고 결론지었다.

우리나라의 경우 1992년 10월 SBS에서 방영된 〈궁합이 맞습니다〉(SBS 수목드라마)가 〈SBS 8시 뉴스〉 뒤에 편성되었는데, 〈궁합이 맞습니다〉의 시청률이 올라가자 이 프로그램이 방영된 수요일과 목요일의 〈SBS 8시 뉴스〉 시청률도 평소보다 6% 포인트 이상 상승했다. 그러나 〈궁합이 맞습니다〉가 끝나면서 〈SBS 8시 뉴스〉 시청률은 다른 날과 비슷한 수준이 되었다. 이러한 사실로 미루어볼 때 수요일, 목요일 〈SBS 8시 뉴스〉의 시청률이 올랐던 것은 〈궁합이 맞습니다〉라는 드라마 시청률의 상승효과로 인한 인접효과의 결과라는 것을 확인할 수 있었다. 그동안 방송사에서도 인접효과의 가능성에 대해서는 어느 정도 인식하고 있었으나 〈SBS 8시 뉴스〉 -〈궁합이 맞습니다〉와 같이 인접효과의 결과를 직접 눈으로 확인할 수 있는 경우는 많지 않았다. 이후 각 방송사에서는 편성전략 수립시 인접효과를 중요하게 고려하기 시작했다.

우리나라 지상파방송에서 인접효과를 고려해 프로그램을 기획, 편성하는 대표적인 경우가 바로 저녁 8시 30분대에 방영하는 일일연속극과 밤 9시대에 방영하는 저녁종합뉴스이다. 저녁 8시 30분대에 일일연속극을 방영하는 채널은 KBS 1과 MBC이다. 이 두 채널은 일일연속극 후속으로 저녁종합뉴스를 방영하는데, 저녁종합뉴스 시청률이 일일연속극 시청률에 영향을 받는다는 것이 일반적 통설이다. 그래서 KBS 1과 MBC에서 일일연속극 시청률은 중요한 의미를 갖는다. 방송사 내부적으로는 일일연속극 시청률이 경쟁방송사보다 5% 포인트 이상 앞서면 밤 9시대 저녁종합뉴스 시청률이 동반상승하는 효과가 있다고 한다. 이러한 주장은 통계분석을 통해 경험적으로 밝혀졌다기보다는 경험에 근거한 것이지만 실제로 일일연속극이 후속되는 저녁 종합뉴스 시청률에 영향을 미친다는 것은 〈표 12-5〉를 보면 잘 알 수 있다. 일일드라마로 높은 인기를 끌었던 〈인어아가씨〉의 사례를 보면, 〈인어아가씨〉가 방영되었을 때의 〈MBC뉴스데스크〉 시청률과 그 이후의 〈MBC 뉴스데스크〉 시청률을 보면 〈인어아가씨〉로 인한 인접효과를 볼 수 있다. 〈표 12-5〉를 보면 〈인어아가씨〉가 방영될 때 〈MBC 뉴스데스크〉 가구시청률은 15.7%, 점유율은 22.6%로 〈인어아가씨〉가 종영된 이후의 13.2%, 점유율 19%에 비해 시청률은 약 2% 포인트, 점유율은 약 3% 포인트 상승했음을 알 수 있다.

이렇게 인접효과가 잘 나타나는 경우도 있지만 인접효과가 전혀 나

〈표 12-5〉〈인어아가씨〉 방영 전후 〈MBC 뉴스데스크〉와 〈KBS 뉴스 9〉의
시청률 비교

		《인어아가씨》 방영중 〈MBC 뉴스데스크〉 시청률					《인어아가씨》 종영 후 〈MBC 뉴스데스크〉 시청률				
		HUT.	KBS 1	KBS 2	MBC	SBS	HUT.	KBS 1	KBS 2	MBC	SBS
가구시청률		69.4	22.3 (32.2)	9.1 (13.1)	15.7 (22.6)	10.0 (14.5)	69.4	22.9 (32.9)	10.5 (15.1)	13.2 (19.0)	10.8 (15.6)
여자	20대-	19.6	3.6 (18.2)	4.0 (20.4)	3.7 (18.4)	4.4 (22.4)	19.2	3.4 (17.5)	5.4 (28.1)	3.1 (16.0)	3.6 (18.5)
	20대	22.0	4.8 (21.6)	2.8 (12.5)	3.7 (16.6)	6.7 (30.3)	22.1	4.2 (19.2)	3.6 (16.2)	3.5 (15.7)	6.5 (29.4)
	30대	38.4	9.4 (24.5)	5.7 (14.9)	12.9 (33.5)	4.8 (12.6)	35.0	8.5 (24.3)	5.8 (16.6)	9.2 (26.7)	4.8 (13.7)
	40대	46.2	16.2 (35.0)	6.8 (14.8)	11.7 (25.4)	4.9 (10.7)	47.1	16.3 (34.5)	7.6 (16.2)	9.6 (20.5)	5.6 (11.9)
	50대+	55.8	23.5 (42.1)	7.6 (13.6)	9.1 (16.1)	8.7 (15.6)	55.6	24.9 (44.7)	8.1 (14.5)	7.6 (13.7)	9.3 (16.8)
남자	20대-	16.2	2.9 (17.9)	1.9 (11.5)	2.8 (17.0)	3.2 (19.5)	17.6	3.3 (19.0)	2.7 (15.6)	2.3 (13.3)	3.1 (17.8)
	20대	12.5	3.9 (31.6)	1.7 (13.4)	2.4 (19.4)	2.4 (19.6)	12.8	3.9 (30.7)	1.6 (12.4)	2.7 (21.6)	2.5 (19.3)
	30대	22.3	7.1 (31.9)	2.5 (11.4)	6.1 (27.9)	2.9 (12.9)	24.2	7.2 (29.9)	3.3 (13.6)	6.2 (26.5)	3.0 (12.5)
	40대	26.8	11.2 (41.7)	3.1 (11.6)	6.4 (24.5)	2.2 (8.2)	27.3	11.0 (40.2)	3.9 (14.1)	6.0 (22.6)	2.7 (9.9)
	50대+	41.1	19.5 (47.4)	3.2 (7.8)	8.6 (21.0)	3.2 (7.8)	41.0	21.3 (51.9)	3.1 (7.7)	7.3 (17.8)	4.9 (12.0)

주: 1) ( ) 안은 시청점유율임.
2) '방영중'은 〈인어아가씨〉 종영 전(2002년 5월 28일~6월 27일) 한 달 평균, '종영 후'(2003년 6월 28일~7월 27일)는 종영 후 한 달 평균으로 계산함.
3) 〈MBC 뉴스데스크〉는 프로그램 시청률이고, 타 채널은 21:00~21:55까지의 시간대 시청률임.
자료: TNS Korea.

타나지 않는 경우도 있었다. 인접효과가 전혀 나타나지 않았던 대표적인 경우도 과거 SBS에서 찾아볼 수 있다. SBS는 개국 초부터 저녁종합뉴스인 〈SBS 8시 뉴스〉의 시청률이 상대 방송사의 저녁종합뉴스만큼 오르지 않는 것이 늘 편성의 과제였다. 그런데 〈궁합이 맞습니다〉를 통해 일시적이지만 〈SBS 8시 뉴스〉 시청률이 오른 이후 SBS는 인접효과를 이용해 〈SBS 8시 뉴스〉의 시청률을 끌어올리는 방안을 강구하였다. 당시 주말 저녁 6시대에 편성된 버라이어티 프로그램이 높은 시청률을 기록하면서 상당한 인기를 얻자 SBS는 이 프로그램의 인기를 〈SBS 8시 뉴스〉와 연결시키기 위해 저녁 7시대까지 확대편성하였다. 확대편성한 이후에도 이 버라이어티 프로그램의 인기는 시들지 않았으나 〈SBS 8시 뉴스〉의 시청률은 좀처럼 오르지 않았다.

왜 이 경우에는 인접효과가 나타나지 않았을까? 분석결과 〈SBS 8시 뉴스〉 앞에 편성된 버라이어티 프로그램의 시청층과 〈SBS 8시 뉴스〉의 시청자층이 완전히 달랐기 때문에 인접효과가 나타날 수 없었던 것으로 해석할 수 있다. 다시 말하면 〈SBS 8시 뉴스〉 앞에 편성된 버라이어티 프로그램의 시청자는 뉴스를 시청하지 않는 10~20대로, 이들은 프로그램이 끝남과 동시에 뿔뿔이 흩어졌던 것이다.

이러한 결과는 앞뒤 프로그램의 주시청자 특성이 얼마나 동질적인가도 인접효과에 영향을 미치는 중요한 요인이라는 것을 말해 주는 것이다. 〈궁합이 맞습니다〉에서 〈SBS 8시 뉴스〉와 인접효과가 크게 나타났던 이유는 〈궁합이 맞습니다〉의 주시청자층과 〈SBS 8시 뉴스〉의 주시청자층이 동질적이었기 때문이다. 〈궁합이 맞습니다〉는 고부간의 갈등을 코믹하게 다룬 드라마로 중·장년층과 남성 시청자에게서 특히 인기가 많았다. 뉴스를 즐겨 보는 시청자층이 남성이면서 중·장년층임을 고려할 때 〈궁합이 맞습니다〉와 〈SBS 8시 뉴스〉 주시청자층은 중복되는 셈이다. 결국 인접효과의 크기도 상황에 따라 커질 수도 있고 작아질 수도 있는데 인접효과의 크기는 앞뒤 프로그램 주시청자가 얼마나 동질적인가에 따라서도 달라질 수 있다는 사실을 잊지 말아야 할 것이다.

이외에도 인접효과를 보다 극대화하기 위한 방안의 하나로 엇물리기 편성전략을 병행하기도 한다. 실제로 우리나라의 경우 여러 실증적 연구에서 엇물리기 편성효과는 어느 정도 있는 것으로 나타났다(심미선·강형철, 2000). 프로그램간 인접효과를 극대화하기 위해 엇물리기 편성을 가장 효과적으로 활용한 채널은 KBS이다. KBS 1-TV는 저녁 종합뉴스인 〈KBS뉴스 9〉를 정시보다 2~3분 일찍 시작하고, KBS 2-TV는 주말드라마를 저녁 8시 정시보다 5~10분 일찍 시작함으로써 시청자 선점효과를 누리고 있다. 이렇게 특정 프로그램을 정시보다 2~3분 또는 5~10분 빨리 시작하는 이유는 대부분 경쟁방송사와 같은 시간대에 동일한 장르의 프로그램으로 경쟁하는 경우이다. 동 시간대에 같은 장르의 프로그램으로 경쟁할 경우 경쟁채널보다 프로그램을 5분 정도 일찍 시작해도 시청자 선점효과는 있다는 것이다. 이러한 사실은 여러 연구에서도 경험적으로 입증되었으며, 방송사 내에서도 공감하는 사실이다. 그래서 경쟁방송사와 같은 장르의 프로그램을 편성해서 시청률경쟁을 해야 하는 경우 인접효과를 극대화할 수 있다. 이외에 엇물리기 편성전략은 후발 프로그램으로 시작해 경쟁방송사의 선발 프로그램에 밀려 시청자의 관심조차 받기 힘든 상황에서 시청자의 관심을 받을 수 있는 효과도 있다.

6. 새로운 시간대 개발을 통한 편성효과

이제까지의 편성효과는 경쟁방송사와의 관계 속에서 자사채널의 프로그램과 경쟁방송사의 프로그램을 비교하는 차원에서 이루어졌다. 이렇게 기존 방송사와의 관계 속에서 편성의 효과를 생각할 수도 있지만 새로운 시간대를 발굴해 특정 시간대로 만드는 과정도 편성의 중요한 과제가 아닐 수 없다. 편성의 역할은 시청자의 머릿속에 시간대의 의미를 심어주는 것인데, 밤 9시는 뉴스시간대, 밤 10시는 드라마시간대라는 인식을 갖게 하는 것이다. 굳이 프로그램 가이드를 보지 않아도 뉴스를 보고 싶으면 밤 9시대에 텔레비전을 켜면 되고, 드라마가 생각나면 밤 10시대를 기다리면 된다. 아직까지 뚜렷하게 ○○ 시간대라는 인식이 형성되어 있지 않은 시간대를 ○○ 시간대로 인식하는 것은 잠재시청자를 개발한다는 의미에서 중요한 의미를 가지며, 시청률 제고에도 도움이 된다.

새로운 시간대를 개발해 시청률 제고에 성공한 사례로는 SBS의 〈영화특급〉을 들 수 있다. 지금은 〈영화특급〉이라는 프로그램을 찾아 볼 수 없지만, 1990년대 초까지만 해도 영화는 시청자 선호도가 높은 장르였다. 영화는 일반프로그램에 비해 방영시간이 긴 이유로 주로 주말시간을 이용해 편성하는 것이 일반적이었다. 밤 10시대는 월~화, 수~목으로 드라마 시리즈가 이어졌고, 금요일 밤 10시대의 경우에는 채널마다 방영하는 프로그램이 달랐다. KBS 1은 다큐멘터리를, KBS 2는 버라이어티쇼를, MBC는 단막극 〈MBC 베스트극장〉, 〈100분 토론〉과 같은 시사/토론프로그램을 번갈아 가며 방영했다. 공익성에 대한 요구가 강할 때는 〈100분 토론〉과 같은 시사/토론프로그램을 밤 10시대에 편성했고, 경쟁력이 요구될 때에는 〈MBC 베스트극장〉을 편성했다. 이런 상황에서 금요일 밤 10시대에 SBS는 〈영화특급〉이라는 프로그램을 편성하였다. 영화를 평일 저녁시간대에 편성한 것은

〈영화특급〉이 처음이었다. 토요일 출근을 앞두고 얼마나 많은 시청자가 밤늦도록 영화를 볼 것인가에 대해 회의적 의견이 많았으나 〈영화특급〉은 이러한 기우가 무색하게도 높은 시청률을 기록했고, 신설 방송사인 SBS가 확고한 입지를 굳히는 데 큰 기여를 하였다. 1992년부터 출간된 연간시청률 보고서를 보면 〈영화특급〉은 시청률 상위에 포진되어 있음을 볼 수 있다. 그런데 영화장르는 1995년 케이블TV가 등장하면서 시청률이 급락하기 시작한다.

〈표 12-6〉에서 보는 바와 같이 1995년 27.3%로 전성기를 누렸던 영화는 2004년에는 5.1%로 5분의 1 수준으로 떨어졌다. 이렇게 영화 장르는 새로운 매체가 등장한 1995년을 정점으로 시청률이 감소하는 추세를 보이고 있다. 이러한 환경적 요인과 관련시켜 볼 때 〈영화특급〉의 시청률 하락은 좋은 영화를 엄선하지 못한 프로그램 자체의 문제도 있지만, 장르별로 볼 때 케이블TV나 위성방송과 같은 새로운 채널의 등장으로 지상파방송에서 영향력이 가장 많이 줄어든 장르가 바로 영화이기 때문에 다채널시대의 도래와 함께 〈영화특급〉의 시청률은 하락할 수밖에 없었던 것으로 볼 수 있다. 결국 〈표 12-6〉에서 볼 수 있듯이 영화장르의 연평균 가구시청률은 1995년 이후 지속적으로 하락하였다. 〈영화특급〉이 막을 내린 이후 금요일 밤 10시대는 단막극 시간대로 자리를 잡아가고 있다. KBS 2-TV의 〈부부클리닉, 사랑과 전쟁〉이 시청자에게 폭발적 인기를 끌면서 SBS도 이 시간대에 〈금요드라마, 아내의 반란〉을 편성하고 있다. MBC도 개편 때마다 밤 10시대와 11시대를 넘나들던 〈MBC 베스트극장〉을 밤 10시대에 안정적으로 배치하였다. 이제 금요일 밤 10시대는 시청자의 뇌리에 단막극 시간대로 자리잡았으며, 단막극을 좋아하는 시청자는 금요일 밤 10시대 텔레비전을 켜면 색다른 종류의 단막극을 경험할 수 있게 되었다.

금요일 밤 10시대에 이어 새롭게 시청자의 사랑을 받는 시간대는 주말 밤 10시대이다. 우리나라 지상파방송에서 주말 밤시간대가 갖는 의

〈표 12-6〉 장르별 연평균 가구시청률 추이

(단위: %)

	뉴스	드라마	오락	영화	스포츠	어린이
1992	15.8	14.5	12.9	20.4	13.7	4.9
1993	19.7	12.7	17.3	23.3	15.1	7.3
1994	12.0	20.9	16.9	26.3	10.6	15.5
1995	12.0	20.9	15.6	27.3	12.1	13.2
1996	10.8	19.5	13.8	26.9	9.6	12.3
1997	13.0	19.5	14.6	23.4	9.9	11.6
1998	12.2	19.8	15.3	20.5	10.1	10.1
1999	9.6	18.4	15.6	20.2	6.5	8.9
2000	9.1	14.9	11.5	9.5	5.3	5.9
2001	8.4	13.8	10.9	8.7	3.4	5.6
2002	8.2	12.8	10.0	7.1	3.9	4.4
2003	7.9	12.8	10.1	6.7	3.9	4.0
2004	7.6	13.6	9.7	5.1	3.1	2.7

주: 1) 장르 구분은 방송사 기준과 다소 다른 점을 양지하시기 바랍니다.
  2) 1990년대의 경우 장르 구분 기준이 관행적 기준과 차이가 클 수 있다는
    점을 양지하시기 바랍니다.
자료: 닐슨미디어리서치.

〈그림 12-4〉 금요드라마 〈아내의 반란〉(SBS)

미는 시청자에게 일주일 동안 쌓인 스트레스를 풀 수 있도록 무겁지 않은 가벼운 오락 프로그램을 제공하는 것이었다. 주말에 MBC와 KBS 2는 저녁 8시대에 주말연속극을 내보내고, SBS는 저녁뉴스가 끝나는 밤 9시대에 주말연속극을 내보내고 있다. 그 외 시간대에는 뉴스와 버라이어티 오락물을 편성한다. 그런데 KBS 1이 저녁종합뉴스가 끝나는 밤 10시대에 사극을 편성하고, 이 사극이 지속적으로 동 시간대 가장 높은 시청률을 보이면서 이 시간대는 사극시간대로 자리잡았다. 여기에 SBS도 주말 밤 10시대에 현대물을 편성하면서 이 시간대는 이제 드라마시간대로 확고하게 자리잡아가고 있다. 무엇보다 편성의 성과라고 하면 KBS 1이 기존의 편성관행에서 벗어나 시청자의 취향에 맞게 주말 밤 10시대에 사극을 편성한 것이라고 할 수 있다. SBS도 KBS 1의 사극만큼 시청률이 높지는 않지만 다른 장르의 프로그램을 방영할 때보다는 시청률이 안정적이라는 것이 내부의 평가이다. 즉, SBS도 KBS 1에 맞대응해서 드라마를 편성한 것이 성공적이라는 것이다. 이제 주말 밤 10시대는 사극이냐 현대물이냐를 선택해야 하는 드라마 시간대로 자리를 굳혔다.

시청자의 라이프스타일이 변하면서 시간대가 갖는 의미도 달라졌다. 시청자의 라이프스타일을 고려할 때 이 시간대에 걸맞은 프로그램은 어떤 프로그램이어야 하는지에 대한 고민은 계속되어야 한다. 끊임없이 새로운 시간대를 개발하고, 또 시청자의 생활습관에 맞게 시간대에 맞는 프로그램을 바꾸어 나가는 노력이 필요하다.

■ 연습문제

1. 방송프로그램 관련 신문기사를 보면서 기획을 통한 편성효과 사례를 찾아보자.
2. 틈새시장을 고려한 편성효과 사례를 찾아보자.
3. 시간대를 변경한 이후 시청률이 높아진 프로그램에는 어떠한 것이 있는지 찾아보자.
4. 인접효과를 고려한 편성효과 사례를 찾아보자.
5. 새로운 시간대 개발을 통한 편성효과 사례를 찾아보자.

■ 참고문헌

심미선 · 강형철(2000), "프로그램 끝처리방식이 시청자 흐름에 미치는 영향
    에 관한 연구,"《한국방송학보》14-2호, 한국방송학회, pp. 7~36.
조은기(2002), "TV 프로그램 시장의 저작권 거래에 관한 연구,"《방송과 커
    뮤니케이션》, pp. 5~32.
홍기선 외(2000),《현대방송의 이해》, 나남출판.
KBS(2003),《해외방송정보》, 1월호.
ACN, 〈연간시청률 보고서〉, 1992년부터 2004년까지.
TNS, 〈연간시청률 보고서〉, 2000년부터 2004년까지.

McDowell, W., & Sutherland, J. (2000), "Choice Versus Chance:
    Using Brand Equity Theory to Explore TV Audience Lead-in
    Effects, A Case Study," *The Journal of Media Economics* 13(4):
    233~247.

찾아보기

(용 어)

ㄷ ~ ㄹ

ㅁ ~ ㅂ

기 타

432

필자소개

(가나다 순)

강 명 현

고려대학교 신문방송학과 석사, 미국 미시간주립대학 텔레커뮤니케이션학 박사, 방송위원회 연구원 역임. 현재 한림대학교 언론정보학부 방송통신 전공 조교수.

주요 논저: 《매스커뮤니케이션의 이해》(공저), 《인터넷 커뮤니케이션》 (공저), "Interactivity in Television: Use and Impacts of an Interactive Programming Guide", "Digital Cable: Exploring Factors Associated with Early Adoption", "방송 프로그램 등급제의 이용결정요인과 효과에 관한 연구", "로컬리즘과 지역방송: 사회적 로컬리즘의 개념화를 위한 시론적 연구" 등.

김 유 정

연세대학교 신문방송학과 석사. 미국 플로리다주립대학 언론학 박사. 종합유선방송위원회 연구위원, 정보통신윤리위원회 위원, 신문발전위원회 위원 역임. 현재 수원대학교 언론정보학과 교수.

주요 논저: 《컴퓨터 매개 커뮤니케이션》, 《디지털 수용자》(공저), 《사이버 문화와 여성》(공저), "사이버 커뮤니티 참여와 이용에 관한 이용과 충족연구", "온라인 신문의 의제와 의제속성 설정 연구", "온라인 신문에 대한 이용자 인식 연구", "사이버 커뮤니티로서의 인터넷 사이트 연구" 등.

434

김은미

서울대학교 신문학과 졸업. 미국 노스웨스턴대학 커뮤니케이션학 석사·박사. 국민대학교 언론정보학부 교수, 에이씨닐슨마켓팅리서치 연구원 역임. 현재 연세대학교 신문방송학과 교수.

주요 논문: "Market Competition and Cultural Tensions between Hollywood and Korean Film Industry", "텔레비전 프로그램의 시청률과 품질의 상관관계에 대한 연구"(공저), "한국영화의 흥행 결정 요인에 관한 연구 등.

김진웅

한국외국어대학교 신문방송학 석사. 독일 자유베를린대학 커뮤니케이션 박사. MBC 문화방송 연구위원 역임. 현재 선문대학교 언론광고학부 교수.

주요 논문: "Rundfunkfreiheit und Rundfunkpolitik"(방송자유와 방송정책), "독일국가홍보제도에 관한 연구", "방송자유의 제도적 성격에 관한 연구", "독일의 방송자유 수용에 관한 연구", "다원주의와 방송자유 관점에서의 외주정책" 등.

남궁 협

고려대학교 신문방송학 석·박사. 정보통신정책연구원 위촉연구원, 한국방송공사 연구위원, 광주전남언론학회장 역임. 현재 동신대학교 언론광고학과 부교수, 한국언론정보학회 편집위원, 한국방송학회 기획이사.

주요 논저 : 《방송론》(공저), 《방송의 세계화와 문화정체성》(공역), "텔레비전 시장구조 변화와 방송사 경쟁행위에 관한 연구" 등.

심 미 선

고려대학교 신문방송학과 졸업 및 동 대학원 신문방송학 석·박사. 문화방송 편성국 전문연구위원 역임. 현재 순천향대학교 신문방송학과 교수.

주요 논저 : 《한국방송학보》, 《방송편성론》(공저), "지상파 텔레비전의 프로그램 레퍼토리 연구", "지상파방송의 편성특성에 관한 연구: 한국, 미국, 영국, 일본, 대만을 중심으로", "프로그램 선택에 관한 연구"(공저), "케이블TV 등장에 따른 지상파방송 시청행위 변화에 관한 연구" 등.

임 정 수

연세대학교 신문방송학과 석사. 미국 노스웨스턴대학 커뮤니케이션 연구 박사. 오리콤 DSN 편성제작국 프로듀서 역임. 현재 서울여자대학교 언론영상학부 교수.

주요 논저 : 《디지털시대의 미디어 산업》, 《영상미디어산업의 이해》, "인터넷 이용패턴에 관한 연구", "Audience Concentration in the Media", "외주제작 의무편성비율제도 개선방안연구", "매체도입기에 나타난 두려움에 대한 연구" 등.

조 성 호

뉴욕주립대학 언론학 박사. 한국방송영상산업진흥원 책임연구원, 시청률조사 검증위원회 위원, 대구 MBC 시청자위원회 위원장, SBS 시청자 위원, 대구경북언론학회 회장 역임. 현재 경북대학교 신문방송학과 교수.

주요 저서: 《시청률과 텔레비전 편성》, 《텔레비전 시청률 조사연구》, 《텔레비전 방송사의 편성전략 분석》, 《디지털시대의 미디어정보사회》, 《디지털 영상시대의 지역방송 편성 전략》, 《시청률조사검증의 현재와 미래》.

주 영 호

중앙대학교 신문방송학과 졸업 및 동 대학원 신문방송학 석·박사. 한국 방송학회 연구이사 역임. 현재 SBS 연구위원, 천주교 서울대교구 평협 홍보분과 위원, 돈보스코 청소년 영상제 운영위원, 국제 청소년 봉사지원단 이사.

주요 논저 : 《과학적 방송편성을 위한 이해와 실제》, 《디지털 HDTV의 이해: 새로운 영상욕구의 실현》, "프로그램의 전환 가속화 방식이 시청률에 미치는 영향: 종합 구성물에 대한 실험처치 사례를 중심으로" 등.

한 진 만

고려대학교 신문방송학과 졸업 및 동 대학원 신문방송학과 석사 및 언론학 박사. 건국대학교 신문방송학과 교수, 인디애나대학교 객원교수 역임. 현재 강원대학교 신문방송학과 교수.

주요 저서: 《방송언어의 사용분석》, 《한국 텔레비전 방송연구》, 《지역사회와 언론》, 《방송제작기술》 등.

나남커뮤니케이션스 ①

주) 나남

나남의 책은 쉽게 팔리지 않고 오래 팔립니다

2010

경기도 파주시 교하읍 출판도시 518-4 TEL : 031)955-4600 FAX : 031)955-4555 www.nanam.net

나남커뮤니케이션스 ②

주) 나남   나남의 책은 쉽게 팔리지 않고 오래 팔립니다   2010

경기도 파주시 교하읍 출판도시 518-4 TEL : 031)955-4600 FAX : 031)955-4555 www.nanam.net

나남커뮤니케이션스 ③

주) 나남

나남의 책은 쉽게 팔리지 않고 오래 팔립니다

2010

경기도 파주시 교하읍 출판도시 518-4 TEL : 031)955-4600 FAX : 031)955-4555 www.nanam.net